Kapital und Arbeit
Die gesellschaftlichen und rechtlichen Rahmenbedingungen personalwirtschaftlichen Handelns

Hochschulschriften zum Personalwesen

herausgegeben von
Prof. Dr. Thomas R. Hummel, Fachhochschule Fulda
Prof. Dr. Dieter Wagner, Universität Potsdam
Prof. Dr. Ernst Zander, Stiftungsvorsitz Universität Bochum

Band 29

Werner Reichel

Kapital und Arbeit

Die gesellschaftlichen und rechtlichen Rahmenbedingungen
personalwirtschaftlichen Handelns

Rainer Hampp Verlag   München und Mering 2000

Die Deutsche Bibliothek – CIP-Einheitsaufnahme

Reichel, Werner:
Kapital und Arbeit : die gesellschaftlichen und rechtlichen Rahmenbedingungen personalwirtschaftlichen Handelns / Werner Reichel. - München ; Mering : Hampp, 2000
 (Hochschulschriften zum Personalwesen ; Bd. 29)
 ISBN 3-87988-463-3

Hochschulschriften zum Personalwesen: ISSN 0179-325X

Liebe Leserinnen und Leser!
Wir wollen Ihnen ein gutes Buch liefern. Wenn Sie aus irgendwelchen Gründen nicht zufrieden sind, wenden Sie sich bitte an uns.
∞ *Dieses Buch ist auf säurefreiem und chlorfrei gebleichtem Papier gedruckt.*

© 2000 Rainer Hampp Verlag   München und Mering
          Meringerzeller Str. 16   D - 86415 Mering
       Internet: http://www.hampp.de

Alle Rechte vorbehalten. Dieses Werk einschließlich aller seiner Teile ist urheberrechtlich geschützt. Jede Verwertung außerhalb der engen Grenzen des Urheberrechtsgesetzes ist ohne schriftliche Zustimmung des Verlags unzulässig und strafbar. Das gilt insbesondere für Vervielfältigungen, Mikroverfilmungen, Übersetzungen und die Einspeicherung in elektronische Systeme.

Vorwort der Herausgeber

In der Reihe HOCHSCHULSCHRIFTEN ZUM PERSONALWESEN erscheinen Arbeiten, die im wesentlichen aus hochschulbezogenen Forschungszusammenhängen entstanden sind. Charakteristisch für die Schriftenreihe ist, daß die einzelnen Bände praxisnah und wissenschaftlich fundiert einen Themenbereich aus dem Personalwesen behandeln. Sie wendet sich damit an Wissenschaftler und Studierende des Personalwesens sowie an interessierte Praktiker der Wirtschaft und Verwaltung.

Im Mittelpunkt der Ausarbeitungen des Verfassers stehen die Beziehungen zwischen „Kapital und Arbeit." Diese werden in der vorliegenden Abhandlung basierend auf umfangreichen historisch-begründeten Aussagensystemen differenziert aufgearbeitet. Dies geschieht dabei nicht, ohne dass der Autor die Brücke zu aktuellen Auseinandersetzungen schlägt, die eingebettet sind in gegebene und damit konstitutive Rahmenbedingungen, die sich ihrerseits in zahlreichen Gesetzen, Tarifvereinbarungen sowie aktuellen Rechtsprechungen widerspiegeln.

Im wesentlichen werden diese Überlegungen in den Kapiteln I und II angestellt. Im Hauptteil der Arbeit – dem Kapitel III – werden die Kodifizierung der Arbeitsbeziehungen, die (gesellschaftliche) Rolle des Unternehmers sowie ausgewählte Rechtsformen in denen sich Unternehmen am Markt präsentieren einer eingehenden Analyse unterzogen.

Im abschliessenden Kapitel IV schliesslich werden marktwirtschaftliche Ordnungsformen und deren Bedeutung für unternehmerisches Handeln diskutiert.

Zusammengefasst liegt die Stärke der vorliegenden Arbeit in ihrer systematischen Aufbereitung und historischen Fundierung der Thematik. Sie leistet damit einen Beitrag zur Versachlichung der Diskussion um das Thema Lohnarbeit und richtet sich gleichermassen an Unternehmensleitungen, Personalverantwortliche sowie Betriebsräte.

Auch eher wissenschaftlich Interessierte werden einen Nutzen aus der Beschäftigung mit den Gedanken des Verfassers ziehen.

Potsdam und Hamburg, im Februar 2000   Die Herausgeber

Inhaltsverzeichnis

Seite

Kapitel I

1. Einleitung	1
1.1 Nationale und internationale Rahmenbedingungen	4
1.2 Zum Verhältnis von Gesellschaft und Staat	8
2. Politische Innenansichten	16
3. Exkurs und Beurteilung des parlamentarischen Parteienstaats	32
4. Einige Überlegungen zur Genese des Technikbegriffs	54

Kapitel II

1. Kapital und Arbeit – Zum Verhältnis zweier Konstrukte	97
2. Gleichheit oder Gleichmacherei: Gibt es den gerechten Lohn ?	122
3. Das Beispiel Bildungswesen	123

Kapitel III

1. Freiheit, Gleichheit und Brüderlichkeit, oder: der Weg ist das Ziel	142
2. Einige Überlegungen zur Unternehmenskultur	166
3. Die Kodifizierung der Arbeitsbeziehungen	169
4. Arbeitgeber – Arbeitnehmer – Mitarbeiter; einige begriffliche Überlegungen	180
4.1 Einige gesetzliche Schutzrechte	182
4.2 Eine kleine Statistik	185

5. Unternehmen – Betrieb	187
5.1 Zur Rolle des Unternehmers	188
5.2 Der Gewinn und die Rolle der Gewerkschaften	198
6. Ausgewählte Rechtsformen	208
7. Gehalt, Dividende und andere Erfolgsfaktoren	222
8. Die gesellschaftliche Verantwortung von Unternehmen	226
8.1 Die Rolle der Tarifvertragsparteien	227
8.2 Zur Rolle des Lohns	237
9. Arbeiter und Angestellte	251
10. Auswirkungen der Automatisierung – Folgen der Arbeitsteilung	254
11. Zum Recht auf Arbeit	257
12. Folgen der Bürokratisierung	268
13. Auswirkungen der neuen Technik	277
14. Corporate Identity und Schlüsselqualifikationen	288
15. Neue Organisationsformen	291

Kapitel IV

1. Die Soziale Marktwirtschaft und weitere Ordnungsformen	315
2. Die Rolle der Deutschen Bundesbank	328
3. Einige übergreifende Gedanken	329
4. Konstituierende und regulierende Prinzipien des Wettbewerbs	337
5. Einige parteipolitische Programme	344

Zusammenfassung   353

Kapitel I
1. Einleitung

Das Verhältnis von Kapital und Arbeit zueinander ist in der Bundesrepublik Deutschland bestimmt durch die Beziehungen zwischen den Produktionsmittelbesitzern einerseits und den abhängigen, unselbständigen Lohnempfängern andererseits. Diese Gruppen sind in ihrer Eigenheit, in ihrer Verbindung miteinander aber auch in ihren sich abzeichnenden Spannungen zu betrachten. Basis für beide Gruppen, und ihr Wirkungsbereich ist die Wirtschaft, speziell die Wirtschaft in ihrer sozialen Gebundenheit in der diese Gruppen vereint und getrennt, stehen.

Wirtschaft - durch menschliches Handeln, geistige und körperliche Tätigkeit bestimmt - ist die Form in der Güter und andere, für Menschen (als Einzelperson und als Gesellschaft) nützliche, benötigte und gewünschte Leistungen gegen Geld erbracht, verteilt und genutzt werden; zwischen Unternehmen und Haushalten zirkulieren. Mit Lüdge[1] kann man sagen, daß Wirtschaft der Zusammenhang "von Einrichtungen und Maßnahmen (ist), die zur Deckung des menschlichen Bedarfs dienen". Oder, wie Euken[2] meint: Jede Form des Wirtschaftens, wird "durch Kombination von Produktionsmitteln und Arbeitskräften zur Deckung eines gewissen Bedarfs angestrebt".

Man unterscheidet dabei die für Mensch und Gesellschaft benötigten Produkte und Leistungen, in rationale oder funktionale Produkte. Rationale Produkte als Gesamtbegriff werden unterteilt in erstens nützliche Produkte, wie Schraubenzieher, Topf u.a.; zweitens: semirationale Produkte, z.B. Auto, Möbel und Garderobe. Sie erfüllen eine Funktion, aber sie dienen auch der Freude, dem ästhetischen Empfinden und dem Bekenntnis zu einer bestimmten Mode und sind Statussymbole. Weitere Unterscheidung: emotionale Produkte, das sind die Dinge,

---
[1] Lüdge, Friedrich: Wirtschaftsgeschichte, 1962; S. 124
[2] Euken, Walter: Grundsätze der Wirtschaftspolitik, 1990; S 100

die das Leben angenehm machen z.b. ein besonderer Wein, ein Bild, eine Theaterveranstaltung.

Damit ist ein gewisser Maßstab der einzelnen Leistung für den Bedarf gegeben. Damit ist auch angedeutet, daß die Wirtschaft Entscheidungen darüber treffen muß, wie Ressourcen verwendet werden und wann deren teilweise Knappheit zu beachten ist ohne die Nützlichkeit außer Acht zu lassen.

Sik[3] unterscheidet in ökonomische und nicht ökonomische Bedürfnisse. Zu den nichtökonomischen Bedürfnissen rechnet er Gemeinschaft, Liebe, Anerkennung, Achtung, Sicherheit, Geborgenheit, Ruhe und Frieden.

Welche Unterscheidung man nimmt: Es geht bei den Bedürfnissen - Bedürfnis ist das Gefühl eines Mangels mit dem Streben ihn zu beseitigen - und bei der Befriedigung des Bedarfs eben nicht nur um Dinge des täglichen Lebens, sondern auch um Wünsche, die die Qualität des Lebens, das subjektive, nicht unmittelbar körperliche Wohlbefinden ausmachen. Die Wirtschaft soll nicht allein "volle Bäuche"[4] garantieren, nur zum Verbrauch da sein, sondern auch Mittel freimachen für nichtökonomische Interessen des Einzelnen und der Gesellschaft, für Bildung, Aus- und Weiterbildung, Fürsorge für Alte und Kranke, Hygiene, Infrastruktur, Freizeit. Sie soll auch zu Werten führen, die den Erwerb höherer Lebensgüter erlauben. D.h. letzter Zweck der Wirtschaft ist dem "Gemeinwohl" zu dienen und dabei "moralisch" zu bleiben.

Gemeinwohl soll heißen, daß "der Vorteil des ganzen Volkes", also aller Bürgern bei Entscheidungen der Wirtschaft und des Staates "im Auge behalten" werden[5]

---

3 Sik, Ota: Ein Wirtschaftssvstem der Zukunft, 1985, S. 15.
Sik Ota: Humane Wirtschaftsdemokratie 1979, S. 87, 105.
4 Schumpeter, Joseph A.: Kapitalismus, Sozialismus und Demokratie 1980, S. 272
5 Baumbach, Adolf in "Juristen im Portrait" 1984 S. 137

soll, daß die Wirtschaft den "Aspekt der Verteilungsgerechtigkei"[6] beachten muß, wobei der Mensch mit seinen Anliegen und Pflichten im Mittelpunkt steht. Es gibt aber, wie Schumpeter[7] zu recht feststellt, kein "eindeutig bestimmtes Gemeinwohl", weil "verschiedenen Individuen und Gruppen das Gemeinwohl mit Notwendigkeit etwas Verschiedenes bedeuten muß". D.h. es kann nur der Versuch gemacht werden so vielen Staatsbürgern wie möglich in ihren wirtschaftlichen und sozialen Wünschen, Vorstellungen und Interessen -gerecht" zu werden. Generell wird man mit Euken[8] sagen können - auch im bezug auf die Wirtschaft - sind "soziale Sicherheit und soziale Gerechtigkeit die Anliegen der Zeit".

Die Wirtschaft deckt den Bedarf an allgemein geforderten Leistungen und dient dem Erwerb aller an ihr Beteiligten. Um es mit Aristoteles[9] zu sagen: Die "Erwerbskunst" als Teil der Ökonomik hat die Mittel zum Unterhalt zu beschaffen, die "Haushaltungskunst" sie zu verwenden. Unabhängig von sozialen, technischen, rationalen und strukturellen Entwicklungen, von den Grundlagen der zeitbedingten Wirtschaft, bleibt Bedarfsdeckung und Erwerbsstreben zum gemeinen Wohl, Sinn und Zweck der Wirtschaft. Die Basis ist auch dann gleich, wenn die verschiedensten Probleme und Fragen bezogen auf die Wirtschaft aufkommen, wie Privateigentum, Demokratie, Arbeitsteilung, Fragen sozialen und ethischen Inhalts.

Diese Zusammenhänge zeigen, daß Wirtschaft ein Aspekt des gesellschaftlichen Handelns ist. Capra[10] spricht davon, daß Wirtschaft im Rahmen "eines umfassenden ökonomischen und gesellschaftlichen Gewebes" zu sehen ist "als ein lebendiges System aus Menschen, die in ständiger Interaktion miteinander und mit ihren natürlichen Hilfsquellen stehen, von denen die meisten ihrerseits lebende

---

6 Pfähler, Wilhelm in Handbuch der Marktwirtschaft 1986 S. 53
7 Schumpeter, Joseph A: Kapitalismus, Sozialismus und Demokratie 1980 S. 399
8 Euken, Walterz Grundsätze der Weltpolitik 1960 0. 1
9 Aristoteles: Hauptwerke, ausgewählt und Übersetzt von Nestle, Wilhelm 1942, S. 294.

Organismen sind".[11] Zu recht sagt deshalb Gromyko: "Die Wirtschaft ist schließlich kein monolithischer Block."[12]

1.1 Nationale und internationale Rahmenbedingungen

Das Gewebe der Wirtschaft ist weltweit zu verstehen. Die Weltlage zeigt, daß nicht mehr militärische Stärke im Vordergrund der Beziehung zwischen den Staaten steht, sondern das ökonomische und ökologische Kräfte wesentlich geworden sind,[13] wobei festgestellt sei, daß ein wesentlicher Prüfstein der wirtschaftlichen Leistung eines Staates die Gesamterzeugung in einer Zeiteinheit ist, die in der Wachstumsrate festgehalten wird. Bestimmt wird die Wirtschaft durch Nachfrage - genauer gesagt durch die Kaufkraft der Nachfragenden und die Eigendynamik der Erwartungen des einzelnen Käufers -und durch die Angebotskonkurrenz derer, die Produkte und Dienstleistungen aller Art für den Markt bereitstellen. Diese Angebotskonkurrenz entsteht durch die Intuition und den Verstand vieler Menschen, die an der Konkurrenz direkt oder indirekt teilnehmen. Dieses Faktum bringt eine Vielfalt mehr oder auch weniger guter Gedanken zum Tragen.

Die Angebotskonkurrenz erklärt auch, daß man sich Wirtschaft nicht als ein einheitliches Ganzes vorstellen darf. Vielmehr machen viele Einzel "Wirtschaften" ihre Pläne und treten untereinander in Verkehr, zusammengeführt durch den Markt, - auch Markt der komplementären Güter. Der Markt ist das Feld der Konkurrenz verschiedener Produkte und Anbieter auf dem der Preis - und damit das vorhandene Geld -, die Qualität, aber auch die Neuheit einer Leistung

---

10 Capra, Fritjof: Wendezeit, 1984 S. 203
11 Capra: a.a.O., S. 203
12 Gromyko, Andrev: Erinnerungen, 1990; S. 77
13 Kissinger, Henry A. in einem Interview: WaniS 17.1.93

wesentlich sind, der aber auch durch Werbe- und Verkaufmaßnahmen beeinflußt wird.

Dieser Markt, der von und nach der Bundesrepublik bedient wird, ist international. Ein Faktum, daß bestätigt wird durch die laufenden Diskussionen um den Wert oder Unwert des "Industriestandortes Deutschland".

Bei diesem Markt mit seinen vielen unterschiedlichen Perspektiven kann man dann von der Wirtschaft sprechen. Aber: Wirtschaft ist nicht statisch, sie wandelt sich. "Jedes befriedigte Bedürfnis weckt neue Bedürfnisse in unendlicher Folge"[14]. Das gilt nicht nur für den Verbrauch, sondern auch für die Produktion, Dienstleistung u.a.. Wilhelm Busch faßt kurz zusammen: Ein jeder Wunsch, wenn er erfüllt, kriegt augenblicklich Junge. Dieser Tatsache muß sich der Markt, die Produktion und das Dienstleistungsangebot anpassen.

Wie die einzelnen Zweige der Wirtschaft ihre Aufgaben erfüllen, auf Grund von Erfindungen, mit Maschinen, Arbeitsleistung und -teilung, technische und wissenschaftliche Innovationen u.a., welche Nachfragen auftreten und wie Angebot und Nachfrage übereinkommen, wie verteilt wird, wird bei aller persönlichen Freiheit der am Markt Beteiligten wesentlich bestimmt durch Informationen und die sozialen und politischen Gegebenheiten der Gesellschaft. Wie auch umgekehrt die Wirtschaft auf die Gesellschaft einwirkt. Man denke an Überlegung zur Freizeit, zum Umweltschutz, zur Verwendung von Atomkraft, zu Bio- und Gentechnik u.a. und damit zusammenhängend, auch an die Gründung neuer Unternehmungen.

Wirtschaft ist danach ein in sich dynamisches Vorhaben und "nicht unser Schicksal", als unabänderbare Zukunft verstanden, sondern ihre Gestaltung liegt

---

14 Treitschke, Heinrich von: Deutsche Geschichte im 19. Jahrhundert o.D.; S. 470

im Ermessen "frei wollender Menschen".[15] Wobei in der Gestaltung der Wirtschaft nicht nur die unmittelbaren Auswirkungen jeden Vorhabens gesehen werden darf. Sie muß vielmehr die Folgen jeder Maßnahme für die Zukunft der Gesellschaft im Auge haben. Dies umsomehr, als - wie schon gesagt - die wirtschaftliche Kraft der Gesellschaft weltweit an Bedeutung gewinnt.

Das alles besagt: Wirtschaft ist nicht Selbstzweck, hat seinen Zweck nicht in sich, sondern dient der Gesellschaft das Leben zu führen das man führen möchte.[16]

Wirtschaft ist damit eine gesellschaftliche Veranstaltung - d.h. der Ablauf der Wirtschaft hängt von allen möglichen Gegebenheiten in der Gesellschaft ab - eine Veranstaltung deren Ziele nie endgültige sind. Endgültig sind allein: Hilfen zur Entwicklung der Gesellschaft. Welche Ziele erreicht werden und wie diese Ziele zu erreichen sind, ist das Problem, das Staat und Gesellschaft gemeinsam lösen müssen.

Unter den genannten Aspekten ist die Wirtschaft erfassbar als ein Konglomerat von Personalem, - wie Eigennutz -, Sozialem, Moral und Technik; ein Konglomerat, in das der Staat auch durch außenpolitische Verpflichtungen z.B. durch die EG und die EU - vor allem durch das Recht - Steuer-, Handels-, Wirtschafts- und Arbeitsrecht u.a. – und ordnungspolitische Maßnahmen, wie Wettbewerbsrecht, Umweltschutz, Kapitalverkehr, Infrastruktur u.a., direkt oder indirekt gestaltend eingreift und Bedingungen setzt.

Damit hat die Wirtschaft eine Funktion für die Struktur der Gesellschaft "für das politische Gesicht unseres Landes".[17] Ähnlich umfassend - aber unter anderen

---

15 Sombart, Werner: Die Zukunft des Kapitalismus in Sombarts: Moderner Kapitalismus. Herausg. Bernhard von Brocke 1987 S. 394

16 Erhard, Ludwig: Einfluß der Preisbildung ... in Marktwirtschaft und Marktwissenschaft Hrsg. Bergler, Georg u. Erhard, Ludwig S. 59.

Vorzeichen und so gesehen umfassender - wird die Gesellschaft nur noch durch staatliche und überstaatliche (EWG,EU) Gesetze und Richtlinien durchdrungen.

Es ist auch die Wirtschaft, die es nicht unwesentlich ermöglicht, daß die vielfältigen Aufgaben des Staates gelöst werden können, durch Steuern, Gebühren und Abgaben auf Substanz und geleistete Arbeit. So verfügt der Staat z.Zt. über fast 50 % des Bruttosozialprodukts der Summe aller Güter - Sachgüter und Dienstleistungen, Konsumgüter und Investitionsgüter - die in der Wirtschaft der Bundesrepublik in einem Jahr erstellt wurden.

Es ist deshalb beinahe richtig, wenn Wolff von Amerongen[18] unter Berufung auf Walther Rathenau von der Bundesrepublik als "Wirtschaftsstaat" spricht (besser auch Wirtschaftsstaat denn die Bundesrepublik ist auch Rechtsstaat und Sozialstaat); davon daß die Wirtschaft und deren treibende Elemente - Unternehmen und Lohnarbeit - alle Teile der Gesellschaft und deren Einzelpersonen wesentlich betreffen. Max Weber[19] drückt das so aus: für alle, "kulturbedeutsamen" Gemeinschaften ist "der Zustand der Wirtschaft ursächlich bedeutsam, oft ausschlagend wichtig."

Auf die Bedeutung der Wirtschaft für Machtkämpfe der Nationen zwischen 1500 und 2000 hat Paul Kennedy hingewiesen.[20]

Der Gedanke, daß wirtschaftliche Unternehmen durch ihr Verhalten die Gesellschaft betreffen können, kommt im Aktiengesetz (§ 396) zum Ausdruck. Danach kann eine AG oder KG a.A. gerichtlich auf Antrag einer staatlichen

---

17 Weizsäcker, Richard Carl von: nach Weiss, Martin
    Die Weizsäckers; 1987 S. 497
18 v. Amerongen, Wolff Stabile Wirtschaft in: Nach vorn gedacht. Herausgeber Genscher, Hans Dietrich 1987
    S. 113 f
19 Weber, Max: Wirtschaft und Gesellschaft Studienausgabe 1985 S. 201
20 Aufstieg und Fall der Großen Mächte, 1989

Behörde aufgelöst werden, wenn sie das "Gemeinwohl" gefährdet, Die abhängige Lohnarbeit betrifft die Gesellschaft wesentlich durch Koalitionsfreiheit und Tarifhoheit. Diese Beispiele zeigen, daß das Verhältnis Wirtschaft/Gesellschaft, vor dem sozialen Hintergrund als Einheit zu erfassen ist.

1.2 Zum Verhältnis von Gesellschaft und Staat

Es ist geboten, nachdem wir wiederholt die Begriffe "Gesellschaft" und "Staat" genannt haben, festzulegen, was wir unter beiden verstehen.
Tönnies[21] unterscheidet Gemeinschaft und Gesellschaft und sagt: "Gemeinschaft ist das dauernde und echte Zusammenleben, sie hat einen eigenen Willen und ein eigenes Recht zu leben. " Höhn[22] hat in der Zeit des Dritten Reiches ideologisch bedingt und damit Überhöht von Gemeinschaft gesprochen, "wenn nebeneinanderstehende Menschen von einem Gemeinschaftsgeist erfaßt werden, der jeden von ihnen die Grundsätze seines Handelns vorschreibt ." Hier war von "Volksgemeinschaft" die Rede, einem Gebilde, das de facto nicht bestand und auch nicht gegeben ist. Gemeinschaften sind enger verknüpft, als daß sie nur "nebeneinander" stehen und von einem "Geist" erfaßt sind. Sie müssen zusammengehören wie z.b. überwiegend die Familie und eventuell auch Wohngemeinschaften.[23] Tönnies sagt zur "Gesellschaft", daß sie eine Menge von Individuen ist, deren Willen und Gebiete in zahlreichen Verbindungen zueinander und zahlreichen Verbindungen miteinander, doch von einander unabhängig in gegenseitiger innerer Einwirkung stehen. In der Gesellschaft ist ein jeder für sich allein und im Zustand der Spannung gegen alle übrigen. "Gesellschaft ist Austausch, primär wirtschaftlich, wobei verglichen wird zwischen dem was ich gebe, und dem was ich erhalte. " Dieser Definition hat Max Weber[24] grundsätzlich

---
21 Tönnies, Ferdinand: Gemeinschaft und Gesellschaft; 1970, S. 25, 40, 52
22 Höhn, Reinhard: Vom Wesen der Gemeinschaft; 1934 S. 9, 15
23 Baring, Arnulf: Machtwechsel; 1982 S. 370
24 Wirtschaft und Gesellschaft 1985, S. 19

zugestimmt. Und der Begriff stimmt auch heute noch, wenn man ihn gegenüber der Zeit in der Tönnies sein Werk schrieb (1887) "fortschreibt", was u.a. Dahrendorf[25] unternommen hat.

Die Gesellschaft ist nicht als ein einheitliches System mit kollektivem Geist und widerspruchslosen Wertgefügen anzusehen. Sie beruht auf funktionalen Verpflichtungen. Die Gesellschaft beginnt, so kann man sagen, dann, wenn der Einzelne sich der natürlichen Gemeinschaft, der Familie entzieht.

Die zur Gesellschaft gehörenden Individuen, jedes einzelne als Mensch seiner Art, in Geschlecht und Alter, Herkunft und Kultur verschieden, sind frei. Sie sind ein Zweckverband, gekennzeichnet durch Pluralität, der in einer herrschaftslosen Sphäre lebt, in der gleiche Rechte garantiert sind und in der eine Wertordnung gilt z.B. die individualistisch-wettbewerbsorientierte, die, so meine ich, in der Bundesrepublik Deutschland Ziele setzt.

Innere Spannungen und Auseinandersetzungen, die bei den so verschiedenartigen Menschen vorgegeben sind, werden in Gruppen und Institutionen unterschiedlicher Art ausgetragen. "Sie (die Gesellschaft) ist (aber) zivilisiert"[26] und nicht amorph, d.h. der Kern einer zivilisierten modernen Gesellschaft liegt in ihrer Fähigkeit, allen ihr zugehörigen Menschen gleiche Rechte, zu garantieren. Herder[27] meint dazu, daß der Mensch in der Gesellschaft "nichts anderes anbauen konnte, als Humanität. "

---

25 Dahrendorf, Rolf: Gesellschaft und Demokratie in Deutschland 1965
26 Dahrendorf a.a.O. S. 153 Aus: Nur Menschen haben Rechte in "Die Zeit" v. 25.4.89
27 Herders Werke: Ideen zur Philosophie der Geschichte der Menschheit. Hrsg. Naumann, Ernst, 15. Buch S. 171

Die Gruppen und Institutionen haben untereinander ein gemeinsames Interesse und ein loses Zusammengehörigkeitsgefühl, sind in organisierten Interessengruppen zusammengefaßt (Vereine, Kirchen, Gewerkschaften, Unternehmerverbände). Die Konkurrenz der Gruppen und die Ziele der einzelnen Angehörigen dieser pluralistischen Gesellschaft sind die Grundlage für das politische System der Demokratie was besagt, daß Opposition als fundamentaler Bestandteil der Demokratie zu gelten hat.

Demokratie[28] heißt die Repräsentation des Volkes des Volkeswillen. Was seinerseits besagt, "daß der Vielheit der innerhalb eines Staates bestehenden Richtungen und Auffassungen über die Aufgaben und Ziele des Staates hinaus Gelegenheit gegeben sein muß" "freigestaltend im und am Staatswesen mitzuwirken. "[29] Dabei hängt aber der Bestand der Demokratie davon ab, daß "jeder einzelne sein eignes Wohlergehen als unauflöslich verquickt mit dem Wohle der Gemeinschaft (besser: Gesellschaft) wahrnimmt",[30] demi = Demokratie, als Volksregierung ist nicht zum Vorteil von wenigen, sondern der Mehrzahl eingerichtet.[31]

Demokratie ist ein Wettbewerb von Ideen und Meinungen aus denen sich die Wahrheit ergibt[32],besser: ergeben soll, und damit eine Machtverteilung auf die Gesellschaft.[33] Damit ist auch gesagt, was 1850 in dem in Lemgo erscheinenden Wochenblatt "Der Volksfreund" stand" daß Demokratie Herrschaft des ganzen Volkes ist .[34]

---

28 s. dazu die sog. Truman-Doktrin in Kennedy, Paul: Aufstieg und Fall der Großen Mächte 1989, S. 594
29 Mangoldt, Hermann von: Grundsätzliches zum Neubau einer deutschen Staatsgewalt. 1947 S. 14
30 Kagan a.a.0. S. 373
31 Thukydides: Der Peloponesische Krieg II, 37 u. 43.
32 Kissinger, Henry: "Die Zeit" 21.12.82
33 Strachey, John; Kapitalismus 1957 S. 178
34 Klönne, Arno: Die deutsche Arbeiterbewegung 1989 S. 33

Gerade wegen der Vielfalt der Meinungen ist für die Demokratie "nichts wichtiger, als der Wille und die Fähigkeit zum Kompromiß, zum Ausgleich zwischen dem Einzel-, den Gruppeninteressen und dem Interesse der Gesamtheit."[35] Zum Kompromiß deshalb, weil in der Demokratie das Interesse des einzelnen oder einer Gruppe den gleichstarken Interessen einer Mehrheit geopfert wird. Um in der Demokratie zu angemessenen Kompromissen zu kommen, bedarf es innerhalb der Gruppen die das Volk vertreten, Führerpersönlichkeiten. (Beispiel: Asylantenfrage.) Demokratie ist, wie der ehemalige Präsident des BGH Zeidler in einer Sendung des ZDF[36] sagte: Auswahl von Personen zum Führen" und das in freien, gleichen und geheimen Wahlen. Kagan[37] meint deshalb: Demokratie sei von drei Bedingungen abhängig. "Erstens braucht es dazu eine Reihe funktionierender Institutionen; zweitens eine Bürgerschaft die über Einsicht in die Prinzipien der Demokratie verfügt oder jedenfalls einen der demokratischen Lebensweise entsprechenden Charakter ausgebildet hat; und drittens eine qualifizierte Führung, zumindest in kritischen Augenblicken. " Er führt deshalb auch das Scheitern der Weimarer Republik "auf den Mangel an Führungspersönlichkeiten" zurück "die das besondere visionäre Moment beisteuern könnten, das ein demokratisches Staatswesen braucht. "

John Silber läßt sich in seinem Werk "Ist Amerika zu retten"[38] ausführlich darüber aus, daß Demokratien "wie alle menschlichen Gemeinschaften, ja wie jedes Individuum" Helden und eine Vision der Größe brauchen, wenn sie ihr Potential verwirklichen wollen. Er zeigt die Schwierigkeiten auf, die sich für den Einzelnen stellen, um "politischer Held" zu werden. Er muß sowohl besser sein als der Mob wie auch für diesen akzeptabel. sein. Ein solcher Held lebt in der Dualität von menschlicher Größe und Bedeutungslosigkeit, womit m.E. Silber zum Ausdruck

---

35 Schmidt, Helmut: bei einer Vorlesung an der Uni Hamburg, Hamburger Abend Blatt 31.10./11.11.87
36 22.11.87
37 a.a.0. S. 14/15/26
38 1992, S. 66ff

bringt, daß er nicht eine elitäre Führungsschicht für die Demokratie meint, sondern den besonders begabten, charismatischen Menschen.

Dieser, in einer Demokratie führende Mensch, muß aber das Volk, wenn es in Demokratie geschult ist, erkennen und unterstützen. Walter Jellinek[39] hat dazu ein Beispiel genannt. Er meint, daß das deutsche Volk seine noch äußerst geringe Schulung fir Demokratie dadurch (bewies), daß es ... nach Eberts Tode, keinen allseitig beliebten, wirklichen Demokraten für das Amt des Reichspräsidenten fand, sondern den "Heros des Weltkrieges", v. Hindenburg zum Reichspräsidenten wählte, eine ehrwürdige Persönlichkeit, die aber nach Herkunft und Vergangenheit für die Fühlung eines demokratischen Staates in Krisenzeiten wenig berufen war, weil ihr notwendig die Leidenschaft zur Demokratie fehlte.

Die demokratische Ordnung hat ihren Sinn in dem Schutz und der Förderung des Menschen. Auftretende Macht, die unter Mißachtung der Gesetze des Staates (Rechtsstaatlichkeit) sich zeigt ist zu kontrollieren und im Gemeinwohlinteresse einzuschränken. Gorbatschow hat in einem Vortrag über "Demokratie"[40] gesagt, daß diese nicht bedeute die Abwesenheit von Kontrolle und nicht eine Geisteshaltung sei, mit der alles erlaubt sei, "Demokratie bedeutet Selbstkontrolle durch die Gesellschaft. "

Eine direkte Mitwirkung von Millionen Menschen am Geschehen im Staat ist nicht möglich. Die Demokratie, die in Athen von den auf dem Hügel "Pnyx" nahe dem Marktplatz, der Agora, versammelten erwachsenen männlichen Bürgern geübt wurde in der auch die Gesetze beschlossen wurden[41], mußte allein wegen der wachsenden Anzahl der Bürger übergehen in die sog. repräsentative

---

39 in "Pandora", Schriften für lebendige Überlieferung Nr. 1 Jhrg. 1946, S. 15
40 Welt am Sonntag 29.3.1989
41 s.dazu: Kagan, Donald: Perikles Die Geburt der Demokratie, 1992; S. 73 ff.

Demokratie, d.h. in eine Versammlung auf Zeit gewählter Repräsentanten des Volkes. In dieser Versammlung, dem Parlament, finden sich die über Parteien benannten und als Vertreter der Partei gewählten Sprecher des Volkes wieder. Im Parlament, müssen entweder Kompromisse gefunden werden oder die Mehrheit entscheidet. Demokratie und Mehrheit gehören zusammen. Die Mehrheit, der Bürger hat das letzte Entscheidungsrecht in der Demokratie.[42]

Dabei darf nicht vergessen werden, daß demokratisch gesuchte Entscheidungen häufig längere Zeit benötigen, bis sie zur Geltung kommen. Autokratisch - durch Monarchie oder Diktatur - getroffene Entschlüsse sind weniger zeitaufwendig berücksichtigen aber meist den "Volkswillen" nicht. Von hierher kommen häufig Einwände gegen die Demokratie, die aber m.E. in Kauf genommen werden müssen, um die persönliche Freiheit zu sichern.

Damit ist der Begriff Demokratie umrissen. Wieweit der Begriff Demokratie de facto erfüllt ist, wieweit der Bürger über die Parteien am Gesellschaftsgeschehen wirklich mitwirkt, bleibt offen. In der Demokratie hat jeder das Recht an den Vorgängen in Staat und Gesellschaft mitzuwirken, was nicht besagt, daß er nur Forderungen anmeldet, aber sich nicht in die Pflicht nimmt bei der Gestaltung der Demokratie aktiv mitzuhandeln. Demokratie beinhaltet eben sowohl Recht als auch Pflicht aktive Hinwendung zur Gesellschaft, in ihren Gruppen, zum Mitmenschen. Ob die gegensätzlichen Interessen der Gruppen, die in der Wirtschaft als Kapital und Arbeit, als Unternehmer und lohnabhängiger Arbeiter auftreten, ihre Konkurrenzkonflikte auch nach den Grundsätzen der Demokratie, mit dem Ziel eines gemeinsamen Konsenses oder eines Kompromisses lösen könnten, wird zu untersuchen sein.

---

42 Kielmansegg, Peter Graf: Das Experiment der Freiheit 1988 S. 102 f.

Diese Gesellschaft freier Menschen, in der Präambel zum Grundgesetz (GG) "das Volk" genannt, gibt sich für ein umrissenes Land- und Seegebiet und einem Luftraum, im Staat, eine Organisation, [43]einen Ordnungsrahmen. Der Staat tritt in Form einer juristischen Person auf, mit bestimmten für jedes Mitglied der Gesellschaft verbindlichen und gegen alle auch gegen andere bestehende Herrschaftsgewalten gerichtete Regeln. Diese Regeln geben dem Staat das Recht mit hoheitlicher Gewalt das Zusammenleben, die Existenz, d.h. Sicherung der Bedürfnisse und des Friedens, und die Freiheit jedes Einzelnen, das Gemeinwohl zu garantieren. (Das öffentliche Wohl - bonum publicum - war im römischen Recht ein besonders geschätzter Begriff.)

Der Staat dient der Gesellschaft,[44] ist somit keine Sache, sondern ein Personenverband. Der Staat als rechtliche Organisation ist mit dem ausschließlichen Recht seinen Willen im Wege des Zwanges auszuüben, ausgestattet. (Staatsgewalt) Er tut dies über staatliche Organe, die nach der Lehre des Franzosen Montesquieu dreigeteilt sind. (Art. 20 GG.) Diese Teilung verfolgt den Zweck der Staatsgewalt Schranken aufzuerlegen, und die Vielfältigkeit der staatlichen Betätigung zu regeln und zu kontrollieren.

Die gesetzgebende Gewalt liegt beim Volk, also beim Parlament. Gesetze werden ausgelegt durch die Rechtsprechung, durch unabhängige Gerichte, die an die Gesetze gebunden sind und unter denen das Bundesverfassungsgericht unter Voraussetzungen auch Gesetze kontrolliert. Als drittes Organ ist die Verwaltung, die vollziehende Gewalt, dazu da, die Tätigkeiten, die im Interesse der Gesellschaft für den einzelnen Bürger und für die Gesellschaft im Rahmen der sog. hoheitsrechtlichen Bereiche, verwirklicht werden müssen, im Rahmen der

---

43 Schmitt, Carl: Der Hüter der Verfassung 1931 S. 79, 141
44 zum Staatsbegriff s. Mangoldt. a.a.O. Popitz. in Hrg. Scholder, Klaus: Mittwoch - Gesellschaft 1982, S. 350

Gesetze zu verwirklichen. Die Verwaltung umfaßt das, was man Bürokratie nennt. Ihr gesetzmäßiges Handeln ist durch Verwaltungsgerichte nachprüfbar.

Die Grundzüge der staatlichen Ordnung sind für die Bundesrepublik Deutschland im Grundgesetz, der Verfassung der Bundesrepublik Deutschland festgelegt. Wenn in der Bundesrepublik Deutschland das Grundgesetz nicht als Verfassung vom Volke, sondern von den Ländern bestätigt worden ist, so liegt das an den politischen Verhältnissen nach dem verlorenen Krieg. De facto ist das Grundgesetz der staatliche Ordnungsrahmen der Bundesrepublik Deutschland, soweit nach der Wiedervereinigung nicht neue Überlegungen Änderungen ergeben.

Aus allem Vorhergehenden ist der Schluß zu ziehen, daß Gesellschaft und Staat nicht getrennt, aber auch nicht eins sind.[45] Nicht eins insoweit, als in der Gesellschaft der Mensch seiner selbst mächtig ist, im Staat aber einer Macht untertan.[46] Dem Staat ist von der Gesellschaft via parlamentarischer Mehrheitsbeschlüsse in Form der Gesetze die Macht, die Möglichkeit gegeben, dem im Gesetz niedergelegten Willen gegen den Bürger durchzusetzen.

Dabei gilt auch der Gesichtspunkt auf den Treitschke hinweist "überall lebt der Staat langsamer, als die Gesellschaft, er vermag ihrer Wandlung nur zu folgen. " Eine Erkenntnis deren Richtigkeit wir ständig vor Augen haben, wenn der Staat Gesetze "nachbessert", weil Umstände der Wandlung, die die Gesellschaft schon lange erkannt hat, generell geregelt werden müssen, so ist z.B. das Grundgesetz bis zum Jahre 1992 32 mal ergänzt und geändert worden. Eine Erkenntnis, die sich auch im BGB in den sog. Generalklauseln wie Verträge sind nach Treu und Glauben mit Rücksicht auf die Verkehrssitten auszulegen, findet.

---

45 Biedenkopf, Kurt in einem Interview: "Zeit" 19.1.90

Der Staat ist gleichsam das Werkzeug, das Mittel, das Instrument, wie Friedmann[47] sagt, oder wie Merkle[48] meint die Grundmauer der Gesellschaft dafür, menschenwürdig und in Freiheit leben zu können. Zu diesem Ziel setzt der Staat, in unserem Fall die Bundesrepublik Deutschland als ein demokratisch verfaßtes und kontrolliertes Organ die oben genannten Regeln.

2. Politische Innenansichten

Abgesehen davon, daß diese Staatsmacht durch parlamentarische Kontrolle und durch die Möglichkeit der Anrufung des Bundesverfassungsgericht (BVerfG) beschränkt ist, sind auf wirtschaftlichen Gebiet durch die Tarifautonomie der "Sozialpartner" und auf dem der Währung durch die unabhängige Bundesbank Machtbeschränkungen des Staates gegeben.

Die staatlichen Regeln muß der Einzelne anerkennen, auch dann, wenn sie nach seiner Meinung nicht "richtig" sind. Wäre das nicht gegeben, und hätte der Staat nicht die Macht die parlamentarisch beschlossenen Gesetze durchzusetzen, würden sich anarchische Zustände entwickeln. Um diese Macht soweit sie die Gerichte betrifft einzugrenzen - bezogen auf die Gesetze - gibt es in den Gesetzen Auslegungsregeln, wie Treu und Glauben, die generell gelten und gerichtliche Eingriffe im Bezug auf Tatbestände und Rechtsregel zulassen.

Die Bundesrepublik Deutschland sieht in ihrer Verfassung als demokratischer Staat jedoch bestimmte Möglichkeiten vor, die von ihm gesetzten Regeln durch sich neu bildende Mehrheiten 'im Parlament (konstruktives Mißtrauensvotum Art. 67 GG) und in der Gesellschaft (bei Neuwahlen)[49] zu beeinflussen, zu ändern.

---

46 Gogarten, Friedrich: Politische Ethik 1932, S. 149
47 Friedmann, Milton: Kapitalismus und Freiheit 1984 S. 19
48 Merkle, Hans L.: Kultur der Wirtschaft 1987 S. 76
49 Mises, Ludwig von: Im Namen des Staates 1978 S. 222

Die von den aus der Gesellschaft gewählten Vertreter, -diese präsentiert durch Parteien, d.s. Vergesellschaftungen innerhalb des Staates die "bei der politischen Willensbildung des Volkes" mitwirken (Art. 21 Abs.1 GG) und mit politischen, ideologischen oder an der Macht als solcher orientierten Interessen, die im Konkurrenzkampf durchgesetzt werden sollen[50], haben bestimmte im GG. festgelegten Zwecke zu verfolgen. Diese sind Schutz des Lebens nach innen und außen, Schutz des Friedens und der Freiheit und des Eigentums, sowie Durchsetzung der Gerechtigkeit für alle Bürger (Rechtsstaat). Das gemeine Wohl ist zu fördern, wobei wie gesagt das Gemeinwohl in der pluralistischen Gesellschaft nicht a priori feststellbar ist. Es bildet sich aus den Konflikten der Bürger heraus. Es ist das Ergebnis des Wettstreites im politischen Raum.[51] Es betrifft aber auch die Wirtschaft. Weiter ist nach dem Grundgesetz der soziale Ausgleich und die Existenz des Einzelnen, Befriedigung "eines Minimalanspruchs vitaler, biologisch determinierter Grundansprüche"[52] zu sichern. (Sozialstaatsklauseln.) Dabei muß jedoch beachtet werden, daß nicht im Namen des Gemeinwohls die Entfaltung individuellen Handelns beeinträchtigt wird, oder in persönliche Rechte z.B. in das Eigentum ohne besonderen Grund eingegriffen wird.

Mit dem Schutz bestimmter Werte ist verbunden das Streben hin zu den Werten, sowie die Tatsache, diese Werte für das einzelne Mitglied der Gesellschaft möglich zu machen. Mit diesem "möglich machen" übernimmt der Staat die "Daseinsvorsorge" für seine Bürger. Dabei ist das Problem Werte zweiseitig.

---

50 Weber, Max a.a.O. S. 167 -
51 s. dazu Böhrel, C.; Jaun, W.u.a. Innenpolitik und politische Theorien 1982 S. 60 ff; 195 ff
52 Schelzky, Helmut: Auf der Suche nach Wirklichkeit 1965 S. 38

Die Werte die wir genannt haben, sind konkret und in Annäherung auf die gesetzten Ziele z.B. Eigentum, Gemeinwohl ganz oder teilweise zu erfüllen. Bei ihnen ist - auch in der Annäherung - ein Konsens in der Gesellschaft über die Ziele als solche zu erreichen.

Die Werte die für jeden Einzelnen im Hinblick auf seine Person und sein Lebensziel im Absoluten verankert sein sollten, sind von Staatswegen nicht zu regeln. Wenn auch der Wertemangel von Politikern oft beklagt wird. Sie würden aber, wenn sie in der Gesellschaft allgemein gültig vorhanden wären, oder vom Staat vorgegeben werden könnten, den Beziehungen zwischen den Mitgliedern der Gesellschaft nützen. Werte, die die Religion vermitteln könnte, sind generell in der Auflösung begriffen, man denke an die zunehmende Zahl von Austritten aus den christlichen Kirchen, die auch wegen der Steuer erfolgen können. Andererseits ist eine Zunahme von Sekten und anderen Religionsgemeinschaften zu verzeichnen. Was alles nicht heißt, daß es sie nicht mehr gibt, zumindest sind sie von den führenden Parteien in ihren Programmen mit "christlich" festgeschrieben, aber sie werden für einen großen Teil der Bevölkerung nicht mehr in der kirchlich organisierten, christlichen Religion gesucht. Der Wegfall der geistigen Werte oder der Mangel an möglich weitgehend von vielen Mitgliedern der Gesellschaft bejahten geistigen Werten erschwert es, zu sittlich und moralisch durchgängigen Verhalten zu kommen; erschwert die zwischenmenschliche Beziehungen; läßt Humanität und Frieden untereinander vermissen.

Mit der Daseinsvorsorge dient der Staat direkt der Gesellschaft insofern, als die Gesellschaft vom Staat Maßnahmen fordert, die die Gesellschaft in ihrer Gegliedertheit glaubt nicht allein lösen zu können. Der Staat erfaßt alle Bereiche des gesellschaftlichen Lebens und die Gesellschaft wirkt in den Staat hinein. Und das, obgleich der Staat nur subsidiär eingreifen sollte. Was innerhalb der Gesellschaft, zwischen den einzelnen Mitgliedern und in ihren Gruppen den Grundrechten entsprechend geregelt werden kann, sollte den Staat nichts angehen.[53] Ein Faktum, daß von den Bürgern, die bei jeder Kleinigkeit nach gesetzlichen Regeln rufen und auch vom Staat, der die Bürger mit einer Flut von Einzelregelungen zudeckt, nicht genug beachtet, wird. Ab und an wird versucht, die Flut von Gesetzen und Verordnungen zu bestimmten Fragen zu "bereinigen". Meist ohne erkennbaren Erfolg.

Das Bundesverwaltungsgericht hat in zwei Entscheidungen festgestellt, daß der Staat zur Neutralität und Toleranz d.i. Achtung vor dem Gewissen der jeweilig anderen, verpflichtet sei. Er habe dieses Gebot zu beachten, bevor er tätig wird.[54] An der Nichtbeachtung dieses Prinzips, an der "Einmischung des Staates in alles", der "Absorption jedes spontanen Antriebs durch den Staat"[55] liegt es, daß von zuviel Bürokratie, Entscheidung vom grünen Tisch der Staatsgewalt, gesprochen wird, daß Verordnungen und Anordnungen unterer Instanzen die Gesetzmäßigkeit beeinträchtigen, daß Schmitt[56] vom "motorisierten Gesetz" spricht.

Daß es Möglichkeiten der Selbstregelung ohne staatliche Beteiligung gibt, hat die chemische Industrie bewiesen, als sie für ihre Produkte den Einsatz von für die Umwelt gefährlichen Fluorchlorkohlenwasserstoff durch Eigenbeschluß auf ein Minimum beschränkt hat. Andererseits zeigt die Flut der privaten Rechtsstreitigkeiten, daß innerhalb der Gesellschaft der Gedanke der selbstverantworteten Einigung, des Kompromisses, immer mehr verloren geht. Man spricht nicht mehr miteinander. (Wobei erwähnt werden muß, daß auch durch Rechtsschutzversicherungen die Prozeßbereitschaft steigt.) De facto wird

---

53 Mauns, Theodor: Deutsches Staatsrecht 1962, S. 65 Remmers, Werner: Was kann Politik eigentlich bewirken in "Wie wir leben wollen." Hrg. Vogel, Bernhard 1986 S. 227 Reichel, Werner: Das Prinzip der Subsidiarität und der Entwurf des Urheberrechtsgesetzes in Börsenblatt des Deutschen Buchhandels v. 9.11.62 S. 1973 der---Subsidiarität im Urheberrecht. FAZ 21.3.63 Albers, Willi: Soziale Sicherung 1982 S. 33 mit weiterer einschlägiger Literatur.
54 Az: 7 C 92.86 CST 005 u. 7 C 89.86 DUS 009
55 Ortega y Gasset: Aufstand der Massen 1947 S. 79

das Prinzip des subsidiären Eingreifens des Staates, das im Grundgesetz unmittelbar, im Wortlaut fehlt, aber nach der Rechtslehre mittelbar dem Grundgesetz zugrunde liegt, wenig angewandt. Das gilt besonders auch für die Wirtschaft.

Auf dem Gebiet der Wirtschaft wachsen Staat und Gesellschaft immer mehr zusammen. Schmitt[57] spricht davon, daß "in der Wendung zum Wirtschaftsstaat" - er nennt den Staat auch Wohlfahrts- und Fürsorgestaat - "die auffälligste Veränderung gegenüber den Staatsvorstellungen des 19. Jahrhunderts liegt". Zurecht stellt er fest, "in jedem modernen Staat bildet das Verhältnis des Staates zur Wirtschaft den eigentlichen Gegenstand der unmittelbaren aktuellen innenpolitischen Fragen. " Man denke an Steuern, Arbeitslosigkeit, Umweltschutz u.a. Ähnlich haben sich Jacob Burghardt[58] und Friedrich Gogarten[59] geäußert.

Zurück zur Wirtschaft. Wesentliche Elemente des Wirtschaftens wenn man von staatlichen, d.h. wirtschafts-, finanz- und ordnungspolitischen Maßnahmen ab sieht - das Unternehmen und der abhängig arbeitende Lohnempfänger.

Diese Elemente stehen im Innenverhältnis der Wirtschaft und damit im sozialen und politischen Bereich in einer Spannung, in einem "Mißverhältnis",- wie es in einem Flugblatt aus den fünfziger Jahren des 19. Jahrhunderts heisst.[60] Es ist die Spannung zwischen dem Kapital-, Geld-, Sach-, Anlagevermögen der Produktions-, Dienstleistungs-, und Handelsunternehmen- und der in diesen Unternehmen tätigen Lohn- und Erwerbsarbeit, jeweils personifiziert in den Menschen Unternehmensleiter/Lohnarbeiter. Sombart spricht hier vom Wirtschaftssubjekt. Inhaber der Produktionsmittel- und von Wirtschafts -

---

57 a.a.O. S. 81
58 Burghardt, Jacob: Weltgeschichtliche Betrachtungen S. 134
59 Gogarten, Friedrich: Politische Ethik 1932 S. 149
60 Klönne, Arno: Die deutsche Arbeiterbewegung 1989, S. 21

Objekten = "besitzlosen Nurarbeiter, "[61] wobei er wohl den Begriff Objekt gleich Sache nicht in Bezug zu den Menschen als Person, sondern zur objekthaften Wirtschaft setzt.

Die Grundlage für dieses schichtenbildende Prinzip ist das Eigentum als rechtliche Verfügungsmacht auf der einen Seite oder der Ausschluß vom Eigentum an den Produktionsmitteln, wie Fabrikgebäuden, Maschinen, Rohstoffen und den Konsumgütern, die nicht ins Budget des Lohnarbeiters übergehen auf der anderen Seite.[62]

Der Deutsche Gewerkschaftsbund spricht in der Präambel seines Grundsatzprogramms (1981) davon, daß "seit Beginn (der Industrialisierung .... die sozialen und gesellschaftlichen Auseinandersetzungen durch den Interessengegensatz zwischen Kapital und Arbeit geprägt" werden. Dahrendorf nennt dieses Verhältnis den "sozialen Streit. "[63] Eine Seite dieses Streits, ist die "Soziale Frage. " Deren Inhalt ist der Versuch der Besserung und Sicherung der Lebensverhältnisse der Menschen, die als Lohnarbeiter in den Unternehmen arbeiten.

Sachlich, fest auf den Füßen stehend, wie es in Faust I heisst, ist festzuhalten, daß das Kapital, die Unternehmen, nicht ohne Lohnarbeit und umgekehrt Lohnarbeit nicht ohne Unternehmen auskommt. Capra[64] sagt zu recht, auf die Produktion bezogen, daß der Produktionsvorgang so komplex sei, "daß es nicht mehr möglich ist, die Anteile von Grund und Boden, Arbeit, Kapital und sonstigen Faktoren zu trennen. " Und Siebel, als Unternehmervertreter, meint in einem Vortrag 1985,

---

61 Eckert, Christian: Glück und Glanz des Kapitalismus in "Sombarts Moderner Kapitalismus" Herausg. vom Brocke, Bernhard 1987 S. 283
62 Schumpeter a.a.O. S. 33
63 Dahrendorf in "Geht uns die Arbeit aus" 1983 S. 31
64 a.a.O. S. 225

"Die Anforderungen an die Unternehmen der Metallindustrie (er meint: höchstwertige Produkte, wechselnde Typenvielfalt, Lieferbereitschaft und konkurrenzfähige Preise) sind nur in Zusammenarbeit aller Arbeitnehmer, sei es in der führenden oder in der ausführenden Funktion, und bei hoher Einsatzbereitschaft jedes einzelnen zu erfüllen. "[65] Die Interessen der betroffenen Gruppen sind im Grunde gleichgerichtet. Es geht Kapital und Lohnarbeit darum jeweils für sich etwas zu erwerben, dadurch daß sie den Bedarf der Gesellschaft befriedigen. Zu recht sagt Marx[66] deshalb: Das Kapital setzt also die Lohnarbeit, die Lohnarbeit setzt das Kapital voraus. Sie bedingen sich wechselseitig, sie bringen sich wechselseitig hervor. " Steinkühler[67] meint dasselbe sachbezogen: "Mit Kapital allein kann man keine Industrie aufbauen, da braucht man auch Arbeitnehmer" und Der Wertzuwachs ergibt sich nie einzig und allein ans Kapitalinvestitionen, sondern immer aus Kapital und Arbeit. " Daß die Einteilung Kapital = Unternehmer und Lohnarbeit = für die im Unternehmen arbeitenden, also Lohnarbeiter, zum Unterschied vom selbständig für ein Unternehmen Arbeitenden, und als Handwerker, Handelsvertreter, Arzt, Anwalt u.ä. Arbeitenden, ändert an der Darlegung generell nichts, weil die Lohnarbeiter überwiegend im Wirtschaftsleben anzutreffen sind.

Ein Unternehmen kann ohne die Lohnarbeit nicht produzieren und mit dem Konsum des Arbeiters auf der Grundlage seines Lohns wird für viele Unternehmen die Produktion erst möglich und erhalten. Der Lohnarbeiter hat ohne den Arbeitsplatz in einem Unternehmen, ohne den Arbeitsvertrag mit dem Unternehmer im allgemeinen keine Möglichkeit seinen Lebensunterhalt zu bestreiten. (Soziale Hilfe des Staates zum überleben - also nicht zum Leben in

---

65 a.a.0. S. 154
66 Marx, Karl: Lohnarbeit und Kapital 1946 S. 25
67 aus einem Interview "Die Zeit" 1.2.91

gewünschter Qualität - außer Betracht gelassen, weil diese staatliche Hilfe Substitut bleibt.)

Brecht[68] stellt deshalb fest, "der Kapitalist als der Leiter der Produktion und, ebenfalls Materialist, weiß, daß seine Fabrik, die, er hat, unter Umständen, zum Beispiel wenn die Polizei schlapp macht" nichts mehr ist, was er hat, daß sie schon im Streik ein Haufen rostenden Eisens ist; er weiß, daß das was er hat solange er etwas hat, die Arbeitskraft der Arbeiter ist. " Allein auf den Betrieb, auf die Produktion bezogen eine richtige Betrachtung, die bei objektiver Sicht ergänzt werden muß dahin, daß auch die Arbeitskraft nicht genützt werden kann, wenn es keine Fabrik, keine Produktion, kein Produkt, keine Dienstleistung gibt, für die die Arbeitskraft eingesetzt werden kann. Beweis: Arbeitslosigkeit mit ihren materiellen und psychischen Folgen.

Papst Leo XIII sieht in der Enzyklika "Rerum novarum" (RR) die Bezüge eindeutiger als Brecht. Er schreibt: "Das Kapital (Unternehmer) bedarf der Arbeit (Lohnarbeit) und die Arbeit des Kapitals. " Pius XI wiederholt 40 Jahre später in der "Quadragesimo anno" (QuA) diese Sentenz und fügt an! "Die Vertreter des Kapitals und die Arbeiter sind im Betrieb eine Leistungsgemeinschaft und die Quelle für den Wohlstand der Gesellschaft. "[69] Wobei Wohlstand m.E. nicht nur materiell zu sehen ist, sondern auch das "Sich wohlfühlen, " nicht nur das körperliche, sondern auch das geistig-seelische betrifft. Johannes Paul II wiederholt die Auffassung seiner Vorgänger in der Enzyklika Laborem exercens" (LE) aus dem Jahre 1981. Er sagt[70], der Wirtschaftsprozeß zeige, "daß die Arbeit und das, was wir gewöhnlich unter Kapital verstehen, einander wechselseitig durchdringen und unauflöslich, aufeinander sind. " Und das, obgleich er in dem Sendschreiben generell: "das Prinzip des Vorranges der Arbeit vor dem Kapital

---

68 Brecht, Bertold: Gesammelte Werke 1967 Bd. 20 S. 95
69 Die Sozialen Rundschreiben 1948 S. 31 u. 117
70 Teil III Abschnitt 13 Ziff 2

vertritt."[71] Eine Auffassung, die das Aufeinanderangewiesensein von Kapital und Arbeit nicht berührt, sondern bei der es nur darum geht darzutun, welchen Stellenwert die menschliche Arbeit als solche in den wirtschaftlichen und sozialen Beziehungen hat – oder haben sollte, nämlich daß die Arbeit der Dreh- und Angelpunkt der sozialen Frage ist."[72]

Die Spannungen zwischen Unternehmen und Lohnarbeit sind im wesentlichen in der Frage begründet: Sind die Beziehungen zueinander gerecht und menschenwürdig gelöst, sind Rechte und Pflichten moralisch und gerecht verteilt, sind sie selbst und gegeneinander so geregelt, daß die Beziehungen dem Gemeinwohl und der Lebensqualität für den Einzelnen nicht nur dienen, sondern auch sicherstellen. (Man denke hier z.b. an die für die Auseinandersetzung unterschiedlichen Meinungen, beim Streik- und Aussperrungsrecht. Wie weit laufen deren Ausübung einen) Allgemeininteresse zuwider?

Die aufgeworfene Frage begründet sich in Problemen wie: Arbeitszeit, Arbeitsumwelt, Weiterbildung, Entgelt, gerechte Teilhabe am Gesamtvermögen der Gesellschaft, aber auch in der Frage: ob das Verhältnis zwischen Unternehmen und Lohnarbeiter faktisch so geregelt ist, daß die notwendige Zusammenarbeit im Interesse der Wirtschaft und damit im Interesse der Gesellschaft optimale Ergebnisse erzielt; d.h. hin zu Fragen der Mitbestimmung und Beteiligung am Arbeitsergebnis.

Die Auseinandersetzungen zwischen Eigentum und vom Eigentum an den Produktionsmittel Ausgeschlossenen (Unternehmer und Lohnarbeiter heutiger Auffassung) sind geschichtlich geworden und haben politisch, sozial und wirtschaftlich die gesellschaftlichen Formen begleitet und bestimmt. Sie haben

---

71 Teil III Abschnitt 12 Ziff. 1
72 v. Nell-Breuning, Oswald: Arbeit vor Kapital 1983 S. 22

sich erst mit der Ausbildung, der Qualifikation und mit der Annäherung eines Teiles der Lohnarbeiter in Bildung und Lebenshaltung an die besitzenden Schichten verstärkt bemerkbar gemacht; etwa der Mitte des 19. Jahrhunderts zusammen mit der Schaffung von Arbeiterorganisationen.

Auf dem Internationalen Kongreß der Ersten Internationalen der Arbeiterklasse 1866 in Genf heißt es in einer Resolution: Wenn die Gewerkschaftsgenossenschaften notwendig sind für den Guerillakrieg zwischen Kapital und Arbeit, so sind sie noch weit wichtiger als organisatorische Kraft , zur Beseitigung des Systems der Lohnarbeit selbst.[73]

Die Zustände, die zu dieser Zeit herrschten, in denen der Lohnarbeiter lebte, schildert Friedrich Engels in dem 1845 verfaßten Buch über "Die Lage der arbeitenden Klasse in England", von dem Sombart in einem 1895 verfaßten Vorwort zu diesem Buch sagte, daß es "ein Epoche machendes Werk" sei. Ähnliche Verhältnisse schildert Méchchoulan[74] aus dem Amsterdam des 17. Jahrhunderts. Die dort geschilderten Verhältnisse sind in Deutschland nicht besser gewesen.

In einem Aufruf etwa um 1865 meint einer der reichsten Männer im Königreich Württemberg, Eduard von Pfeiffer: "Merkt es Euch Ihr Mächtigen und Reichen, die Ihr behaglich dahin lebt, ohne Euch um das Los derer zu bekümmern durch die allein der ganze Comfort, der Euch umgibt geschaffen wurde."[75]

Die Auseinandersetzungen gab es in mehr oder weniger ausgeprägter Form - bis hin zu Streiks und Aufständen zwischen Freien und Sklaven, Herren und

---

[73] Engelberg, Ernst Bismark a.D. S. 698
[74] Méchchoulan, Henry: Das Geld und die Freiheit, 1992, S. 236f
[75] Stuttgarter Zeitung v. 6.7.1991

Knechten im Hochmittelalter, Zünften und Gilden einerseits und Gesellen andererseits, Bürgern und Beisassen, Adel und Leibeigenen oder Bürgern, jeweils begründet in der gültigen Staatsordnung.

Die Spannungen gehen heute grundsätzlich nicht mehr von der im Grundgesetz festgelegten, staatlichen Ordnung aus. Nach ihr, nach dem Grundgesetz der Bundesrepublik Deutschland, bestehen Gegensätze und Unterschiede zwischen den einzelnen Menschen im Bezug auf den Staat nicht mehr. Der Mensch steht entsprechend christlicher Auffassung, die von den großen Parteien vertreten wird, im Mittelpunkt. Die christliche Lehre billigt jedem Menschen ungeachtet Stand und Vermögen einen Wert zu und verankert somit die Gleichheit aller Menschen. Die Würde jedes Menschen und seine persönliche Freiheit ist durch die demokratische und rechtsstaatliche, Grundordnung geschützt. Die Menschenwürde ist unantastbar und alle staatliche Gewalt ist zu ihrem Schutz einzusetzen (Art. 1 GG). Alle Menschen sind vor dem Gesetz gleich (Prinzip der Gerechtigkeit). In der demokratischen Bundesrepublik Deutschland ist jeder deutsche Staatsbürger (Art. 116 GG) unter gewissen formalen Voraussetzungen wahlberechtigt und wählbar, d.h. er ist an der Willensbildung nicht nur beteiligt, sondern berechtigt auf sie einzuwirken. (GG Art. 20, Bundeswahlgesetz §§ 12,15).

Ein Problem bleibt offen: Wieviele der Wahlberechtigten haben trotz der Medien-Information trotz aller Hinweise auf den "mündigen Bürger", annähernd gleiches Wissen und Urteilsvermögen um - zumindest per Wahlzettel - gezielt "mitreden" zu können?

Generell spricht man - wohl zu recht - davon, daß das Grundgesetz für die Bundesrepublik Deutschland die beste Form für eine Demokratie gegeben hat.

MdB Otto Schily[76] bezeichnet das Grundgesetz als "die beste Verfassung in der Geschichte". Ähnlich sagt Helmut Schmidt[77]: "Unser Grundgesetz vom 23. Mai 1949 ist die beste Verfassung, die jemals in Deutschland gegolten hat. " Und an anderer Stelle weist er auf "das zu Recht als vorbildlich angesehene Grundgesetz der Bundesrepublik Deutschland" hin.[78] Das ehemalige MdB Hildegard Hamm-Brücher[79] spricht vom Grundgesetz als entscheidend wichtigen, erfolgreichen und "immer wieder auch als Innovation fähiger Grundstein unserer Demokratie. " Und weiter: "aus dem Grundgesetz ist eigentlich viel Gutes geworden. " Bundespräsident v. Weizsäcker sagte zu dieser Frage bei der 40jahr Feier der Gründung der Bundesrepublik Deutschland, daß wir nur eine Verfassung haben, er frage sich aber, ob wir in einer guten Verfassung sind. Also: formell ja, faktisch auf die Bürger bezogen fraglich.

Es bleibt anzumerken, daß die Demokratie doch wesentlich eingeschränkt ist. Es heißt: alle Staatsgewalt geht vom Volke aus (Art. 20 Abs. 2 GG), de facto wählen die Angehörigen des Volkes, jeder deren Programm nach eine ihm genehme Partei. Und damit direkt oder indirekt über eine von der Partei aufgestellte Liste als Mitglied dieser Partei als Abgeordneten in das Parlament, das durch Mehrheitsbeschluß über das Gemeinwohl entscheiden soll.

"Dem Programm nach": Wieviele Wähler kennen die ausführlichen Programme und Grundsatzpapiere der Parteien. Der, der sich darum bemüht, muß viel Zeit aufwenden bis es ihm gelingt, das Programm zu erhalten.

Dadurch ist die Demokratie: eine mittelbare Demokratie. D.h. es wird für das Volk durch gewählte Vertreter geherrscht und Macht ausgeübt.

---

76 in Bertelsmann Brief Juni 89, S. 11, 14
77 Handeln für Deutschland. 1993, S. 129
78 Schmidt, Helmut in Willinek, Joachim: Wagnis Demokratie, 1992, S. 13.
79 in Bertelmann Brief Juni 89, S. 15, 18

Wenn auch nach Art. 38 GG jeder Bundestagsabgeordneter als Vertreter des ganzen Volkes "an Aufträge und Weisungen nicht gebunden" und nur "seinem Gewissen unterworfen" ist, ist er doch als Mitglied einer Partei Abgeordneter geworden. Die Partei, deren innere Ordnung demokratischen Grundsätzen entsprechen muß (Art. 21 Satz 2 GG), kann durch Mehrheitsbeschlüsse - also demokratisch - Richtlinien für ihre Politik verbindlich für alle ihre Abgeordneten geben. Die "Parteidisziplin" widerspricht nicht demokratischen Grundsätzen,[80] weil sie auf demokratischer Grundlage, "gefordert" wird. Durch die Parteidisziplin der Abgeordneten kommt es im Parlament, im Bundestag, meist zu einheitlichen Stellungnahmen der Parteien, was bei absoluten Mehrheiten im Parlament dazu führt, daß ein Grundsatz der Demokratie, der Kompromiß, ausgeschlossen wird, weil man ihn mit der Minderheit nicht sucht. Man hört sie zwar, aber vernachlässigt ihre Meinung.

Das dies so ist hat Paul Löbe, Reichstagspräsident und Alterspräsident in der 1. Bundestagssezzion 1949 angedeutet, in dem er in einer Überlegung zur Parlamentreform es als den "eigentlichen Zweck des Parlaments" bezeichnete, daß im parlamentarischen Kampfe der eigene Gedankengang an der Kritik der anderen geprüft, Irrtümer ausgemerzt, fremdes Geistesgut verarbeitet aufgenommen werde.[81]

Wenn man bei Vorschlägen zur Reform des Parlaments diese Sätze ausspricht, muß etwas gewesen sein. Schelski[82] sagt im Hinblick auf den Politiker: "Kompromisse und Einigungen mit gegenseitiger Verbindlichkeit sind zur "Publizität" nicht geeignet. " Es sollte doch so sein - worauf Helmut Schmidt

---

80 Maunz a.a.0. S. 70
81 Zit. n. Kiesinger, Kurt Georg: Dunkle und helle Jahre 1989 S. 369
82 Schelsky, Helmut: Politik und Publizität 1983, S. 62

offenbar hinweisen mußte -: Das öffentliche Wohl muß höher stehen als das Gestaltungsbedürfnis oder die Taktik der Partei.[83]

Der Abgeordnete ist sogar über die Partei hinaus "einem Netz von Aufträgen unterworfen"[84], "Auftraggeber" können Wähler, Interessenverbände u.a. sein. (Enge Bindungen zu Interessenvertretern hat sich beim Rücktritt von Ministerpräsident Späth u.a. gezeigt und ist Ende 1991 in einer Artikelserie der Zeitschrift "Die Zeit" über den Lobbyismus in Bonn aufgezeigt worden). Aufträge und Interessenvertretung können sich auch aus lukrativen Nebenbeschäftigungen der Parlamentarier ergeben. Aus dem 1991 veröffentlichten Zusatzband zum Bundestagshandbuch ergibt sich: mehr als 150 Abgeordnete sitzen in einem Aufsichtsrat, oder einem ähnlichen Posten. Jeder 6. der 662 Abgeordneten gab an, daß er einer Interessenorganisation verbunden sei. In der amtlichen Liste des Bundestages sind mehr als 1500 Interessenvertretungen registriert.

Hinzu kommt, daß in der Regel nicht das "ganze" Volk zur Wahl geht. Etwa 20 % und mehr der Wahlberechtigten bleiben aus den verschiedensten Gründen ihr fern, so daß man von der "Partei der Nichtwähler" spricht. Zum Teil boykottiert der Wahlberechtigte die Wahl um seinen Unwillen gegen diese oder jene politischen Fakten gegen die Parteien auszudrücken. Beispiel: die Landtagswahlen in Baden-Württemberg und Schleswig-Holstein am 5. April 1992 und die Landtagswahl in Hessen im Februar 1993: die Wählenden beherrschen die Stillen im Land.

Es gibt weiter keinen Wahlzwang, weil damit die Freiheit des Einzelnen eingeschränkt würde.

---

83 Welt am Sonntag 25.6.1985
84 Claessens, D., Klönne, A., Tschoepe, A: Sozialkunde der Bundesrepublik Deutschland 1965 S. 47

Zum Dritten üben neben dem durch die Wahlen gebildeten Parlament, der Vertretung der Gesamtheit des Volkes, besondere Organe, die vollziehende Gewalt und die Rechtssprechung "alle Staatsgewalt" aus.

Gesetze werden zwar durch das Parlament beschlossen. Die Gesetzentwürfe werden aber in der Mehrzahl von der Regierung und nicht aus der Mitte des Parlaments, als Initiativen der Volksvertreter eingereicht. Was besagt, daß Beamte, meist "Parteibuchbeamte", der Ministerien nach speziellen bürokratischen Überlegungen und nach Anhörung von oder Beeinflussung durch Interessenvertretungen die Gesetze formulieren. Der Abgeordnete verarbeitet Vorlagen und übt nicht "Staatskunst" aus.

Im Landtag von Baden-Württemberg wurden in der 8. Wahlperiode 129 Gesetzentwürfe eingereicht. In der 9. Wahlperiode waren es 98. Davon legte die Regierung 73 bzw. 61 vor, Fraktionen und Abgeordnete 56 bzw. 32.[85]

Rechtsprechung und Verwaltung sind zwar an die Gesetzgebung gebunden. Aber der "unabhängige" Richter legt die Gesetze aus. Und das geschieht durchaus unterschiedlich bis hin zum Bundesgerichtshof, soweit man das sog. Richterrecht einmal unberücksichtigt läßt. Über Jahre ging in eingeweihten Kreisen das Wort um, daß Arbeitsgerichte mit Richtern der 1968 Generation/Apobeteiligten besetzt seien, mit dem Ergebnis, daß Recht nur Arbeitnehmer bekämen. Zu schweigen von der Aufgabe des Bundesverfassungsgerichts festzustellen, ob Gesetzbestimmungen grundgesetzkonform sind.

Auch die Verwaltung, die täglich und stündlich in alle Lebensbereiche eingreift und die vielfach von bürokratischen Ermessungsauslegungen der Gesetze und Verordnungen bestimmt wird, weicht nicht selten von dem ab, was das Volk als

---

85 Landtag von Baden-Württemberg 7. Aufl. (Stand Dezember 1988) S. 20

"richtig" empfindet; trotz Verwaltungsgerichtsbarkeit. Die Verwaltung treibt in gewissem Umfang Ermessensmißbrauch; heute nennt man es: sie macht Ermessensfehler.

Zusammengefaßt: Der Schwerpunkt der Staatsgewalt liegt bei ihren Organen und nicht beim Volk, und schon gar nicht bei den einzelnen Angehörigen, wie es in Volksbegehren oder -entscheid die Weimarer Reichsverfassung Art. 73 vorsah, Ausnahme Art. 28 GG: Neugliederung des Bundesgebiets. Zum Für, und Wider eines Volksentscheids siehe Aristoteles[86] der hier den Raum für Demagogen sieht, die Beiträge von Hans Peter Büll und Horst Ehmke in "Die Zeit" V0B1 31. März 1989 und Horst Meinecke in der Stuttgarter Zeitung vom 2. Dezember 1989. Die SPD meint in ihrem Grundsatzprogramm (Berlin) Abschnitt 5, daß "in gesetzlich festzulegenden Grenzen" Volksbegehr und Volksentscheid parlamentarische Entscheidungen ergänzen sollen. Ich bin der Meinung, daß man von Volksbegehr und Volksentscheid absehen sollte, weil in allen Fällen die Problematik der gestellten Frage vielschichtig und mit so vielen Facetten versehen ist, als daß der Bürger sie einfach mit ja oder nein beantworten könnte. Der demokratisch zu suchende Kompromiß entfällt.[87] Das bedeutet auch, daß die Parteien die für oder gegen den Inhalt der Volksentscheidung sind mit Schlagworten die Problematik verkleinern oder aufbauschen, ideologisch untermauern. Hinzu kommt: unsere Demokratie ist laut GG eine repräsentative, d.h. Parlamentarismus, der aufgegeben wird, wenn das Volk entscheidet. (Was nicht ausschließt, daß am "Parlamentarismus" reformiert werden sollte.) In zwei Ländern, Baden-Württemberg und Schleswig-Holstein sehen Landesverfassungen plebizitäre Entscheidungen vor. In der "Zeit" (19. April 1991) sind entsprechende Fälle in Schleswig-Holstein zusammengetragen, die im Ergebnis die hier vertretene Meinung stützen. Von den Ostdeutschen Ländern kennt Sachsen Anhalt die Volkinitiative, d.h. Bürger können den Landtag zur Befassung mit bestimmten

---

86 Hauptwerke (Auswahl Nestle, Wilhelm) 1934 S. 350

Angelegenheiten zwingen, soweit 35.000 Bürger die Initiative unterschreiben, und das Volksbegehr, was besagt, daß 250.000 Wahlberechtigte den Erlaß, die Veränderung oder Aufhebung eines Landesgesetzes herbeiführen können. Mit Erwin K. Scheuch[88] könnte man allenfalls an einen eingeschränkten Volksbegehr denken, eingeschränkt auf Fragen von "grundsätzlicher moralischer Bedeutung"; Sachfragen wären auszuschließen. Scheuch nennt als Beispiele, für Fragen, über die Volksentscheidung zuzulassen wären: Sitz der Hauptstadt, den Paragraphen 218, Asylrecht. Hiermit würden Grundgedanken der Demokratie, Herrschaft des Volkes, verwirklicht, indem die Beteiligung jedes Bürgers an politischen, alle berührenden Fragen ermöglicht würde.

In einem Punkt ist gegenüber Weimar folgende Regelung zu begrüßen: Regierungs- und Gesetzgebungsgewalt ist nicht aufgespalten. (Art. 63, 3; 67 GG.) Und noch eines unterscheidet das Grundgesetz positiv von Weimar. § 76 RV sah eine Änderung der Verfassung mit einer relativ geringen Mehrheit vor. Das Grundgesetz läßt eine Änderung nur zu durch ein Gesetz zu dem zwei Drittel des Bundestages und des Bundesrats zustimmen müssen (GG 79 Abs. 2). Aber die Grundrechte Art. 1, - das förderative Prinzip der Bundesrepublik, sowie die bundesstaatliche Verfassung und das Widerstandrecht (Art. 24 GG) – sind unabänderlich (Art. 79 Abs. 3).

3. Exkurs und Beurteilung des parlamentarischen Parteienstaats

Das Parlament, also die Volksvertretung wird durch Vertreter der Parteien besetzt. Durch das Parteiengesetz nach dem (§ 1) die Parteien ein "verfassungsrechtlich" notwendiger Bestandteil der freiheitlich demokratischen Grundordnung sind, deren staatliche Institutionalisierung im Gesetz über die Parteifinanzierung, und einschließlich Wahlkampferstattung durch die Geschäftsordnung des

---

87 s. dazu Weber, May a.a.O. S. 865
88 in einem Interview im Hamburger Abendblatt vom 23/24.1.93

Bundestages, sind die Fraktionen - innerhalb der § 1, der sog. Fraktionszwang legal ist - bevorzugt.89 Umsomehr als z.B. im Jahre 1991 von den Gesamteinnahmen der CDU 52,3 % direkt und - durch Steuervergünstigungen indirekt durch Leistungen des Staates gewährt werden. (Die Staatsquote ist bei der SPD 42,6 %, bei der FDP 57,8 %.) Durch die Rechtssprechung90 sind die Parteien das einzige offizielle Verbindungsglied zwischen der Gesellschaft und dem Staat geworden und erheben Anspruch auf umfassende Einwirkung auf die Gesellschaft. Sie sind die Zentren der politischen Willensbildung, so daß man vom "parlamentarischen Parteienstaat"91 vom "Vertretungsoligopol" der Parteien 92 spricht.

Der frühere CDU-Abgeordnete Heck erklärte auf einer Veranstaltung der Landeszentrale für politische Bildung in Stuttgart sogar, der politische Einfluß der Parteien übersteige zunehmend den Rahmen des Grundgesetzes. "Die Richtlinienkompetenz des Bundeskanzlers werde zunehmend unterlaufen, wenn Parteitage Beschlüsse fällten und erwarten, daß die Bundesregierung sich daran gebunden fühlt" und Bundespräsident von Weizsäcker sagte in seiner Rede zur Feier des 40jährigen Bestehens der Bundesrepublik, daß die Überragende Bedeutung der Parteien sich "keiner großen Beliebtheit" erfreut. Weiter meinte er, daß "ihre Glaubwürdigkeit" leide.

Die Bindung an die Partei findet auch einen Ausdruck in der Verflechtung der Aufgaben des jeweiligen Regierungs- und Parteichefs in einer Person. Damit kommt es in der Person des Regierungschefs zu einem Zwiespalt. Einerseits hat er Staatskunst auszuüben, deren Leitmotiv das Wohl - auch das zukünftige - der

---

89 s. Verfassungsbeschwerde des fraktionslosen Abgeordneten Wüppesahl u. Urteil des BVerf.G. v. 13.6.89 dazu.
90 BVerf.G. v. 22.6.60; NJW 1960, S.1160
91 Bracher, K.D. Der parlamentarische Parteienstaat zwischen Bewährung und Anfechtung in ",Nach dreißig Jahren" Hrg. Scheel, Walter S. 29 Huber, Joseph: Abschied vom Parteienstaat in "Die Zeit" 11.11.1988
92 Lattmann, Dieter in "Zweifel an Freund und Feind" Hrg.: Friedl, Gerhard S. 34

Gesamtheit des Volkes sein sollte, d.h. es sollte ein "über den Parteien stehender Richter" sein. Zum anderen ist der Regierungschef Parteipolitiker, der den Kampf um die Macht im Staate für seine Partei zu vertreten hat. Er hat insoweit den Standpunkt seiner am Streit beteiligten Partei einzunehmen,[93] deren Beschlüsse zu befolgen.

Wenn die sog. herrschende Meinung die Doppelstellung - Regierungs- und Parteichef - duldet und meint, daß damit "Regierungsmitglieder ihre eigene Partei für ihre Politik gewinnen wollen"[94], stimme ich dem nicht zu. Die Doppelstellung führt dazu, daß es selten zu einem Konsenz mit der Opposition kommt, weil Zustimmung zu Vorschlägen der Opposition der Regierung als Nachteil für die herrschende Partei angerechnet würde.

Zustimmung zu dem Vorbringen der "feindlichen" Seite läßt Verluste bei den Wahlen befürchten. Max Weber, hat recht, wenn er sagt: "der politische Betrieb durch Parteien bedeutet eben: Interessenbetrieb."[95] Beispiel: Im Frühjahr 1992 - nach den Landtagswahlen in Schleswig-Holstein und Baden-Württemberg - besonders nach der Landtagswahl in Hessen Anfang 93 - erkannten CDU und SPD, daß die geringe Zahl der für sie abgegebenen Stimmen nicht zuletzt auf das Asylantenproblem zurückgingen. Sie taten sich schwer, gemeinsam diese Frage zu lösen. Offensichtlich befürchteten beide, daß eine gelungene Lösung der Frage von den Wählern jeweils der anderen Partei zugerechnet würde. Schon Engels und Marx waren mit der parlamentarischen Taktik Wilhelm Liebknechts im Norddeutschen Reichstag in den siebziger Jahren des 19. Jahrhunderts einverstanden "gegen alles ohne Ausnahme zu stimmen."[96]

---

93 für alles Vorstehende: Helfrich, Hans: Allgemeines Staatsrecht 1924 S. 8
94 Eschenburg, Theodor: Schlechtgemischt in "Die Zeit" v. 10.3.89
95 a.a.O. S. 829
96 Engelbert Ernst: Zit. nach Bismark a.a.O. S. 696

Die Trennung von Regierungschef und Parteivorsitzenden ist auch wichtig, weil die Parteien, sind sie an der Regierung, ein politisches Weisungsrecht gegenüber den Spitzenbeamten der eigenen Partei beanspruchen und eine parteipolitische geführte Personalpolitik betreiben.[97] Das führt dazu, daß nicht immer die Qualität des Beamten für seinen Arbeitsplatz, sondern das Parteibuch bei der Besetzung des Platzes entscheidet. Oft nicht zum Gemeinwohl.

Wie sieht es mit den Parteien als solchen und damit aus, welches Mitglied auf dem Wahlvorschlag der Partei und so eventuell in das Parlament kommt? Hat man schon einmal geprüft, ob die zu wählenden Personen vertrauensvoll sind, ob "Tugend und Ehre" einwandfrei sind? Diese Prüfung wäre nötig, wenn man bedenkt, daß die Bevölkerung nach einer Emnid Umfrage zu 54 % vom Politiker vor allem "Ehrlichkeit" erwartet.[98] Dies umsomehr als 71 % der befragten Bevölkerung Politiker als machthungrig, 32 % als verschlagen und 29 % als skrupellos ansehen.[99] Ist bedacht, daß ein Teil der Parlamentarier über Jahre nur "Politik" betreiben, Berufspolitiker sind, ohne direkten Bezug zu einem bestimmten Beruf, und Diäten und Altersversorgung in Höhen erhalten, die Bezüge aus durchschnittlich vergüteter Berufsarbeit übersteigen? Dabei ist nicht zu vergessen, daß die Parlamentarier sich die Diäten selbst gewähren.[100]

1965 wurde Weizsäcker auf Kohls Betreiben für die damalige Bundestagswahl in Ludwigshafen aufgestellt und außerdem über die CDU-Landesliste abgesichert.[101] Kohl, Duzfreund von Weizsäcker, veranlaßte diesen, von Nordrhein-Westfalen in den Kreisverband Ludwigshafen Überzuwechseln, dem Kohl vorstand. So konnte Weizsäcker, über Landesliste abgesichert, sich zur Wahl stellen.

---

97 Schwarz, Hans-Peter. Adenauer, 1986 S. 566/7; 658/9.
98 Wam S. 22190 *
99 100 Prozent Deutsch 1989
100 Hessischer Diätenstreit (s. dazu v. Arnim in "Die Zeit'" 10.2.89.) Hamburger Diätenstreit (1991)
101 Wilm: a.a.0. S. 508

Nichts gegen die genannten Personen. Sie sind nur als Beispiel dafür angeführt wie man auf Wahllisten kommen kann.

Wird nicht oft ein Wahlbewerber so "empfohlen", ihm ein "sicherer Wahlkreis" zugeteilt ohne der Parteibasis oder gar dem Wähler bekannt zu sein? Kielmansegg[102] faßt dieses Verfahren dahin zusammen: "Was den einzelnen Abgeordneten betrifft sind es in erster Linie die Parteien die Mandate zuweisen und entziehen." Oder: eine Partei stellt für eine Vertreterversammlung 246 Kandidaten für, 246 Plätze auf, keinen Gegenkandidaten, und läßt durch Akklamation wählen. Hier hat sogar das betreffende Bundesparteigericht festgestellt, daß dieses Verfahren undemokratisch sei. Der Wähler wird bevormundet.[103]

In diesem Zusammenhang ist bedeutsam zu wissen, dass nicht einmal 3 % der wahlberechtigten Bürger Mitglied von politischen Parteien sind.[104] Sie, dieses Minimum von Interessierten, "erwählen" die Delegierten, die ihrerseits die Kandidaten aufstellen für die Wahl. Kann man da noch von Volksvertreter reden? Wie, es innerhalb der Partei zu "politischen Aufsteigern" kommt, daß die innerparteiliche Demokratie eine "Fata Morgana" ist, dazu hat sich der ehemalige Minister Hans Apel[105] geäußert, der viele hier zu den Parteien angemerkten Punkte nicht nur unterstützt, sondern aus eigener Erfahrung unterbaut und Interna schildert. Ähnliches und gleiches findet sich in den Adenauerbüchern von Hans-Peter Schwarz und bei Helmut Schmidt: Handeln für Deutschland.

---

102 Kielmansegg, Graf Peter: Das Experiment der Freiheit 1988 S. 71
103 Arnim, Hans Herbert von in "Die Zeit" vom 2.12.88
104 s. Hamm-Brücher a.a.O. S. 18; Apel, Hans: Die deformierte Demokratie, 1991, S. 50
105 a.a.O.

Wird die Trennung der Gewalten, der Organe Gesetzgebung, vollziehende Gewalt und Rechtssprechung gewahrt, wenn der Landtag von Baden-Württemberg zu 57% aus "Staatsdienern" besteht, die berufsmäßig zur vollziehenden Gewalt gehören? Ähnlich im Bundestag. Eine Zusammenstellung des Bundes der Steuerzahler e.V.[106] darüber, wieviele Angehörige des öffentlichen Dienstes und wieviele davon als Beamte den Landesparlamenten und dem Bundestag angehören, zeigt in ca.-Größen: im Bundestag: 38 % (33 %)[107], Baden-Württemberg: 45 % (37 %), Bayern: 39 % (35 %), Berlin: 30 % (26 %), Bremen: 36 % (28 %), Hamburg: 35 % (28 %) Hessen: 43 % (40 %), Niedersachsen: 43 % (30 Nord-Westfalen: 35 % (30 %), Rhein-Pfalz: 53 % (45 %), Saarland: 64 % (44 %), Schleswig-Holstein: 53 % (41 %). Es ist festzustellen von insgesamt 1930 Abgeordneten sind 780 Angehörige des öffentlichen Dienstes (ca. 40 %), von ihnen sind 661 Beamte (35 %).

Die Gefahr, daß die Gewaltentrennung durch die Besetzung der Parlamente mit Angehörigen des Öffentlichen Dienstes obsolet wird, wird nicht damit beseitigt, daß diese während ihrer Zugehörigkeit zum Parlament, -oft "planmäßig" befördert werden. "Die selbe Aufstellung stellt fest: "Die Zahl der Abgeordneten aus der Wirtschaft nimmt ab. " Es fehlt in den Parlamenten, veranlaßt durch die Parteien oder durch das Desinteresse der genannten Gruppen an der repräsentativen Darstellung der Gesellschaft. (Man denke hier auch an die Unterbesetzung mit Frauen und daran, daß Vertreter besonderer Interessen z.B. wirtschaftlicher Art, als Gewerkschafter und Verbandsvertreter auch als dem "Gemeinwohl" verpflichtete Parlamentarier "handeln! ")

Hinzu kommt generell, daß das Prinzip der politischen Entscheidungen fraglich wird dadurch, daß die Abgeordneten vielen Problemen gegenüberstehen, bei

---
106 Welt am Sonntag 28.3.1988
107 in Klammern Anzahl der Beamte

denen sie mangels Wissen und Erfahrung nicht in der Lage sind eine Entscheidung zu finden. Gerade dieses Ausbleiben von Entscheidungen zu Fragen, die die Bevölkerung unmittelbar berühren, hat zu Verdrossenheit gegen Parteien und Politik geführt. Die Abgeordneten sind auf Sachverständige angewiesen. (übrigens die Rechtssprechung der "unabhängigen" Richter ebenfalls. In vielen Fällen - besonders die Wirtschaft, Technik - besonders in Verkehrssachen und Wissenschaft betreffenden Fällen - entscheidet im Endeffekt der Sachverständige.) Deshalb: Beiräte, Ausschüsse, Hearings, Enquete-Kommissionen z.b. die zur "Technologiefolgenabschätzung" - was zu begrüßen ist, damit der Abgeordnete sich wissend macht - aber auch wie schon gesagt Lobbyismus und Einflußnahme von Gruppeninteressen beinhaltet.

Ministerpräsident Bernhard Vogel[108] sieht dieses Problem auch. Er meint: "der Politiker braucht den Rat, der Experten"; die Entscheidung muß er selbst treffen. Zu den Experten äußert sich das MdB Cornelia Sonntag, nachdem sie ein Jahr in Bonn war[109]: Beschämend gering sei der Einfluß den Experten schließlich auf die Gesetzgebung haben. Die Parteien ließen sich nicht umstimmen: "Am ehesten durch juristische Bedenken". Prof. Kernig hat in einem Vortrag bei der ELG Haniel über "Die Welt nach dem Jahr 2000 gemeint, die Komplexität der technologischen Entwicklung, die die verschiedensten Einflüsse auf die Ökonomie nehmen, könnten den politischen Führungspersönlichkeiten nicht mehr vermittelt werden. Aber: es ist moralische Pflicht der Abgeordneten "sich anzustrengen."

Wie ist das zu verstehen, wenn der oder die speziell mit der Klärung bestimmter Fragen von den Fraktionen beauftragten Parlamentarier sich bei einer Entscheidung "anstrengt" und die übrigen Fraktionsangehörigen unter dem

---
108 Vom Umgang mit der Technik in "Wie wir leben wollen" Hrg. Vogel, Bernhard S. 135
109 Die Zeit 10.11.1989

Gesichtspunkt Partei- oder Fraktionszwang "mitstimmen"? Der Grund dafür, daß vom "Parlament der Fraktionen" gesprochen wird. Man denke beim Einfluß der Fraktionen nur daran, daß als Kohl Fachleute von außerhalb der Fraktionen in die Regierung berief, die mit der Autorität ihrer Spezialkenntnisse für das Gemeinwohl frei vom Zwang der Fraktion handeln konnten, fast ein Aufstand der Fraktion ausbrach. Oder man erinnere sich, wie bei der Regierungsbildung 1991 die Fraktionen zerstritten waren, weil der Besetzung der Ministerposten der Proporz Religion, Region, Geschlecht, Koalitionspartei eingehalten werden sollte.

Man könnte nach diesen Ausführungen meinen, der Verfasser sei gegen Demokratie und Parlamentarismus. ich schließe mich nach den Kenntnissen und Erfahrungen mit der Monarchie der Hohenzollern und dem Weltkrieg 1 und der Diktatur eines Hitlers mit Weltkrieg 2 durchaus nicht den Stimmen an, die vor und nach dem 1. Weltkrieg gegen die Demokratie laut wurden, und die Krokow[110] anführt. Ich zitiere daraus Thomas Mann "Betrachtungen eines Unpolitischen": "Ich bekenne mich tief überzeugt, daß das deutsche Volk die politische Demokratie wird niemals lieben können...., und daß der vielverschriene 'Obrigkeitsstaat' die dem deutschen Volk angemessene, zukömmliche und von ihm im Grunde gewollte Staatsform ist und bleibt. " Oder Friedrich Meinecke: "Mann will uns demokratisieren, um uns zu desorganisieren. .... Sollen wir nun auch in dem parlamentarischen System eine Freiheitsforderung deutscher Nation erkennen .... Das parlamentarische System soll den Volkswillen zur alleinigen Geltung bringen, Wir bestreiten, daß ihm das gelingt. Es bringt immer und immer nur die Parteien und innerhalb dieser nur ganz kleine Schichten und Gruppen zum Ruder., die dann als Drahtzieher der herrschenden Partei eine wundervolle Gelegenheit erhalten, den Staat für sich auszubeuten. "

---

110 Krokow, Christian Graf von: Die Deutschen in ihrem Jahrhundert 1890-1990, 1990, S. 100f

Wenn ich - trotz Anerkennung der Demokratie und des Parlamentarismus Kritisches zu den Fakten der Institutionen und den Parteien gesagt habe, so allein deshalb: die grundgesetzlichen Regeln und die Institutionen sind nichts Endgültiges, es gilt sie im politischen Raum weiter zu entwickeln. Und vor allem: es ist, wie es der Schöpfer der Demokratie, Perikles, vertrat, staatsbürgerliche Erziehung der Bürger von „Jugend an erforderlich.[111] Der Bürger muß in die Zusammenhänge einer demokratisch-parlamentarischen Gesellschaft und die ihr zugrunde liegenden Prinzipien lebenslang eingewiesen werden. Der Staat hat in den Schulen in den Lehrplänen, Gemeinschafts-, Sozialkunde festgeschrieben, ob und wie weit dort auf Toleranz, soziales Verhalten, Kompromißbereitschaft nicht nur hingewiesen wird, sondern, wie es heute heißt, diese Begriffe "hinterfragt" werden, lasse ich dahingestellt.

Man wird nachweisen können, daß es im Einzelfall und hier und da auch generell ganz anders um die "Volksgewalt", die Demokratie in der Bundesrepublik bestellt ist, als von mir geschildert. Fest steht und das wird immer wieder bestätigt: die Wähler sind partei- und politikverdrossen"[112]. Es besteht eine Distanz zwischen Volk und politischen Parteien. Dazu auch Theodor Ebert[113], der feststellt, daß bei örtlichen Befragungen in denen die Frage gestellt wurde: "Die Regierung und die Parteien hören ja doch nicht auf uns. Deshalb müssen wir unsere Interessen in einer Bürgerinitiative vertreten, " die Bürger also sagen sollten, ob sie Parteien ablehnten oder nicht, 2/3 bis 3/4 der Meinung waren, daß Parteien nicht auf die Bürger hören. 1993 gibt Warnfried Dettling in einem Aufsatz[114] Ergebnisse von Meinungsumfragen wieder wonach fast zwei Drittel der Befragten die Ansicht vertreten "Macht und Ansehen ist den Abgeordneten wichtiger als das Wohl des Landes".

---

111 Kagan: a.a.O. S. 230ff
112 Huber, Joseph: Abschied vom Parteienstaat in "Die Zeit" 11.11.1988
113 in Freiheit, Gleichheit, Brüderlichkeit Hrg. Schultz, H.J. S. 134
114 Die Zeit: 8.1.1993

Bundespräsident von Weizsäcker hat das in seiner zurückhaltenden Art in seiner Rede zum 40jährigen Bestehen der Bundesrepublik so ausgedrückt. Die Parteien hätten eine überragende Bedeutung erlangt. "Dieser Zustand erfreut sich keiner großen Beliebtheit. " Daran ändern auch die Bürgerinitiativen wenig, die vorwiegend örtlich begrenzt persönliche oder örtlich gebundene Interessen verfolgen.

1983 meinte Hans-Joachim Vogel[115], daß die Skepsis gegenüber der Politik "rasch im Wachsen begriffen ist. Ämterpatronage, Skandale wie der Spielbank- und der Polizeifall in Niedersachsen, die sog. Barschel Affäre in Schleswig-Holstein, die Diätenmanipulation in Hessen und Hamburg, der Kreiselbau in Berlin, Hafenstraße in Hamburg, die Parteispendenaffäre, die Fälle Lothar Späth und Möllemann u.a. tragen hierzu bei. Hinzu kommen Probleme: wie Ausländer, Über- und Aussiedler, Asylanten, Arbeitslose und Wohnungsnot, die radikalen Gruppen Unterstützung in der Bevölkerung sichern, weil sie über lange Zeit vom Parlament ungelöst bleiben.

De facto ist der Einfluß der Wähler auf die Politik gering. Man denke an die zum Teil widersinnigen Gebietsreformen in verschiedenen Ländern, die ohne Abstimmung mit den unmittelbar betroffenen Bürgern mehr oder weniger vom grünen Tisch durchgeführt wurden und nun - stillschweigend - "ausgebessert" werden. Der Ärger der Bürger bleibt aber. Auf eine Befragung von Mitbürgern, ob sie Einfluß auf die Politik hätten votierten 90% mit "wenig" bis "gar nicht. "[116]

Dieser Exkurs in den und die Beurteilung des "parlamentarischen Parteienstaates", die Parteien mit ihrem Schwerpunkt Fraktionen gesehen, zeigt

---

115 in "Zweifel an Freund und Feind" Hrg. Friedl, Gerhard S. 73
116 Sendung "Report" SWR Baden-Baden vom 16.8.88

zweierlei: Einmal die Frage, die Golo Mann[117] im Bezug auf die Regierungsbildung 1918 durch Prinz Max von Baden aufwirft: "Kann das Volk, können die Parteien, die es politisch vertreten, die einzige Quelle von Autorität sein? " Er meint zum anderen, daß das "Sich aneinander Reiben zweier in ihrem Ursprung verschiedener Machtzentren" - er nennt im Zeitbezug: Demokratie und monarchische Tradition - "an sich so übel nicht seien.

Denken kann man heute an die US-amerikanische Verfassung: Präsident - Repräsentantenhaus. Oder neben dem Bundestag als Vertretung des Volkes und dem Bundesrat als Vertretung der Länder und an Einfluß der von Parteien freies Gremium - ich nenne es einmal Großer Rat, besetzt mit Vertretern von Wissenschaft, Wirtschaft, Kirchen als beratendes Kolloquium für die Öffentlichkeit, Parteien und Regierung. Im Großen Rat sind die Aufgaben zusammengefaßt, die heute durch Sachverständigenbeiräte in den einzelnen Ministerien erledigt werden sollen wie z.b. durch den 1963 durch Gesetz eingesetzten Sachverständigenrat zur Begutachtung der gesamtwirtschaftlichen Entwicklung, den Verbraucherbeirat u.a.. In dem Großen Rat könnten fachlich begründete Ausschüsse spezielle Aufgaben zu lösen suchen, beschlossen werden die Ergebnisse erst, wenn alle Ausschüsse zu dem Ergebnis des federführenden Ausschusses Stellung genommen haben und die Ausarbeitung beschlossen wurde. D.h. nicht unter einseitiger Sicht, z.B. der Wirtschaft, sondern bereichsübergreifend, d.i. nach Anhörung von in Finanz-, Rechts-, Sozialfragen ausgewiesenen Spezialisten, wird der Rat des Senats veröffentlicht und dient Regierung und Parteien als Entscheidungshilfe.

---

117 Mann, Golo: in Baden, Prinz Max von: Erinnerungen und Dokumente Hrg.: Mann, Golo und Burckhardt, Andreas 1968 S. 55

Die Ausschußmitglieder werden auf Vorschlag einschlägiger Verbände vom Bundespräsident auf 4 Jahre berufen, je Fachausschuß 5 stimmberechtigte Mitglieder.

Jonas[118] begründet "den Zweifel an der Zulänglichkeit repräsentativer Regierungen, nach ihren normalen Grundsätzen und mit ihren nominalen Verfahren" damit, daß sie "utopistischen Technologien" nicht gerecht werden können. So auch der oben zitierte Kernig.

Fakten die zu beachten sein werden, wenn von der Möglichkeit der direkten Mitwirkung der Lohnarbeit im Unternehmen zu sprechen ist, wenn es um "demokratische Teilhabe" und in den Betrieben geht. Zum anderen - und auch das wird für die mögliche Zusammenarbeit von Lohnarbeit - und Unternehmen bedeutsam sein -: diese Betrachtung der parlamentarischen Demokratie, der Staatsgewalt als einer besonders strukturierten Herrschaft von veränderbaren Mehrheiten, für die Konflikt und Kompromiß gelten muß, muß entsprechend kritisch bei ihren wirtschaftspolitischen Maßnahmen im Rahmen der bestehenden Wirtschaftsordnung gesehen werden. Das umsomehr als die numerische Überlegenheit der parlamentarischen Mehrheit über die Minderheit kein Beweis für die Richtigkeit der vertretenen Ansicht, geschweige denn für deren Wahrheit ist.

Jede staatliche und wirtschaftliche Einrichtung muß wie oben dargetan - unter den verschiedensten Gesichtspunkten laufend beobachtet und kontrolliert werden. Eine Erkenntnis mit dem Ergebnis, daß dadurch ein Grundsatz für das Zusammenleben von Menschen unterstrichen wird: nichts ist statisch, alles ist im Fluß, nichts ist vollkommen. Deshalb soll jeder den anderen und dessen Meinung anhören. Es muß eine mittlere Lösung der Probleme in der Zusammenarbeit für

---

118 Jonas, Hans: Das Prinzip Verantwortung 1985 S. 55

den Menschen und für die Zukunft der Gesellschaft gefunden werden. Adenauer meint deshalb: "man muß tatsächlich in der Politik manchmal Visionen haben."[119]

Zurecht weist Graf Kielmannsegg[120] unter Bezugnahme auf wissenschaftliche Untersuchungen darauf hin, daß die Problematik der demokratischen Legitimität nicht durch einfache Formeln zu lösen ist m.E. eine begrüßenswerte Feststellung, weil wir es beim "Volk" mit Menschen unterschiedlichster Individualität, mit verschiedensten Wünschen, Leiden und Sorgen zu tun haben. Das absolut Richtige wird keine Entscheidung treffen, welches Gremium auch immer sie gefällt haben mag. Es muß zu den möglichsten Annäherungen kommen.

Zurück zur Wirtschaft: Sie wird durch den Menschen - durch seine Arbeitskraft - nicht nur in Produktion, Dienstleistung, Handel und Freizeit gestaltet, sondern auch von dem Geldvermögen, das überwiegend aus Arbeit entstanden ist, getragen und bewegt. "Geld kann frei zirkulieren und ist eine Voraussetzung für das Gedeihen der Warenwirtschaft."[121] Die Wirtschaft umfaßt somit alle Mitglieder der Gesellschaft, macht diese u.a. zu einer Arbeitsgesellschaft " in der alle anderen Lebensbereiche bezogen sind auf die Berufsarbeit. "[122] Deshalb ist in der Wirtschaft die bestehende Polarität zwischen dem Besitz an Produktionsmitteln für die und mit denen "gearbeitet" wird, eben dem Kapital und der Lohnarbeit, dem Einsatz von Arbeitskraft, vordergründig der Gegensatz zwischen Ertrags- und Lohninteressen, zentral die "gerechte" Verteilung der in der Wirtschaft erzielten Ergebnisse politisch bedeutsam.

---

119 Schwarz, Hans-Peter: Adenauer: Der Staatsmann 1952-1967; 1991, S. 286
120 Kielmansegg, Graf Peter: Volkssouveränität; 1977, S. 171ff
121 Méchoulan, Henry a.a.0. S. 108
122 Leo XIII "Revum novarum" abgedr. in "Die Sozialen Rundschreiben" 1948

Diese Spannungen beeinflussen das Zusammenleben in der Gesellschaft so wesentlich, daß seit 100 Jahren von den verschiedensten Seiten, Parteien, Gewerkschaften, Soziallehre der Katholischen Kirche und vom Staat her versucht wird, sie zu beseitigen, zumindest sie zu mindern. Eine Lösung, geschweige denn eine endgültige, ist nicht gefunden. Und das, obgleich der Sozialist Schumpeter[123] davon spricht, daß "in der Marxschen Konstruktion einer unüberbrückbaren Kluft zwischen Werkzeugeigentümer und Werkzeugbenutzer" Unsinn steckt.

Von Politikern, Wissenschaftlern, Unternehmern und Lohnarbeiter und ihren Vertretern wird überwiegend die Ansicht vertreten, daß das Problem schwer oder überhaupt nicht zu lösen sei. Sehen wir von den Vorschlägen und Lösungsversuchen der durch Marx angeregten und von Lenin eingeführten Zentralverwaltungswirtschaft ab, die sich in der ehemaligen UdSSR und den osteuropäischen Staaten auflöst, die Gorbatschow reformieren wollte und für die Lenin in der NOEP-Zeit einräumt, daß sich ein Interessengegensatz zwischen der Arbeitsmasse und den leitenden Direktoren der Staatsbetriebe entwickeln könnte[124] und der Stalin in einer Rede im April-1929 detailliert begründet vorwarf, daß mit der NOEP die "Gewährleistung der regulierenden Rolle des Staates auf dein Markt" entfiele.[125] Die Bundesrepublik Deutschland verfolgt z.Zt. ein anderes Wirtschaftssystem.

Wir finden dann zur Frage Spannungen beispielhaft folgende Äußerungen: Bismark[126] sagte 1890 in einem Gespräch mit dem New York Herold Korrespondenten: "Der Gegensatz zwischen Arbeitgeber und Arbeitnehmer ist meiner Meinung nach das Resultat eines Naturgesetzes und kann nach der Natur der Dinge niemals zum Abschluß kommen. " Als Grund gibt er an, daß solange

---

123 a.a.0. S. 40
124 vgl. Nolte, Ernst: Marxismus und Industrielle Revolution 1983 S. 523
125 Stalin, G.W.: Werke 1954, Bd. 12 S. 38ff
126 Bismark Gespräche von der Entlassung bis zum Tode. Hrsg. Andreas, Willy 1963, S. 19/20

der Arbeiter seine Lage zu verbessern sucht, diese "Grundwahrheit" besteht; Aber wenn dieser Kampf jemals zu einem Abschluß käme, so würde die menschliche Tätigkeit zu einem Stillstand kommen.

Taylor[127], dem es mit dem Gedanken, des "Scientific Management" um den Weg zu einer möglichst haushälterischen Verwertung der menschlichen Arbeitskraft ging, stellt Anfang des 20. Jahrhunderts fest, allgemein würde die Ansicht vertreten, daß " die grundlegenden Interessen des Arbeitgebers und Arbeitnehmers sich unvereinbar gegenüberstehen."

Der Wirkliche Geheime Oberregierungsrat Hermann Wagener, der neben Bismark als die größte politische Begabung in der Konservativen Partei Preußens bezeichnet wird[128], sieht "den feindlichen Gegensatz zwischen Kapital und Arbeit", (im Kommunistischen Manifest heißt es: "feindlicher Gegensatz zwischen Bourgeoisie und Proletariat"), der nur aufzulösen sei dadurch, daß man Nichtbesitzende zu Besitzenden macht um damit "fortschreitend die Arbeit aus der Lohnknechtschaft zu befreien."[129]

Der Reichskanzler Bülow schreibt in seinen Erinnerungen zu dieser Frage: die Behandlung aller Konflikte zwischen Arbeitgeber und Arbeitnehmer sei eine der "kompliziertesten und delikatesten Fragen der Gesetzgebung und Verwaltung."[130] Bülow hofft nach dem 1. Weltkrieg, 1919, daß es zu einer Arbeitsgemeinschaft der werktätigen Bevölkerung, zu einer notwendigen "Zusammenfassung aller schaffenden Kräfte unseres Wirtschaftslebens" kommt.[131] Ähnlich sagt

---

127 Taylor Frederick W.: Die Grundsätze Wissenschaftlicher Betriebsführung. Deutsche Ausgabe Roesler, Rudolf 1913, S. XII, 8
128 Schoeps, Hans Joachim: Konservative Erneuerung 1958 S. 51. s. auch. Richter. Bismark und die Arbeiterfrage 1935 S. 22
129 nach Schoeps a.a.0. S. 58
130 Bülow, Fürst Bernhard: Denkwürdigkeiten 1930 Bd. I S. 238
131 a.a.0. Bd. 2 S. 93

Genscher[132], daß "ein kooperatives Verhältnis zwischen Unternehmer und Arbeitnehmer erforderlich" sei. Mit Kooperative meint der liberale Genscher sicher nicht die "kooperative" Deutsche Arbeitsfront der Nazis, die wie das ganze Regime von der den Staat "tragenden" Partei bestimmt war.

Goerdeler[133] möchte "den natürlichen Interessengegensatz von Unternehmer und Arbeiter nicht künstlich vermischt sehen." In etwa ähnlich denkt Hans L. Merkle[134], der ehemalige Aufsichtsratsvorsitzende der Bosch AG, wenn er sagt "Das Wort von der Sozialpartnerschaft ist in der Tat romantisch. Es sind Vertragsparteien." An anderer Stelle[135] meint er, daß die naturgegebenen Interessengrenzen zwischen Unternehmer und Arbeitnehmer "weder verneint noch in Frage gestellt werden darf. " Ihm schließt sich der ehemalige Vorsitzende der IG Metall, Franz Steinkühler[136] an, der auch "der sozialpartnerschaftlichen Illusion" nicht nachhängen, sondern "Friedensverträge auf Zeit" auf betrieblicher und tariflicher Ebene schließen will. Er meint weiter, daß der blind wäre, der annehme, "daß der grundlegende Interessengegensatz zwischen Kapital und Arbeit" sich auflöst. Womit er Stalin nahekommt, der in der Rede auf dem Plenum des ZK und der ZKK der KPdSU (B) im April 1929[137] davon spricht, "daß zwischen Kapitalisten in Stadt und Land einerseits und der Arbeiterklasse andererseits ein unversöhnlicher Interessengegensatz besteht." Diesen "Interessengegensatz" stellt auch das DGB-Grundsatzprogramm 1981- in seiner Präambel fest und führt aus, daß dieser Gegensatz "seit Beginn der Industrialisierung ... die sozialen und gesellschaftlichen Auseinandersetzungen zwischen Kapital und Arbeit geprägt" hat. (Man ist geneigt, diese Auffassungen

---

132 Genscher, Hans-Dietrich: Deutsche Außenpolitik 1985 S. 413
133 Ritter, Gerhard Carl: Goerdeler S. 294
134 Kultur und Wirtschaft 1988 S. 243
135 Welt am Sonntag v. 16.2.86
136 Steinkühler, Franz: "Neue Technologien und Gewerkschaftspolitik" in Arbeitszeit-Flexibilisierung und Entgelt-Differenzierung 1986, S. 31, 16
137 J. Stalin, Werke Bd. 12 S. 26

als ein Beispiel für die "Entweder -oder, Freund oder Feind" Lehre von Carl Schmitt[138] anzusehen. Besonders, wenn man an die "Friedensverträge" von Steinkühler, die zeitweilig die Gegensätze zwischen Kapital und Arbeit überbrücken sollen und die Aufrufe zum "Arbeitskampf" denkt.)

Golo Mann[139] meint für die Zeit nach dem ersten Weltkrieg, die Unternehmer, das Kapital, konnten sich kein freies, würdiges Verhältnis zwischen Arbeit und Kapital vorstellen.

Schmölder[140] steht einen hundertjährigen Zwist zwischen Kapital und Arbeit. Schumpeter[141] spricht "von einer Atmosphäre der Feindschaft gegenüber dem Kapitalismus", dem herrschenden Wirtschaftssystem. Arbeitsminister Norbert Blühm[142] ist im Mai 1986 der Ansicht: "Es herrscht Kälte in den Beziehungen zwischen den Organisationen von Kapital und Arbeit. "

Lothar Späth,[143] der ehemalige Ministerpräsident von Baden-Württemberg erkennt - wohl in Anlehnung an Theodor Geiger[144] - den "klassischen Gegensatz von Kapital und Arbeit .... in dieser Form beute nicht mehr." Zur Begründung führt er an, daß das Produktivkapital "entpersonalisiert" wäre und die Mitwirkungsbefugnisse der Arbeitnehmerverbände "unternehmerische Willkürakte" ausschlössen. Späth, der seine Meinung aus den tatsächlichen Gegebenheiten begründet, gibt an: Manager statt Eigentümer-Unternehmer, Absicherungen der Arbeitnehmer durch Sozialversicherungen, ausgleichende

---

138 Schmitt, Carl: Der Begriff des Politischen, 1933, S. 9
139 Mann, Golo: Deutsche Geschichte 1919-1945; 1961
140 Schmölder, Günther: Der Wohlfahrtsstaat am Ende; 1983, S. 26
141 a.a.O. S. 10 7
142 "Die Zeit" v. 2.5.86
143 Späth, Lothar: Wende in die Zukunft 1985, S. 164
144 Geiger, Theodor: Die Klassengesellschaft im Schmelztiegel 1949, S. 159 ff

Einkommensverteilung mit Gleichstellung der Arbeiter im Verbrauch mit anderen Gruppen, Tarifhoheit der Gewerkschaften.

Ähnliche Ansichten wie Späth vertritt ein Historiker des Moskauer America-Instituts in der "Komsomolskaya Prawda"[145]: Auf die Frage einer Leserin: "Ist die proletarische Revolution in den Vereinigten Staaten heute möglich? " antwortete er: "Die kapitalistische Ordnung hat ein Niveau erreicht, das die klassische marxistische Theorie nicht vorsah. Der heutige Kapitalismus sichert der Mehrheit der Bevölkerung einen genügenden, in einigen Fällen sogar hohen Lebensstandard. Die reife bürgerliche Demokratie ist eine Rechtsgesellschaft. So ist die proletarische Revolution meiner Ansicht nach unmöglich." Prof. Hans Joachim Schoeps[146], war schon 1953 der Meinung, daß es "keinen reinen Kapitalismus" mehr gebe. Ausbeutende Unternehmen und klassenbewußte Proletarier seien nicht mehr zu finden, weil wir uns "einer nivellierten Mittelstandsgesellschaft angenähert" hätten. Der Papst Johannes Paul II anerkennt in seiner Enzyklika, Laborem exercens, daß der "harte Kapitalismus" des Liberalismus nicht zuletzt durch die "Solidarität der arbeitenden Menschen" teilweise überwunden ist. Deshalb spricht v. Nell- Breuning[147] in seinem Kommentar zu der genannten Enzyklika unter Bezug auf Götz Brief "von einem sozialtemperierten Kapitalismus."

Diese Ansichten relativiert ein Gewerkschaftsführer, der ehemalige Vorsitzende der Gewerkschaft Nahrung-Genuß-Gaststätten Günter Döding. Er schließt sein Buch: "Die neuen Aufgaben der Gewerkschaft"[148] "nur die Gewerkschaften können Arbeitnehmerinteressen optimal vertreten, weil nur sie die Interessen nach Arbeitssicherheit, Einkommen und sozialer Sicherheit als Ziele anstreben." In

---

145 Welt am Sonntag vom 5.3.1989
146 Konservative Erneuerung, 1953 S. 77
147 Nell - Breuning, Oswald: Arbeit und Kapital 1983, S. 87
148 1985, S. 99

diesem Zusammenhang muß abschließend noch auf die Ansicht von Galbraith[149] zu dieser Frage hingewiesen werden. Er ist der Meinung, daß "das große Gegensatzpaar unserer Zeit ist nicht Kapital und Arbeit, sondern Unternehmen und Staat." Er weist darauf hin, daß eine "Wählergruppe", die größer als der Arbeitnehmer ist, unter dem besonderen Schutz des Staates steht. Er nennt Alte, Arme, Minderheiten, Verbraucher, Bauern, Umweltschützer, weiter Bereiche in dem die Unternehmer versagt haben, wie Wohnungsbau, Massenverkehrsmittel, Bildung und öffentlichen Dienstleistungen. M.E. vergißt er, die steuerlichen und sozialen Auflagen, die der Unternehmer zu erfüllen hat und Einschränkungen die angeordnet werden wie Freihandelsbeschränkungen und Verkürzungen des Wettbewerbs u.a. durch Subventionen, fehlende Privatisierung von Staatsunternehmen. Man wird genauer als Gailbraith sagen können: Der Unternehmer hat nach zwei Seiten Gegensätze zu ertragen: hin zum Staat und hin zur Arbeit.

Unternehmen, als Inhaber des Produktiv- und, Geldkapitals, und abhängig arbeitende Lohnarbeiter stehen sich besonders ausgeprägt seit der sog. "Industriellen Revolution" gegenüber und leben latent in Gegensätzen. Der Begriff "Industrielle Revolution" erscheint 1845 bei Friedrich Engels[150], - Marx wiederholt ihn im "Kapital" -[151], der ihn wohl aus dem 1806 erschienenen Werk von I.A.C. Chaptal ",Grand Industrie des Arts" übernommen hat. Die Bezeichnung wurde 1.884 von A. Toynbee in die Literatur eingeführt. Born[152] irrt m.E., wenn er den Begriff Toynbee zuschreibt.

Dabei kann es dahin gestellt bleiben, ob man zu Beginn dieser Epoche vom "industriellen Ausbau" und erst ab der "Gründerepoche der Schwerindustrie und

---

149 Galbrait.h, John Kenneth: Die Entmythologisierung der Wirtschaft 1988, S. 340
150 Engels, Friedrich: Die Lage der arbeitenden Klasse in England 1980 S. 19
151 a.a.O. S. 389

der Eisenbahn" generell vom Begriff der "Industriellen Revolution" spricht.[153] Herman Kahn[154] nennt die Phase, die mit der sog. industriellen Revolution begann, den "Großen Übergang" und Braverman[155] spricht spezieller von der "wissenschaftstechnischen Revolution." Papst Johannes Paul II sagt: Industriezeitalter[156], Bundespräsident v. Weizsäcker spricht in seiner Rede zum 40 Jahrestag der Bundesrepublik vom "technischen Zeitalter. "

Industrielle Revolution ist nach Nolte[157] "jene Umwälzung der Produktions- und Lebensverhältnisse in England seit etwa der Mitte des 18. Jahrhunderts, welche vor allem durch das Vordringen maschinell ausgestatteter Großbetriebe mit ihrer außerordentlichen Steigerung der Produktivität, der Ergiebigkeit der Gütererzeugung und durch die Urbanisierung der Bevölkerung gekennzeichnet ist.

Naturwissenschaftliche Kenntnisse, z.B. energietechnische Lösungen bei der Erfindung der Dampfmaschine und der ihr angeschlossenen Werkzeugmaschinen wurden produktions- und marktgerecht angewendet. Die Fertigung von Produkten war gekennzeichnet durch vorgeplante Arbeitsteilung und schematisierte Arbeitsgänge zu dem Ziel kostensparend Ergebnisse zu erzielen.

Die Urbanisierung begründet in der Landflucht, mit der Beigabe, daß die Riesenansammlungen von Menschen mangels Kanalisation die Abfuhr ihrer Auswurfstoffe nicht loswurden, ging mit einer Vermehrung der Bevölkerung

---

152 Born, Karl Erich: Der soziale und wirtschaftliche Strukturwandel Deutschlands am Ende des 19. Jahrhunderts in: Moderne deutsche Sozialgeschichte 1966, S. 271
153 Conze, Werner: Vom "Pöbel" zum "Proletariat" in: Moderne deutsche Sozialgeschichte 1966, S. 112, 481 Anm. 2
154 Kahn, Herman: in Technik 2000-Chance oder Trauma 1982, S. 35
155 a.a.0. S. 123
156 Enzyklika Laborem exercens Absch. I, 5,2 u. 7,1
157 Nolte, Ernst: Marxismus und Industrielle Revolution 1983, S. 25

einher, die eine Folge der sinkenden Sterberate war, bedingt durch die Fortschritte der Hygiene und der Medizin,[158] führte zur Arbeitslosigkeit. (Aufstand 1848.)

Ortega y Gasset[159] schreibt: bis 1800 kommt die Einwohnerzahl Europas nicht über 180 Millionen hinaus, von 1806 bis 1914 steigt sie auf 460 Mill. Ortega führt diese Vermehrung auf die "abendländische Technik" zurück.[160]

In Berlin stieg die Einwohnerzahl von 1760 etwa 100 000 Einwohner über 1831 230 000 bis 1844 auf 403 500[161]; 1871 waren es 774 998 und 1916 2 Mill.[162] Borri[163] macht folgende Angaben: 1910 wohnten mehr als 21 % der deutschen Bevölkerung in Großstädten, 1870 waren es keine 5 %. Dem "Datenreport"[164] ist zu entnehmen, daß 1960 ca. ein Drittel der deutschen Bevölkerung in Großstädten (mehr als 100 000 Einwohner),wohnten. Auch in Klein- und Mittelstädten (10 000, bis 100 000 Einwohner) nahm die Wohnbevölkerung erheblich zu; waren es um die Jahrhundertwende etwa 15 %, so waren es 1970 25 % und 1980 40 %.

Die Urbanisierung führte zur Vermassung. Ritter[165] spricht deshalb mit Recht davon, daß die moderne Industriegesellschaft zu uniformem "Massenmenschentum" führte. Die Folgen: Vereinsamung und Kontaktlosigkeit sind noch heute zu spüren.

In der Mitte des 19. Jahrhunderts in der die sog. "Industrielle Revolution" "ausbricht", ist die Maschine als solche nichts Neues. Soweit wir rückblickend Erkenntnisse haben, hat der Mensch durch Phantasie Intelligenz und Vernunft

---

158 Sombart a.a.0 III,1 S. 354 ff
159 Ortega y Gasset, Jose: Aufstand der Massen 1947 S. 71
160 s. dazu Sombart a.a.0.
161 Vogel, Werner: Führer durch die Geschichte Berlins 1985 S, 92, 117
162 Craig, Gorden A.: Geschichte Europas 1815 -1980; 1984 S. 214
163 a.a.0. S. 273
164 Statistisches Bundesamt (Hrsg): Datenreport 1, 1983

befähigt, es verstanden sich der Materialien der Natur zu bedienen und sich mit ihrer Hilfe aus dem Naturzustand bewußt und zweckbestimmt herauszuführen. Dabei ist es ohne Bedeutung, daß bis in das 19. Jahrhundert hinein für die einzelnen Entwicklungen die exakt-wissenschaftliche Grundlage fehlte[166], daß sie empirisch blieben, auf einem "Kunstverfahren" beruhten. Es ist von heute her gesehen unbedeutend, daß neue Erfindungen und Entwicklungen von den Zeitgenossen mit uns sonderbar erscheinenden Begründungen abgelehnt wurden.[167] Der Mensch ergänzte intuitiv die schwache Menschenkraft durch Naturkräfte, durch Werkzeuge und Maschinen die für ihn quasi "Organfortsetzungen"[168] oder "künstliche Organe"[169] wurden; die gleichzeitig – und darauf hat schon Herder[170] hingewiesen - "Menschenmühe" schonten und ersparten.

In der Vernunft, in der Vorstellungskraft, der Phantasie" den Träumen, im schöpferischen Denken und Gestalten des Menschen ist zum Unterschied von instinktivem d.h. von einem dunklen Drang, einem unwirklichen Zwang bestimmtes Handeln, der Ansatzpunkt zum Verständnis planmäßiger Arbeit und im Zusammenhang mit ihr, der Technik gegeben. Vernunftbedingtes Handeln setzt sich ab von der Leistung durch Instinkt bei Tieren. Man denke um einige Beispiele zu nennen an den Schmutzgeier, der zur Öffnung fremder Eier sich eines Steines bedient; an die von Darwin[171]- unter Bezugnahme auf Brehm - erwähnten Elefanten und Orang's die Steine und Stöcke als "Werkzeug und Waffe benutzen" oder, worauf Braverman[172] hinweist, an den südafrikanischen Webervogel, der ein kompliziertes Nest auf einen verknoteten Strang Pferdehaar

---

165 Ritter, Gerhard: Carl Goerdeler und die deutsche Widerstandsbewegung 1984 S. 93
166 Sombart a.a.0. Bd. I,2 S. 466 ff u. Bd. I,1 S. 200
167 s. dazu Vogel, Bernhard: a.a.O. S. 137 Rougemont, Denis de: Die Zuknunft ist unsere Sache, 1980 S. 140f
168 Schelsky, Helmut: Auf der Suche nach der Wirklichkeit 1965, S. 166 f
169 Strawe, Christoph: Marxismus und Anthroposophie 1986, S., 166
170 Herder, Johann Gottlieb: Ideen zur Philosophie der Geschichte der Menschheit 9. Buch III.
171 Darwin: Die Abstammung des Menschen S. 122

als Grundlage baut. (Wobei für mich nicht eindeutig klar ist, ob die Tiere aus "dunklem Drang" handeln oder ob wir ihr Handeln nicht auch als "vernunftbedingt" sehen müssen.)

4. Einige Überlegungen zur Genese des Technikbegriffs

Die Suche nach verwertbaren Erkenntnissen und die Angleichung des Verstandes an die verfolgten Zwecke, eben das wissenschaftliche, insbesondere das naturwissenschaftliche Durchdenken von Möglichkeiten führte zur exakt-wissenschaftlichen Technik[173], führte dahin, schöpferisch Erzeugnisse, Vorrichtungen und Verfahren zu schaffen, Stoffe und Kräfte der Natur zu benutzen, jeweils unter Berücksichtigung der Naturgesetze.[174] Zu recht sieht Sombart[175] vor allem in der neueren Technik eine Zwillingsschwester der modernen Naturwissenschaften. Von der Technik ging der Hauptantrieb zum Aufschwung der Wirtschaft aus. Sie weckte und weitete den Unternehmensgeist.[176]

Technik - vom Griechischen techné, die Kunstfertigkeit, aber auch die Winkelzüge, die List - bedeutet das Verfahren, die Natur durch Phantasie (Einstein soll gesagt haben, daß Phantasie für die Entwicklung wesentlicher sei als Wissen, und Rougemont[177] spricht vom Traum als Movenus) und vernunftgemäßes, schöpferisches Gestalten und Handeln umzuformen und zu beherrschen: die Natur zu "überlisten." Wie in jeder List steckt auch in der Technik das Risiko.

---

172 a.a.0. S. 46
173 Vgl. Weizsäcker, Carl Friedrich von: Wissenschaftsgeschichte, Wissenschaftstheorie in "Merkur" Heft 321, S. 101/2
174 Brockhaus-Encyklopädie Bd. 18 S. 519
175 a.a.0. Bd. III,1. S. 78
176 Sombart, Werner: Der Bourgois 1988 S. 310
177 Rougemont, Denis de: Die Zukunft ist unsere Sache 1980 S. 43

Ziel der technischen Verfahren ist es, die Natur in den Dienst der verfolgten Zwecke zu stellen, im wesentlichen zur Befriedigung der verschiedensten menschlichen Bedürfnisse, sich die Technik zu einer Verbündeten der Arbeit zu machen.[178] Mit der Technik fortschreitend den Weg von der primitiven über die komplizierte zu der einfachen Lösung von Problemen zu geben, die die zu erreichenden Zwecke aufgeben. Jacques Club definiert Technik als ein "standartisiertes, Mittel zur Erreichung eines vorbestimmten Zwecks."[179]

Technik darf "nicht Selbstzweck sein, sondern hat einen sinnvollen Auftrag zu erfüllen: Technik hat eine dienende Funktion wahrzunehmen (auch) zur Sicherung unserer Zukunft.[180] Auf die Folgen gerade der Zukunftsentwicklung durch den "Fortschritt" der Technik hat Jonas hingewiesen.[181]

Es geht bei der dienenden Funktion der Technik u.a. um Lebenserhaltung, Lebensqualität, Arbeitserleichterung, aber auch um Freizeit für kulturelle Betätigung, für die Verwirklichung eigener Vorstellungen. Robert Bosch[182] sah schon 1885 in der Entwicklung der Technik die Möglichkeit der Arbeitszeitverkürzung.

Technik angewandt, hat gesellschaftliche und politische Auswirkungen. Deshalb wird von staatlichen Aufsichtsbehörden auf Sicherheit und teilweise darauf geachtet, ob die Technik beherrschbar bleibt. Sie wird überprüft, bevor sie genutzt werden darf; sie wird zur Nutzung zugelassen. Auf das Anwenden von Technik weist das Patentgesetz hin. Für - auch technische - Erfindungen gibt es kein

---

178 Papst Johannes Paul II. Enzyklika : Laborem exercens I, 5,4
179 Zit. bei Weiler, Hans N.: Die Produktion von Wissen und die Legitimation von Macht in Demokratisierung und Partizipation im Entwicklungsprozeß Hrsg. Sulberg, Walter 1988, S. 18
180 Vogel, Hanns Arndt in "Die Zeit" v. 17.5.83
Ohmann, Friedrich in Technik 2000 - Chance oder Trauma 1982, S. 65
Weizsäcker, Carl Friedrich von: "Zeit drängt" 1986 s. 93
181 Jonas, Hans: a.a.O.

Patent, wenn der Gegenstand der Erfindung nicht "auf irgendeinem gewerblichen Gebiet hergestellt oder benutzt werden kann" (§§ 1 Abs. 1; 5 Pat.G.).

Technik, der es darum geht die Natur und ihre Gesetze für die menschlichen Zwecke zu "überlisten", ist in sich nicht ohne Probleme. Problematisch wird die Technik, wenn sie eine Entwicklung erreicht, bei der der Mensch die möglichen Folgeerscheinungen nicht mehr übersehen kann, wenn er die Technik nicht mehr beherrscht; wenn Fehler oder Schäden die technisch vorbedachten Abläufe unterbrechen und nicht mehr reparabel sind, eintretende Fehlentwicklungen nicht zu bannen sind; wenn die geformte Technik sich selbst entfesselt. Technik birgt eben nicht nur Chancen, sondern auch Risiken. Risiken auch insofern, als ihre Auswirkungen nicht immer beherrscht werden. Beispiel: Das Auto: steigende Unfallziffer, erhöhter Energieverbrauch, zusätzliche Luftverschmutzung.

Wobei gerade im Hinblick auf zukünftige Folgen technologischer Entwicklung Kernig[183] darauf aufmerksam macht, daß diese eine "Durchbruchzeit von 12 bis 18 Jahren haben. " Das bedeutet, "das, was heute ins Labor geht, bestimmt ausweglos die Wirklichkeit des Jahres 2005. " Dieser Verlauf für die technische Wirklichkeit im Jahre 2005 bedeutet, daß die Zukunft, die heute gestaltet wird, müßte von politischen, die Gesellschaft schützenden Kräften heute überwacht werden. Das ist mangels Kenntnissen dessen, was technologisch geschieht, um die Zukunft der Gesellschaft zu schützen, oft nicht möglich. Gleichzeitig ist mit dem Fortschritt der Technik angedeutet, worauf der französische Professor Roger Garaudy hinweist, daß mit dem Fortschritt die, intellektuelle Arbeit (wächst), während die reine Handarbeit weniger wird; eine professionelle Qualifikation wird immer unerläßlicher, synthetisches Denken, Initiativdenken, Umdenken und Nachdenken.[184]

---

182 Heuss, Theodor: Robert Bosch 1946 S. 45, 47
183 a. a. O.
184 in: Peitz, Marietta: Wenn wir weiter leben wollen; 1972, S. 174

Den Januskopf der Technik erkennt Schiller im "Lied von der Glocke". Es heißt da "Wohltätig ist des Feuers Macht, wenn sie der Mensch bezähmt, bewacht" und wenige Zeilen weiter: "Wehe, wenn sie losgelassen. " Der japanische Professor Hasegawa[185] hat für die Möglichkeiten der Technik, für die perspektivische Sicht auf die Technik, ein einfaches Beispiel gegeben. Er sagt "Neue Techniken sind für die Menschheit wie ein scharf geschliffenes Messer. Wenn wir das Messer für einen guten Zweck verwenden, wie der Arzt, können wir Menschenleben retten. Benutzen wir es für einen schlechten Zweck, z.B. als Waffe, können wir mit Leichtigkeit Menschen töten. Die wichtigste Frage ist deshalb auf welche Weise und mit welcher grundlegenden Philosophie, wir die Technik nutzen werden. "

Gerade der letzte Satz wird bei der Bio-Technik, besonders bei den Gen-Manipulationen deutlich. Hier sollen Genforscher von Wissenschaftlern anderer Gebiete, Soziologen und Juristen "Überwacht" werden, um die Ergebnisse der Forschung auf ihre, auch soziale Verträglichkeit hin zu überprüfen. Die Zentralkommission für biologische Sicherheit hat diese Aufgabe übernommen. Die Enquetekommission des Bundestages "Chancen und Risiken der Gentechnologie" hat die Gefahren in ihrem Bericht von 1986 zusammengestellt.

Bei all diesen Problemen geht es nicht zuletzt auch um ethische Fragen.[186] Auf dieses Problem hat die Enquete-Kommission auch hingewiesen, in dem sie davon spricht, daß für besondere gentechnisch entwickelte Wirkstoffe "Ethikkommissionen" eingeschaltet werden sollten. Das nach den Vorschlägen der Kommission verabschiedete Gengesetz geht soweit, daß in gewissen Stadien der Entwicklung die "Öffentlichkeit" gehört werden muß.

---

185 in Technik 2000 - Chance oder Trauma - Miegel, Meinhard (Hrsg.) 1982, S. 15
186 Jonas a.a.0. S. 50f, 81

Diese Beweise für die Gefahren lassen sich vermehren Lüth[187] sagt z.B. daß keiner der Entdecker der Atomenergie die mögliche Ausrottung des Lebens im Sinne hatte. Und wie zeigt sich die Atomkraft: kriegerischer Einsatz und Vernichtung; Hiroshima hier, dort nützliche Energie, aber mit "Vorfällen" wie Tschernobyl.

Diese Überlegungen zeigen, daß die Technik nicht allein wirtschaftlich gesehen werden darf, sondern tief in die Gesellschaft und damit in politische und soziale Bereiche eingreift. Technik muß für jeden, der mit ihr umgehen muß und für die Gesellschaft verantwortet werden können.[188] Der Bundesforschungsminister Riesenhuber[189] bekennt deshalb: "Es kann durchaus Techniken geben, die ich als unvertretbar ansehe und bei denen ich dafür eintrete, daß sie nicht eingesetzt werden. "

Zu dieser Feststellung gehört der Hinweis der "Enquete-Kommission des Bundestages über Technologiefolgenabschätztung", die Wege sucht, wie Abgeordnete über die Folgen ihrer Entscheidungen im Bereich der Technik besser informiert werden können. in diesem Zusammenhang ist "das Bekenntnis des Ingenieurs" vom 12. Mai. 1950 wichtig, das der VDI herausgegeben hat. Darin heißt es: Der Ingenieur soll seinen Beruf ausüben "in Demut vor der Allmacht, die über (ihm) waltet, er soll arbeiten in Achtung vor der Menschenwürde, beuge sich nicht denen, die Menschenrechte gering achten" und "das Wesen der Technik mißachten. "[190]

Die Doppel-Wirkung der Technik findet deshalb auch ihren Niederschlag in der Gesellschaft. Zunehmend mehr Mitglieder der Gesellschaft stehen der Technik

---

187 Lüth, Paul: Tagebuch eines Landarztes 1983 S. 206

188 Waigel, Theo: Was ist gefährlicher - das Risiko oder - das Restrisiko in: Die Welt v. 22.10.88 Riesenhuber, Heinz: Interview mit - "Die Zeit" 14.4.89

189 a.a.O.

skeptisch gegenüber. Das Allensbacher Institut hat ermittelt, daß 1966 72 % der Befragten vom Segen der Technik, 3 % vom Fluch und 17 % teils-teils sprachen. 1984 lauteten die Zahlen: 32 % Segen, 11 % Fluch, 54 % teils-teils.[191] Diese Angaben sind m.E. mit Vorbehalt zu werten. Wieviele von denen, die die Technik verneinen nutzen Personalcomputer, fahren Auto, fliegen in den Urlaub usw., nutzen also täglich Technik und sind doch "dagegen". (Hier ist die Anmerkung geboten, daß man generell sich nicht hundertprozentig auf statistische Angaben verlassen sollte, ohne die Hintergründe der Erhebungen, die Fragestellung in ihrer Formulierung zu kennen. Auch muß bei Statistiken - zum Unterschied von momentanen Erhebungen - beachtet werden, daß sie generell nur Vergangenes erfassen. Wenn ich trotzdem auf die eine oder andere Zahl bezug nehme, so um den Trend, nicht aber die absolute Wahrheit anzudeuten).

Eine gewisse Erklärung für diese Angst vor der Technik gibt Lafontaine.[192] Zu dem oben genannten Januskopf der Technik - die Zwiespältigkeit zum Guten wie zum Bösen zu gereichen - bezogen auf den Menschen, meint Lafontaine unter dem besonderen Aspekt der Arbeitstechnik: " Auf der einen Seite befreit sie die Menschen von anstrengender und schwerer Arbeit, bewirkt so eine Humanisierung der Arbeitsplätze und erhöht die Freizeit. Auf der anderen Seite verursacht sie oft auch monotone Arbeit im Produktionsprozess und ungewollte Freizeit: Arbeitslosigkeit."

Biedenkopf[193] - offensichtlich in Anlehnung an die Allensbacher Zahlen - stellt fest, daß Ende der sechziger Jahre fast drei Viertel der Deutschen in der Technik, eher einen "Segen" sahen. Anfang der achtziger Jahre begrüßt nur noch ein Drittel die technische Entwicklung. Biedenkopf zieht den Schluß, daß die Bereitschaft

---

190 Zit. nach Schwarz, Ernst: Am Wendepunkt 1960 S. 264f
191 nach Vogel, Bernhardt: Vom Umgang mit der Technik in: Wie wir leben wollen. Hrsg. Vogel, Bernhardt 1986 S. 141
192 Lafontaine, Oskar: Die Gesellschaft der Zukunft 1986 S. 74

technische Entwicklung als etwas Gutes für die Gesellschaft anzusehen "praktisch zusammengebrochen" sei. Braverman[194] weist gleiche Tendenzen in den USA an Hand verschiedener Berichte nach. Kahn vermerkt in Deutschland einen Rückgang des "Vorteilsglaubens an den technischen Fortschritt" um 10 % (1980 76 %, 1981 66%).

Welche Zahlen man auch zugrunde legt: In Presse und Literatur finden sich seit der Mitte der siebziger Jahre Begriffe wie: mangelnde Technikakzeptanz, Fortschrittskeptizismus und ähnliches. Ausgangspunkt für die Äußerungen war der Bericht des Club of Rome zur Lage der Menschheit,[195] der 1973 mit dem Friedenspreis des Deutschen Buchhandels ausgezeichnet wurde, wobei es dahingestellt bleiben soll, ob dieser Bericht sachlich begründet ist.

Eine Anmerkung zum Begriff "Technik. " Die Überhöhung des Begriffs in "Technologie" und gar in Hochtechnologie, da wo von Technik die Rede ist, ist vom Grundgedanken der Technik als einem wissenschaftlichen Tun und Handeln her, eine unnötige Weiterbildung. Vielleicht braucht der die Technik Entwickelnde, der deutlich an Ansehen gegenüber den Geisteswissenschaftern gewonnen hat, die Fortbildung des Begriffes Technik zur "Technologie", um die Bedeutung seiner Arbeit zu dokumentieren. Vielleicht liegt die Neubildung auch darin begründet, daß man der Ansicht ist, daß gigantische Entwicklungen wie die Atomnutzung oder bisher unvorstellbare Vorgänge wie die Raumfahrt mit dem "einfachen" Wort "Technik" nicht hinreichend gekennzeichnet seien.

Der Begriff Technologie ist andererseits richtig angewendet, wenn damit nicht Einzelvorgänge technischer Art, sondern die Wissenschaft von der Technik

---

193 Biedenkopf, Kurt H.: Technik 2000 - Chance oder Trauma. Hrsg. Miegel, Meinhard 1982 S. 18
194 Braverman, Harry: Die Arbeit im modernen Produktionsprozeß 1977, S. 34 ff
195 Meadows, Dennis; Meadows, Donetta; Zahn, Erich;
Millig, Peter: Die Grenzen des Wachstums 1973

umschrieben wird. Es ist richtig von Technologie zu sprechen, wenn Regierungen verschiedener Bundesländer Technologieprojekte unterstützen, technologische Zentren aufbauen, um damit Entwicklungen für neue wirtschaftliche Möglichkeiten erforschen zu lassen, d.h. von staatswegen die Zukunft zu sichern versuchen.

Soweit es dem Menschen darum geht Arbeit und Wirtschaft als Instrument der Bedarfsdeckung und des Erwerbsstrebens technisch zu gestalten, bedient man sich des Werkzeugs und der Maschine. Die Maschine ist das Mittel, das menschliche Arbeit zu Teilen ersetzen soll,[196] wohingegen das Werkzeug nur der menschlichen Arbeit dient. Marx [197] spricht von der Maschine als dem Arbeitsmittel, das die Produktweise "in der großen Industrie" zum Ausgangspunkt genommen hat. Er geht noch weiter und meint, daß die Maschine den Arbeiter ersetzt, der "ein einzelnes Werkzeug handhabt. " Als Beispiel weist er auf eine Maschine zur Herstellung von Briefkuverts hin; ähnlich Adam Smith, der die Fertigstellung von Nadeln nennt.

Maschine, Mechanismus, Mechanik sind vom Lateinischen machinatio, machina abgeleitet. Es bedeutet außer Maschine, Werkzeug und mechanische Fertigkeit auch wie das griechische techné - Kunstgriff, List. Letztere Begriffe auf die Maschine bezogen, sollen besagen, daß im Endeffekt ein bestimmter Zweck mit einer Doppelwirkung ersonnen und erreicht wird. Diese Doppelwirkung zeigt sich in den Vorteilen, die die Maschine bietet, aber auch in ihren Nachteilen. Der jugoslawische Professor Bosjnak meint, daß der Mensch mit der Maschine eine Situation geschaffen habe, "die einerseits das Leben erleichtert, andererseits Leben vernichten kann. "

---

196 Sombart, Werner: Der moderne Kapitalismus Bd. III,1 S. 103
197 Marx, Karl: Das Kapital 1949 S. 388, 392, 396

Vorteile der Maschine sind Entlastung der menschlichen Arbeit, Kostenersparnis, Qualitätsverbesserung erhöhte Produktivität. Diese Vorteile sahen auch Marx und Engels. In der 1872 veröffentlichten Ausgabe des "Manifest der Kommunistischen Partei"[198] heißt es: "Unterjochung der Naturkräfte, Maschinerie, Anwendung der Chemie auf Industrie und Ackerbau, Dampf" Schiffahrt, Eisenbahnen, elektrische Telegraphen, Urbarmachung ganzer Weltteile, Schiffbarmachung der Flüsse, ganze aus dem Boden gestampfte Bevölkerungen welches frühere Jahrhundert ahnte, daß solche Produktionskräfte im Schoße der gesellschaftlichen Arbeit schlummerten."

Und die Nachteile: gesundheitliche Inanspruchnahme, Umweltverschmutzung, Änderung des Lohnsystems (Akkord), Monotonie und vor allem die Gefahr, daß Technik und Maschine zu einem Dämon werden, der dem Menschen keinen Segen[199] bringt, sondern eher Angst macht, Angst davor, die durch Technik und Maschinen gegebenen Entwicklungen nicht mehr übersehen, nicht mehr beherrschen zu können. Eine Angst, die nach Aussagen von Zeitgenossen und nach Berichten die Menschen bei dem Aufkommen jeweilig neuer Maschinen erfaßte.

Bei der ersten Eisenbahn stellte nach Treitschke[200] ein Gutachten des bayrischen Obermedizinalkollegiums zur Bahnstrecke Nürnberg - Fürth fest: es drohen Gehirnkrankheiten für Reisende und Zuschauer. Die Bahnstrecke müßte an beiden Seiten durch Bretter eingefaßt werden. Zum ersten Auto schreibt 1882 Georges Clemenceau: "Der selbstfahrende Wagen, den in Deutschland Benz und Daimler soeben Kaiser Wilhelm vorgestellt haben, ist gefährlich, stinkt, ist unbequem,

---

198 I. Abschnitt
199 s. dazu Sombart, Werner. Der Bourgois 1988 S. 162/3 der dazu verschiedene Zeugen anführt.
200 Treitschke, Heinrich; a.a.o. S. 464

ganz sicher lächerlich, zu schnellem Vergessen verurteilt. " Die englische Regierung hatte zu dieser Zeit dieses Beförderungsmittel verboten.[201]

Eine Angst, die umso größer wird, je mehr die Maschine den gesamten Arbeitsprozeß übernimmt, je mehr zentrale Steuerungssysteme - Automaten – den Arbeitsablauf variabel gestalten. Eine Entwicklung, die nicht nur die Produktion, sondern auch die Dienstleistungen betrifft. Der Mensch wird in vielen Bereichen der Wirtschaft durch Technik und Maschine überflüssig. Man sagt z.B., daß im Jahre 2000 nur 50 % der jetzt damit Beschäftigten soviele Autos wie heute herstellen werden. Wieviele von den "Ausgeschiedenen" einen Arbeitsplatz im Bau und in der Bedienung der Maschinen und Steuerungsanlagen finden werden, hängt nicht unwesentlich von der Ausbildung des Einzelnen ab.

Technik und Maschine werden zu einem Selbstgott und lassen den Menschen vergessen. Albert Speer[202] meint: "Das Menschliche wird allenthalben durch die Technik degradiert" und sagt weiter, daß "man in unserer Zeit noch dazu (neigt), menschliche Vorgänge unter der technokratischen Perspektive der Effektivität zu sehen. " Wieviel mehr trifft dies auf die Maschine zu.

Mit dieser Problematik hat sich auch die Sowjetunion auseinandersetzen müssen, als sie die Technik in einen Fetisch verwandelte. Man verstand nicht, daß die Technik ohne die Menschen, die sie gemeistert haben, tot ist. In Erkenntnis dieser Gefahr wies Stalin in einer Rede im Mai 1937 vor den Absolventen der Akademie der Roten Armee darauf hin, daß "das wertvollste Kapital der Mensch ist." Deshalb setzte schon vor dieser Rede - 1935 - die sogenannte Stachanow-Bewegung ein. Diese Bewegung, die in Rußland den "Helden der Arbeit" herausstellte, der Beispiel für einen neuen "sozialistischen Arbeitsethos"

---
201 nach Rougemont, Denis de: Die Zukunft ist unsere Sache 1980 S. 160
202 Speer, Albert: Der Sklavenstaat 1981 S. 23f

sein sollte. Sie geht auf den Bergmann Stachanow zurück, der in zwei Tagen dreizehneinhalb Tagesnormen gefördert haben soll. Soll, weil dieser Mythos inzwischen entlarvt wurde und 1988 eine russische Zeitung Stachanow einen "ganz gewöhnlichen Betrüger" genannt hat.[203] Die angenommene Leistung des Menschen wurde prämiert.

Aus dem gleichen Grund - der Mensch ist wichtig - wurde in der UdSSR 1936 das Abtreibungsverbot erlassen, wurden Entbindungsheime, Kinderkrippen, Kindergärten eingerichtet, wurden Beihilfen für Kinderreiche gezahlt[204]. 1984 wiederholte der ehemalige Staats- und Parteiführer der UdSSR, Gorbatschow, - damals ZK-Sekretär für Landwirtschaft - daß in der Landwirtschaft der effektive Nutzen "in erster Linie von. den Menschen abhängt und von ihrem Interesse an den Resultaten ihrer Arbeit, "[205].Das führt dahin, daß der Wirtschaftsexperte Leonid Abalkin erklärt: "Wir brauchen Millionen völlig anderer Arbeiter ....Wir begreifen noch immer nicht als Volkskatastrophe, daß wir das Arbeiten verlernt haben. "[206] Im gleichen Sinne äußert sich Papst Johannes Paul II in der 1981 der Öffentlichkeit übergebenen Enzyklika "Laborem exercens", nach der der arbeitende Mensch und nicht das Kapital Subjekt der Wirtschafts- und Gesellschaftsordnung ist. Es gilt "das Prinzip des Vorranges der Arbeit vor dem Kapital".[207] Auch Ford[208] bekennt in seinen Lebenserinnerungen, trotz seiner Fließbandproduktion: "Der Mensch ist immer das höchste Wesen."

Zusammengefaßt. Die "Industrielle Revolution", das Vordringen der Technik und der Maschine und damit der Rückgang des sog. Verlagsystems und der Manufaktur birgt in sich die Gefahr, daß der Mensch nicht nur als Arbeitskraft,

---

203 nach: Zander, Ernst; Robeyzek, Peter: Prinzip Leistung 1990, S. 23
204 Zu allem Vorstehenden: Geschichte der kommunistischen Partei S. 405 ff, insbes. S. 409
205 "Die Welt" v. 28. und 30.3.84
206 Welt am Sonntag 5.3.89
207 Laborem exercens Kap. III Absch. 12
208 Ford: Mein Leben S. 259

sondern auch in seinem Sein vergessen wird. Das Manifest der Kommunistischen Partei sagt, daß der Arbeiter "ein bloßes Zubehör der Maschine" wird. Andererseits meint das Manifest, daß. mit dieser Umstellung der Produktion die Unternehmen den erstrebten Gewinn in Verbilligung und Massenproduktion an Stelle hoher Preise bei kleiner Stückzahl suchten. Die Maschine wird damit Ausgangspunkt für die soziale Frage und für soziale Theorien,[209] - bis hin zur vorgeschlagenen Maschinensteuer, die mithelfen soll die Renten zu sichern. Auch dann, wenn die Maschine dem Menschen Erleichterung bei seiner Arbeit bringt, auch dann, wenn die Arbeit selbst, die Arbeitsteilung in Sonderheit nach Smith[210] "vermutlich den Anstoß zur Erfindung solcher Maschinen gibt," besteht die Gefahr, daß die Maschine sich verselbständigt, Selbstzweck wird. Dies umsomehr, als die von Smith vertretene Ansicht heute nur noch beschränkt gilt. Nicht die menschliche Arbeit, sondern naturwissenschaftliche, technologische Forschungen und Erkenntnisse bestimmen z.T. losgelöst von der Arbeit, wie die Maschine auszusehen hat, um einen gewünschten Zweck zu erreichen. Forschung und Entwicklung sind die bestimmenden Wörter.

Diese sog. Industrielle Revolution (industria = Fleiß, Betriebsamkeit i.S. intensiver Produktivität) ist keine plötzliche und kurzfristig abgeschlossene Revolution, auch keine laute, oder eine "stumme" ("lautlose", wie Marx und Engels meinen)[211] Umwälzung; sie ist eine langandauernde Evolution.[212]

Kennedy[213] sagt zu recht, das, was man Revolution nennt, war ein allmählicher, langsam fortschreitender Prozeß. Und Nolte[214] der sein Werk teilweise unter den Titel "Industrielle Revolution" stellt, tut dies unter dem Gesichtspunkt, daß er

---

209 Jünger, Friedrich Georg: Maschine und Eigentum 1941, S. 10
210 Smith, Adam: Der Wohlstand der Nationen 1978 S. 13
211 Engelberg, Ernst a.a.0. S. 31
212 Born a.a.0. S. 271
213 Kennedy, Paul: Aufstieg und Fall der großen Mächte 1988, S. 232/240
214 a.a.0. S. 27, 25

damit einen Hauptbezugspunkt gewählt habe, für ein "nicht bloß technologisches, sondern soziales und menschliches Phänomen", schreibt, daß sich "der Vorgang" die genannten Phänomene "im Rückblick aus dem letzten Viertel des 20. Jahrhunderts gerade nicht als "Revolution" im Sinne eines raschen Umsturzes, sondern eher als ein allmählicher und lang hingezogener Prozeß darstellt." Ein Prozeß, den Hawking[215] dahin zusammenfaßt, daß man eine neue Theorie entwickelt, die in Wahrheit nur eine Erweiterung der vorigen ist." Er nennt, als Beispiel, Relativitätstheorie und Quantenmechanik brachten Kernenergie und mikroelektrische Entwicklung.

Eine Evolution, die "sich aus der ständigen Rationalisierung des Arbeitsprozesses ergibt",[216] aus der Umformung der Industriestruktur durch neue Produktionsformen.[217] Sie ist umsoweniger "Revolution", als der Begriff Revolution vom lateinischen rerum publicum versio = öffentliche Angelegenheiten, den Staat, gegen Widerstand umwälzen, zerstören, nicht paßt. Umsoweniger paßt als Boris Meissner zu recht[218] meint, daß Revolution einen tiefgreifenden, eruptiven und zugleich gewaltsamen Charakter hat.

Ob der Begriff paßt, wenn der Umbruch von der automatischen Arbeit zum automatischen Denken gelingt, bleibt offen. Bisher war von "künstlicher Intelligenz" bei der Anwendung der Computer nichts zu sehen. Es geht als Ziel zum Beispiel um die Spracherkennung, Übersetzung durch Computer oder auch Wartungen aus der Ferne. Alle unter diesem Leitwort entwickelten Automaten beinhalten von Menschen entworfene Programme.

---

215 Hawking, Stephen W.: Eine kurze Geschichte der Zeit 1988, S. 24, 28
216 Krause, Erwin: Arbeit und Sozialpolitik 19. Jahrgang Heft 1, 1965 S. 3
217 Schumpeter a.a.0. S. 114
218 Meissner, Boris: Revolution auf Raten in Rissener Rundbrief Dez. 89/Jan. 90 S. 437

Die Industrie als solche ist ohne "Zerstörung" irgendwelcher gesellschaftlicher Gegebenheiten - Urbanisierung, Ausnutzung der Lohnarbeiter sind, in dieser Zeit von den Betroffenen selbst zu verantwortende, geduldete Entscheidungen - ohne Druck, besonders ohne Druck von unten her, der im allgemeinen Revolutionen in Gang setzt, und ohne Gewalt allein durch Entdeckungen und Erfindungen entstanden. Die Ideen auf naturwissenschaftlichen Gebieten entspringen seit Jahrhunderten irgendwelchen Utopien. Man denke an Ikarus oder auch daran, daß Kepler in einem Brief vom 9. August 1610 an Galilei den Weltraumflug und die "Kolonisierung" der Gestirne für möglich hält.[219]

Auch im sozialen Umkreis wurde durch die Industrie nichts zerstört. Die Änderungen in den sozialen Verhältnissen entwickelten sich allmählich, wenngleich man sagen muß, daß Veränderungen in allen Bereichen der Erzeugung Ausgangspunkte, Anlaß für die Änderung der sozialen Verhältnisse war. Selbst die sog. "Revolutionen" der 40iger Jahre des 19. Jahrhunderts waren - vielleicht beeinflußt durch das Wirtschaftsleben vorwiegend politischer Art. Es ging um Demokratie, Parlamentarismus, Presse, Versammlungs- und Religionsfreiheit. Die Industrie, als solche entstand nicht durch Revolution im Sinne des Wortes, daß etwas anderes "zerstört" wurde.

Inwieweit die Entwicklung der industriellen Produktion die zwischenmenschlichen Beziehungen durch die Produktionsverhältnisse änderte, inwieweit der politische und soziale Bereich einschneidend betroffen wurde, diese Fakten ändern an dem evolutionären Charakter der Industrie als solcher nichts.

Der von Engels in dem Streit Kapital/Arbeit eingeführte Begriff, "Industrielle Revolution" läßt es naheliegend erscheinen, daß damit eine bestimmte Ideologie kämpferisch, propagandistisch wirksam herausgestellt werden sollte. Ideologie so

---
219 Zitat aus einem Vortrag vor den Rotariern in Hamburg am 13.4.1987

verstanden, daß der Anschein erweckt wird, als ob man objektive und unumstößliche Erkenntnisse hat, als ob man positive Aussagen machen könnte. Weizsäcker[220] sagt dazu: "Die Weisen, wie sich Motive in Ansichten spiegeln, nennt man Ideologie" und weiter "Ideale" sind "sehr häufig, so ausgewählt, daß sie .... partikularen Interessen eine Deckung gewähren. " Eduard Spranger[221] meint dazu: "Gedankengebäude, die sich auf eine noch ungestaltete Zukunft beziehen, zugleich aber aus einer bankrotten Gegenwartsnot geboren sind, nennt man mit Marx und Nietsche Ideologie. Ideologien sind Wünsche für die Zukunft." Deshalb meint Spranger weiter: "Eine Ideologie kann nicht allgemein gültig, nicht selbstlos (objektiv), nicht offen für andere Möglichkeiten sein." Ein deutlicher Hinweis auf die Gefahren besonders politischer Ideologien.

Die industrielle Entwicklung, im kommunistischen Manifest bestens umschrieben, erreichte Deutschland Ende des.19. Jahrhunderts und hat sich bis hin zur Mikroelektronik, Informatik, Automation, Kommunikations- und Biotechnik fortentwickelt. Wenn man bei diesen Übergängen gar von der zweiten und dritten Revolution spricht[222], so treffen diese Bezeichnungen nur gewisse Formen der Weiterentwicklung des Maschineneinsatzes bis hin zur Vernetzung des Arbeitsablaufes innerhalb eines Betriebes und außerhalb desselben mit der arbeitenden Umwelt. Basis bleibt die Produktion auch dann, wenn sie immer weniger von der Verwaltung im weitesten Sinne zu trennen ist, wenn die Dienstleistung sie überholt.

Die sogenannten Revolutionen sind Phasen einer Entwicklung hin zu größerer Produktivität, zu mehr Wirtschaftswachstum, zu mehr Freizeit für den Menschen, wobei mit "Freizeit" hier auch Arbeitslosigkeit gemeint ist. War es zunächst die

---

220 Weizsäcker, Carl Friedrich von: Die Zeit drängt 1986 S. 27
221 in: Die Mittwochs-Gesellschaft, Hrsg. Schlader, Klaus 1982 S. 108, 112

Mechanik, waren es später Energie (Elektrizität und Erdöl) und Chemie, sind es heute Atomenergie und die schon genannten Mikroelektronik, Informatik und Bio- und Gentechnik. Ein Weg der über die ständige Weiterentwicklung körperliche Arbeit sparend, aber geistige Schulung fordernde Anlagen zur Änderung der Produktivitätskräfte und der Infrastruktur (Straßen, Kanäle, Eisenbahn, Telefon, Telex, Telefax, Auto, Flugzeug) führte, hin zu immer größeren Produktivität, zur Verringerung der Material- und Fertigungskosten, zur Qualitätsverbesserung und zu neuen Produkten.

Die Entwicklung beinhaltet aber auch eine gewisse Monopolisierung und eine heute weltweite - Arbeitsteilung. Hinzu kommt, daß die ursprünglich unternehmerische Funktion, die intuitiv Neues auf den Weg brachte, heute durch Controller und Planer gleichsam ersetzt wird. Funktionäre die, bevor Neues auf den Weg gebracht wird, den Erfolg über Zielgruppen, Marktnischen u.a. zu "errechnen" suchen. Die Bürokraten, die Technokratie und die Arbeit der Kommissioners umfaßt Planung und "Realisation der Gestaltung, Preispolitik, Kommunikation und Vertrieb von Ideen, Gütern und Dienstleistungen, die der Befriedigung bzw. den Bedarf von Einzelpersonen und Organisationen dienen um daraus Austauschprozesse zu begründen oder diese zu erleichtern, bzw. diese zu verbessern".[223] Es wird budgetiert, werden Deckungsbeiträge errechnet, der break even-point festgelegt und damit häufig Phantasie, Intuition, Gespür für Mögliches und das mutig in die Zukunft greifende Tun und Unterlassen gebremst.

Wegen dieser evolutionären Entwicklung der Industrie und der Dienstleistungen spricht man m.E. mit Sombart[224] besser vom "ökonomischen Zeitalter, " einem

---

[222] s. z.B. Schumpeter, J.H.: Kapitalismus, Sozialismus und Demokratie 1980; S. 114 unter Hinweis auf "die langen Wellen" des N.O. Kondratieff
[223] Definition des Begriffes Marketing der American Marketing Association aus dem Jahre 1990. nach Anwaltsblatt 1991; S. 14
[224] Sombart, Werner: Deutscher Sozialismus S.1

Begriff den Alfred Weber als "zutreffend" bezeichnet.[225] Er sagt: "denn dieses macht wie mir scheint, in der Tat sein (dieses Entwicklungsabschnittes) Wesen aus: daß in ihm die Wirtschaft, die wirtschaftlichen und damit im Zusammenhang die sog. "materiellen" Belange eine Vorherrschaft vor allen Werten beansprucht und erobert haben, und daß damit die Eigenart der Wirtschaft allen übrigen Bereichen der Gesellschaft und der Kultur ihr Gepräge aufdrückt." Technik sagt Jaspers[226] "ist das schlechthin Neue unserer Epoche! " Weshalb Carl Friedrich von Weizäcker[227] davon spricht, daß, wir "im naturwissenschaftlich-technischen Zeitalter" leben.

Wenn Genscher[228] in einem Vortrag vor dem Bundesverband Deutscher Arbeitgeberverbände 1983 zum Thema: "Die technologische Herausforderung" vom "Zeitalter der hochtechnologischen Informationsgesellschaft" spricht, im gleichen Vortrag die Entwicklung mal "dritte industrielle Revolution" mal "Informationszeitalter" nennt (in einer Rede vor der IHK Kiel 1984 ordnet er den gleichen Fortschritt der "zweiten industriellen Revolution" zu[229]), zeigt das, daß das Wesen, die Besonderheiten wirtschaftlicher und gesellschaftlicher Verhältnisse durch spezielle technische Entwicklungen nicht zu katalogisieren sind. Die Entwicklung führt fortlaufend zu einem Ziel, ist wie eine Lawine die Schneemassen ansetzt und abstößt und die trotzdem - im Grundbestand erhalten bleibend - einem allgemeinen Ziel zustrebt: der Vormacht" vielleicht der Übermacht der Ökonomie, die unter Ausnutzung und Erforschung der Natur durch Technik und Wissenschaft für alle Lebensvorgänge und -beziehungen - zumindest auf den ersten Blick bestimmend geworden ist.

---

225 Weber, Alfred: Kulturgeschichte als Kultursoziologie 1963 S. 431
226 Jaspers, Karl: Vom Ursprung und Ziel der Geschichte 1955, S. 81f
227 Weizäcker, Carl Friedrich von: in einem Vortrag vom November 1974; abgedruckt in "Der Garten des Menschlichen"; S. 33
228 Genscher, H.D.: Deutsche Außenpolitik 1985 S. 411ff
229 a.a.O. S 447/8

Deshalb spricht Schultes[230] zu recht davon, daß das Wort Revolution seit Jahrzehnten im technischen Bereich vielfach mißbraucht wird. Es seien ja so viele "Revolutionen" auf technischen Gebiet erfolgt, so daß man gar nicht mehr weiß, welche Revolutionen alle stattgefunden haben. Die Äußerung von Späth[231] Information und Kommunikation seien nicht spezifisch technische Anwendungen, sondern ein neuer Produktionsfaktor, scheinen mir die Fakten zu überhöhen. Neuentwicklungen ändern vielleicht den "Faktor Arbeit" und berühren den "Faktor Kapital", sind aber für sich gesehen eine technische Fortentwicklung auch zu gunsten der Wirtschaft.

Diese rein technische Entwicklung wurde im Wirtschaftsablauf und in der Organisation von zweckmäßigen politischen, rechtlichen und sozialen Änderungen und Erneuerungen begleitet. Die Gewerbefreiheit löste die Zunftordnung ab. Aktiengesellschaften erleichtern die Finanzierung größerer wirtschaftlicher Vorhaben. Der Weltpostverein förderte den internationalen Wirtschaftsaustausch. Der bargeldlose Zahlungsverkehr vereinfacht den Geldverkehr. Gleitzeit und flexible Arbeitszeit löst die starre Arbeitsordnung im Interesse der Arbeitnehmer und der Arbeitgeber - bessere Nutzung der Kapazitäten -ab. Das alles bedeutet, daß die Wirtschaft auf breiter Front keinen Stillstand kennt, kennen will oder kennen sollte.

Wie richtig Sombarts Sicht vom "ökonomischen Zeitalter" als umfassendes Geschehen ist, zeigt sich im ersten Stadium des "Zeitalters" auf kulturellem Gebiet. Hier sind u. a. Brod, Dehmel, Dix, Hauptmann, Kollwitz, (und als deren Schülerin: Sella Hasse), Liebermann, Munck, Toller, Zille - auch Menzel - in ihrem künstlerischen Schaffen von den wirtschaftlichen, den materiellen und damit sozialen Gegebenheiten nicht nur beeinflußt worden. Sie haben die durch

---

230 Schultes, Rudolf in Technik 2000, Chance oder Trauma J982 S. 214
231 Späth, Lothar: Wende in die Zukunft 1985 S. 183

die wirtschaftlichen Verhältnisse bedingten gesellschaftlichen Zustände in ihrer Kunst gezeigt. (Das im 17. Jahrhundert geschaffene Gemälde von Velasquez "Die Gobelinarbeiterinnen" wird oft als eines der ersten Fabrikbilder bezeichnet. M.E. zu Unrecht. Von Fabrik als Betrieb zur Erzeugung von Massenprodukten kann hier keine Rede sein.) Die Art der Wiedergabe und Darstellung der sozialen Zustände durch die genannten Künstler ist erheblich kritischer, als die in Werken eines Daniel Chodowiecki oder Wilhelm Schütz, die in der Zeit der sog. bürgerlichen Gesellschaft, Ende des 18. Anfang des 19. Jahrhunderts, das geordnete Familienleben, die Behaglichkeit des Umraumes des Mittelstandes zeigen. Das "ökonomische Zeitalter" ausgelöst durch Technik und Maschine ist die Bezeichnung für eine sich aus der ständig wandelnden Umwelt ergebenden Erfahrung, für ein geistig begründetes Faktum.

Die heute für den Zustand der Wirtschaft vor allem im politischen Bereich übliche Bezeichnung "Kapitalismus" ist - worauf Nolte[232] hinweist - die Umsetzung der Erfahrung in eine Theorie. Der Begriff "Kapitalismus" ist erst mit Marx und Engels, also fast einhundert Jahre nach Eintritt in das "ökonomische Zeitalter" gebräuchlich geworden. "Kapitalist" ist nach Engels[233] "die Klasse ... der Besitzer der Produktionsmittel" die "Lohnarbeit" ausnutzt. - Es ist, wie Friedrich Naumann[234] sagt, "Marxistisch, Kapitalismus mit Ausbeutungssystem zu übersetzen."

Die geschichtlichen Fakten, die zu der Erfahrung "ökonomisches Zeitalter" zusammengeronnen sind, treten heute bei politischen Auseinandersetzungen, bei der Verdeutlichung der wirtschaftlichen Gegebenheiten und ihrer Entwicklung hintan. Dagegen wird "Kapitalismus" als "ismus" ein Streben nach etwas, eine

---

233 a.a.0. S. 23
234 K. Marx/F. Engels: Manifest der Kommunistischen Partei 1946 S. 3. Anm. 1
235 Die Vorgeschichte des Kapitalismus in Sombarts "Moderner Kapitalismus" Hrsg. Brocke, Bernhard von S. 119

Ideologie schlagwortartig, nicht zuletzt von einer psychologisch begründeten Propaganda für bestimmte Ziele bei Auseinandersetzungen im wirtschaftlichen und gesellschaftlichen Bereich, für eine Feindstellung, für das Bild von dem vermeintlich bösen und/oder guten Kräften, in der Gesellschaft, vor allem im sog. Arbeitskampf verwendet. Schumpeter[235] spricht zu Recht von einer "Atmosphäre der Feindschaft gegenüber dem Kapitalismus" und setzt hinzu "Die öffentliche Meinung ist allgemein auch so gründlich über ihn verstimmt, daß die Verurteilung des Kapitalismus und aller seiner Werke eine ausgemachte Sache ist - beinahe ein Erfordernis der Etikette der Diskussion."

Wir wollen das Wort Kapitalismus, kurz erörtern: Von ihm spricht Sombart[236], wenn zwei Bedingungen erfüllt sind "1. daß fremde Willen wirtschaftlich tätigen Menschen durch das Zwischenmittel des Geldes einem Erwerbszweck dienstbar gemacht werden, 2. daß mit dieser Abhängigmachung fremden Willen doch immer schon Ansätze zu einer Neuordnung der wirtschaftlichen Beziehungen im Sinne einer Rationalisierung des Wirtschaftslebens unter dem Gesichtspunkt höchstmöglicher Gewinnerzielung verbunden sind".

Das Wort gibt für die wirtschaftlichen Zusammenhänge in der Bundesrepublik Deutschland nichts her. Kapitalismus, als politisches Schlagwort soll wohl besagen, daß innerhalb der Wirtschaft ein "Faktor", das Kapital, einem Streben hin zu mehr Kapital, zur "Gewinnmaximierung", zu einseitig bestimmender Macht beinhaltet, daß das Kapital das Sagen hat. Wirtschaft, vor allem die sogenannte soziale Marktwirtschaft zielt aber auf maximalen Wohlstand der Gesellschaft. Eine Zielsetzung der sich auch das Kapital. unterwerfen muß. Schumpeter[237] hat zu Recht festgestellt, daß hinter den Privatinteressen "des Besitzenden" das Sozialinteresse am reibungslosen Funktionieren des

---

235 Schumpeter, Joseph A.: a.a.O. S. 107
236 a.a.O. II. 1 S. 5f
238 a.a.O. S. 335f

Produktionsapparates liegt. Dieses Funktionieren war früher und ist heute ohne Strukturpolitik, Wirtschaftspolitik, Sozialpolitik, Steuerpolitik und Rechtswesen nicht möglich.

Das Wort Kapitalismus wird schon auf das Wirtschaftsleben im hohen Mittelalter 12. und 13. Jahrhundert angewandt.[238] Diese Zeit brachte wesentliche technische Fortschritte: Wasser- und Windmühlen wurden für Textilherstellung und Metallerzeugnisse genutzt. Die Städte blühten auf und mit ihnen die Tätigkeit von Kaufleuten und Handwerkern. Letztere schlossen sich in Gilden und Zünften zusammen, die geradezu obrigkeitliche Funktionenübernahmen, Preis- und Lohnkontrolle, Quantitäts- und Qualitätsvorschriften für die Herstellung der Waren erließen. Buchhaltung und Schriftverkehr kam auf. Aber eine industrielle Produktion, die Herstellung von Massenwaren gab es noch nicht. Deshalb spricht Sombart vom "Übergang zum Kapitalismus" - m.E. verfrüht - um die Wende des 15. zum 16. Jahrhundert. Warum auch für die Zeit des Hochmittelalters: Kapitalismus ?

Erst mit dem Beginn der sog. Marktproduktion wird die Ware in größerer Anzahl, in mechanisierter Massenfertigung hergestellt (man denke an Smith[239] Stecknadelbeispiel und Marx Hinweis auf die Produktion. von Briefkuverts) und für Menschenmassen, die ihrerseits wegen ihrer Bedürfnisse auf die Produktion drücken, auf den Markt gebracht.

Es entsteht Marktabhängigkeit und Lohnarbeit, Geld wird für die Massenproduktion vorgehalten, "vorgelegt", wird investiert. Dieses Geld hat der Produzent oder er muß es sich leihen.

---

238 239Fischer-Fabian S.: Der jüngste Tag 1985 S. 108
239 240a.a.O. S. 9f

Das Geld wird für Räume, Geräte, Rohstoffe und zur ersten Bezahlung der Arbeiter gebraucht, bevor der Lohn aus der Veräußerung der Produkte beglichen werden kann. Denn es muß erst ein Produkt zur Befriedigung der Bedürfnisse der Massen entstehen. Der Preis der Ware muß neben den Zinsen für das Geld und die Kosten für die Produktion ein Mehr enthalten. Die Produktion muß sich rentieren, eine Rente, einen Ertrag abwerfen, der zur Lohnzahlung, zur Erhaltung der Produktionsmittel, zur Ausweitung der Produktion dient, was nicht zuletzt heißt: zur Erhaltung der und zur Schaffung neuer Arbeitsplätze.

Wenn also nach Ertrag gestrebt wird, geht es im Endeffekt darum, zahlungsfähig - auch für die Löhne - zu bleiben. Deshalb sagt Paul C. Martin[240] zu recht, daß das System nach dem wir wirtschaften auf der Basis des Schuldenmachens existiert und daß es nicht "durch sein Gewinnstreben, sondern immer nur durch die Angst vor der Illiquidität vorwärts gepeitscht wird. " Die fehlende Liquidität erweist sich als wesentlicher Hinderungsgrund im Aufbau von Firmen in den neuen Bundesländern.

Diese Angst vor "roten Zahlen" wird jeder bestätigen, der an Jahresbudgets für Unternehmen gearbeitet hat. Sie wird jedermann deutlich, der in der Presse liest, daß neugegründete Firmen in den letzten Jahren mangels Eigenkapital, also weil die Gelder zum Einkauf der Rohstoffe usw. fehlten und Fremdkapital wegen fehlender Sicherheiten nicht zu bekommen waren, in Konkurs gingen.

Problematisch ist nicht der Gewinn als solcher, sondern nur der Gewinn von dem Aristoteles[241] als Ungerechtigkeit spricht. Es ist unzulässig zu sagen, daß jeder Kapitaleigner ungerechte Gewinne macht, daß es eine Eigenart des Kapitals ist, ungerechte Maximierung anzustreben und so mit dem Unternehmen

---

240 Welt am Sonntag v. 13.11.1983
241 a.a.O. S. 254

"Kapitalismus" d.i. ungezügeltes Erwerbsstreben und Ausbeutung der im Betrieb Arbeitenden zu betreiben.

Eine "angemessene" Rate auf eingesetztes Kapital ist genauso "gerecht", wie ein "angemessener" Lohn für eingesetzte Arbeitskraft "gerecht" sein muß. Der "gerechte" Gewinn richtig eingesetzt - für Investitionen und Innovationen aller Art, (die Adomeit[242] als die arbeitsrechtliche Hauptleistung des Unternehmers, also im Hinblick auf den Bezug Kapital/Arbeit bezeichnet), und für neue Arbeitsplätze dient nicht nur der gesamten Volkswirtschaft und hat sein allen Mitgliedern der Gesellschaft nützliches Gegenstück in der "Nutzenmaximierung."

Offen bleibt beim Kapitalgewinn und beim Lohn: wann sind deren Höhen gerecht; wann ist der im Unternehmen arbeitende Mensch, "gerecht" als Mensch und damit Arbeitskraft, im Unternehmen eingesetzt.

An der Auffassung, daß "Kapitalismus" ein schwer zu begründender oder besser nur in sehr geringem Umfang (nämlich soweit es in allen Lebensbeziehungen Verhaltensweisen gibt, die unmoralisch, unsozial sind) -eine auf die Verhältnisse in Wirtschaft und Gesellschaft zutreffende Bezeichnung ist, ändert sich auch nichts, wenn man "Kapitalismus" als "eine Ordnung von Wirtschaft und Gesellschaft" bezeichnet "in der das Kapital das Subjekt ist, das die Initiative und die Führung inne hat und die Arbeit in seinen Dienst nimmt, die sich damit in die Objektrolle gedrängt sieht." Marx sagt: unter der Kontrolle der Kapitalisten arbeitend.[243] In die Objektrolle gedrängt, weil zwar gemeinsam in Arbeitsteilung produziert wird, aber das Produkt dem Mittelbesitzer privat zusteht.

---

242 Adomeit, Klaus: Wen schützt das Arbeitsrecht 1987 S. 178
243 Das Kapital S. 193

Marx hält fest[244]:" das Produkt ist Eigentum des Kapitalisten, nicht des unmittelbaren Produzenten, des Arbeiters." Richtig ist, daß Angelpunkt der Zusammenarbeit von Unternehmen und Lohnarbeit einzig und allein das von beiden erstellte Produkt ist. Offen ist, welches Produkt wird gefertigt, ist es marktgerecht, bringt es durch Veräußerung die Aufwendungen für Produktionsmittel und Lohnarbeit ein. Durch Fehlentscheidungen und Irrtümer, durch Fehleinschätzung des Risikos, man spricht vom "Versagen des Managements", wird der Markt falsch analysiert, wird der Strukturwandel nicht beachtet, werden Überkapazitäten erstellt, veraltet das Produkt wird nicht innoviert. Andererseits wird, um Kosten zu sparen, um zu marktgerechten Preisen herstellen zu können, rationalisiert. Die Rationalisierung geht oft, wie man nach jeder Tarifrunde und der darin beschlossenen Lohnerhöhung vom Arbeitgeber hört, zu Lasten des Personals. Lohnarbeiter werden entlassen.

Nell-Breuning faßt zusammen, daß heute der Sachverhalt "eindeutig" der sei, daß der Wirtschaftsprozeß von denen organisiert und geleistet wird, die in der Lage sind, den Kapitaleinsatz zu stellen und damit den Grund zu legen für die Arbeit derer, die an diesen Sachmitteln den Produktionsprozeß durchführen."[245] Zu ergänzen wäre: in der Lage den für moderne Produktionsstätten und Dienstleistungsbetrieb notwendigen Kapitaleinsatz aufzubringen, sind Gesellschafter oder Unternehmer, die den notwendigen Kredit gegen hinreichende Sicherheiten erhalten aber "Helfer" brauchen. v. Nell-Breuning stellt abschließend fest: so wickelt sich das Verhältnis zwischen Kapital und Arbeit ab, das ist die Art zu wirtschaften, eben ein Faktum.

---

244 a.a.0. S. 193
245 Nell-Breuning, Oswald von: in "Arbeit mehr als Kapital" Hrsg. Grohmann, Dieter u. Pawlowski, Harald 1983 S.-23 ebenda: Weber, Wilhelm S. 29

Sombart[246] stimmt dem zu: Unternehmer, Kapital und Arbeit sind ein bestehendes Wirtschaftssystem, er spricht von "kapitalistischer Wirtschaft", wirken notwendig zusammen. Eine Zurechnung der an der Produktion beteiligten Faktoren am Ertrag sei "grundsätzlich verfehlt." Dieses Faktum beinhaltet in keiner Weise ein Verhalten des Kapitals"das als Negativum zu bezeichnen ist - wie es dem Wort Kapitalismus in der Umgangssprache anhaftet, vor allem dann, wenn heute der Lohnarbeiter nicht mehr "ausgebeutet" wird.

Der von Marx als "Produzent" und damit als Eigentümer des Produkts gesehene Lohnarbeiter tritt heute anscheinend durch die für die Arbeit entwickelten technischen Hilfen in den Hintergrund. Absatzprobleme werden bedeutsamer. (Zielgruppe, Marketing, P.R. usw.)

Hinzu kommt, daß die Ansicht von Marx, daß Arbeiter dem Kapitalisten "überall kreditiert" hätten, heute nicht stimmt, vielleicht insoweit als Kreditinstitute Spargelder von Arbeitern an den "Kapitalisten" vergeben. Marx sagt weiter, daß das Kreditieren "kein leerer Wahn" sei., was sich gelegentlich am "Verlust des kreditierten Lohns beim Bankrott des Kapitalisten" zeige.[247] Diese Situation ist durch Sozialplan, Konkursausfallgeld und Insolvenzsicherung nicht mehr für den Lohnarbeiter gegeben. (vgl. Betriebsverfassungsgesetz § 112; Arbeitsförderungsgesetz §,141 a; Gesetz zur Verbesserung der betrieblichen Altersversorgung § 7) Oder wenn Marx[248] meint: "Après moi le déluge" "sei der Wahlruf des Kapitalisten". Das Kapital sei daher rücksichtslos gegen Gesundheit und Lebensdauer des Arbeiters, wo es nicht durch die Gesellschaft zur Rücksicht gezwungen wird. Vorwürfe, die auf der ganzen Front, allerdings nicht zuletzt durch gesetzliche Regelungen und durch Vereinbarungen zwischen Kapital und Arbeit überholt sind und alle Gesellschaftsteile auch den Lohnarbeiter betreffen.

---
246 a.a.O. Bd. III,1 S. 140
247 Das Kapital S. 162
248 a.a.O. S. 281

Das Wort Kapitalismus sollte zur Charakterisierung der herrschenden Wirtschaftsordnung nicht verwendet werden. Alexander Dubeek,[249] der es wissen mußte, meinte: "Die westliche kapitalistische Welt, wie wir sie nannten und aufteilten - die gibt es nicht mehr." Er meinte weiter Marx und Lenin konnten nicht voraussehen, daß der "Kapitalismus unter dem Druck sozialer Bewegungen andere Formen annehmen würde." Kapitalismus sollte umsoweniger benutzt werden als der "Kapitalist", der Produzent, doch nur das produziert und anbietet, wonach zumindest Teile der Gesellschaft -auch die von ihm beschäftigten Lohnarbeiter - verlangen. Trotz aller Werbung bleibt allein die Kaufkraft und der Kaufentschluß des Einzelnen maßgebend für den Absatz der Produkte. Aufzwingen kann der Produzent niemanden die Ware.

Mit allem Vorstehenden ist nicht gesagt, daß das Wirtschaftssystem nicht zugunsten der abhängigen Lohnarbeiter - und der Menschen ohne Arbeit - eben der Menschen als solchen verbessert werden könnte und sollte; wobei offen bleibt was "besser" inhaltlich besagt und wer das unter welchen Gesichtspunkten und Vorstellungen, allgemein gültig beurteilt. Wieviel Menschen gibt es wohl die nicht das "Sagen" haben wollen, die nicht organisieren oder gar leiten wollen oder können, die den Wirtschaftsprozeß nicht als "verbessert" ansehen, wenn sie Initiative entwickeln oder mitentwickeln und Risiko übernehmen oder zumindest mitübernehmen müßten.

Wenn von "verbessert werden" gesprochen wird, so ist daran zu denken, daß sich die Staatsgewalt in den letzten 200 Jahren von konservativer, monarchischer Macht zur demokratischen und demokratisch-parlamentarischen Ordnung entwickelt hat, die dem Grunde nach auf Kompromissen, Gleichgewicht,

---

[249] Interview: Die Zeit 16.2.90

Kontrolle und Mitbestimmung aufgebaut ist.[250] Diese Entwicklung könnte für die Wirtschaft selbst und das Verhältnis Kapital / Arbeit Vorbild sein. Man kann auch sagen: Sklaverei, Leibeigenschaft, Feudalismus vergingen, warum nicht auch noch bestehende Spannungen zwischen Kapital und Arbeit. Warum sollten die Spannungen zwischen Kapital und Arbeit, die im Zustand einer Koexistenz beharren, nicht zu einer partnerschaftlichen Zusammenarbeit kommen, wie es unter der Ägide Gorbatschow weltweit nach dem Prinzip der sog. friedlichen Koexistenz zu einem Universalprinzip, zur partnerschaftlichen Zusammenarbeit der Weltmächte gekommen ist.[251] Sicher wird dies nicht erreicht werden damit, daß man bewußt von dem Kapitalismus der den Menschen "ausbeutet" spricht, was die Spannung geradezu beinhaltet. Damit wird nicht nach Neuem gesucht, sondern durch Kampfhaltung altes festgeschrieben.

Generell ist das Streben danach, Erträge zu erzielen, Gewinn zu machen mit den für den Arbeiter ersichtlichen Folgen - Arbeitsteilung, Entfremdung usw. - ein im Interesse der gesamten Volkswirtschaft und damit der Gesellschaft notwendiges Ergebnis der Wirtschaftsordnung - äußerste Produktivität und Rechenhaftigkeit durch technische Entwicklung auf marktwirtschaftlicher Grundlage.

Wir wollen uns doch dessen bewußt bleiben, daß Geld zu verdienen, Eigentum zu haben von altersher selbstverständliches Ziel fast jedes Menschen ist. Aber: Eigentum verpflichtet.

Es kann aber auch nicht bestritten werden, daß es Unternehmen gibt, die die Verpflichtung des Eigentums gegenüber der Gesellschaft z.B. den bilanzierten

---

250 s. dazu: Jäckel, Eberhard: Hitlers Herrschaft 1986 S. 139ff; ähnliche Gedanken hat vorher schon Nell Breuning: Arbeit u. Kapital 1983 S. 97 geäußert
251 Schewardnadse, Eduard: Die Zukunft gehört der Freiheit 1991 S. 121

Reingewinn nicht im gerechten Anteil zum Wohl der Gesellschaft einsetzen. Die z.B. Überschüsse, bei hinreichender Liquidität, in Aktien, Renten, ausländischen Beteiligungen oder in Tochtergesellschaften: - "diversifizieren", eben um mit Geld Geld zu machen. oder es wird auf Kosten des Unternehmens ein Oldtimer-Museum angelegt[252] unter Gefährdung des Unternehmens. Man denke auch an Banken, die sich an den verschiedensten Industrieunternehmen beteiligen, oder an Versicherungsgesellschaften, die sich bei Banken einkaufen. Überlegungen, dies über die Kartellgesetzgebung zu beschränken, sind vorhanden. Oder es wird - als weiteres Beispiel - in der Elektrizitätswirtschaft die Produktion nicht dem Bedarf angepaßt, wird überproduziert, was zu Verteuerungen zu Lasten der Abnehmer und damit der Gesellschaft führt.[253]

Trotzdem, - weil es auf allen Lebensgebieten schwarze Schafe, in jeder Gesellschaft einen Bodensatz gibt, Menschen, die aus der Ordnung ausbrechen, ihr Verhalten aber nicht die Regel ist -: Man kann zumindest heute nicht mehr von Kapitalismus - uneingeschränktes Gewinnstreben der Unternehmer dem ein Nur-Lohnempfänger gegenüber steht - sprechen, auch dann nicht, wenn Auswüchse beschnitten werden müssen.

Das "ökonomische Zeitalter" hat folgende Fakten für unsere Wirtschaft erbracht und beinhaltet sie generell gesehen noch heute, wenn auch durch gesetzliche Maßnahmen im einzelnen Spannungen abgebaut wurden:

1) in technisch-organisatorischer Hinsicht: den Produktionsfaktor Kapital. Kapital d.i. der Besitz der Produktionsmittel, wie Grund und Boden, Gebäude, Anlagen Maschinen, Rohstoffe, Geldmittel (eigene und fremde), know-how und Gestaltungsfunktionen wie Initiative, Planung, Organisation, Innovation,

---

252 Adomeit a.a.O. S. 83, 181
253 "Die Zeit" v. 30.5.1986: "Die Lichter gehen nimmer aus."

Kontrolle und - Verantwortung. (Darauf, daß alle diese Faktoren Fehlern und Irrtümern unterliegen können, haben wir bereits hingewiesen, auf das sog. "Versagen des Managements.") Zur Verantwortung sagt Friedrich Engels[254] in einem Brief an Karl Marx vom 27. April 1887: Er wolle, nach Übernahme des väterlichen Geschäfts, vom "hündischen Commerz" frei sein. Der Druck sei Zeitverschwendung "besonders seitdem ich Prinzipal bin, ist das viel schlimmer geworden, wegen der größeren Verantwortlichkeit."

Darauf, daß heute in vielen Fällen die genannten Funktionen des Kapitals auseinanderfallen und oft nicht mehr in einer Hand liegen, kommen wir zurück.

2) in sozialer und rechtlicher Hinsicht: den Produktionsfaktor Arbeit (besser Arbeitskraft), einer Arbeit bei der generell die Einheit von Beruf, Erfahrung und Weitergabe der Erfahrung im Beruf verloren geht. Der Faktor Arbeit bedeutet den unselbständigen Lohnarbeiter, der im Dienste der Besitzer von Produktionsmitteln, in Abhängigkeit vom Kapitaleigner "fremdbestimmt" tätig ist.

Der Besitzer der Produktionsmittel, das Kapital beherrscht den Arbeitnehmer im Sinne Max Webers,[255] d.h. der Arbeiter gehorcht auf Grund formalisierter Regeln und Gesetze (rationale Herrschaft) oder auf Grund der Tradition (traditionale und patriarchale Herrschaft) den Befehlen die an Inhalte gebunden sind oder will ihnen aus Vernunft und Einsicht gehorchen. Die meisten Lohnarbeiter eines Betriebes erkennen, daß bezogen auf die übertragene Arbeitsaufgabe "Gehorsam" nötig ist, um die Betriebsziele zu erreichen, daß es ein Direktionsrecht als formales Prinzip geben muß, um den Arbeitsfluß sinnvoll und rationell zu

---

254 Mielke, K.: Historischer Marxismus S. 64
255 Weber, Max: Wirtschaft und Gesellschaft. Grundriß der verstehenden Soziologie hrg. v. Johannes Winkelmann Studienausg. 1985 S. 28, 122, 544

gestalten. Marx[256] erkennt dieses Direktionsrecht für alle gemeinschaftliche Arbeit auf größerem Maßstab an. "Ein Orchester bedarf des Musikdirektors".

Andererseits muß der "Abhängige" eine der ihm übertragenen Aufgabe entsprechende Leistung erbringen. Ein Arbeitsergebnis ohne Leistung, und zwar ohne Schaffen dessen, was allein zu dem zugesagten oder vorgenommenen Ergebnis führt, ist nicht denkbar. Denkbar schon, z.b. bei Sabotage o.ä., ist aber nicht dem Ziel entsprechend, gleichgültig ob ich für einen Dritten in Erfüllung eines Werkvertrages oder Auftrages, oder in einem Arbeitsverhältnis arbeite oder für mich selbst tätig bin.

Gewiß, als Selbständiger bin ich in meinem Leistungswillen frei. ich kann tätig sein, wann ich will und solange ich will. Hauptsache ich habe genug zum Leben; wobei wiederum ich entscheide, wann ich "genug" habe. In diesen Punkten ist der abhängige Lohnarbeiter "unfrei". Er muß sich dem Arbeitsrhythmus des Betriebes beugen. Diese Unterwerfung unter die Ordnung des Betriebes ist vernunftbedingt, ist legitim also anerkennungswürdig.

Wenn gerade die Legitimität der Herrschaft des Unternehmens bestritten und in Frage gestellt wird, ist dies m.E. ein Zentralpunkt der Spannungen zwischen Kapital und Arbeit. Soweit diese Kontroverse die Freiheit betrifft die Arbeitszeit selbst zu bestimmen, sind Lösungen teilweise gefunden worden. In den sechziger und siebziger , Jahren, kamen vor allem in Dienstleistungsbetrieben die sog. Gleitzeit auf. Der einzelne konnte unter Erhalt einer festgelegten Kernzeit -, meist zwischen 9h und 15h mußten alle Mitarbeiter am Arbeitsplatz sein -, den Arbeitsanfang und das Ende selbst bestimmen. Er kann in einem bestimmten Umfang durch Überstunden zusätzliche freie Tage erreichen. Hier ist auch an Teilzeitarbeit (Beschäftigungsförderungsgesetz, (BeschFG. 1985), Artikel 1,

---

256 Kapital S. 346

zweiter Abschnitt), Job sharing, Flexibilisierung, Hausfrauenschichten, Abgeltung von Mehrarbeit durch Freizeit zu denken.

Es fehlt aber der Einfluß des Lohnarbeiters auf seine Arbeit als solche. Die Arbeit kommt vom Menschen. Insoweit "herrscht" das Kapital. Hier könnte u.a. die Einbeziehung des Arbeitnehmers in die Vorbereitung, Planung und Durchführung der Arbeitsbedingungen, wie sie Döding[257] fordert, helfen. Helfen könnte auch eine Mitbestimmung in allen Betrieben, Mitarbeiterbeteiligung am Gewinn oder - am Kapital.

Macht im Sinne Max Webers[258], also das Durchsetzen eigenen Willens innerhalb einer sozialen Beziehung auch gegen den Widerstrebenden, wie häufig behauptet wird, übt das Kapital, heute nicht mehr aus. Das Kapital kann seinen Willen - gegen Arbeitnehmer nicht durchsetzen, wenn der "Abhängige" sich widersetzt. Der Machtmißbrauch ist durch Gesetz und solidare Hilfe der Arbeiterorganisationen weitgehend ausgeschlossen; generell allerdings nicht ausgeschlossen, wenn der Unternehmer einen nicht "gefügigen" Arbeitnehmer fristlos gegen Abfindung entläßt.

Ich denke hier an die Gesetze, also an staatliche, soziale Maßnahmen, die die Würde des Menschen schützen (Art. 1 GG), die den einzelnen durch starke Zusammenschlüsse stärken (Art. 9 GG), die Gefahren am Arbeitsplatz ausschließen sollen, (Gewerbeordnung § 120a), die Gesundheit sicher stellen (Arbeitssicherungsgesetz, Jugendarbeitsschutzgesetz, Mutterschutzgesetz, Vorruhestandsgesetz), die den Urlaub regeln (Bundesurlaubsgesetz); im Krankheitsfall eingreifen (Lohnfortzahlungsgesetz); vor ungerechtfertigter

---

257 Döding, Günther: Die neuen Aufgaben der Gewerkschaften 1985, S. 75
258 Weber a.a.O. 2.8

Kündigung schützen (Kündigungsschutzgesetz) vor allein aber an das Betriebsverfassungsgesetz, das dem Betriebsrat zugunsten des einzelnen Arbeiters und der Betriebsangehörigen Rechte gibt, Übergriffe zu verhindern.

Abgesehen von gesetzlichen Regelungen, werden in Tarifverträgen Bestimmungen festgeschrieben, die die "Macht" des Kapitals verhindern.

Es ist bei allem gesetzlichen und tarifvertraglichen Schutz nicht ausgeschlossen, daß der einzelne Lohnarbeiter, wenn ihm Unrecht geschieht, z.B. aus Angst den Arbeitsplatz zu verlieren, den Schutz der genannten Bestimmungen nicht nutzt, keinen Widerstand übt. Dieses Verhalten hat er grundsätzlich selbst zu vertreten. Gesellschaft, Staat, Arbeitgeberverbände und Gewerkschaft sollten aber durch Ausbildung und Aufklärung dahin wirken, daß dem letzten Lohnarbeiter seine Rechte im Verhältnis zum Kapital aufgezeigt werden. Es ist nicht allein Aufgabe des Staates, als Sozialstaat in Gesetzen, in z.T. nur dem Spezialisten bekannten und verständlichen Gesetzen, die Rechte des einzelnen festzuschreiben, sondern deren Inhalt auch dem Betroffenen klar zu machen.

Es fehlt aber auch an einer allgemein verständlichen Zusammenfassung, einem Gesetzbuch der Arbeit -, zumal gerade die Gesetze, die das Arbeitsverhältnis betreffen, weitgehend durch höchstrichterliche Rechtsprechung, durch Richterrecht, ihre Ergänzung und Anpassung an die tatsächlichen Verhältnisse gefunden haben, ohne daß der Einzelne diese Fortschreibungen der Gesetze kennt, was soweit führt, daß innerhalb der Rechtsanwaltschaft anerkannt wird, daß ein Anwalt sich als Spezialist für Arbeitsrecht nach außen kennzeichnen darf. Die Bundesregierung hat zwar den Bundesminister für Arbeit und Sozialordnung beauftragt, einen Gesetzentwurf zur Regelung des Arbeitsverhältnisses bis Ende 1974 vorzulegen. Bis heute fehlt es an dieser Vorlage, obgleich eine Kommission 1977 den Entwurf eines Arbeitsgesetzbuches erarbeitet hat. Die SPD fordert in ihrem Berliner Grundsatzprogramm von 1989 dieses Arbeitsgesetzbuch begründet an. M.E. sollte dieses Gesetz sich ganz generell mit dem befassen, was in der einschlägigen Literatur "Unternehmensverfassung" genannt wird. Die Papiere, die es in einzelnen Unternehmen gibt, in denen den Mitarbeitern die "Unternehmensphilosophie" erläutert wird, sind meist sehr einseitig auf das Unternehmerziel und nicht auf die Lohnarbeiterrechte ausgerichtet.

Wenn man heute vom "besitzlosen" Arbeitnehmer spricht, ist dies im Bezug auf den Besitz an Produktionsmittel - mit geringen Ausnahmen - richtig. Der unselbständige Arbeitende, der Lohnarbeiter ist heute aber im allgemeinen nicht ohne Besitz. Dies zeigen die Bruttoverdienste der abhängig Arbeitenden in der Bundesrepublik Deutschland. Von 100 Arbeitenden verdienen 3 über 100 000 DM brutto im Jahr, 7 zwischen 75 und 100 000 DM, 21 zwischen 50 und 75 000 DM, 36 zwischen 25 und 50 000 DM, 17 zwischen 9 600 und 25 .000 DM und 16 unter 9 600 DM. In der letzten Gruppe sind Lehrlinge und Teilzeitarbeiter enthalten. Dies berücksichtigt, ist festzustellen, daß ein gewisser Wohlstand gegeben ist.

Helmut Schmidt[259] sagt schon am 8. Mai 1979 dazu in einem Gespräch in Zusammenhang mit der Frage, ob man von einem "Krisengefühl" sprechen könnte: "Wenn Sie in Hamburg meine Freunde, Arbeiter und Angestellte fragen würden, ob die sich unsicher fühlen, würden die Ihnen sagen: Uns geht es gut, hoffentlich bleibt das so. Die wollen gar nicht mehr oder anderes." Aber die Masse ist nach dem zweiten Weltkrieg generell einem Pessimismus einer gewissen allgemeinen Unzufriedenheit erlegen. Dazu las ich irgendwo, daß man sagt: Mir geht's gut, weil es dir schlecht geht, mir geht's schlecht, weil es anderen besser geht. Das Gefühl für die eigene Leistung als Grundlage für die persönlichen. Lebensverhältnisse, scheint verloren zu gehen.

---

[259] in "Nach Dreißig Jahren", Hrsg. Walter Scheel S. 289

Dabei darf nicht übersehen werden, daß Millionen arbeitslos sind und daß die Rentenempfänger hinsichtlich ihren, Renten auch in der Mehrzahl in die letzte "Verdienstgruppe" der Arbeitenden fallen. Diese Tatsache begründet das, was heute "neue Armut" genannt wird. Wobei oft vergessen wird, daß die staatliche Umverteilung, das sog. Transfereinkommen, wie Wohngeld, Kindergeld, helfend eingreift. Vergessen wird auch, daß die Arbeitslosigkeit nicht der Wirtschaft in ihrer Funktion anzulasten ist, sondern strukturell durch die technische Entwicklung - wieviele sind durch strukturelle Änderungen in der Produktion wegen Wegfall des erlernten Berufes arbeitslos durch die starken Geburtsjahrgänge bedingt ist, die in das Arbeitsleben eintreten, sowie Aussiedler, Umsiedler, Asylanten. Tatsächlich hat seit 1982 die Zahl der Erwerbsfähigen laufend zugenommen.

Generell wird man im Bezug auf den Lohnarbeiter, worauf Heuss[260] schon 1954 hingewiesen hat, nicht mehr vom Proletarier, einen Begriff den Proudhon aufbrachte gleich dem Ausgestoßenen, dem von der Hand in den Mund. lebenden Menschen, reden können, aber man wird einen unfreien Menschen sehen müssen.

3) in psychologischer Hinsicht: Das Erwerbsleben ist generell expansiv, ist auf Ertragsmaximierung ausgerichtet. Dieses Streben ist nicht allein im Personalen, sondern durch Vernunft bedingt. Die Wirtschaft muß Gewinne machen um innovieren und investieren zu können und um durch Wachstum letztendlich Arbeitsplätze zu erhalten und zu schaffen im Interesse der Gesellschaft und um die zunehmenden Wünsche der Gesellschaft zu befriedigen. Investitionen und Inovationen sind nötig, da die wirtschaftlichen Gegebenheiten sich ändern, sich vor allem strukturell verändern. Diesen Wandlungen muß durch technische Weiterentwicklungen und durch Forschung, die Geld kosten, begegnet werden.

---

260 Heuss, Theodor: Rede 1954 Hrsg. DGB Köln

Psychologisch bedeutsam aber ist, daß der abhängige Lohnarbeiter mit diesen Weiterentwicklungen sich immer "unfreier" fühlt, sich von der Technik bestimmt "auf unmenschliche Weise benützt"[261] empfindet.

Wie weit ihn dabei die Gewohnheit hindert, beim Erlernten nicht bleiben zu können und deshalb Neuem feindselig gegenüber zu stehen ist eine besondere Frage.

Der Handwerker der vorindustriellen Zeit konnte auch mit und durch seine Arbeit - und zumindest teilweise Mitarbeit in gesellschaftlichen Institutionen – seine Persönlichkeit formen und gestalten. Heute ist der abhängige Arbeiter ein eingesetzter Teil im Getriebe mitunter ohne zu wissen mit welchem Endzweck. Sombart[262] meint zu allem daß der Stolz, etwas zu fertigen, Persönliches zu leisten in einer Anstalt zur Herstellung von Haarwasser ähnliche Seelenstimmungen im Arbeiter nicht zu erzeugen vermag." Alfred Weber[263] spricht deshalb "von Sinnentleerung der Arbeit." Auf diese Situation ist bereits im Kommunistischen Manifest (Abschnitt I) hingewiesen worden. Diese Lage ist, worauf Sombart[264] aufmerksam macht, der Technik und damit dem Wirtschaftssystem, immanent, da sie die Arbeit - "Leitung, Ausführung, Kontrolle" - durch Mechanismen "versachlicht" d.h. der unmittelbaren Einwirkung durch den Arbeiter de facto entzieht.

Wer heute in Betrieben mit abhängig Arbeitenden spricht, die seit 15 oder 20 Jahren dort arbeiten, hört von den Älteren, es ist bei monotoner Arbeit so hektisch, ungemütlich, so organisiert, daß man kaum noch einen weiteren Mitarbeiter kennt. Ständig wird kontrolliert, aber nicht informiert, es wird von

---

[261] Braverman, Harry: Die Arbeit im modernen Produktionsprozeß 1980 S. 110
[263] Kapitalismus Bd. I,1 S. 202
[263] a.a.O. S . 458
[264] Kapitalismus Bd. III S. 8

Kostensparen, Rationalisieren, Personalabbau wegen zu hoher Kosten gesprochen. Das Betriebsklima, was immer man darunter versteht, wohl Achtung und Toleranz, die Humanität, das Verständnis für persönliche Schwierigkeiten hat (Kollegialität) sich verschlechtert. Intrigen, Kampf um den Platz, fehlende Offenheit gegeneinander, Ungerechtigkeit bei Lob und Tadel sind Worte, die man hört.

Die Schuld wird generell der Leitung, dem "Management" zugeordnet.[265] Deshalb zugeordnet, weil man über den Gang der Geschäfte, über die Ziele, die erreicht werden sollen, nichts oder zuwenig weiß, obgleich doch die Arbeit des Menschen als solche die "Geschäfte" erst ermöglicht.

Zusammengefaßt: es macht keinen Spaß mehr. Weil es keinen Spaß mehr macht, fühlt man sich "unfrei." Man hat Angst, Angst weil man die Welt und seinen Standort in der Welt nicht mehr versteht.

Auf dieser Unfreiheit, auf dem psychologisch begründeten Empfinden "benutzt" zu werden, zu Zwecken, die man nicht kennt, beruhen die Spannungen zwischen Kapital und Arbeit; beruhen Konflikte in deren Bann seit dem 19. Jahrhundert auch die Sozialpolitik steht.[266]

Es ist eine weitverbreitete Meinung, daß diese Spannung, die Konflikte nie zu beheben sein werden, und daß sie fortbestehen auch dann, wenn z.B. der Besitz an den Produktionsmitteln "sozialisiert" würden, d.h. allen Mitgliedern der Gesellschaft gemeinsam oder dem Staat gehörten. Das Kapital, die Produktionsmittel und besonders ihr Einsatz würden - und müßten - dann notwendigerweise mit ähnlichen Zielsetzungen wie von den privaten

---

[265] s. dazu Jungblut, Michael: Der Wohlstand entläßt seine Kinder 2. Aufl. 1983 S. 268f
[266] Vgl. CDU-Parteiprogramm Ziff. 99

Produktionsmittelbesitzer, durch vom Staat eingesetzte Verwalter vertreten werden. Taylor[267] sagt 1913 "(Es) kann kein Zweifel darüber bestehen, daß in den Gewerbebetrieben der ganzen Welt ein großer Teil der Vereinigungen von Arbeitgeber und Arbeitnehmern für den Kampf entschlossen ist und nicht zum Zweck friedlichen Zusammenarbeitens, und daß die Majorität in beiden Lagen die Möglichkeit eines Zusammenfallens der beiderseitigen Interessen für ausgeschlossen hält."

Diese Auffassung wird dem Grunde nach, in der Gegenwart, trotz vieler Versuche, wie z.B. der von Professor Schiller 1967 ins Leben gerufenen sogenannten "Konzertierten Aktion", die einen ständigen Kontakt der Wirtschafts- und Sozialpartner herstellen sollte, oder durch Gespräche des der an der Wirtschaft interessierten und sie beeinflussenden Organisationen und Institutionen mit der Bundesregierung z.B. Gesprächsrunde am Abendbrottisch bei Bundeskanzler Helmut Schmidt[268] von führenden Angehörigen beider Seiten vertreten.

Diese Situation, die offenbare Unmöglichkeit eine Interessengemeinschaft -, im Sinne einer Betriebsgemeinschaft - von Kapital und Arbeit zu bilden, Sozialpartner zu sein, hat sich im Laufe der Jahre nach dem zweiten Weltkrieg erneuert und verstärkt. (In der Zeit des "Dritten Reiches" wurde jede Spannung überbrückt. Wie man in den Spitzen der NSDAP über die Industrieentwicklung, über das Verhältnis Kapital und Arbeit vor und während des Krieges gedacht wurde, zeigt Speer in seinem Werk "Der Sklavenstaat" auf.[269] Wie Hitler selbst über die "wirtschaftliche Standesinteressenvertretung", die er als legitim ansah, über die Anhebung der Arbeiterin die "Volksgemeinschaft" dachte und die DAF

---

267 Taylor, Frederik Winston: Die Grundsätze wissenschaftlicher Betriebsführung; herausgegeben von Rudolf Rössler 1913
268 Schmidt, Helmut: Klassenkampf statt Solidarität in "Die, Zeit" 22.5.1992
269 a.a.O. S. 122ff

als Arbeiterinteressenvertretung sah, die er bei "Konfliktsituationen zwischen Wirtschaft und DAF" bevorzugte, hat Zitelmann aufgezeigt.[270])

Unmittelbar nach 1945 gingen Impulse zu Ausgleichsversuchen von der Auflösung aller materiellen Werte durch den totalen Zusammenbruch der Wirtschaft aus. Die Menschen waren durch Ausbombung und Vertreibung durcheinandergewirbelt und, was Unternehmer und Lohnarbeiter betraf, der Aufbau der Wirtschaft, ihre Struktur, war zum großen Teil aufgelöst. Hier war zunächst die Erkenntnis für weite Schichten der Bevölkerung, die das Ende des Hitlerregimes mit sich brachte, daß die wiedergewonnene Freiheit sowohl ein Recht, als auch eine Pflicht ist. Das besagt in diesem Zusammenhang die gemeinsame Pflicht zum Wiederaufbau der darniederliegenden durch Kriegseinwirkung, Zusammenbruch des Versorgungsnetzes, Demontage, Reparationsleistungen geschädigten Industrie und Wirtschaft. - Das Nationaleinkommen und das Produktionsvolumen waren tatsächlich nach Kriegsende gegenüber 1938 um zwei Drittel zerstört[271] -

Viele Deutsche, die zwar ausreichend über - allerdings laufend entwertetes - Bargeld und Guthaben verfügten - sie konnten während des Krieges trotz guter Verdienste kaum etwas kaufen - mußten ohne Unterschied etwas schaffen, mußten vorhandene Ressourcen und Produktionsmittel in Gang setzen: (Auf unerfreuliche Nebenerscheinung, wie Schwarzmarkt, Verschieben von Gütern u.ä. soll nur hingewiesen werden. Schwarzmarkt war für den einen nötig, um überleben zu können, der andere, der Lieferant bereicherte sich dabei meist an wertbeständigen Gütern.)

---

270 Zitelmann, Rainer: Hitler: Selbstverständnis eines Revolutionärs 2. Aufl. 1989 S. 206ff
271 Kennedy, Paul a.a.0. S. 545

Nicht selten begannen früher abhängig in einem Betrieb Arbeitende ohne Vergütung ihren durch die Kriegshandlungen und Maßnahmen der Siegermächte zerstörten Betrieb zu entrümpeln, aus verbliebenen Einzelteilen Maschinen in Handarbeit von der Konzeption, über die Ausführung bis zum brauchbaren Endprodukt zusammenzubauen, und eine bescheidene Produktion zum Laufen zu bringen. Das alles war, wie Kennedy[272] feststellt in der Bundesrepublik durch den hohen Ausbildungsstand der Bevölkerung möglich, "die vielleicht besondere Stärken auf den Gebieten des Managements, des Ingenieurwesens und in der Wissenschaft aufwies." Diese Menschen waren objektiv und subjektiv der einzige Faktor des Arbeitsprozesses, weil sie aus eigenem Antrieb begannen und nicht der Produktionsfaktor Arbeit, weil der Gegenpart Kapital z.T. fehlte. Vom Eigentümer der vorhandenen Reste, vom bisherigen Manager des Unternehmens war während dieses Aufräumens und Anfangs oft nichts zu sehen, ... nicht zuletzt wegen der Entnazifizierung.

Mit der Währungsreform 1948 treten zwei Fakten wieder deutlich im gesellschaftlichen und im Wirtschaftsleben hervor. Zum einen ging die Kapitalbildung, das Fundament für die Wirtschaft, den Weg hin zum Produktionsvermögen d.h. zum Besitzer von Grundstücken und teilweise zerstörten Gebäuden und Betrieben. Dieser Weg wurde gefördert durch "Sparsamkeit und Fleiß des durchschnittlichen Deutschen" und durch die von den Alliierten "nicht erlaubten Militärausgaben."[273] Beim Währungsschnitt - einer radikalen Reform der Geldverfassung und damit der Geldwertstabilität, diese gestützt durch disziplinierte Budgetpolitik -wurde das Produktionsvermögen geschont. Mit der Reform wurden den Unternehmen staatliche Aufbaukredite, Subventionen, Steuer- und Abschreibungsvorteile gewährt. (Maßnahmen, die noch vor Kriegsende von der deutschen Industrie mit Hilfe von Schriften Ludwig

---

272 a.a.O. S. 631
273 Craig, Gordon A.: Geschichte Europas 1815 - 1980; 1984 S. 574

Erhardt's und den westlichen Alliierten vorbereitet wurden, worauf Giordano[274] unter Berufung auf Karl-Heinz Roth hinweist und die nach der Vereinigung von West- mit Ostdeutschland wieder aufgegriffen wurden.) Besonders wurden Investitionen steuerlich begünstigt, zumal die Kreditaufnahme wegen des fehlenden Kapitalmarktes erschwert war.

Wesentlich war z.T. das Marshallplan-Gesetz, das in der ersten Phase 549,4 Millionen Dollar, insgesamt in der Zeit von April 1948 bis Ende 1952 1,6 Milliarden Dollar, der Wirtschaft d.i. in diesem Fall: dem Kapital bereit stellte. Wesentlich ist, daß der Marshallplan die Kreditanstalt für Wiederaufbau mit Startgeld ausstattete; dieser Anstalt wurde damit erlaubt, eine Schlüsselrolle bei der inländischen Kapitalbildung und der Strukturreform einzunehmen und wesentlich zum Wiederaufbau der deutschen Wirtschaft beizutragen. Es fehlte der Wirtschaft an Kapital, besonders die Industrie war in Finanznöten. Hierher gehört auch das Investitionshilfegesetz von 1952. Nach diesen Vorschriften waren alle gewerblichen Unternehmen verpflichtet eine einmalige Abgabe zugunsten der Grundstoffindustrie zu leisten. Der Umfang dieser Leistung wurde in Bezug auf Gewinn, Abschreibung und Umsatz der Unternehmen bestimmt. Mit dem einkommenden Geld wurde bei der Industriebank ein Sondervermögen gebildet. Ein Kuratorium verteilte aus dem Sondervermögen das Geld als Kredite für Investitionsvorhaben. Eine Maßnahme, die mit der Geldhingabe an das Kapital auch dem Wiederaufbau der Wirtschaft diente. (Die politischen Folgen des für ganz Europa gedachten Planes, die Teilung in Ost und West, bedingt durch die Ablehnung der Hilfe an die Satelliten Rußlands in diesem Raum, muß wegen ihrer Folgen für diese Länder, die sich Anfang der 90iger Jahre verdeutlichten, erwähnt werden.[275]) Wenn ich sage, daß der Marshall-Plan zum Teil den Wiederaufbau der

---

274 Giordano, Ralph: Wenn Hitler den Krieg gewonnen hätte; 1989 S. 324ff
275 Rede George F. Kennans zum 40 Jahrestag der Hilfe

deutschen Wirtschaft förderte, so deshalb, weil nicht vergessen werden darf, was wir schon erwähnten: die qualifizierten Arbeitnehmer und die Tatsache, daß durch die Rüstungsindustrie das Bruttoanlagevermögen der Industrie der Bestand an Gebäuden, Fahrzeugen, Maschinen und sonstigen Anlagen gegenüber 1936 und 1948 - trotz Demontage und Reparationen - um gut 10 Prozent gewachsen war.[276] Der Kapitalstrom ging am Lohnarbeiter - mit Blick auf den Wiederaufbau der Betriebe und der Schaffung von Arbeitsplätzen wohl zu recht, - mit Blick auf den dem das Geld zur Kapitalbildung zugute, kam m.E. zu unrecht, man denke an zerstörte Wohnungen und sonstiges Eigentum- vorbei. Aber aus der Zeit des Zusammenbruchs und vor der Währungsreform von 1948 war der Arbeiter selbstbewußter geworden. Erwähnt sei auch das Lastenausgleichsgesetz von 1952, das primär soziale Züge hatte, aber auch zu Existenzgründungen beitrug. - Daß gerade in dieser Zeit des Wiederaufbaus z.B. die Verwirklichung der Idee einer Mitbestimmung bei Unternehmenszielen und auch der Vergesellschaftung "versäumt" wurde, wird oft behauptet.[277]

Dieses Selbstgefühl der Arbeiter kam nicht zuletzt daher, daß - trotz des Bevölkerungszuwachses (11 -12 Millionen Vertriebene und 3,5 Millionen DDR-Flüchtlinge) nach dem Krieg[278] die Arbeitslosenquote von 11 % 1950 auf 1,3 % 1960 zurückging - und das Bruttosozialprodukt in der gleichen Zeit im Schnitt pro Jahr um 8 % zunahm. Ein großer Teil der Lohnarbeiter kam - im wesentlichen durch Tarifvereinbarungen - zu Einkommen, die ihn zumindest finanziell anderen Schichten der Bevölkerung anglichen.

Offenbar genügte ihm die entstandene Situation, staatliche Hilfe für das Kapital einerseits, angemessenes Einkommen für die Arbeit andererseits. Der

---

276 Krockow, Christian, Graf von: Die Deutschen in ihrem Jahrhundert 1890-1990; 1990, S. 281 Abelshauser, Werner: Erhard Illusion, in "Die Zeit" 19.31993
277 Vgl. z.B. Ortlieb, Heinz-Dietrich: Der Weg der westdeutschen Wirtschaft in: Nach dreißig Jahren. Hrg. Scheel, Walter 1979, S. 103

unterschiedliche Erfolg, hier Zuwachs von Eigentum und Herrschaftsmacht, dort kein Eigentum und abhängig beherrscht schien vergessen.

Der abhängig Arbeitende wurde sich aber seiner Stellung in der Gesellschaft bewußt. Wenn hier und da davon gesprochen wird, der Arbeiter sei "bürgerlich" geworden, so trifft das generell nicht zu. Vielleicht daß ein großer Teil der Facharbeiter in die Schicht "Bürger", einzuordnen wäre. Es ist interessant, daß die früher für die Anrede in den "Klassen" die auch Berufsgleichheit beinhalteten, übliche Anreden - bei Soldaten und Offizieren, jede Gruppe für sich, nicht gegenseitig: Kamerad, bei Beamten: Kollege, bei Arbeitern: Kumpel und Genosse,[279] - sich verschoben haben. Arbeiter sprechen, wie Beamte, Bundestagsabgeordnete heute überwiegend vom Kollegen. Der Genosse ist, soweit erkenntlich seit, der Zeit zu der die SPD Volkspartei wurde, auch in der SPD nur zu einem Teil üblich geblieben.

Ein gelernter und weiter ausgebildeter Setzer z.B.. ist nicht nur im Vermögensstand, sondern auch in seinen Lebenszielen dem Mittelstand zuzurechnen. Die Distanz zur höheren Ausbildung seiner Söhne und Töchter ist Überwunden, unterstützt in vielen Fällen durch das Bundesausbildungsförderungsgesetz (BAFÖG). Ob damit am Bedarf der Gesellschaft vorbei, zuviel Akademiker "produziert" werden und in Arbeitslosigkeit fallen, ist ein politisches Problem.

Generell ist festzuhalten, es gibt, wie Schumpeter[280] schreibt, "den unaufhörlichen Aufstieg und Niedergang von einzelnen Familien in die obere Sphäre hinein und aus ihr heraus." Das Bewußtsein der Arbeitnehmer ihren Platz in der Gesellschaft

---

278 Engels, Wolfram: Arbeitslosigkeit in "Mehr Mut zum Markt"1984 S. 218
279 Spengler, Oswald: Preußentum und Sozialismus in Politische Schriften 1933 S. 37
280 a.a.O. S. 39

zu haben, nicht zuletzt gestärkt durch eine "unabhängige" Einheitsgewerkschaft, den 1949 gegründeten Deutschen Gewerkschaftsbund (DGB), auf der einen Seite, auf der anderen Seite die Arbeitgeberverbände mit der Vorstellung, daß überwiegend das Kapital, der erzielte Gewinn und der Markt die Wirtschaft in Gang halten, hat die Spannungen zwischen Kapital und Arbeit wieder voll aufbrechen lassen. Diese wirtschaftliche und gesellschaftliche Lage scheint eine spannungsfreie Ordnung zwischen Kapital und Arbeit zu erschweren. Soweit zur Situation der Wirtschaft und in der Wirtschaft.

Kapitel II

1. Kapital und Arbeit – Zum Verhältnis zweier Konstrukte

Das Verhältnis Kapital (Unternehmen) und Arbeit (Lohnarbeiter) ist trotz aller wirtschaftlichen Gebundenheit auch eine Frage menschlicher Beziehungen. Hinter dem Kapital steht der Mensch und Arbeit ist ein auf den Menschen bezogenes Gut. D.h. - der Mensch vernunftbegabt und für sich verantwortlich - steht im Mittelpunkt aller Beziehungen und Auseinandersetzungen.

Wenn wir die Spannungen, die menschlich begründeten Gegensätze zwischen Kapital und Arbeit offenlegen und untersuchen wollen, müssen wir vorab Grundlagen für diese "Auseinandersetzung" und Begriffe die für sie gelten sollen und gegen deren Inhalt sie gegebenenfalls verstoßen, klären. Wir müssen Inhalte zu den Worten finden, denn - so Mephisto - mit Worten läßt sich trefflich streiten.

Im Grunde geht es im politischen, wirtschaftlichen und sozialen Bereich auf den Menschen und die Gesellschaft bezogen seit dem Ausgang des 18. Jahrhundert darum, die, vorerst die Europäer und später ihre nordamerikanischen Verwandten geistesgeschichtlich bewegenden Gedanken, in Realität umzusetzen. Es geht um die Leitgedanken, die in der Unabhängigkeitserklärung der Vereinigten Staaten, in den von der Französischen Revolution deklarierten, von Marx im Kommunistischen Manifest als "ewige Wahrheiten" bezeichneten, mit der Allgemeinen Erklärung der Menschenrechte der Vereinten Nationen am 10. Dezember 1948 wiederholten Menschen- und Bürgerrechte, von denen auch die "Gemeinsame Erklärung" vom Juni 1989 spricht, die Gorbatschow und Kohl abgegeben haben und die sich in der Präambel zum Vertrag über die Europäische Union (EU) vom 7. Februar 1992 wiederfinden. Es geht um Freiheit, Gleichheit und Brüderlichkeit.

Das sind Grundsätze, die auf der Basis des Gesellschaftsvertrages aller mit allen und des sogenannten Naturrechts u.a. von John Locke und Jean Rousseau entwickelt wurden und die im preußischen Allgemeinen Landrecht von 1791[281] sogar bereits den Versuch einer Erfüllung gefunden hatten. Diese Begriffe finden sich für die Bundesrepublik Deutschland im Grundgesetz und im Sozialgesetzbuch wieder.

Das Grundgesetz kennt als Grundrechte die Würde des Menschen, die Freiheit und die Gleichheit vor dem Gesetz. Die Brüderlichkeit ist im Grundgesetz nicht expressis verbis verankert, ist aber in Art. 20 GG der die Bundesrepublik als "sozialen Bundesstaat" proklamiert, enthalten. Im Sozialgesetzbuch, Allgemeiner Teil § 1, sind als Leitsätze aufgestellt: soziale Gerechtigkeit, Menschenwürde, freie Entfaltung der Persönlichkeit.

Die Begriffe sind im Grunde abstrakt und müssen real unter den verschiedensten Perspektiven gesehen werden. Diese Tatsache erschwert es, einem allgemeinen Konsens über den Inhalt der Begriffe zu finden, insbesondere im praktischen Einzelfall zu erreichen. Goethe sagt in "Die Wahlverwandtschaften", daß die Erfahrung gelehrt hat, "daß die Ansichten der Menschen viel zu mannigfaltig sind, als daß sie, selbst durch die vernünftigsten Vorstellungen auf Einen Punkt versammelt werden können."

Die das Zusammenleben der Gesellschaft, Kapital und Arbeit inbegriffen, regelnden Grundsätze, sind auch ideologisch belastet. Ideologie ist, wie schon erwähnt, eine nicht objektiv begründete Zielvorstellung, das Wünschenswerte, nicht das Notwendige. Ideologien können nicht allgemein gültig, nicht offen für andere Möglichkeiten sein, denn sie stehen exklusiv im Kampf.[282] Die Grundsätze

---

281 Konselleck, Reinhard: Preußen zwischen Reform und Revolution 1987, S. 23 ff

werden von Verfechtern, die generell ihre Erfüllung fordern, unter Utilitätsgesichtspunkten mitunter aufgegeben. So schreibt Friedrich Engels in der Broschüre "Po und Rhein" kurz vor dem Ausbruch des oberitalienischen. Krieges zwischen Österreich und Frankreich: "es müßte jede benutzbare Stellung besetzt bleiben, von dem aus man den Feind bedrohen und ihm schaden kann, ohne moralische Reflexionen darüber anzustellen, ob dies mit der ewigen Gerechtigkeit und dem Nationalstaatsprinzip vereinbar ist. Man wehrt sich eben seiner Haut."[283] Hierher paßt auch eine Äußerung von Lenin: "Die Sozialisten können nicht gegen jeden Krieg sein, ohne aufzuhören, Sozialisten zu sein."[284]

Vielleicht sind die Begriffe Freiheit, Gleichheit, Brüderlichkeit "nichts anders als Träume." Dieser Gedanke war Jacob Burckhardt[285] gekommen.

Eingebettet sind die genannten Wertmaßstäbe in den oben zitierten Erklärungen in dem Kernsatz: alle Gewalt geht vom Volke aus, d.h. sie sind in die Wünsche, Vorstellungen und Überlegungen des Volkes gegeben. Das bedeutet zweierlei. Erstens: ihr Inhalt und ihre Grenzen werden durch Gesetze von Mehrheiten bestimmt - zu denen Stolpe[286] der Ministerpräsident von Brandenburg fragt: "Haben Mehrheiten immer recht" - Diese Gesetze geben die realitätsbezogene Ab- und Eingrenzung. Zweitens: diese Gesetze sind ihrerseits durch ethische und moralische Werte und Wertvorstellungen, auch religiöser Art[287] beeinflußt, die der Gesellschaft zu eigen sind, die gewollt sind. Radbruch nennt diese Bindungen "eines gewollten Sollens" Kulturgesetze[288]. Die Einbindung in Voraussetzungen, die ihrerseits nie eindeutig zu klären sind, macht eine objektive

---

283 Zit. nach Engelberg, Ernst: Bismarck 1986, S. 467
284 Lenin, W.J.: Das Militärprogramm der proletarischen Revolution, in Werke Bd. 19 S. 408ff
285 Zit. nach Salomon, Albert: Fortschritt als Schicksal und Verhängnis 1957, S. 3
286 Manfred: Der Spiegel "Dokument" Juli 1990, S. 9
287 (s. hierzu Programm der SPD von 1989, Absch. II,1: Christentum)
288 Radbruch, Gustav: Einführung in die Rechtswissenschaft 1929 S. 15

Begriffsbestimmung für Freiheit, Gleichheit, Brüderlichkeit nicht gerade leicht, vielleicht sogar unlösbar.

Wie schon gesagt sind, in der Bundesrepublik Deutschland die Werte Freiheit, Gleichheit und Brüderlichkeit im Grundgesetz enthalten. Unsere Untersuchung muß daher versuchen festzustellen, was das Grundgesetz mit diesen Worten gemeint haben könnte. Das umsomehr, als ihre Verankerung in der Verfassung Maßstäbe für die Gesellschaft und das Zusammenleben der Mitglieder dieser Gesellschaft setzt; umsomehr als die Grundrechte, Gesetzgebung, vollziehende Gewalt und Rechtsprechung (Art.1 Abs.3 GG) als unmittelbar geltendes Recht binden; d.h. sie sind einklagbar.

Die Grundsätze des GG finden auch ihren Niederschlag in den Parteiprogrammen der SPD von 1959 (Ziff. 2) und 1989 (Absch. II Ziff. 1) und der CDU von 1978 (Ziff. 3) mit den Worten Freiheit, Gleichheit und Solidarität als Leitsätze für das politische Handeln dieser Parteien. Die Aussagen der Parteien haben wegen der tragenden Funktion der Parteien im Staat wesentliche Bedeutung, bleiben für die Parteien aber Zielvorstellungen.

Dabei beherrscht der in Art. 1 festgeschriebene Schutz der Menschenwürde, deren Unantastbarkeit, das "ganze grundrechtliche Wertsystem."[289] Die Würde des Menschen umfaßt den Inhalt der Person. Kraft seines Personseins hat der Mensch einen allgemeinen, vom Staat und der Gesellschaft zu erfüllenden Achtungsanspruch. Die Würde des Menschen, das was die Natur des Menschen ausmacht, wird z.B. verletzt, wenn der Mensch zum Objekt, zum bloßen Mittel herabgewürdigt wird. Damit steht unter dem Grundsatz des Schutzes der Menschenwürde, die einzelne Person betreffend, dieser auch der körperliche und

---

289 BVerf.G. 24.2.71 sog. Mephisto-Entscheidung, BGH, Bd. 50, 133 Az: 1 BvR 435/68

geistige Schutz des Staates, der Gesellschaft und jedes einzelnen Mitgliedes dieser Gesellschaft zu.

Das Grundgesetz gibt keine Erklärung für den Begriff Menschenwürde. Aus der Tatsache, daß Art. 1 Abs. 1 Satz 2 GG vorschreibt, daß "alle staatliche Gewalt" verpflichtet ist, die Menschenwürde zu achten und zu schützen sind aber Schlüsse zu ziehen. Alle Staatsorgane müssen im Falle eines Angriffs auf die Menschenwürde - von wem dieser auch ausgeht - zugunsten des betroffenen Menschen tätig werden. Diese Vorschrift bedeutet im Zusammenhang mit der Sozialstaatsklausel (Art. 20 GG), daß besonders die Existenz des Menschen, das Hilfsbedürfnis zum "menschenwürdigen" Leben dem Art. 1 GG seinen besonderen Sinn gibt.

Auf dem Gebiet der öffentlichen Fürsorge gibt es demensprechende Entscheidungen, die z.B. einem Fürsorgeempfänger einen Kühlschrank aus Öffentlichen Mitteln zuerkennen oder einer Sozialhilfeempfängerin ein Festkleid zum Geburtstag ihrer Großmutter; in beiden Fällen mit der Begründung, daß die Betroffenen nicht schlechter gestellt sein dürften als ihre Umgebung, sich in ihrer Umwelt nicht diskriminiert fühlen sollen. Allerdings muß auch das Grundrecht auf Menschenwürde seine Grenze am schutzwürdigen Interesse der Allgemeinheit finden. Die Forderungen des Sozialhilfeempfängers müssen "bescheiden" bleiben."[290]

Wenn wir versuchen "Menschenwürde" zu bestimmen, muß man die Vorschrift des Art. 1 Abs. 2 GG berücksichtigen. Hier heißt es, weil die Würde des Menschen unantastbar ist, "darum" bekennt sich das Deutsche Volk zum "unverletzlichen und unveräußerlichen" Menschenrecht als Grundlage jeder menschlichen Gemeinschaft. Die Menschenrechte sind in der Allgemeinen

---

290 Entscheidung des Verwaltungsgerichtshofs Baden Württemberg Az: VI S. 3280/88

Erklärung der Menschenrechte der Vereinigten Nationen vom 10.Dezember 1948 festgeschrieben. In deren Präambel wird ausgeführt, daß Menschenwürde Grundlage der Freiheit, Gerechtigkeit und des Friedens in der Welt ist. Man wird danach mit Bethmann[291] sagen müssen, daß unter Menschenwürde drei Elemente zu verstehen sind: " ein Höchstmaß an Freiheit, ein Höchstmaß an Gerechtigkeit, sowie ein Mindestmaß an Schutz und Sicherheit." Letzteres bezeichnet Bethmann als Geborgenheit. Oder man kann es mit der Mephisto-Entscheidung des BGH[292] sagen, daß "alle Grundrechte vom Menschenbild des Grundgesetzes aus(gehen), d.h. vom Menschen als eigenverantwortliche Persönlichkeit", Persönlichkeit, d.h. Eigenwert, Eigenständigkeit (Individualität), Personsein (Personalität), Ehre, allgemeiner Achtungsanspruch, Intimbereich sind absolut geschützte Rechte, bei denen keine Möglichkeit des Güterausgleichs z.B. "Abwägung zur Kunstfreiheitsgarantie gegeben ist."[293] Dieses Wertsystem ist eben das, was den Menschen ausmacht und was verletzt wird, wenn ein Mensch zum Objekt, zum Mittel herabgewürdigt wird.

Diese Festlegung bedeutet, daß wir mit den Darlegungen zu Freiheit, Gleichheit (Gerechtigkeit) und Brüderlichkeit (Schutz und Sicherheit) gleichzeitig "Menschenwürde" beschreiben. Wobei wir nicht vergessen dürfen, daß "Menschenwürde" nach dem Grundgesetz nicht durch Gesetze beschränkt werden darf. Der Art. 1 kann auch nicht durch eine Änderung des Grundgesetzes "berührt" oder abgeändert werden (Art. 79, Abs.3 GG).

Wir dürfen auch eine weitere, grundlegende Überlegung nie übersehen: Das Ziel Menschenwürde, Freiheit, Gleichheit, Brüderlichkeit zu erreichen, verlangt annähernd gleiche Menschen, Menschen, die jeder für sich das Gute, als Ziel

---

291 Bethmann, Johann Philipp Freiherr von: Der verratene Kapitalismus 1984 S. 25
292 BGH v. 3.6.87 NJW 87 Heft 42
293 a.a.O.

wollen. Menschen, die alle "gute" Menschen sind. Dazu sagt aber zu Recht Thomas Morus,[294] daß es ausgeschlossen ist, daß alle Verhältnisse gut sind, solange nicht alle Menschen gut sind. Deshalb Utopia. Aber muß das sein, gibt es nicht doch zumindest Annäherungen an das "Gute"? Ist nicht durch Erziehung und Unterrichtung über die grundgesetzlichen Ziele der Bundesrepublik zu erreichen, daß die Mitbürger "gut" werden, indem sie verstehen, was Demokratie ist und sein soll?

Das Grundgesetz nennt in den Art. 2, 4, 5, 8, 9, 11 und 12 Freiheitsrechte. Alle im GG aufgeführten "Freiheiten" unterliegen Schranken, speziellen Vorbehalten, die gesetzlich bestimmt werden müssen.

Die wichtigsten Freiheitsrechte sind die im Art. 2 GG festgelegten Rechte "auf freie Entfaltung der Persönlichkeit," "auf Leben und körperliche Unversehrtheit" und "Freiheit der Person. " Die übrigen festgeschriebenen Freiheiten sind mehr oder weniger Ausfluß des Rechts auf persönliche Freiheit.

Mit den Begriffen Person und Persönlichkeit erfaßt das Grundgesetz den Menschen als solchen und die dem einzelnen Menschen gegebenen und voll entfalteten geistigen und charakterlichen Anlagen, die ihn befähigen an der Gestaltung seines Lebens und der der Gesellschaft teilzuhaben, und diese Teilnahmemöglichkeit selbstbewußt zu nutzen.

Als Person ist er durch Furcht, Angst, Hoffnung, Wünsche bestimmt. Freiheit der Person besagt somit Freisein von Zwängen, die ihn in Angst und Furcht versetzen und ihm Hoffnung und Wünsche nehmen, wobei im Einzelfall vom Menschen oder auch von der Gesellschaft zu beachten ist, ob nicht unbegründete Feindbilder

---

294 Heinrich, Hans Peter: Thomas Morus 1984, S. 76

aufgebaut werden, die Ängste hervorrufen. Es sei an Cicero erinnert: "oft ist der Mensch sich selbst sein größter Feind. "

Für die Persönlichkeit sieht das Grundgesetz vor, daß jeder das Recht hat diese frei zu entfalten. Er kann sein Handeln auf Grund seiner Anlagen so einrichten, wie er es für richtig hält. Deshalb hat er Vertragsfreiheit[295] und das Recht auf Eigentum (Art. 14 GG). Ihm steht weiter zu das Recht auf Leben und körperliche Unversehrtheit. Die Entscheidung über das eigene Leben (auch über das ungeborene) ist grundsätzlich dem Staat entzogen, hindert aber den Staat nicht diese Fragen anders zu regeln, weil Art. 2, 2 GG den Eingriff in die Freiheitsrechte auf Grund eines Gesetzes zuläßt.

Was besagt nun Freiheit? Grundsätzlich: daß es für jeden Menschen äußerlich keinerlei Hindernisse gibt, daß er seine geistigen und körperlichen Kräfte nach seinem Willen und Können einsetzen kann, womit er zum Helden und Verbrecher, zum opfermutigen oder raubgierigen Menschen werden kann.[296] Jeder Mensch ist Egoist und möchte sein Leben so gestalten, wie es ihm gefällt, wie es nach seiner Meinung für ihn "richtig" ist. Aber er möchte auch nicht, daß ihm "Böses" geschieht, ihm Schaden zugefügt wird, daß einer den anderen nicht zu fürchten braucht.

Um vor "Bösem" bewahrt zu werden, sucht er Sicherheit, gegen das Böse, das schon darin liegen kann, daß sein Nachbar zu laut musiziert oder ihn durch Küchendüfte "belästigt".[297] Nicht an den Haaren herbeigezogene Fälle, wenn man weiß, daß Anfang 1991 400 000 Nachbarschaftsprozesse bei deutschen Gerichten

---

295 BGH: NJW. 84, 476
296 Sieburg, Friedrich: Im Licht und Schatten der Freiheit 1961 S. 416
297 AG Bergisch-Gladbach (Az 61 C 66/92);
AG Harburg (Az 643-C 230/2)

anhängig waren, und daß die Länder Saarland und Nordrhein-Westfalen zum Nachbarschaftsrecht besondere Broschüren herausgeben.

Der Mensch ruft Gesellschaft und Staat an, daß sie ihm Schutz gewähren sollen. Dabei vergißt er, daß die von ihm geforderte Sicherheit seine Freiheit zum Teil ausschließt. Frei ist man, wenn man Risiken auf sich nimmt, Risiken beinhalten aber Unsicherheit. Sicherheit bieten Staat, oder Gesellschaft, die aber "individuelle Bewegungsfreiheit"[298] nehmen.

Wer Sicherheit will, akzeptiert die "staatliche Megamaschine" und erwartet am Ende "immer mehr Staat."[299] Es sei denn er sucht den Weg, den das Grundgesetz auch aufzeigt, er nutzt das Subsidiaritätsprinzip um unmittelbar durch eigenes Handeln Böses zu beseitigen. (s. dazu Teil 1 Bl.19)

Ähnlich, wie das Verhältnis Freiheit/Sicherheit ist die Beziehung Freiheit/Notwendigkeit zu sehen. Auch hier muß man Freiheit aufgeben, wenn die sachlichen Verhältnisse ihre Einschränkung zwingend erfordern. Schränkt der Mensch schon mit dem Wunsch nach Sicherheit, mit dem Schutz gegen Böses von innen und außen, Freiheit ein, befindet er sich andererseits innerhalb der Gesellschaft in weitverzweigten Abhängigkeiten, die ihrerseits der Freiheit Grenzen setzen. Mises[300] sagt deshalb: "Freiheit in der Gesellschaft heißt, daß der Mensch ebenso von anderen abhängig ist, wie diese von ihm." Und Mc Gregor[301] meint zurecht: "Die wechselseitige Abhängigkeit ist zentrales Charakteristikum der modernen komplexen Gesellschaft."

---

298 Weber a.a.O. S. 836
299 Rougemont, Denis de: Die Zukunft ist unsere Sache 1980 S. 84
300 Mises, Ludwig von: Vom Wert der besseren Ideen 1983 S. 31
301 MC Gregor, Douglas: Der Mensch im Unternehmen 1970 S. 41

Der Freiheit sind also, auf den einzelnen Menschen bezogen, in sich Schranken gesetzt. Weitere Schranken sieht das Grundgesetz vor. Die Freiheit kann in bestimmten Fällen allgemein verbindlich durch Gesetze eingeschränkt werden. (Art. 19 GG). Daß über die gesetzlich erlaubten Einschränkungen hinaus, der Staat durch seine Bürokratie den gesetzlich gegebenen Spielraum - durch Verordnungen und Verfügungen, die nicht demokratisch entstanden sind, durch Ermessensentscheidungen der Verwaltung - einschränkt, ist ein Problem für sich. Es verlangt Selbstbewußtsein, persönlichen Mut, häufig ist auch Geld erforderlich, um sich zu wehren gegen die "Allmacht" des Staates mit der Mühe im gegebenen Fall die Gerichte bis hin zum Bundesverfassungsgericht anrufen zu müssen. Deshalb sagt Goethe im Faust "Das ist der Weisheit letzter Schluß. Nur der verdient die Freiheit und das Leben, der täglich sie erobern muß."

Unverständlich sind in diesem Zusammenhang Äußerung des ehemaligen Ministerpräsidenten Späth[302], daß Freiheit zunehmend als die Summe individueller und damit gerichtlich durchsetzbarer Ansprüche angesehen wird. Zur Folge dieses Verhaltens sagt Späth weiter: " Darum werden Entscheidungen mehrheitlich gewählter und damit demokratisch unmittelbar legitimierter Gremien in Gemeinden, Städten und Ländern zunehmend zum Gegenstand gerichtlicher Verfahren und damit hinausgezögert, um Jahre hinaus." Als ob nicht solche Klagen wiederholt dem Einzelnen und Bürgerzusammenschlüssen gegen die demokratisch legitimierten Gremien zu ihrem Recht verholfen hätten. Die Gedanken Späths unterstellen eine unfehlbare parlamentarische Demokratie. Er vergißt, worauf Kagan[303] hinweist, daß es in der Demokratie eine "typische größere Neigung zu Rechtshändeln" gibt.

Neben den Gesetzen können auch anerkannte Regeln von Sitte, Moral, Ethik und das persönliche Verantwortungsbewußtsein hervorrufen und die Freiheit

---

302 Stuttgarter Zeitung v. 23.5.88

beschneiden. Gäbe es die Begrenzung der uneingeschränkten persönlichen Freiheit nicht, gäbe es keine Gesellschaft und keinen Staat, sondern einen anarchischen Haufen von Einzelindividuen. Das BVerfG hat bereits 1954 festgestellt, daß die Verfassung der Bundesrepublik Deutschland die Spannung Individuum - Gemeinschaft (heute würde man Gesellschaft sagen) im Sinne der Gemeinschaftsbezogenheit und -gebundenheit der Person. entschieden hat, ohne deren Eigenart anzutasten, d.h. Staat und Gesellschaft und deren Ordnung dürfen bei aller Gebundenheit des Individuum in ihm nicht "nur ein Objekt überpersonaler Bestimmung"[304] sehen.

Insbesondere die Abhängigkeit der Menschen voneinander, hat seit Jahrtausenden die Ab- und Eingrenzung der ungebundenen Freiheit des einzelnen Individiums Denker und Staatsmänner beschäftigt. Hier finden wir auch Hinweise, wie und in welcher Form Freiheit zu sehen ist und warum sie eingeschränkt werden muß.

Platon[305] sagt in "Der Staat", daß "jedermann sich nicht selbst genügt, sondern vieler bedarf." Thomas von Aquin[306] meint "Auf sich allein gestellt, wäre kein Mensch imstande, das Leben so zu führen, das er seinen Zweck erreicht." Bei Thomas Hobbes[307] lesen wir, daß der Einzelne "mit der Zufriedenheit zufrieden sein (muß), die er den übrigen eingeräumt wissen will." Weiter weist er auf das "allgemein bekannte Sprichwort" hin "Was andere dir nicht tun sollen, tue ihnen auch nicht." Montesquiue[308] stellt fest "... in einer Gesellschaft, in der es Gesetze gibt, kann die Freiheit nur darin bestehen, das tun zu können, was man wollen darf und nicht gezwungen zu sein, zu tun, was man nicht wollen darf." Jean Jacques

---

303 a.a.0. S.74
304 Späth a.a.O. S. 167
305 Zit. nach Klassiker der Staatsphilosophie Hrsg. Bergsträsser, Arnold und Oberndörfer, Dieter (im folgenden Zit. "Klassiker") 1962, S. 3
306 Klassiker S. 84
307 Klassiker S. 169
308 Klassiker S. 238

Rousseau unterscheidet zwischen natürlicher Freiheit, das ist das Recht auf alles, "was ihn (den Menschen) reizt und er erreichen kann" und bürgerlicher Freiheit, die "durch den allgemeinen Willen". beschränkt ist.

Fichte[309] geht das Problem allgemeiner an "In dieser gesellschaftlichen Ordnung muß nun im wirklichen Leben jeder Einzelne um des Ganzen willen immerfort gar vieles unterlassen, was er, wenn er sich allein befände unbedenklich tun könnte." Papst Pius XII[310] äußerte in einer Ansprache die eigene Freiheit ist "mit der Achtung vor der Freiheit und Würde des anderen zu verbinden." Ghandi[311] spricht vom "Pfad zwischen individueller Freiheit und gesellschaftlicher Begrenzung, den zu begehen wir lernen müssen." Bei Karl Jaspers finden wir "Eine von jeder Übereinkunft und Regel freie Welt wäre funktionsunfähig; die absolute Freiheit ist das absolute Nichts." Euken[312] meint zu dieser Frage in Bezug auf den Einzelnen "An der Freiheitssphäre der anderen findet seine Person ihre Grenzen. Damit übt er Humanität." Hierzu zitiert Friedman[313] einen Richter des Obersten Gerichtshofes der USA: " Die Bewegungsfreiheit meiner Faust muß durch die Nähe deines Kinns beschränkt sein." Erhard[314] formuliert "Freiheit ohne Gefühl der Bindung und Verantwortung treibt zur Entartung und zum Chaos." Carl Friedrich von Weizsäcker[315] sagt: "Freiheit in der Rechtsordnung kann ich nur dann in Anspruch nehmen, wenn ich sie zugleich dem anderen gewähre." Eine ähnliche Äußerung wird Rosa Luxemburg nachgesagt, für die sie Lenin gelobt haben soll: Freiheit ist immer die Freiheit des anderen. Das Berliner Programm

---

309 Fichte, Joh. Gottlieb: Reden an die Nation 1938 S. 33
310 Zit. nach Gröner, Utz: "Aufbau und Entfaltung des gesellschaftlichen Lebens" in "Soziale Stimme" v. 3.4.78
311 Zit. nach Peitz, Marietta: Wenn wir weiter leben wollen S. 36
312 Euken, Walter: Grundsätze der Wirtschaftspolitik 1960 S. 176
313 Friedman, Milton: Kapitalismus und Freiheit 1984 S. 49
314 Erhard, Ludwig: Wohlstand für alle
315 Weizsäcker, Carl Friedrich von: "Der Rahmen und das Bild" in " Europa und die Folgen" Hrsg. Michalski, K. S. 29

der SPD (Absch. II Ziff. 1) sagt gleiches mit den Worten: "Die Freiheit des anderen ist Grenze und Bedingung der Freiheit des einzelnen." Dazu die Präambel des Grundsatzprogramms des Deutschen Gewerkschaftsbundes von 1981: Die Freiheit des einzelnen findet jedoch ihre Grenzen in den Rechten der anderen."

Was sagen allgemeine politische Erklärungen zur Freiheit? In der Declaration des droits de l'homme von 1789 Art. 4 heißt es: "Die Freiheit besteht in der Macht alles zu tun, was einem anderen nicht schadet. Die Ausübung der natürlichen Rechte eines jeden Menschen hat also nur die Grenzen, die den anderen Gliedern der Gesellschaft die gleichen Rechte und ihren Genuß sichern. Diese Grenzen können nur durch das Gesetz bestimmt werden." Deshalb sagt Schoeps[316] zu recht: "Wirkliche Freiheit erwächst nur dort wo es durch Autorität gestütztes lebendiges Recht gibt." Die Allgemeine Erklärung der Menschenrechte der Vereinten Nationen vom 10. Dezember 1948 hält in Art. 29 (Grundpflichten) Ziff. 2 fest: "Jeder Mensch ist in Ausübung seiner Rechte und Freiheiten nur den Beschränkungen unterworfen, die das Gesetz ausschließlich zu dem Zweck vorsieht, um die Anerkennung und Achtung der Rechte und Freiheiten der anderen zu gewährleisten und den gerechten Anforderungen der Moral, der Öffentlichen Ordnung und der allgemeinen Wohlfahrt in einer demokratischen Gesellschaft zu genügen." Ähnlich drückt es Art. 10 der europäischen Menschenrechtskonvention vom 4. November 1950 aus und wird in der Schlußakte der Konferenz über Sicherheit und Zusammenarbeit in Europa (KSZE) von Helsinki vom 1. August 1975 Ziff. 1 Abs. 1, VII wiederholt.

Zum Abschluß generell zum Freiheitsbegriff sei Kant[317] erwähnt, der sagt, daß die objektiven Gesetze der Freiheit auf Vernunft, auf Erkenntnisfähigkeit, beruhen, die dem einzelnen sagen, was geschehen soll, d.h. Freiheit ist nur synthetisch zu erfassen.

---

316 a.a.O. S. 87

Freiheit ist damit ein offener Begriff, der nur durch Erfahrungsurteile zu klären ist. Dies umsomehr, als man mit Montesquiue[318] feststellen muß: "Kein Wort hat verschiedenartigere Bedeutung erlangt, keines hat die Geister auf mannigfachere Weise berührt, als das der Freiheit."

Dies wird besonders erklärlich, wenn man weiß, daß das Wort Freiheit, im Gotischen frijon, soviel heißt wie "lieben." Dieser Begriff, der nicht faßbar ist, steckt auch in den Worten: "Freier, gleich der Liebende." Frei begegnet man auch in den Worten Freund und Friede und besagt hier Angenehmes. Auch diese Begriffe sind nicht exakt bestimmbar.

Die Erfahrung lehrt, daß der Einzelne nicht, nur um des Ganzen willen, sondern auch um seiner selbst den anderen und dessen Freiraum beachten muß" auf ihn Rücksicht nehmen muß, ihm zugetan sein muß, das Verhältnis zu ihm angenehm gestalten will. Ausnahmen sind nicht ausgeschlossen, aber in den Zielsetzungen des Einzelnen steckt das, was Freiheit eben auch bedeutet: Mitmenschliches Bedenken und Frieden untereinander.

Wir haben z.B. die Freiheit nichts zu tun, nicht für den Lebensunterhalt zu erwerben. Wir müssen aber, wenn wir bewußt nichts tun, die Folgen, gegebenenfalls nichts zu Essen zu haben, ohne Kleidung zu sein, selbst tragen. Wir können in diesem Fall nicht erwarten, daß andere, die Gesellschaft oder der Staat uns versorgen. Wir lassen die Rücksichtsnahme auf den anderen fehlen, wenn wir von ihm in umschriebenem Fall Unterhalt fordern, insoweit fehlen, daß wir dessen Freiraum einschränken, über von ihm Erworbenes nicht frei verfügen zu können. Wenn Gesetze dieses Faktum nicht berücksichtigen, verletzen sie den wohlverstandenen Freiheitsbegriff, lassen sie Gerechtigkeit vermissen.

---

317 Kant, Immanuel: Kritik der reinen Vernunft. o.J. S. 511f

Im Zusammenhang mit der Frage nach dem Verhältnis von Kapital und Arbeit besagt Freiheit für das Kapital und Freiheit für die Arbeit, für den Einsatz vonArbeitskraft unabhängig von Zwang und fremder Macht, die Möglichkeit, frei das Richtige, das in den gesetzten Formen Richtige zu tun, bedeutet insbesondere Freizügigkeit, Vertragsfreiheit. (Inwieweit diese Punkte für den Arbeitnehmer und den Arbeitgeber durch Tarifverträge vorbestimmt und eingeschränkt sind, ist hier eine offene Frage.)

Auf seiten des Kapitals ist es die Freiheit mit seinem Eigentum, wie jedes andere Mitglied der Gesellschaft auch, grundsätzlich nach Belieben zu verfahren und andere von jeder Einwirkung auszuschließen. Insoweit ist die generelle Eigentumsgarantie des Art. 14 GG in der Bundesrepublik Deutschland von besonderer Bedeutung. Gerade am Eigentum an Produktionsmitteln und an der Freiheit des Marktes auf dem die erzeugten Produkte vom Eigentümer des Produkts, vom Unternehmer veräußert werden. Wo sie nach Qualität und Preis abgenommen werden, aber entflammt der Streit; entflammt vor allem deshalb, weil dem Kapital, dem Unternehmer Herrschaftsmacht auch über Menschen und damit Einschränkung deren Freiheit vorgeworfen wird. Herrschaftsmacht, die "die Abhängigkeit der Arbeiter und Angestellten weit über das Ökonomisch-Materielle hinaus" gehen läßt[319]; Freiheit des Eigentums an den Produktionsmitteln, "das vermeintliche Privileg der Reichen." Mit Recht sagt Galbraith[320], "keine Institution (gemeint ist das Privateigentum) hat eben soviele Meinungsverschiedenheiten ausgelöst, sei es im sozialen, wirtschaftlichen oder politischen Bereich." Rechtssystematisch gibt das Recht auf Eigentum Macht für den Eigentümer, nicht zuletzt deshalb, weil es als objektives Recht im

---

318 Klassiker S. 237
319 Godesberger Parteiprogramm der SPD Abschn. 5
320 Galbraith, John Kenneth: Die Entmythologisierung der Wirtschaft 1988, S. 31

Grundgesetz und Bürgerlichen Gesetzbuch anerkannt ist. Wer diese Macht hat, ist Rechtssubjekt. Objekt des Rechts ist alles, was dem durch die Rechtsmacht geschützten Interesse unmittelbar dient. Objekte sind Sachen und Geistesprodukte. Aber auch Personen können bei Forderungsrechten (Recht auf Leistung im Dienstvertrag) Objekt sein.[321]

Deshalb einige Ausführungen zur Freiheit am Eigentum, zu dem Hayek[322] meint, - was richtig ist und für alle Menschen gültig - daß "der persönliche Besitz die sicherste Garantie der Freiheit ist." Gemeint ist hier die persönliche, nicht die bürgerliche Freiheit. Das besagt, daß dem Schutz des Eigentums, der Schutz vor dem Eigentum gegenübersteht und dem auch politisch im Fall Eigentum an Produktionsmitteln Rechnung zutragen ist.

In der Bundesrepublik Deutschland ist das Eigentum gewährleistet. (Das Allgemeine Landrecht für den Preußischen Staat von 1831 §§ 74, 75 Einl. kennt inhaltlich gleiche Regelungen.) Der Eigentümer hat die Freiheit über das, was ihm gehört nach seinem Wollen zu verfügen. Eine Freiheit aber, die durch Gesetz eingeschränkt werden kann und damit - durch die notwendige Gesetzgebung, durch die Konkretisierung der Schranken des Eigentums - zu einer politischen Frage wird, politische Entscheidungen bedingt. Art. 14 Abs. 2 GG sagt deshalb "Eigentum verpflichtet" und gibt das Ziel der Verpflichtung im Satz 2 dieser Vorschrift an: "Sein (des Eigentums) Gebrauch soll zugleich der Allgemeinheit dienen".

Hier zeigt sich, ähnlich wie in § 903 BGB mit den Worten "soweit nicht das Gesetz oder Rechte Dritter entgegen stehen" der Grundsatz der

---

[321] hierzu: Kirsch, Prof. Dr., Grundriß zur Vorlesung über die allgemeinen Lehren des Bürgerlichen Rechtes, 1922, S. 35
[322] Havek, Friedrich A: The Road to Selfdom in: The Reader's Digest April 1945 S.3

Sozialgebundenheit des Eigentums. Die Sozialklausel des Art. 20 GG bedingt den sozialen Vorbehalt für und gegen das Eigentum, woraus man schließen muß, Eigentum ohne Pflichten ist demnach nicht denkbar. Aus der Zeit nach den Märzaufständen 1848 ist die Äußerung des Konservativen und Pietisten Ludwig von Gerlach überliefert: "Gegen Eigentum ohne Pflichten hat der Kommunismus Recht."[323]

Eine umfassende, unsere Frage berührende Einschränkung enthält Art. 15 GG. Er sieht die Sozialisierung - Vergesellschaftung - bestimmter Wirtschaftsgüter wie Grund und Boden, Naturschätze und Produktionsmittel vor. Sozialisierung bedeutet die Überführung von privatem Eigentum an den genannten Gütern in Gemeineigentum oder in andere Formen der Gemeinwirtschaft durch Gesetz gegen Entschädigung. Diese Regelung bedeutet aber[324] "für den Landes- bzw. Bundesgesetzgeber (Art. 74 Ziff. 15) nur die Möglichkeit, nicht aber die Verpflichtung, die Überführung unmittelbar durch Gesetz auszusprechen." Der Marx'sche Gedanke der "Expropriation" wird hier bedingt aufgenommen.

Wesentlich ist bei einer beabsichtigten Überführung an Gemeineigentum, daß nicht einzelne Objekte, z.B. ein bestimmtes Unternehmen, sondern nur Gruppen gleichartiger Wirtschaftsunternehmungen erfaßt werden können. (Art. 19 Abs., 1 GG.) Der Gedanke der Möglichkeit zur Sozialisierung von Produktionsmitteln, unterstreicht die Pflicht dieser Art von privatem Eigentum, das "Gemeinwohl" besonders zu berücksichtigen.

Wohin Gemeineigentum führen kann, zeigt sich bei der Lernmittelfreiheit. Die ausgeliehenen, im Eigentum des Staates befindlichen Schulbücher sind nach kurzer Zeit zerschlissen, beschmiert. Die Kinder die die Bücher nur besitzen, nicht Eigentümer sind, gehen leichtfertig mit den "ausgeliehenen" Sachen um. Sie

---

323 Engelberg, Ernst: Bismarck S. 304

gehören ihnen nicht, also brauchen sie nicht sorgsam behandelt zu werden. v. Nell-Breuning hat[325] auf den Fall hingewiesen, daß in seinem Kloster Fahrräder zum gemeinsamen Gebrauch zur Verfügung gestellt wurden, mit dem Erfolg, daß sie bald nicht mehr funktionsfähig waren. Keiner fühlte sich für die Räder verantwortlich, er war ja nicht Eigentümer.

Wieweit die Sozialbindung des Eigentums, - d.i. auch Schutz vor dem Eigentum, die Einschränkung einer totalen, individuellen Freiheit gerade im Wirtschaftsleben im Interesse des Gemeinwohls zu gehen hat oder ob und wie sie - ganz oder teilweise - nach 1945 erstrebt und erreicht worden ist, wird zu prüfen sein. Umsomehr als bis 1945 grundsätzlich der Schutz des Eigentums gewährleistet wurde, uneingeschränkt Vermögen zu akkumulieren., Monopolunternehmer zu schaffen, die geeignet waren den Markt auf einem bestimmten Wirtschaftssektor zu beherrschen. Andererseits aber verflüchtigt sich die Substanz des Eigentums, z.B. in Aktiengesellschaft und Großfirmen, wie es Schumpeter[326] ausdrückt. Alle diese Probleme betreffen direkt den Lohnarbeiter, soweit er ein Herrschaftsobjekt wird, ihm die Freiheit entzogen wird, seine Individualität zu verwirklichen.

Es ist festzuhalten: der Begriff Freiheit ist nur zu erfassen von der gesetzlichen Festlegung und vom Unrechtsbewußtsein, von der Moralität und aus sozialethischen Sicht, von der Überlegung her: wann, wo, wie überzieht der Einzelne oder eine Gruppe ihre Freiheit zum beweisbaren Nachteil oder Schaden eines anderen oder einer anderen Gruppe. Kurz: der Begriff Freiheit beinhaltet eine Vielfalt von Perspektiven.

Freiheit und Gerechtigkeit sind von einander abhängig. Freiheit ist nur im Namen der Gerechtigkeit einzuschränken. Nur so kann das Recht des Schwachen gegen

---

324 Maunz, Theodor: Deutsches Staatsrecht 1.962 S. 145
325 Fink, Ulf: Streitbar, direkt souverän, in "Die Zeit" v. 9.5.90
326 a.a.O. S. 228f, 252

den Starken verteidigt und - wenn nötig - durchgesetzt werden. "Die Gerechtigkeit verwirklicht die Freiheit jedes einzelnen, in dem sie ihm gleiche Rechte, gleichwertige Lebenschancen und angemessen gleiche materielle und kulturelle Lebensbedingungen in der Gesellschaft eröffnet."[327] Weizsäcker[328] sagt kurz: keine Freiheit ohne Gerechtigkeit, keine Gerechtigkeit ohne Freiheit.

Diese Prämisse regelt sich nicht von selbst. Die Beeinträchtigungen, die Beschränkungen wandeln sich täglich, treten täglich in neuen Erscheinungsformen auf. D.h. der Kampf um die Freiheit und für die Freiheit - und damit für Gerechtigkeit - verlangt ständige Aufmerksamkeit, zeigt laufend neue Facetten.

Wer beurteilt aber - gerecht (!) - im Einzelfall, wann und ob Freiheit eingeschränkt wird. Was sagt man heute zu einer Erklärung der Deutschen Regierung vom 2. Februar 1905[329] in der es heißt - "Die gesetzliche Einführung eines Maximalarbeitstages beeinträchtigt die Freiheit des Individuums und schädigt das Erwerbsleben." Wessen Freiheit ist gemeint, wenn das Erwerbsleben nicht beeinträchtigt werden soll. Sicher nicht die des Arbeiters als Individuum nur solange zu arbeiten, wie er will; geht es nicht um die Freiheit des Individuums "Unternehmer", solange arbeiten zu lassen, wie er es aus Erwerbsgründen für notwendig hält, gerecht die Freiheit des Individuums Arbeiter auch freie, arbeitsfreie Zeit zu haben, einzuschränken? Nach heutiger Auffassung eine untragbare Regierungserklärung. Damals war man offenbar der Meinung gerecht zu handeln. Wo liegt die Grenze zwischen den Freiheiten der Unternehmer und denen der Lohnarbeiter? Die Entscheidungen werden immer schwerer, wenn neben der Rechtsordnung, neben den auslegbaren Gesetzen Überlegungen wie die soziale Pflichtigkeit treten, die auch gelten muß. Wie indifferent der Begriff

---
327 Voigt, Karsten D.: Von der Konfrontation zur Sicherheitspartnerschaft in: mehr Vertrauen weniger Waffen 1987 S. 98
328 Carl Friedrich a.a.O. S. 31
329 Chronik des 20. Jahrhunderts S. 63

Freiheit ist, schreibt im August 1786 George Washington. Er stellte fest,[330] "daß ein auf der Grundlage gleicher Freiheit gegründetes System nur trügerische Phantasie ist." Zu dieser Zeit standen sich Sklavenbesitzer und selbstarbeitende Kolonisten gegenüber und jeder sprach von Freiheit.

Ist Freiheit demnach ein Ideal? M.E. ja, denn objektiv und rational ist der vermeintliche Inhalt dieses Wortes nicht zu bestimmen. Aber ein Ideal, dem sich zu nähern ständig versucht werden muß. Annäherung an das Ideal kann nur innerhalb der gesellschaftlichen Gruppierungen unter demokratischen Regeln unter Beachtung der Gerechtigkeit gesucht und gefunden werden. D.h. der Weg zur Freiheit innerhalb der Gesellschaft und des Staates geht von der Basis aus. Rahmenbedingungen kann ein demokratisches Parlament durch Gesetze geben, auch wenn die Problematik der Gesetzgebung der Bundesrepublik Deutschland darin besteht, daß die Zahl der Gesetze steigt, die dem BVerfG. zur Prüfung vorgelegt werden, ob Verstöße gegen das Grundgesetz vorliegen, d.h. das Parlament beurteilt die Folgen eines Gesetzes nicht immer am Leitgedanken des Grundgesetzes.

Gleichheit vor dem Gesetz, - den vom Volk im Grundgesetz und von der Institution Staat gesetzten Normen -gleichsam die Basis der Gerechtigkeit, ist als Grundrecht in Art. 3 GG garantiert. Auch Gleichheit verbunden damit, daß die Bundesrepublik nach Art. 20 GG ein sozialer Rechtsstaat ist. Sozial besagt: Liberalität einschränken, die Betätigung der bürgerlichen Freiheiten so zu regeln, daß aus ihnen nicht allzu große faktische Ungleichheiten zwischen den Bürgern des Staates erwachsen.[331] Sozial betrifft das Gemeinwohl, ist ein Verhalten, das der Allgemeinheit nützlich ist. Gleichheit bedeutet, daß gleiches Recht für alle geschaffen werden muß, daß nach Jean Bodin[332] harmonische, d.h. austeilende

---

330 nach Zischka, Anton: Der Dollar 1986 S. 52/54
331 Gross, Johannes: Unsere letzten Jahre 1980, S. 89
332 Klassiker S. 101

und ausgleichende Gerechtigkeit herrschen soll. Wobei Bodin meint, daß Gleichheit in einem "Volksstaat" nur ausgleichende Gerechtigkeit anstrebt. M.E. muß auch eine Republik Gerechtigkeit "austeilen", in dem sie Voraussetzungen schafft und durchsetzt die Gleichheit möglich machen und damit Aufgaben die alle angehen, z.B. Verbraucherschutz, Infrastruktur, Umweltschutz und die Beziehungen zwischen Menschen (hier auch Kapital und Arbeit) gerecht bewertet. (Ordnungspolitik.) Ungleiche Behandlung von Personen und Gruppen von Menschen ist ungerecht und unsozial.

Das Recht auf Gleichheit ist nicht nur ein Recht der Bewohner der Bundesrepublik, sondern allgemein ein Menschenrecht unabhängig von der staatlichen Organisation. Humanität ist geboten.

Rein etymologisch zeigt das Wort "gleich" viele Bedeutungsmöglichkeiten und erschwert damit die Beurteilung im Einzelfall, was ist "gleich". Wahrings "Deutsches Wörterbuch" umschreibt "gleich" so: ... in allen Merkmalen übereinstimmend; ebenso beschaffen; genau übereinstimmend; ähnlich, gleichwertig; gleichrangig. In Grimms Wörterbuch heißt es: "Was die Bedeutungsgeschichte des deutschen Wortes anbetrifft, so umschließt das ahd (althochdeutsche) gilch die verschiedensten stufen und grade der Gleichheit vom begriff des nur annähernd gleichen, des nach Art und Gestalt ähnlichen über den einer stärkeren, in gewissen Betracht vollen Übereinstimmung bis hin zur Vorstellung sachlichen oder begrifflicher Identität."

Das Grundgesetz hat für das Grundrecht der Gleichheit objektive Maßstäbe gesetzt. Es zählt äußere auf die Person bezogene Merkmale auf, wegen der niemand beeinträchtigt oder benachteiligt werden darf: Geschlecht, Abstammung, Rasse u.a. Merkmale, die in § 75 Betr.VG wiederholt werden und als Grundsätze für die Behandlung von Betriebsangehörigen gelten. Es setzt aber im sozialen Rechtsstaat auch soziales Verhalten voraus. Hier im Begriff sozial, als einem objektiv nicht zu umschreibenden Tatbestand - liegt die Problematik, des allgemeinen Menschenrechts, der Gleichheit und der Gerechtigkeit.

Alle Menschen sind als solche wegen äußerer Merkmale gleich zu behandeln, haben gegenüber und vor dem geschriebenen Recht, dem Gesetz, gleiche Rechte und Pflichten. Der Inhalt dieses Satzes ist nachvollziehbar und durchsetzbar. Alle Menschen sind auch als Lebewesen, von der Art her konkret mit jedem anderen Individuum grundsätzlich - Abnormitäten ausgeschlossen - vergleichbar. Sie sind, wie die Amerikanische Unabhängigkeitserklärung vom 4. Juli 1776 sagt, " gleich geschaffen" oder um die Französische Menschen- und Bürgerrechtserklärung von 1789 zu zitieren: "Die Menschen werden frei und an Rechten gleich geboren und bleiben es." Und Goethe sagt in der Italienischen Reise: "Ein kleiner Mann ist auch ein Mann."

Aber in der Individualität sind - sie nicht gleich, in der Persönlichkeit weisen sie individuelle Besonderheiten auf;[333] sie sind verschieden. Auch hierzu Goethe in "Werthers Leiden": "Ich weiß wohl, daß wir nicht gleich sind, noch sein können." Diese Feststellung ist ein Faktum. Unterschiede sind wegen der verschiedenen geistigen (Intelligenz, Willenskraft) und körperlichen (physische Kraft, Beweglichkeit) Fähigkeiten, vom sozialen Umfeld und von der charakterlichen Anlage, vielleicht auch von den Erbanlagen und von den genannten Gegebenheiten her wegen unterschiedlicher Leistung gegeben. Die Individualität schließt die Gleichheit aller Mitglieder einer Gesellschaft als gleiche, deckungsgleiche Personen aus.

Rousseau[334] spricht davon, daß unter Gleichheit nicht zu verstehen ist, daß "alle eine durchaus gleichgroße Kraft" haben. Papst Leo XIII sagt in "Rerum novarum"

---

333 Plechow, G.W.: Über die Rolle der Persönlichkeit in der Geschichte 1945 S. 31
334 Gesellschaftsvertrag II, 11, Denhardt 1959

Ziff. 14: "Es sind nun einmal von Natur aus unter den Menschen sehr große und sehr viele Verschiedenheiten: hinsichtlich der Begabung, der Energie, der Gesundheit, der Kräfte." Und im Godesberger Programm der SPD vom November 1959 heißt es im Abschnitt "Schule": die Menschen sollen "ihre Anlagen und Fähigkeiten" entfalten können. Ihr Bildungspotential, ihre persönliche Anlage, soll ausgeschöpft werden. Im Berliner Programm der SPD wird gesagt, daß die Schulen "den unterschiedlichen Neigungen und Fähigkeiten der Schüler Rechnung tragen" sollen. Diese Sätze geben ihrem Inhalt nach zu, daß die Menschen in ihren Anlagen, in ihrer Individualität verschieden sind. Ein Faktum, das auch das Betr.VG (§ 75 Abs. 2) anerkennt. Es spricht nicht davon, daß Arbeitgeber und Betriebsrat darüber wachen sollen, daß alle im Betrieb tätigen Personen "gleich" behandelt werden, sondern "nach den Grundsätzen von Recht und Billigkeit."

Die Gesellschaft ist, so meine ich, auf die unterschiedlichen Begabungen und Fähigkeiten sogar angewiesen. Absolute Gleichheit würde die Vielfältigkeit beseitigen, die die Gesellschaft braucht, will sie alle Möglichkeiten ausschöpfen, will sie Lebensqualität schaffen. Und weil die Menschen von der Persönlichkeit her ungleich sind, kann und muß daraus eine Ungleichheit der Leistung und damit des leistungsbezogenen Einkommens gefolgert werden.[335]

Wieweit die Ungleichheit der Individuen und deren Leistung bei der Festlegung der Lohnhöhen durch Tarifverträge beachtet wird, ist eine wesentliche Frage für das Verhältnis Kapital und Arbeit.

Gäbe man diesen Einzelpersönlichkeiten mit ihren verschiedenen Anlagen im Rahmen der Gesetze gleiche Rechte und Pflichten, würden die Unterschiede in der Persönlichkeit aufgehoben, die das wesentliche des Individuums ausmachen.

---

335 Jostock in den Erläuterungen zu den Sozialen Rundschreiben der Päpste, Revum Novarum. Anm. 32

Grosser[336] spricht deshalb zurecht davon, daß es ungerecht sei, Ungleiche gleich zu behandeln. Diese Art der Gleichheit würde ein anderes Menschenrecht, die Freiheit einschränken. Es würde eine Gleichheit geschaffen, die einförmig und eintönig wäre, die das "Ungleiche" und den "Ungleichen" und damit das Außergewöhnliche ausschließt. Das Ungleiche wird aber, wie gesagt, in der Gesellschaft benötigt. Man käme auf Gleichmacherei und nicht auf Gleichheit hinaus. Von dieser Gleichmacherei sagt John Silber[337]: "In den Vereinigten Staaten und nun auch in Deutschland und anderswo in Europa wird Demokratie mehr und mehr als Gleichmacherei verstanden", womit er eine Gefahr für die Demokratie aufdeckt, die es zu bekämpfen gilt.

Marx[338] spricht von "ungleichen Individuen, die nicht verschiedene Individuen wären, wenn sie nicht ungleich wären." Was Gorbatschow[339] bestätigt, wenn er von "Menschen in all' ihrer kreativen Unterschiedlichkeit" spricht. Er verurteilt deshalb an anderer Stelle[340] "gleichmacherische Tendenzen."

Die Frage zum Verständnis der Gleichheit unter den voneinander verschiedenen Menschen einer Gesellschaft, führt innerhalb dieser Gesellschaft - auch in der Bundesrepublik Deutschland - zu Kontroversen.. Adam Smith[341] weist auf dieses Problem hin. Er schreibt: "Meistens Überschätzen die Menschen die eigenen Fähigkeiten; ein altes Übel, das Philosophen und Ethikern seit jeher bekannt ist." Weiter meint er - "Jeder überschätzt mehr oder weniger seine Erfolgschancen."

---

336 Grosser, Alfred: Der schmale Grad der Freiheit; 1981, S. 146
337 Ist Amerika zu retten; 1992, S. 11
338 Marx, Karl: Randglossen zum Programm der Deutschen Arbeiterpartei in "Das Erfurter Programm" 1947 S. 2
339 Gorbatschow, Michail: Perestroika 1987 S. 32
340 a.a.O. S.. 54
341 a.a.O. S. 92f

Ähnlich äußert sich Goethe:[342] "Welche wichtigen Personen, glauben wir zu sein!"

Die Selbstüberschätzung hat einmal ihren Grund im Egoismus, von dem Aristoteles[343] sagt, nicht, daß man sich selbst liebt, sondern daß man sich mehr liebt als man darf, mache ihn aus. Zum anderen führt Selbstüberschätzung dazu, daß die Menschen die Schuld an ihnen fehlenden Erfolgen außerhalb ihrer selbst - bei Dritten und beim Staat - suchen.

Gleichheit bedeutet m.E. bei gleichen gesetzlich verbrieften Rechten, bei gleicher Behandlung auf Grund dieser Rechte, also bei Innehaltung gleicher formaler Bestimmungen gegenüber jedem Angehörigen der Gesellschaft, nicht auch Anspruch auf gleichen Besitz, auf einen bestimmten Posten in einem Betrieb, auf eine bestimmte Arbeitsvergütung. Diese Ansprüche werden nur erworben auf Grund subjektiver Befähigungen und Leistungen, eben aus ungleich gegebenen Voraussetzungen. "Syn dique" ist der Rahmen für den Grundsatz der Gleichheit; d.h. nicht jedem das Gleiche, sondern jedem das Seine. Gorbatschow[344] spricht vom Prinzip des Sozialismus, von den er sagt: "Jedem gemäß seiner Fähigkeiten, jedem gemäß seiner Arbeit." Aber: jeder sollte die gerechte, faire Möglichkeit haben, entsprechend seinen Fähigkeiten eingesetzt zu werden, die entsprechende Position im Leben, im Betrieb einzunehmen. Dabei verkenne ich nicht, daß nicht ausgeschlossen ist - und wohl auch nicht werden kann - , daß ein objektiv hoch Befähigter und Leistungsbereiter im Berufsleben innerhalb eines Unternehmens nicht weiter kommt, weil seine Fähigkeiten nicht erkannt werden, weil dem Vorgesetzten die Nase nicht paßt oder weil der Vorgesetzte Angst vor dem Können des anderen hat.

---

342 In "Wilhelm Meisters Lehrjahre"
343 Hauptwerke ausgewählt v. Nestle, Wilhelm. 1934 S. 81
344 a.a.O. S. 35

Um das Problem zu verdeutlichen: Marx[345] stellte 1865 fest, daß "genau wie die Produktionskosten der Arbeitskräfte verschiedener Qualität nun einmal verschieden sind, auch die Werte der in verschiedenen Geschäftszweigen beschäftigten Arbeitskräfte verschieden sein müssen. Der Ruf nach Gleichheit der Löhne beruht daher auf einem Irrtum, ist ein unerfüllbarer törichter Wunsch."

2. Gleichheit oder Gleichmacherei: Gibt es den gerechten Lohn ?

Etwas anderes ist es für gleiche, konkret gleiche Arbeit gleichen Lohn zu verlangen, insbesondere eine solche Forderung für arbeitende Frauen zu stellen. Die Lohnsysteme in den Tarifen versuchen hier durch Tarifgruppen "Gleichheit" zu erzielen. Aber: in den Gruppen gelten einheitliche den einzelnen Menschen und seine spezifische Arbeitskraft - auch das Arbeiterkind soll seine, in seinen geistigen Fähigkeiten, seinen persönlichen Voraussetzungen begründete Chance zur besten, ihm von Begabung und Talent her angemessenen Bildung und Ausbildung bekommen, die er nutzen soll, indem er seinen Fähigkeiten entsprechende Leistungen erbringt. Das heißt vor allem alle Schwierigkeiten finanzieller Art, die ihn und seine Eltern zum Erhalt einer solchen Bildung womöglich hindern, seine Chance wahrzunehmen, muß der Staat weitgehend beseitigen.

Gleichheit bedeutet nicht, dass wenn für besondere Leistungen eine Zulage gewährt wird, dieser Zuschuß unter dem Gedanken der "Gleichbehandlung" aller in dieser Tarifgruppe erfaßten Arbeitenden gestrichen werden soll. Oder: ein Betriebsrat fordert Einstufungsrichtlinien, die wohl tarifgerecht sind, aber 100 einzelne Arbeitnehmer über einen Kamm scheren, ja erfordert, daß einheitliche Löhne festgeschrieben werden für diese 100. Hier muß man sagen vermeintliche Gleichheit, besser: Gleichmacherei, vergewaltigt die Vielfältigkeit der Individuen.

---

345 a.a.O. S. 40

Gleichheit bedeutet eben nicht, daß der einzelne daran gehindert werden darf, Außergewöhnliches zu leisten. Das Prinzip Leistung zeichnet das Individuum aus, daß, in seiner Leistung seine Selbstbestätigung finden kann und soll, das Lust an seiner Leistung haben will und haben soll.

Weiter ist zu berücksichtigen, daß der, der wegen seiner von anderen abweichenden Individualität im Arbeitsleben gesondert behandelt werden muß, z.B. der Behinderte, der finanziell zu kurz kommt, durch das Menschenrecht der Brüderlichkeit von der Gesellschaft sozial gestützt werden muß. D.h. wenn der Einzelne auf Grund seiner subjektiven Leistungsfähigkeit nicht soviel verdienen kann, wie er zum Leben und überleben braucht, muß der Staat helfen, muß diese Ungleichheiten ausgleichen. Dabei ist das Problem zu lösen, was heißt "Leben", was ist "Überleben" und wann und mit welchen Leistungen des Staates und der Gesellschaft ist es - bezogen auf die übrigen Mitglieder der Gesellschaft gewährleistet und sind die staatlichen Leistungen zu vertreten, grundsätzlich und der Höhe nach.

Man erkennt: absolute Gleichheit ist wegen der Freiheit nicht möglich, Ungleichheit findet in der Brüderlichkeit Ausgleichsmöglichkeiten. Die Menschenrechte sind ein ergänzendes, sich gegenseitig stützendes System zum Zusammenleben in der Gesellschaft und im Staat. Eben ein System, dessen Durchführung und Erfüllung im Einzelfall problematisch wird.

3. Das Beispiel Bildungswesen

Die Schwierigkeit zu erkennen und anzuerkennen, daß man einen gesetzlich festgelegten Anspruch - und auch die Pflicht - hat auf allgemeine Schulbildung, aber kein generelles Recht auf Hochschulbildung, sofern die Fähigkeiten – meist biologisch oder charakterlich (fehlender Leistungswille) bedingt - dazu nicht ausreichen, zeigen die Grenzen der Gleichheit und des sozialen Ausgleichs. Diese

Grenzen werden - im Hinblick auf die Freiheit der Berufswahl.- durch die Zuteilung von Studienplätzen im Rahmen des numerus clausus für bestimmte Fächer in sich erneut problematisch.

Im Bildungswesen, um bei diesem Beispiel zu bleiben, gilt der Grundsatz der Chancengleichheit. Chancengleichheit, d.i. das Recht auf Bildung bei gleichzeitiger Beseitigung finanzieller und sozialer Barrieren und Nachteile. (Biologische und charakterliche Nachteile in der Person werden sich nicht oder nur teilweise aufheben lassen.) Aufgabe des Staates ist es die Fähigkeiten und Neigungen zu fördern - jeweils auf den Einzelnen bezogen dem Einzelnen seinen Veranlagungen entsprechend Chancen für bessere Bildung zu eröffnen, und zwar für alle Bundesbürger unter gleichen Bedingungen, das ist Chancengleichheit.

Chancengleichheit in diesem Sinne beseitigt und läßt nicht aufkommen eine Priviligiertengesellschaft. (Auch das ist nur zu einem Teil richtig: das Kind vermögender Mitbürger studiert - trotz schlechterer Zensuren und numerus clausus, also geringer erbrachter Leistungen - im Ausland; besucht als Schüler Internate im Ausland um einen Schulabschluß zu erreichen - mitunter zu "erkaufen" - der seinen geistigen Voraussetzungen nicht entspricht. Und zum Studium sucht er, wenn er nicht den numerus clausus überspringen kann, ausländische Hochschulen auf, die keinen besonderen Befähigungsnachweis fordern.) Generell gilt aber das Kind eines Arbeiters kann von den Fähigkeiten her, x mal begabter, geistig beweglicher sein, als das Kind eines Unternehmers. Wenn dieser Tatbestand im Einzelfall gegeben ist, muß auch das Arbeiterkind seine, in seinen geistigen Fähigkeiten, seinen persönlichen Voraussetzungen begründete Chance zur besten, ihm von Begabung und Talent her angemessenen Bildung und Ausbildung bekommen, die er nutzen soll, indem er seinen Fähigkeiten entsprechende Leistungen erbringt. Das heißt vor allem alle Schwierigkeiten finanzieller Art, die ihn und seine Eltern zum Erhalt einer solchen Bildung womöglich hindern, seine Chance wahrzunehmen, muß der Staat weitgehend beseitigen.

Abgesehen davon, daß durch Bildung und Ausbildung dem Einzelnen persönlich Werte zuwachsen, liegt die Förderung auch im Interesse der Gesellschaft, die zugunsten des befähigten Arbeitersohnes Lasten auf sich nimmt, weil ein gut ausgebildeter Mensch der Gesellschaft nützlich sein kann und sein sollte. Finanzielle Unterstützung durch den Staat sind Investitionen für die Zukunft der Gesellschaft, vorausgesetzt der so Geförderte erbringt später Leistungen für die Gesellschaft und wandert z.B. nicht aus.

Diese Probleme, einerseits durch finanzielle Unterstützung durch den Staat eigene Werte erwerben, andererseits der Gesellschaft nützlich werden und drittens nach einem Studium auswandern, wurden einmal gelöst durch Darlehn des Staates mit differenzierten Rückzahlungsverpflichtungen. M.E. zu recht. Die unter sozialen Gesichtspunkten, Gleichheitsüberlegungen, gewährten staatlichen Leistungen, sollten unter gleichen Überlegungen der sozialen Gemeinschaft zurückfließen wenn die Förderung nicht in irgendeiner Form der Gesellschaft zugute kommt. Diese Unterstützung gewährt die Bundesrepublik Deutschland durch das Berufsbildungsförderungsgesetz (BAFöG). Aber: tatsächlich studieren 1990 von 100 Arbeiterkindern nur 11,4, während (jeweils auf 100 bezogen) von Angestelltenfamilien 39, von Selbständigen 37,8 und aus Beamtenfamilien 59,7 eine Universität oder Fachhochschule besuchen.[346] Ein Problem, auf das mich der Vorsitzende eines katholischen Lehrervereins hinwies, scheint zu entstehen, wenn ein Arbeitersohn zum Gymnasiasten und Akademiker. wird. Es kommt zu Spannungen in der Familie. Mein Gesprächspartner nannte den Fall-, daß der studierte Arbeitersohn sich "schämte" mit seiner aus einer gehobenen Schicht stammenden Frau, seine Eltern zu besuchen, weil diese, wie bei ihnen üblich, in

---

346 Bundesministerium für Bildung und Wissenschaft in "Die Zeit" v. 8.1.1993

der Küche aßen, weil die Eltern nicht das Deutsch sprachen, was in ihren "Kreisen" der Frau "Kreisen" gängig war. Bedauerlich, aber auch Toleranz will gelernt sein. Ein solcher Fall trifft m.E. den Geförderten. Andere Zahlen zur Chancengleichheit hier für Studenten. Ende Januar 1993 sagte Bundeskanzler Kohl, daß jeder vierte Hochschüler in Deutschland sein Studium abbricht. Die Mitteilung beruht offenbar auf einer Langzeituntersuchung der Hochschul-Informations-System GmBH (HIS), die in den Tageszeitungen veröffentlicht wurde[347].

Die HIS spricht von 27% die das Studium abbrechen. An Einzelheiten ist interessant, daß von ausscheidenden Männern nur 8% aus finanziellen Gründen abbrechen. 31% erklärten, kein Interesse am Studium mehr zu haben, 18% fühlten sich überfordert, 20% traten eine Stellung an. Ist von diesen 50- 60 000 Studenten pro Jahrgang in der Schule, im Abitur nicht die Leistung abgefordert worden, die sie für das Studium entsprechend vorbereitet hat?

Chancengleichheit bedeutet aber nicht, daß jeder einzelne Mensch die gleiche Chance hat, z.B. zu studieren. Nur die, die gleiche Voraussetzungen auf geistigem Niveau haben, haben gleiche Chancen. (Wobei der, der vom Geistigen her, die gleiche Chance hätte, diese verlieren kann, wenn sein soziales Verhalten nicht den gesellschaftlichen Grundregeln entspricht, so wenn er im menschlichen Bereich sich außerhalb der Gesellschaft stellt, wenn er sich gegen Strafgesetze vergeht, wenn er den Staat und seine Verfassung außerhalb der gesetzten Regeln verneint und aktiv bekämpft und damit Rechte bricht oder ähnliches.

Chancengleichheit heißt also, daß jeder nur seine, seinen geistigen und körperlichen Voraussetzungen entsprechende Chance bei gesellschaftsgerechtem Verhalten erhalten kann. Aber die Gesellschaft sollte die Möglichkeit die Chance zu erwerben, fördern und damit sozial ausgleichend zu wirken.

---
347 Welt am Sonntag, 31. Januar 1993

Wobei eine Frage offen bleibt: wer gibt dem einzelnen die Chance, wer erkennt - auf das Individuum bezogen - die Anlagen des Einzelnen, die förderungswürdig sind. Die SPD meint in ihrem Berliner Grundsatzprogramm, daß hierzu die Gesamtschule am besten geeignet sei. Das mag bei aller Kenntnis der unterschiedlichen Beurteilung von Schülern durch Lehrer grundsätzlich richtig sein, soweit es um die Vorbereitung für den Eintritt in das Berufsleben geht. Wie und wer erkennt und beurteilt die Anlagen und Fähigkeiten im Berufsleben?

Hier trifft der Gleichheitsgrundsatz auf die Grenzen an denen Gleichheit zur Gleichmacherei entarten kann, was aber subjektiv in den Vorstellungen vieler Menschen eben das "Gleiche" bedeutet.

Die subjektiven Vorstellungen sind meist von Überschätzungen der eigenen Fähigkeiten, der geleisteten Eigenarbeit bestimmt. Wenn z.B. ein Setzer in einer Druckerei mir gegenüber behauptet, allein durch seine Arbeit könnten Bücher erscheinen, so ist das, insoweit richtig, als der Satz erforderlich ist, um ein Buch herzustellen, quasi zum Buch gehört. Objektiv vergißt dieser Mann aber, daß ohne Manuskript kein Satz, ohne Druck, Bindearbeit usw. kein Buch erstellt werden kann.

Das Beispiel zeigt: der nach geistigen und körperlichen, nach personalen Gegebenheiten einem Drucker "gleiche" Setzer, meint subjektiv er wäre wichtiger, stehe über dem Drucker. Dem Setzer fehlt offensichtlich die Übersicht, welche Stelle er im Zusammenhang des Ganzen einnimmt, wo sein Platz ist. Der Grund für diese falsche Selbsteinschätzung dürfte in der materialistischen und individualistischen Grundhaltung liegen.

Es ist schwierig, den Gleichheitsgrundsatz, soweit er nicht die Gleichheit, Gleichwertigkeit und Gleichbehandlung vor dem Gesetz erfaßt, in seiner inneren

Struktur von Mensch zu Mensch objektiv zu fassen und durchzusetzen. Mit Recht sagt ein chinesischer Sinnspruch: Wer Gleichheit sucht, soll auf den Friedhof gehen. Man muß deshalb Gleichheit mit dem Begriff der Gerechtigkeit als Gegenteil von Willkür und Zwang verbinden, wobei zu fragen bleibt: was ist gerecht.

Gerecht sein heißt innerhalb der Gesellschaft und gegenüber jedem Mitglied der Gesellschaft dem gesetzten Recht, der von der Organisation der Gesellschaft, dem Staat, getragenen Satzung entsprechend zu handeln und zu unterlassen. Man ist gerecht, man übt Gerechtigkeit. Gerechtigkeit ist demnach eine Verhaltensweise, ein Tun oder Unterlassen im Rahmen der Rechtsordnung gegenüber Geboten und Verboten. Eine Grundlage der Gerechtigkeit ist im staatlichen und gesellschaftlichen Raum das Recht. Darüber hinaus ist Gerechtigkeit auch ein sittlicher Begriff, ein Maßstab der Kritik am bestehenden Recht ist Billigkeit, die auch für das Recht gelten soll. Hier sei an das Wort von Bärbel Bohley erinnert, die als Vorkämpferin für eine freie DDR nach dem Anschluß feststellte: Wir wollten Gerechtigkeit und bekamen den Rechtsstaat.

Was ist Recht, wie entsteht Recht? Man kann im Rahmen dieser Arbeit nur andeutend feststellen, Recht entsteht: aus der menschlichen Vernunft über das Naturgegebene, aus dem geschichtlichen Gewachsensein, aus dem Volksgeist und dem "gesundem Volksempfinden", über Autorität und Willkür durch Macht bis hin aus der Situation, soll Recht erwachsen oder geschaffen sein. Alles ist vertreten worden. Sicher ist, daß das Recht der Gesellschaft dienen soll; es ist der Ordnungsrahmen, der den Erhalt der Gesellschaft sicherstellen soll. "Recht ist eine von einem Gemeinwesen, für den Bereich des Gemeinwesens bestimmte Lebensordnung[348], die in Gesetzen ihren Niederschlag findet. Das Recht hat über Jahrhunderte in Gesetzeswerken seinen Niederschlag gefunden. Es sei als Beispiel erinnert an den Corpus ium Civilis des Kaisers Justinian, Verdikt für Napoleons

---

[348] Kipp, Theodor: Geschichte der Quellen des römischen Rechts, 1919, S. 3

Corde Civile. Recht liegt wie Max Weber sagt in der Ebene "des ideellen Geltensollens."[349]

In der Bundesrepublik Deutschland wird das Recht durch das Volk, vertreten durch die demokratisch gewählten Vertreter, durch Mehrheitsentscheid im Parlament festgelegt sowie durch Kontrollen im Rahmen der Gewaltenteilung überwacht. Es wird mit Änderung der Gegebenheiten (z.b. europäische Rechtsentwicklung) und durch Zeitströmung (z.b. vom Individualismus zum Sozialismus; vom Einzelunternehmer hin zu Zusammenschlüssen kapitalmäßiger und personeller Art) in und außerhalb der Gesellschaft festgeschrieben (als Gewohnheitsrecht) oder angepaßt durch Parlamentsbeschluß, als Gesetz bis hin zum Grundgesetz, das bis 1990 35 mal durch Gesetze geändert und ergänzt wurde. Die Gesetze sind "öffentliche Zwangsregeln, die sich an vernunftbegabte Menschen wenden, um ihr Verhalten zu regeln und einen Rahmen für die gesellschaftliche Zusammenarbeit zu schaffen."[350]

Zu recht sagte Klein, ein Mitarbeiter von Suarez, 1789, daß "ein Gesetzbuch nie so beschaffen sein kann, daß es auch nur ein Menschenalter hindurch unverändert bleiben könnte."[351] Jeder, der sich etwas mit der Rechtswissenschaft beschäftigt, weiß, daß diese Rechte oder die Gesetze in denen sie festgelegt sind, durchaus vieldeutig sind: unterschiedliche Auffassung in der Rechtslehre ("a.A." = anderer Ansicht) und eine Rechtsprechung, die drei, mit dem Bundesverfassungsgericht auch vier Instanzen kennt. Hinzu kommen mögliche Rechtsergänzungen durch Analogie und Umkehrschluß. Weiter finden sich in den Gesetzen sog. Generalklauseln, die auslegungsbedürftig sind. "Gute Sitte", "Treu und Glauben" und "Verkehrssitte" §§ 138, 157, 242, 826 BGB, § 1 UWG.) - Begriffe in

---

349 a.a.0. S. 181
350 Rawls, John: Eine Theorie der Gerechtigkeit, 1979; S. 266
351 Zitiert nach Kosselek a.a.0. S. 145

Anlehnung an Sitte, sind die Spielregeln der unorganisierten Gesellschaft, die Verbindung von Sitte und Recht, an sich schwer unterscheidbare Begriffe, herstellen, ist so mehrdeutig, wie die im Gesetz geforderte "angemessene" Zahlung (z.b. §§ 1603, 1608, 1610 BGB).

Gerade die Vorschrift "Sitte" die in bestimmten Gesetzen zu beachten ist, zeigt, daß es neben dem Recht der Rechtsordnung auch eine Ordnung gibt, die auf Sitte und Moral beruht; Moral im Sinne Ciceros als "Recht in uns" verstanden. Oder mit Sik[352] als "ein jeweils historisch entstandenes System von Verhaltensregeln, die in ihrer verallgemeinerten Form die gesellschaftlich nützlichen und schädlichen, aber fast immer interessenmäßig stimulierten Handlungs- und Verhaltensregeln fixieren." Im Rahmen dieser Seinsvorschriften herrscht Humanität, Brüderlichkeit und Menschenwürde, die von der Ethik, der Gesinnung bestimmt werden und einen personalen Bezug haben, die Gerechtigkeit üben.

Gleichheit im Sinne von Gerechtigkeit ist nach diesen Ausführungen, sei es unter dem Gesichtspunkt des Rechts oder dem der Sitte, ein Ziel das für alle Mitglieder der Gesellschaft zu erreichen nur in Annäherungen möglich ist. Gleichheit und Gerechtigkeit sind ähnlich wie die Freiheit nicht absolut, sondern relativ.[353]

Einige Stellungnahmen und Äußerungen von Menschen aus verschiedenen Zeiten zeigen, daß Gerechtigkeit in der Praxis schon immer problematisch war.

Aristoteles[354] sagt, daß Gleichheit der umfassendere und höhere Begriff im Verhältnis zur Gerechtigkeit sei. Dabei könne Gerechtigkeit nur gegenüber

---

352 Sik, Ota: Der dritte Weg, 1972, S. 82
353 Flechtheim, Ossip K.: Unsere Ideale und ihr Preis in Freiheit, Gleichheit, Brüderlichkeit Hrsg. Schultz, H.J. 1977, S. 153
354 Klassiker 280ff

Gleichem vom Gleichen geübt werden. Wobei er davon ausgeht, daß Menschen nicht gleich zu sein brauchen.

Goethe[355] läßt in "Faust" den Kaiser sagen: "Die höchste Tugend, wie ein Heiligenschein, umgibt des Kaisers Haupt. Nur er allein vermag sie auszuüben: Gerechtigkeit", um in den folgenden Versen darzutun, wie unmöglich es ist diese Aufgabe zu lösen, weil "das Ungesetzte gesetzlich überwaltet, und eine Welt des Irrtums sich entfaltet."

Papst Johannes XXIII. sagt in "Mater et Magistra"[356]: "Das Wort Gerechtigkeit und die Redensart von "Forderungen der Gerechtigkeit" sind zwar in aller Munde. Aber solche Redewendungen haben nicht bei allen die gleiche Bedeutung. Sehr oft versteht man darunter Entgegengesetztes", zumal wenn man auch hört „gerecht" hieße den gesellschaftlichen Verhältnissen angepaßt. Hayek[357] äußerte: Soziale Gerechtigkeit hat Unsinnswert. Es ist im Grunde inhaltslos, weil es unerfüllbare Wünsche einschränkt." Nixon[358] berichtet davon, daß Sadat einmal einen arabischen Aphorismus zitiert habe, der besagt, "daß es in der Natur der Dinge liegt, daß ein Herrscher die Hälfte seiner Untertanen gegen sich hat, wenn er versucht gerecht zu sein." Ein Satz den jeder bestätigen wird, der in einem Betrieb wiederholt erlebt, wenn nach Meinung der Leitung ausgewogene, "gerechte" Entscheidungen getroffen sind, sofort von vielen Mitarbeitern das "Warum" kommt. Der Stuttgarter Oberbürgermeister Rommel hat zur Gerechtigkeit gereimt[359]

"Ach die Welt ist nicht gerecht.

Dir gehts gut und mir gehts schlecht,

---

355 Faust II. Teil 1. Akt.
356 Ziff. 206
357 nach Wahl, Gerhard: Bekenntnisse bekannter Persönlichkeiten 1985
358 Nixon, Richard: Staatsmänner unserer Zeit 1987 S. 356
359 Stuttgarter Nachrichten v. 18.1.86

Wär die Welt etwas gerechter
Gings mir besser und Dir schlechter."

Die Schwierigkeit Gleichheit, Gerechtigkeit zu erzielen ist unabweisbar. Gerechtigkeit appelliert an Emotionen, beinhaltet Werturteile, deren Wahrheitsgehalt zweifelhaft ist. Friedmann[360] faßt das kurz zusammen: "Was der eine als gut ansieht, empfindet der andere als schädlich." Aus einem Brief von Friedrich Engels an Joseph Block zitiert Schabowski[361]: "... das, was jeder einzelne will, wird von jedem anderen verhindert und was herauskommt, ist etwas was keiner gewollt hat." Umsomehr, wenn man unter Bezug auf die Freiheit bedenken muß, das mehr "Gleichheit" Freiheit einschränkt, nämlich die Freiheit gegenüber der Gesellschaft "frei" zu entscheiden.

Brüderlichkeit: auch ein emotionsgeladener, den familiären Beziehungen entnommener, also gemeinschaftsorientierter Begriff. Aber ein Begriff der durch das Wissen um die "feindlichen Brüder" - Kain und Abel, Romulus und Remus, die Söhne des Ödipus -, Feindseligkeiten aus Neid und Egoismus - Prototyp für den, den Menschen im Grunde eigenen Kampf aller gegen alle eigentümlich ist. Vielleicht ist es auch von Bedeutung, daß erst nach der französichen Revolution 1789 durch einen deutschen Pädagogen, Joachim Heinrich Campe, das Wort "Brüderlichkeit" als Neuschöpfung in die Umgangssprache einging. Engels fand "das Gestöhn von Brüderlichkeit" lächerlich,[362] man sprach deshalb damals auch von Solidarität. So setzt Schulze-Delitzsch schon 1850 in einem Schreiben: Verbrüderung gleich Solidarität.[363]

---

360 a.a.O. S. 21
361 Schabowski, Günter: Der Absturz 1991; S. 99
362 Bertaux, Pierre: Der vergessene Artikel in "Freiheit, Gleichheit, Brüderlichkeit" Hrsg. v. Schultz, H.J. 1977 S. 60ff
363 Balser, Frolinde a.a.O. Texiband S. 99

Der erste Zusammenschluß der Arbeiter, der im August/September 1848 seinen Gründungskongreß abhielt nannte sich: "Allgemeine deutsche Arbeiter-Verbrüderung". Dieser Kongreß wählte einen Wahlspruch in dem es u.a. hieß: es sei: "Liebe das Band, welches uns alle als Brüder-, als Menschen umschlinge."[364] Auch in den 1850 herausgegebenen Grundstatuten der deutschen Arbeiter-Verbrüderung[365] heißt es in § 1 noch, daß die Vereinigung auf "Gegenseitigkeit und Brüderlichkeit gestützt" sei.

Brüderlichkeit, Solidarität - vom lateinischen Wort "solidus" abstammend, was soviel wie "dicht, fest" besagt - bedeutet im gesellschaftlichen Raum das Wissen und Wollen um Zusammengehörigkeit, um Anerkennung jedes einzelnen Mitglieds und Hilfe für jedes Mitglied der Gesellschaft. Solidarität hat einen sozialen Einschlag.

Solidarität ist weniger konkret, ist eine Aufgabe nicht etwas Vorhandenes, ist Empfehlung zu "brüderlichen" Verhalten dem Mitmenschen gegenüber und somit in erster Linie eine Pflicht und findet sich deshalb nicht ausdrücklich unter den Grundrechten des Grundgesetzes. Solidarität ist Verbundenheit, soziales Verhalten, Hilfsbereitschaft.

Das Berliner Programm der SPD sagt hier: "Solidarität ist Bereitschaft über Rechtsverpflichtungen hinaus füreinander einzustehen." Als Beispiel könnte man an den Langzeitarbeitslosen denken, der ohne Arbeit und Kontakte, langsam aus geregeltem Dasein abgleitet. Er ist formell durch den Gleichheitsgrundsatz, durch die Forderung des Schutzes der Menschenwürde als Sozialhilfempfänger gesichert. Menschlich geholfen werden könnte ihm nur durch Solidarität, ohne

---
[364] Balser, Frolinde: Sozial-Demokratie 1848/49 - 1863, Textband 1962 S. 86
[365] Balser, Frolinde: a.a.O. Quellen 1962 S. 508. 527

Rücksicht auf sonstige Grundrechte, z.b. dadurch, daß ein Unternehmen ohne Rücksicht auf Verluste ihn einstellt. (Wenn aber Verluste gemacht würden und dadurch vielen Menschen Schäden zugefügt würde, wäre die Einstellung unsolidarisch gegenüber der Masse). Von Bebel wird erzählt, daß er sagte: "gebe ich einem Bettler Geld, bin ich sozial., stelle ich ihn in meinem Betrieb ein bin ich sozialistisch", solidarisch.

Solidarität ist aber auch Toleranz und Disziplin. Wobei wir hier nicht von der Solidarität der Arbeiterklasse, sondern der aller Gesellschaftsmitglieder sprechen. Dabei verbirgt Toleranz in sich das Problem, daß der Tolerierende von ihm als richtig erkannte Fakten in Teilen zurückstellt; daß er Dinge hinnimmt, die er im Grunde nicht anerkennt. Bundespräsident Weizsäcker meinte zur Toleranz, daß die Begrenztheit menschlicher Kenntnisse es verbietet "die eigene Auffassung als absolut zu setzen und den anderen zu verurteilen, ja zu verfolgen."[366] Der tolerante Mensch gibt "nach".

Brüderlichkeit, Solidarität ohne Disziplin ist nicht denkbar. Golo Mann sagt im "Wallenstein"[367] "Menschen, es seien ihrer noch so viele, machen kein Heer, Disziplin macht es." Wenn auch die Gesellschaft nicht mit dem Heer zu vergleichen ist, so ist sie doch eine "Menschenmenge" und es geht auch in ihr nicht ohne Ordnung und Disziplin. Anfang des Jahres 1986 wurde in einer Partei die auf Solidarität abstellt, in der SPD, wiederholt zur Disziplin aufgerufen. Disziplin und damit Solidarität ist auch Zuverlässigkeit, ist Dialog.[368]

Der Gedanke der Brüderlichkeit hat seinen Niederschlag in Art. 20 Abs.1. GG. gefunden; nach ihm ist die Bundesrepublik ein "sozialer Bundesstaat". Ein sozialer Staat ist ein Staat, "der die wirtschaftliche oder kulturelle Unterdrückung

---

[366] Zit. nach Pflüger, Friedrich: Richard von Weizsäcker 1990 S. 59
[367] S. 800
[368] Laborem exercens 8, 5

oder schwere Benachteiligung einer Schicht oder Gruppe ablehnt, bekämpft oder zu beheben sucht."[369] Der soziale Staat hat das Wohl der Gesamtheit seiner Angehörigen zu beachten und zu fördern, er hat einen Ausgleich wirtschaftlicher, kultureller und sozialer Art zwischen den Gruppen und für den Einzelnen zu betreiben, womit ausgedrückt ist, daß Solidarität nicht ein rechtlich begründeter Anspruch, sondern eine übergreifende moralische Disziplin darstellt. Brüderlichkeit (Solidarität) "betrifft konkret die Beziehungen zwischen Arbeitgeber und Arbeitnehmer". Ein Satz von Heinrich Böll[370], den man sich merken, muß.

Der Gedanke der Brüderlichkeit ist auch in Art. 1 GG enthalten, der die Menschenwürde für unantastbar erklärt. Der Mensch hat für sich selbst, in sich eine Würde und darf deshalb eben als Mensch nicht "unwürdig'" behandelt werden und leben, darf nicht als Mittel zu einem Zweck verwandt werden. Er muß "mitmenschlich", "brüderlich" geachtet und gestützt werden.

Die Beeinträchtigung der Menschenwürde ist nicht nur dem Staat untersagt. Auch der einzelne Gesellschaftsangehörige hat Menschenwürde und Menschenrechte zu beachten, auch in der Wirtschafts- und Arbeitswelt. Hier ist zu denken an gesundheitsschädigende Arbeit, nicht Anerkennung der am Produkt geleisteten Arbeit u.ä. Aber auch zu niedere Einkommen, schlechte Wohnverhältnisse, unverschuldete Hilfsbedürftigkeit müssen unter dem Aspekt der Solidarität gelöst werden.

Art. 151 der Weimarer Verfassung sah zu recht vor, daß die Ordnung des Wirtschaftslebens "den Grundsätzen der, Gerechtigkeit mit dem Ziele der Gewährleistung eines menschenwürdigen Daseins für alle entsprechen" muß.

---

369 Maunz a.a.O. S. 63
370 in "Freiheit, Gleichheit, Brüderlichkeit" S. 12

Solidarität besagt eben das Verbundensein, das Miteinander auskommen, die Gegenseitigkeit und bedeutet gleichsam die Kontrolle, ob Freiheit und Gerechtigkeit effektiv eingehalten werden.

Mit Menschenwürde und Solidarität als Inbegriff der Brüderlichkeit ist im Zusammenhang mit den Menschenrechten der Freiheit und Gleichheit die Richtung angegeben, in der der Staat, die Gesellschaft und der Einzelne ihr Verhalten zu den Mitgliedern der Gesellschaft einzurichten hat. Solidarität versteht sich deshalb nicht nur als die marxistische Solidarität der Arbeiterklasse, sondern als eine Verhaltensweise jedes einzelnen Mitglieds der Gesellschaft gegenüber dem anderen. Die Mitglieder der Gesellschaft haben füreinander da zu sein, tolerant zu sein. Was u.a. über das Bundessozialhilfegesetz (BSHG) geschieht.

Jeder ist für jeden da, d.h. besonders soziale Sicherung für den Einzelnen, verbietet aber andererseits - im Interesse eben derselben Gesellschaft den Mißbrauch dieser Sicherung, der unsolidarisch wäre. (Ab dem Frühjahr 1993 wird der Mißbrauch staatlicher Hilfen aktiv bekämpft.) Dieses für jeden dasein, hat einen besonderen Aspekt, den der Onkel des Bundespräsidenten v. Weizsäcker, Ernst Heinrich[371] so zusammenfaßt: "Was trennt, ist ein Mißtrauen in die Aufrichtigkeit der Solidarität, daß durch joviale Gesten, Anbiederung .... nicht überwunden werden kann." Abs. II des Art. 163 bestimmt "Jedem Deutschen soll die Möglichkeit gegeben werden, durch wirtschaftliche Arbeit seinen Unterhalt zu erwerben." Also: ein durch eine Sollvorschrift beschränktes Recht auf Arbeit zum Geldverdienen. Das Grundgesetz kennt in Art. 12 Abs. 2 nur für bestimmte, für alle Bürger gleiche, öffentliche Dienstleistungen eine Arbeitspflicht.

---

371 Weiss, Martin: Die Weizsäckers 1988 S. 331

Macht diese Grundeinstellung zur Arbeit Sinn, wenn wir wissen, daß die deutschen Arbeiter im Schnitt von 100 Tagen 8,5 "krankheitshalber" ausfallen lassen, aber nach dem Lohnfortzahlungsgesetz vom 27. Juni 1969 seit dem 1. Januar 1970 vom ersten Krankheitstag an den vollen Lohn erhalten, sofern sie kein Verschulden an der Krankheit trifft. Unverzüglich forderte der Präsident der Bundesvereinigung der Deutschen Arbeitgeberverbände, Klaus Murmann, eine Überprüfung der Lohnfortzahlung und sprach von der Wiedereinführung der vor 1970 üblichen Regelung, wonach es für die ersten drei Krankheitstage keinen Lohn gab.

Kein Zweifel, die Lohnfortzahlung kostet den Unternehmer Geld für nicht erbrachte Leistung, und kein Zweifel, daß in gewissem Umfang "blau" gemacht wird. Würde die von Murmann geforderte Karenzzeit aber wieder eingeführt, so würden die Arbeiter, die wirklich krank sind, geschädigt.

Hier zeigt sich, was Solidarität bedeutet. Die vom Sozialstaat gewünschte Lohnfortzahlung wird durch teilweisen Mißbrauch unterlaufen. Wer diese Regelung mißbraucht, verhält sich gegen den wirklich kranken Kollegen unsolidarisch.

Interessant ist in diesem Zusammenhang eine Umfrage, die das Institut der deutschen Wirtschaft mitteilt[372], die in etwa gleiche Ergebnisse über den Arbeitsausfall ergeben hat, wie die, die "Der Spiegel" mitgeteilt hat, die aber feststellt, daß je geringer die Zahl der Beschäftigten eines Betriebes ist, je weniger wird gefehlt. Grund: Solidarität mit den im Betrieb verbleibenden Kollegen. Anders in größeren Betrieben: das Fehlen hat keine Konsequenzen für den Kollegen. Grund für das unterschiedliche Verhalten in kleinen und größeren

---

372 Hamburger Abendblatt, 6./7.7.91

Betrieben: in kleineren sind die menschlichen Kontakte enger, die zwischenmenschlichen Beziehungen fester.

Im einzelnen Fall ist es trotz aller Versuche den Inhalt der Solidarität zu klären, schwer, wenn nicht unmöglich, in der Praxis die Fragen zu lösen, wann, wie und ob überhaupt Solidarität gefordert ist. Dann ist Kompromiß gefordert.

Dem Problem, ob die Solidargemeinschaft helfen soll in dem Fall, daß ein Mitglied mit seinem Einkommen nicht zurechtkommt, stehen verschiedene Fragen gegenüber. Muß zunächst nicht die Familie helfen (Subsidiaritätsprinzip), was problematisch ist, wenn das Familienmitglied sich dadurch so einschränken muß, daß es den erreichten Lebensstandard aufgeben muß. Hat das betroffene Mitglied im Verhältnis zu anderen Gesellschaftsmitgliedern wirklich trotz der verschiedensten gesetzlichen Richtlininie wieviel der "Normalbürger" an Geld zum Leben braucht, wie viel speziell er unter Beachtung seiner bisherigen Lebenshaltung, hier zu prüfen ob auf Grund von Arbeit oder weil er Koupons abschnitt -, ein mangelhaftes Einkommen, erbringt der Betreffende ausreichende seiner Arbeitskraft entsprechende Leistungen; ist er womöglich in Not, weil er sich gesellschaftswidrig verhalten hat?

Weitere Problemstellungen:
In der Erklärung der Menschen- und Bürgerrechte der Julirevolution von 1830 in Paris heißt es in Art. 14: "Arbeit ist eine Schuld, welche jeder arbeitsfähige Bürger (Anm.: was heißt "arbeitsfähig", für welche Art der Arbeit?) der Gesellschaft abtragen muß.'" Müßiggang sei als Diebstahl zu brandmarken. Marx-Engels schreiben im "Manifest der Kommunistischen Partei"[373], daß in die bürgerlichen Produktionsverhältnisse durch Maßregeln eingegriffen werden müßte. Eine Maßregel: "Gleicher Arbeitszwang für alle ..."Art. 163 der Weimarer

---

[373] S. 24

Verfassung sah in Abs. I vor, daß jeder Deutsche "unbeschadet seiner persönlichen Freiheit" die. sittliche Pflicht hat "seine geistigen und körperlichen Kräfte so zu betätigen, wie es das Wohl der Gesamtheit fordert." D.h. eine persönliche Freiheit einschränkende sittliche, nicht rechtliche Arbeitspflicht. Abs. 11 des Art. 163 bestimmte "Jedem Deutschen soll die Möglichkeit gegeben werden, durch wirtschaftliche Arbeit seinen Unterhalt zu erwerben." Also: ein durch eine Sollvorschrift beschränktes Recht auf Arbeit zum Geldverdienen. Das Grundgesetz kennt in Art. 12 Abs. 2 nur für bestimmte, für alle Bürger gleiche, öffentliche Dienstleistungen eine Arbeitspflicht.

Hat bei dieser Grundeinstellung zur Arbeit, eine bestimmte, umgrenzte Arbeitspflicht, die Solidargemeinschaft dem Mitglied Hilfe zu geben, das bewußt nicht arbeitet und dadurch vorsätzlich seine Not herbeiführt? Ändert sich die Beurteilung dieser Frage etwa, wenn grundsätzlich festgeschrieben würde, daß der Mensch ein Recht auf Arbeit habe, und der Staat für Vollbeschäftigung zu sorgen hat, wie es die SPD in ihrem Berliner Grundsatzprogramm fordert?

Wie wäre es zu beurteilen, wenn ein Mensch der nicht arbeitet und kein Geld hat, mit der Begründung: alles was die Gesellschaft produziert hat, gehört anteilig auch mir, da ich Teil dieser Gesellschaft bin, aus einem Warenhaus Kleidungsstücke ohne Bezahlung mitnimmt, die er zu benötigen vorgibt? Nach dem Strafgesetzbuch: Diebstahl. Der "Dieb" meint aber: es ist meine Freiheit nicht zu arbeiten, aber Pflicht der Gesellschaft, zu der ich gehöre, "solidarisch" mich zu kleiden.

Das Beispiel, das nicht erfunden ist und über das man lächeln kann, zeigt, daß es schwer ist eindeutig zu entscheiden ob Solidarität und Brüderlichkeit zu üben ist, und wann es verfehlt wäre, solidarisch zu sein, weil der "Hilfesuchende" sich selbst unsolidarisch benimmt und seine Freiheit verkennt.

Solidarität und Brüderlichkeit sind mehrperspektivische Begriffe und anders als Freiheit und Gerechtigkeit emotionsbeladen, in bestimmten Umfang Ideologien. Ideologien aber können nicht allgemeingültig, nicht objektiv richtig sein und müssen andere Möglichkeiten zumindest offen lassen. Deshalb der Kompromiß.

Bei der Anwendung der Begriffe auf Maßnahmen und Verhaltensweise wird es nicht zu einer Einigkeit im Sinne einer von allen Seiten gleichartig gebilligten Auffassung kommen. Die Maßnahme wird "gut" oder "schlecht" eingestuft werden. Opposition d.h. anderer Meinung sein, gehört aber notwendig zur Demokratie... und die Prüfung, ob die geforderte "Hilfe" vom Staat finanziell gedeckt werden kann.

Zusammengefaßt: Freiheit, Gleichheit, Gerechtigkeit, Brüderlichkeit sind untereinander Korrektive. Ohne Freiheit und Gleichheit keine Brüderlichkeit. Die Begriffe sind vielschichtig und ihr Bezug auf die tatsächlichen Zustände im Rahmen des Verhältnisses Kapital und Arbeit nicht eindeutig zu bestimmen, wobei Brüderlichkeit am wenigsten konkret ist. Je nach der Perspektive unter der man die Umsetzung der Inhalte auf die eigenen Gegebenheiten fordert, je konträrer beruft sich die andere Seite auf die gleichen Grundsätze.

Wie weit im parteipolitischen Raum die Begriffe unterschiedlich gesehen werden, hat der Generalsekretär der CDU Geißler in einem Interview dargetan. Im Verhältnis zur SPD erklärte er. "Wir haben einen anderen Begriff der Solidarität. Wir haben möglicherweise sogar einen anderen Begriff der Freiheit. Wir haben mit Sicherheit einen anderen Begriff der Gerechtigkeit aus dem wir unsere Politik formulieren als die Sozialdemokratie." Er bezieht alle diese Erklärungen "generell" auf das christlichdemokratische Gedankengut. Oder man denke an den

Vorschlag des DGB-Vorsitzenden Breit[374] höhere Einkommenbesitzer vorübergehend höher zu besteuern - wissend oder auch nicht wissend, daß 70% der Einkommenssteuern von nur 30% der Steuerpflichtigen aufgebracht werden, oder an die Arbeitsmarktabgabe des IG-Metallvorsitzenden Steinkühler[375], bei der Lohnarbeiter, die bereits Arbeitslosenversicherung zahlen, doppelt zur Kasse gebeten werden sollen.

Trotzdem: die den Begriffen Freiheit, Gleichheit, Brüderlichkeit immanenten Grundgedanken eines menschenwürdigen, den Menschen achtenden und ihm, so weit nötig, helfenden Verhaltens "als Mensch im Menschen den Bruder zu erkennen"[376] sollten im Verhältnis Kapital. und Arbeit Leitgedanken sein. Auch wenn Carl Friedrich v. Weizsäcker[377] bei diesen Begriffen von Ideologien spricht und meint, daß "Ideologie die Maske ist, hinter der man seinen Egoismus versteckt." Egoismus ist dem Menschen eigen, er muß aber - um nicht auszuarten – im Bann der "ideologischen" Begriffe Freiheit, Gleichheit, Solidarität gehalten werden. Abschließend: im Menschen den Bruder zu sehen ist nicht immer leicht. Oft ist der Mitmensch Konkurrent und wird von daher nicht gerade human gesehen. Aber Probleme sollen - auch das sagen die Begriffe - in Frieden gelöst werden.

---

374 Apel, Hans: Der Abstieg 1990 S. 213
375 Arbeitszeit-Flexibilisierung: Hrsg. Knebel, Heinz u. Zander, Ernst 1986 S. 27
376 Heer, Friedrich in Freiheit, Gleichheit, Brüderlichkeit Hrsg. Schultz, Hans Jürgen 1976 S. 28
377 Weizsäcker, C.F.: Gedanken für morgen in Bildern einer Welt von Morgen-Modelle bis 2009 Herausg. H-k Al ----- 1985 S. 36

Kapitel III

1. Freiheit, Gleichheit und Brüderlichkeit, oder: der Weg ist das Ziel

Wir haben erkannt, daß Freiheit, Gleichheit und Brüderlichkeit - diese jeweils zusammengehalten durch die unantastbare Menschenwürde keine skalengerechten und absoluten Meßlatten für das Verhalten der Menschen in der Gesellschaft sein können und auch nicht für staatliche Regelungen sondern Zielvorstellungen sind, denen es sich zu nähern gilt. Diese Feststellung gilt auch für die bestimmenden Kräfte innerhalb der Wirtschaft, für Kapital und Arbeit und ihren Umgang miteinander. Die Grundrechte müssen aber Richtlinien auch für das Verhalten beider zueinander sein, d.h. ihre Beziehungen müssen auf die konkrete Situation hin, nach diesen grundgesetzlichen Bestimmungen geprüft werden.

Um Möglichkeiten für dieses Verhalten zueinander entsprechend diesen gesetzlichen Vorgaben zu finden, müssen wir die Aufgaben, den Zweck und das Wesen jeder der beiden Parteien umreißen. So sind vielleicht Ansatzpunkte dafür zu finden, wie ihr Verhältnis zueinander und der Umkreis jeder Gruppe freier, gerechter und solidarischer gestaltet werden könnte.

Lohnarbeit ist gegen Entgelt verrichtete Arbeit. Physikalisch gesehen ist Arbeit Kraft mal Weg, Überwindung eines Widerstandes über einen Weg, d.h. bei Arbeit ist ein körperlicher und/oder geistiger Kräfteaufwand nötig. In der Technik ist die Krafteinheit das Kilopond und die Wegeinheit das Meter. 1 Meterkilopond, mkp, ist die Arbeit, die geleistet werden muß um 1 Kilopond 1 Meter hochzuheben. Allein nach der bloßen Körperkraft wird niemand – sollte zumindest niemand - die Arbeit eines Menschen bewerten, vielmehr auch nach der geistigen Leistung, die sich im Ermessen und der Verantwortung, im Planen, Organisieren und Kontrollieren niederschlägt, und in seinem sein als Mensch.

Die Arbeit des Menschen als Tun, um einen Zweck zu erfüllen, ein Ergebnis zu erzielen, ist dementsprechend mit Max Weber als "Inanspruchnahme von Zeit und

Anstrengung"[378] zu verstehen. Braverman[379] umschreibt Arbeit eingehender. Für ihn ist Arbeit zweckmäßige d.h. auf Grund der Vorstellungskraft, diese vom Verstand gelenkt, zweckbestimmter, schöpferischer Einsatz von Energie. Die dem Menschen als Persönlichkeit gegebene, geistige und physische Energie um Arbeit zu erledigen, um einen Zweck zu erfüllen, ist seine Arbeitskraft.[380] Die dem Menschen immanenten geistigen und körperlichen Fähigkeiten, sein Können sind diese Kraft. Stoll[381] sagt ähnlich, Arbeit sei "die auf ein Ziel gerichtete, sowohl geistige wie körperliche Tätigkeit des Menschen, wobei das Ziel- in einem anerkannten Nutzen und nicht bloß in der Anstrengung oder Beschäftigung des Arbeitenden liegt." Schramm[382] faßt als Arbeit zusammen: a) den Menschen mit seinen geistigen Fähigkeiten und b) den menschlichen Willen (Intuition) und andere Kräfte unter Einsatz von Werkzeugen in Gang zu setzen. Sik[383] sagt auf die Arbeit als solche bezogen ähnliches, ordnet sie, aber gleichzeitig in den Arbeitsprozeß ein. "Arbeit bedeutet eine Anstrengung geistiger und physischer Art, eine Nerven- und Muskelbelastung, die durch Arbeitstätigkeit selbst, als auch durch äußere Einwirkungen (Arbeitsplatz, Umwelt, Klima etc.), sowie durch moralische Verpflichtungen (Verantwortung für den Arbeitsablauf, für andere Menschen, für zukünftige Resultate) hervorgerufen wird."
Im deutschen Sprachgebrauch ist der arbeitende Mensch als solcher die Arbeitskraft, d.h. etwas was den Menschen unmittelbar betrifft. Unter Arbeitskraft verstehe ich mit v. Nell-Breuning[384] das Arbeitspotential, das bezogen auf den Menschen und in ihm begründet, eine objektive Größe ist. Es wird auch vom

---

378 Weber, Max: Wirtschaft und Gesellschaft 1985; S. 62
379 Bravermann, Harry: Die Arbeit im modernen Produktionsprozeß 1977; S. 46 ff
380 Platon; Der Staat: Klassiker der Staatsphilosophie 1962; S. 9
Marx, Karl: Das Kapital Erster Band, Buch 1 1977; S. 175
.....: Kritik des Gothaer Programms 1985; S. 46
Gogarten, Friedrich: Versuch einer Grundlegung 1932; S. 140
381 Zit. nach Glück, Michael: Keiner verdient, was er bekommt 1990; S. 63
382 Schramm, Carl: Die schöpferische Leistung 1957; S. 3
383 Sik, Ota: Humane Wirtschaftsdemokratie: Ein Dritter Weg 1979; S. 99
384 Arbeit vor Kapital S. 27f

Fähigkeitspotential gesprochen, die Fähigkeit eine Leistung zu erbringen, Fähigkeiten, die auf den Menschen bezogen, Teil seiner Persönlichkeit sind. Für mich ist Arbeit das Tun, das etwas Zustandebringen, und Arbeitskraft die an die Persönlichkeit gebundene, dem einzelnen Menschen gegebene körperliche und geistige Möglichkeit diese Arbeit zu leisten, etwas zu gestalten, ein Werk zu schaffen.

Die Arbeitskraft ist die Fähigkeit unterschiedlichste Arbeit zu vollbringen, Verantwortung zu übernehmen und damit zum moralischen Subjekt zu werden. Zum anderen ist sie notwendig, um Bedürfnisse des Einzelnen und der Gesellschaft mit ihrem Einsatz zu erfüllen. Damit ist Arbeit kein Wert an sich, sie schafft Werte, wohl aber die Arbeitskraft.

Eine Umfrage des Instituts für Freizeitforschung in Hamburg hat ergeben, daß nur sehr wenige der Befragten (3 %) angeben, nicht ohne Arbeit leben zu können. Arbeit ist demnach für die restlichen 97 % nicht Sinn des Lebens, sondern eine Mühsal, man ist verführt zu sagen, ein notwendiges Übel um leben und Überleben zu können. Die Mühe, die der Arbeit generell innewohnt, kann nicht bestritten werden. (Die Frage, ob unter den Erwerbstätigen und wie Arbeit - auch Lohnarbeit - zum Lebensbedürfnis[385], weg vom Erfordernis überleben zu können (Lebensunterhalt) zum Lebensinhalt wird, ob sich ein persönliches Verlangen zum Arbeiten einstellt, ob und wann eine Lust zur Leistung[386] und Spaß an der Arbeit, am Einsatz der Arbeitskraft gegeben ist, bleibt vorerst offen.)

Selbst wenn Arbeit als solche, ein "Übel" sein sollte, setzt doch jeder Arbeitende seine Arbeitskraft ein, sucht er etwas zu vollbringen und zu erwerben, u.a. um von und mit dem Erworbenen leben zu können, vielleicht auch weil er "gut" leben will, d.h. um seine Bedürfnisse erfüllen und seinen Interessen nachgehen zu

---

[385] Jonas, Hans: a.a.O.; S. 34

können. "Gut" leben zu können, was immer der Einzelne darunter versteht, umfaßt nicht nur Essen-, Trinken, Wohnung und Kleidung, sondern betrifft auch die Lebensumstände, die Lebensqualität, z.B. die Freizeit, die Teilnahme am kulturellen Leben usw. Mit der Arbeit, dem Einsatz seiner personenbezogenen Arbeitskraft entrichtet der Einzelne "die Miete", - wie sich die Mutter[387] der englischen Königin-Elisabeth ausdrückte, "die wir für einen Platz in unserem Leben bezahlen müssen."

Zur Arbeit sind zwei Überlegungen wichtig. Erstens müssen Arbeitsmöglichkeiten vorhanden sein, um arbeiten zu können. Das Arbeitsvolumen, damit die Möglichkeit zu arbeiten, wird durch den Umfang dessen bestimmt, was der Markt die Menschen zu er- oder bearbeiten beauftragt. d.h. was die Wettbewerbsfähigkeit ermöglicht. Fehlt das Arbeitsvolumen ganz oder teilweise so folgt daraus Arbeitslosigkeit, oder das Volumen wird umverteilt, was u.a. besagt: Arbeitszeitverkürzung. Zum anderen darf nicht übersehen werden, was häufig dem einzelnen Arbeiter nicht so gegenwärtig ist, daß er mit dem Erwerb aus seiner Arbeitskraft gesamtwirtschaftlich gesehen als Konsument und Sparer von Geldmitteln wesentlich zum Wirtschaftsablauf und -erfolg beiträgt. Mit der Kaufkraft, den von ihm mit der Arbeitskraft erworbenen Geldmitteln, und mit dem aus diesen Mitteln Ersparten hält der einzelne auf dem Markt die Nachfrageseite in Bewegung[388] und ermöglicht via Geldinstituten durch Kreditvorgaben Innovationen und Investitionen. Er fördert damit letztendlich den Bestand, die Weiterentwicklung nicht nur der Wirtschaft, sondern auch den Wohlstand der Gesellschaft. Die Bedeutung der Kaufkraft erkannte Ford[389], als er 1913 mit der Fließbandfertigung begann. Er sorgte zur gleichen Zeit für Kaufkraft, in dem er seinen Arbeitern zehnmal mehr zahlte, als im Durchschnitt

---
386 Höhler, Gertrud: Offener Horizont 1989, Mayer-List, Irene von: in "Die Zeit" vom 1.12.89
387 Welt am Sonntag v. 18.3.90
388 Richebächer, Karl: Im Teufelskreis der Wirtschaftspolitik 1980; S. 141
389 nach Zischka, Anton: Der Dollar 1986, S. 299f

acht/zehntel aller Arbeiter in den USA erhielten. Er verkürzte die Arbeitszeit radikal bei gleichzeitiger Lohnvervielfältigung - und hielt die Preise niedrig. Arbeitskraft, wenn, sie aktiviert wird ist Nachfrage nach Gütern, Wirtschaftswachstum, und ... Lebensqualität.

Mit unserer Auffassung von der, dem Menschen immanenten Arbeitskraft stehen wir nicht alleine. Smith[390] meint, daß jeder Mensch an seiner Arbeit Eigentum hat. Ich bin der Ansicht, daß er damit sagen wollte, daß die Arbeitskraft des Menschen sein Eigentum ist. Diese Auslegung folgt für mich aus dem Satz des selben Autors." Das <u>Erbe</u> eines armen Mannes liegt in der Kraft und in dem Geschick seiner Hände, und ihn daran zu hindern, beides so einzusetzen, wie er es für richtig hält ... ist eine offene Verletzung dieses heiligsten Eigentums."

Fast 100 Jahre zuvor, 1690, schreibt John Locke in -seinen "Zwei Abhandlungen über Regierung"[391], daß jeder Mensch ein Eigentum an seiner eigenen Person hat. Und weiter: " Die Arbeit seines Körpers und das Werk seiner Hände, können wir sagen, sind im eigentlichen Sinne sein Eigentum." D.h. nicht nur das von Menschen Geschaffene, sondern auch die Arbeit am Werk als solche, die eingesetzte Arbeitskraft sind Eigentum des schaffenden Menschen. Dabei ist nicht zu übersehen, und das ergibt sich aus den weiteren Ausführungen bei Locke, daß hier und zum Teil auch bei, Smith, das was wir ökonomisches Zeitalter nennen, noch nicht so ausgeprägt bestand. Einsatz der Arbeitskraft und Arbeitsergebnis lagen oft noch bei einer Person.

Marx spricht an der unter Anm. 3 zitierten Stelle, also zu einer Zeit, zu der die Maschine und die Arbeitsteilung (Briefumschlagbeispiel) schon gegeben waren, von Arbeitskraft und stellt fest, daß der Arbeiter "Eigentümer seiner

---

390 a.a.O. S. 106
391 Zit. nach Klassik er der Staatsphilosophie, Hrg. Bergstraesser, Arnold; Oberndörfer, Dieter; 1962, S. 203

Arbeitskraft"[392] ist. Er sagt dazu an anderer Stelle[393], daß am Ende des Arbeitsprozesses ein Resultat herauskommt, das beim Beginn "schon in der Vorstellung des Arbeiters vorhanden war." Er unterbaut diese Auffassung, wenn er vom Arbeitsvermögen des Menschen spricht. womit er nicht die für das entstandene Produkt aufgewandte Arbeit gemeint, hat, sondern den Wert des eingesetzten Könnens, zumal er ausdrücklich "Arbeitskraft oder Arbeitsvermögen" sagt.

"Vermögen" schreibt Max Weber[394] sei "die Gesamtschätzungssumme der in der Verfügungsgewalt eines Haushalts befindlichen, von ihr zur - normalerweise dauernden unmittelbaren Benutzung oder zur Erzielung von Einkommen verwendeten Güter." Dabei ist Haushalt auch auf den Einzelnen bezogen, u.a. die Beschaffung von Gütern zur Eigenversorgung. Weber fährt fort:[395] "Zum Vermögen gehören natürlich nicht nur Sachgüter, sondern alle Chancen, über welche eine, sei es durch Sitte, Interessen, Konvention oder Recht oder sonstwie verläßliche gesicherte Verfügungsgewalt besteht." Der Mensch hat generell "eine verläßlich gesicherte Verfügungsgewalt über die Arbeitskraft", sie ist dem Menschen angeboren. Den Vermögenswert, die dem Menschen gegebene Arbeitskraft, nicht die Arbeit, hat die Weimarer Verfassung in Art. 157 unter den besonderen Schutz des Reiches gestellt. Was besagt: Arbeitskraft ist ein angeborenes, unveräußerliches und vom Staat unabhängiges, aber von ihm zu schützendes Menschenrecht, weil der Mensch sie von Natur aus besitzt.

Die Arbeitskraft über die der einzelne Mensch in seiner Person durch physische und psychische Gegebenheiten verfügt, über die er im Sinne der

---

392 a.a.O. S. 348
393 a.a.O. S. 186
394 a.a.O. S. 46
395 a.a.O. S. 49

Vermögensdefinition von Weber Verfügungsgewalt hat, wird durch die verschiedenste Gesetze als zu schützender Wert anerkannt und entsprechend behandelt.

Eine Auswahl: In § 618 BGB und 62 HGB ist festgeschrieben - im Fall des HGB unabdingbar daß der "Dienstberechtigte" bzw. "Prinzipal" Räume, Verrichtungen und Gerätschaften, die dem Arbeitsablauf dienen, so einzurichten hat, daß Leben und Gesundheit der Dienstverpflichteten bzw. der Handlungsgehilfen gegen Gefährdung geschützt sind. Gleiches gilt nach § 120a Gew.0. als Pflicht für den Gewerbeunternehmer. Auch das Heimarbeitsgesetz kennt entsprechende Vorschriften.

Das Bundesurlaubsgesetz regelt den Mindesturlaub für Arbeitnehmer. Es schreibt unabdingbar (§ 13) für jeden Arbeitnehmer die Mindestzeit eines Jahresurlaubs vor, der zusammenhängend zu gewähren ist, um Arbeitskraft zu erneuern.

Um Arbeitsschutz und Unfallverhütung durch den Arbeitgeber sicherzustellen (der Unfallverhütungsbericht der Bundesregierung berichtet für 1990 von 1,86 Mio. Unfällen), ist durch das Gesetz über Betriebsärzte, Sicherheitsingenieure und andere Fachkräfte für Arbeitssicherheit dem Arbeitgeber aufgegeben, unter bestimmten Voraussetzungen Betriebsärzte und Fachkräfte für Arbeitssicherheit zu bestellen, sowie Arbeitsschutzausschüsse zu bilden (jetzt u.a. geregelt durch EG-Richtlinien zum Arbeitsschutz), was besagt: der Mensch ‚mit seiner Arbeitskraft ist zu schützen. Die Arbeitszeitordnung schreibt detailliert die Dauer der täglichen Arbeitszeit, die Länge der Ruhepausen vor. Das was in der Bundesrepublik gesetzlich bestimmt ist, hat die Europäische Gemeinschaft in dem Vertrag zu ihrer Gründung in Art. 118a festgeschrieben mit den Worten: "Die Mitgliedstaaten bemühen sich, die Verbesserung der Arbeitsumwelt zu fördern, um Sicherheit und die Gesundheit der Arbeitnehmer zu schützen .... "

Man spricht davon, daß mit diesem Schutz "sozialistische" Überlegungen für die Gesellschaft Ausdruck gefunden haben. Es ginge um die soziale Schutzbedürftigkeit der wirtschaftlich Abhängigen was heißt, daß die Unternehmer inhuman mit dem Faktor Arbeit umgingen. Das ist m.E. einseitig gesehen, zumal man mit dieser Betrachtungsweise das Subjekt, den arbeitenden Mensch, zu einer zu schützenden Sache, zum Objekt, macht, eine Sicht die m.E. heute nicht mehr stimmt, weil der Arbeitnehmer selbstbewußter geworden ist und die Gewerkschaft hat.

Alle diese Vorschriften sind nicht nur Schutz vor einer Gefährdung von Leben und Gesundheit, sondern sie sind bemüht um den Menschen als solchen. Die Gesundheit und Unversehrtheit sollen erhalten werden. Aber nicht nur das, Gesundheit und körperliche Unversehrtheit sind Voraussetzungen für den Einsatz der vollen Arbeitskraft. Alle Bestimmungen anerkennen, daß der einzelne Mensch über einen allein ihm zuzurechnenden Wert verläßlich gesicherte Verfügungsgewalt hat: die Arbeitskraft als Persönlichkeits- und Vermögenswert. Die Arbeitskraft ist eine Ausstrahlung der Persönlichkeit[396], der der Schutz des Grundgesetzes, besonders der Menschenwürde zusteht.

Vermögen generell als Inbegriff von Rechten, ist in erster Linie Eigentum an Sachen (§ 903 BGB; Art. 14 GG). Beiden Gesetzen fehlt eine Legaldefinition des Eigentums. Inhaltlich bezieht sich der Eigentumsbegriff des BGB auf Sachen. Die Rechtslehre sagt, das Eigentum an Sachen sei "begrifflich das umfassendste Recht zu tatsächlichen ... und rechtlichen Herrschaftshandlungen, daß die Rechtsordnung einer beweglichen und unbeweglichen Sache zuläßt."[397]

Der Eigentumsbegriff des GG wird definiert als die Zuordnung eines Rechtsguts an einen Rechtsträger unter dem Gesichtspunkt der Privatnützigkeit und

---

396 Enneccerus/Kipp/Wolff: Lehrbuch des Bürgerlichen Rechts Bd. 1 1931; S. 215

Verfügbarkeit.[398] Oder, wie es der Präsident des BVerf.G, Roman Herzog sagt, bezieht sich auf sämtliche vermögenswerten Rechte.[399] D.h. Art. 14 GG schützt als Eigentum, als Rechtsgut, das privat genutzt werden kann und verfügbar ist, auch die Arbeitskraft als einem dem Menschen immanenten Wert, einem Persönlichkeitsrecht. Die Individualsphäre bewahrt die persönliche Eigenart des Menschen, insbesondere in seinen beruflichen Werken.[400] Das BVerf.G. sieht die Aufgabe des Art. 14 GG darin, der Person, der dieses Grundrecht zusteht, durch Zubilligung und Sicherung von Herrschafts-, Nutzungs- und Verfügungsrechten einen Freiraum im vermögensrechtlichen Bereich zu gewährleisten und ihm damit die Entfaltung und eigenverantwortliche Gestaltung des Lebens zu ermöglichen.[401]

Neben dem Eigentum an Sachen sind gesondert gesetzlich geschützt die sog. eigentumsähnlichen Rechte im Immaterialgüterrecht, d.s. das Urheberrecht und die gewerblichen Schutzrechte, wie Patent- und Gebrauchsmusterrecht, Warenzeichen- und Firmenrecht, Ausstattungsrecht.

Immaterialgüter sind Güter, die eine objektiv wertvolle, unkörperliche Sache darstellen, die nicht unlösbar mit einer Person verbunden sind.[402] Man spricht bei diesen Rechten vom geistigen Eigentum und verleiht z.B. dem Urheber und dem Erfinder an seinem Werk, an seiner, teilweise besonders gelagerten geistigen Arbeit ein Ausschließlichkeitsrecht, wie am Sacheigentum. Die Rechte wirken gegen jedermann und beinhalten das Persönlichkeitsrecht und das Vermögensrecht im Sinne eines Verwertungsrechts am Werk (§ 19 UrhRG.).

---

397 Palandt BGB 1988 Überbl. v. § 903 Anm. 1 a
398 Palandt a.a.0. Überbl. v. § 903 1b, unter Bezug auf BVerfG in JW 82.745
399 Interview in: Die Zeit 28.2.92
400 Palandt a.a.0. 14 A zu § 823
401 Zit. nach Hubmann, Heinrich in Festschrift für Eugen Ulmer zum 70. Geburtstag 1973 S. 270
402 Hunzika, Manfred in Ufita Bd. 101/1985 S. 51

Immaterialgüter sind dem Sacheigentum gleichrangig und damit grundgesetzlich gegen staatliche Eingriffe geschützt. Der Gedanke, daß Werke, die ein Gelehrter ausarbeitet "unstreitig ein wahres Eigentum ihres Verfassers sind, so wie jeder das, was seiner Geschicklichkeit und seinen Fleiß sein Dasein zu danken hat, als Eigentum ansehen kann" hat Joh. Stefan Pütter schon 1774 vertreten.[403] Demzufolge meint Ulmer, daß dieser Vergleich mit dem Sacheigentum, der Anerkennung und Durchsetzung der Urheberrechte (als geistigem Eigentum) wertvolle Hilfe geleistet habe.[404] Und außerdem: "Eingriffe in diese geschützte Rechtsposition sind mir zulässig, wenn sie durch Gründe des öffentlichen Interesses unter Berücksichtigung des Grundsatzes der Verhältnismäßigkeit gerechtfertigt seien."

Verwandte Schutzrechte sind, nach der Begründung zum Regierungsentwurf zum UrhRG, Rechte, "die nicht wie das Urheberrecht die schöpferische Leistung schützen, sondern Leistungen anderer Art, in einem Rapport Le Chapelier zum Urheberrechtsgesetz vom 19. Januar 1791 festgelegt: "La plus sacreé, la plus personelle de toutes les propriétés est l'ourrage, fruit de la pensée d'un ecriain." Und in der Weimarer Verfassung von 1919 heißt es in Art. 158 "Die geistige Arbeit, das Recht der Urheber, der Erfinder und der Künstler genießt den Schutz und die Fürsorge des Reichs."

Das Urheberrecht schützt den Urheber in seinen persönlichen Beziehungen zum Werk, und in der Nutzung des Werkes (§ 11 Urh.RG). Das von ihm, erschaffene, z.B. sein Werk - eine Statue hat für ihn nicht nur Gegenstandswert, sondern hat seinen Wert in der Vermittlung von Empfindungen und Gedanken, die ein selbständiger Vermögenswert sind. Inhalt und Schranken des geistigen Eigentums können, wie für das Sacheigentum, nur durch Gesetze bestimmt werden.

---

403 Zit. nach Ulmer, Eugen: Urheber- und Verlagsrecht 2. Aufl. 1960; S. 50

So kennt das Gesetz über Urheberrecht und verwandte Schutzrechte (Urh.RG) in den §§ 45 ff, - da das Urheberrecht wie das Sachenrecht ein sozialgebundenes Recht ist - auch "gewisse Schranken im Interesse der Gemeinschaft."[405]

Die Auffasung von dem, dem Sacheigentum gleichen und gleichzubehandelnden "geistigen Eigentum" hat das BVerfG.[406] nicht nur für die sog. geschützten Werke des Urhebers - den, wir hinsichtlich der Immaterialgüterrechte als Beispiel nehmen wollen - Sprachwerke, wie Schriftwerke und Reden, Musikwerke, pantomimische Werke, Werke der Tonkunst, Werke der bildenden Kunst, Lichtbildwerke, Computerprogramme, Karten, Skizzen, Tabellen u.a. (§ 1-UrhRG) - bestätigt. Der Bundesgerichtshof[407] schützt auch sog. Explosionszeichnungen urheberrechtlich, erkennt an diesen Eigentumsrecht an. Es erkennt dabei, daß es sich bei Explosionszeichnungen um eine technische Zeichnung handelt, die regelmäßig einem praktischen Zweck dient. Aber - ohne daß ein zu hohes Maß von eigenschöpferischer Gestaltung vom Gericht verlangt - wird - die Zeichnungen sind nach dem UrhRG geschützt. Gleiches gilt für Fahrpläne, Formulare, Kochbücher.

Es handelt sich in diesen Fällen bei der schöpferischen Leistung, dem Einsatz der geistigen Arbeitskraft, um das, was man "kleine Münze" nennt, um Werke, bei denen "von einer persönlichen Note nur noch im bescheidenen Maße die Rede sein kann".[408] Das RG begnügte sich, worauf Schricker[409] hinweist, "mitunter sogar mit einem äußersten geringen Grad."

---

404 Ulmer a.a.O. S. 9
405 Begründung zum Gesetz BR-Drucksache I/62 Seite 30; BT Drucksache IV/270
406 BVerfG. 21, 229, GRUR 72, 490
407 GRUR 91, 529
408 Ulmer, Eugen a.a.O. S. 14
409 GRUR 91, 563/568

Das BVerf.G.[410] hat auch festgestellt, daß außer dem Urheberrecht die "verwandten Schutzrechte", die "Leistungsschutzrechte des ausübenden Künstlers"73 ff UrhRG die erstmals im UrhRG von 1965 geregelt sind, - "Eigentum im Sinne der Verfassung sind." Die Rechtsprechung hatte bereits vor 1965 in vier sog. Leistungsschutzurteilen des BGH vom 31. Mai 60[411] die Rechtsstellung des ausübenden Künstlers über das allgemeine Persönlichkeitsrecht und das UWG "ausdrücklich in Charakter und Umfang als dem Urheberrecht gleichwertig, d.h. als umfassende ausschließliche Rechte anerkannt."[412] Das Gericht sagt weiter, - um es zu wiederholen - daß "das Eigentum privatnützig auszugestalten ist, und seine Nutzung dem Rechtsinhaber eine eigenverantwortliche Lebensgestaltung ermöglichen soll." Und außerdem: "Eingriffe in diese geschützte Rechtsposition sind nur zulässig, wenn sie durch Gründe des öffentlichen Interesses unter Berücksichtigung des Grundsatzes der Verhältnismäßigkeit gerechtfertigt seien."[413]

Verwandte Schutzrechte sind, nach der Begründung zum Regierungsentwurf zum UrhRG,[414] Rechte, "die nicht wie das Urheberrecht die schöpferische Leistung schützen, sondern Leistungen anderer Art, die der schöpferischen Leistung des Urhebers ähnli.ch sind oder in Zusammenhang mit den Werken erbracht werden."

Ausübender Künstler, für den das Leistungsschutzrecht gilt, ist nach § 73 UrhRG, wer ein Werk (d.h. ein urheberrechtlich geschütztes, vorstehend umschriebenes Urheberrechtswerk) "künstlerisch vorträgt oder aufführt oder beim Vortrag oder Aufführung künstlerisch mitwirkt."

---

410 GRUR 90, 438 (440)
411 BGH Z 33, 1; u. 20; 38, 48.
412 Haertel, Karl und Schiefer, Kurt: Urheberrechtsgesetz und Gesetz über die Wahrnehmung von Urheberrechten und verwandten Schutzrechten 1967 S. 305 (Amtl. Begründung von § 80)
413 BVerf.G. in GRUR 72, 494
414 BT-Drucksache IV 270

Diese Regelung geht auf das Internationale Abkommen über den Schutz der ausübenden Künstler, der Hersteller von Tonträgern und der Sendeunternehmen, das sog. Rom-Abkommen vom 20. Oktober 1961, zurück.

Dieses Abkommen definiert den ausübenden Künstler als "Schauspieler, Sänger, Musiker, Tänzer und andere Personen, die Werke der Literatur oder der Kunst aufführen, singen, vortragen, vorlesen, spielen oder auf irgendeine andere Weise darbieten". Die Leistung des ausübenden Künstler ist die Interpretation, die Darbietung eines fremden - nicht notwendig urheberrechtlich geschützten - Werkes der Sprache, der Musik, der Tanzkunst, der Pantomime.[415] Interpret im Sinne des Gesetzes kann der Solist, aber auch das Mitglied in einem Chor, einem Orchester, einer Schauspielergruppe, in einem Tanzensemble sein, gleichgültig ob er berufsmäßig oder als Freizeitdilettant auftritt: er ist ausübender Künstler und genießt den Schutz an seiner Leistung in einem im UrhRG festgelegten Umfang. Er hat Eigentum an seiner Leistung. Dieses Eigentum hat er auch, wenn er in einem Arbeitsverhältnis steht, in die Organisation z.B. eines Theaters einschlossen ist, sog. abhängige Arbeit leistet und nach Tarif vergütet wird.

Wenn für Urheber und Leistungsschutzberechtigte das Urheberrecht nach dem sog. Schöpferprinzip nur in der Person des tatsächlichen Schöpfers entstehen kann, andererseits "tausende und abertausende produzierende und ausübende Künstler" "einen Chef über sich" haben, man denke an Rundfunk und Fernsehen, Filmgewerbe, Orchester, Opern- und Schauspielhäuser, (als Solist, als Chorsänger und Schauspieler), an Zeitungen, Zeitschriften, Verlagen als Journalisten und Lektoren, in der Werbeindustrie als Gebrauchgraphiker[416] - hat das UrhRG in "allgemeinen Sätzen"[417] die Rechte und Pflichten der Urheber (§ 43 UrhRG) und

---

415 s. zum Begriff ausübender Künstler: Dünnwald, Rolf in Ufita. Bd. 52, S. 49; Bd. 65, S. 99
416 Samson, Benvenuto Ufita Bd. 64, S. 181
417 Samson a.a.O.

der ausübenden Künstler (§ 79 UrhRG) geregelt, soweit diese in Arbeits- oder Dienstverhältnissen schöpferisch tätig werden.

D.h., daß die Vorschriften der H 31 - 42 URG, die im wesentlichen Bestimmungen über den Umgang mit den dem Schöpfer zustehenden Nutzungsrechten enthalten, wie Einräumung und räumliche und zeitliche Beschränkung der Nutzungsrechte, deren Übertragung, Verbot der Änderung, Rechte an künftigen Werken, Rückrufrechte, können dem Dienstherrn eingeräumt werden, wenn sich dies aus dem Inhalt oder dem Wesen des Arbeits- oder Dienstverhältnisses ergibt. Damit wird die Rechtslage, die nach § 43 u. 79 UrhRG Urheberrechte dem abhängig arbeitenden Urheber und ausübenden Künstler zuschreibt, umgekehrt, dadurch, daß in erster Linie "Inhalt und Wesen" des Arbeits- und Dienstverhältnisses bestimmt, wer die Arbeit nutzt; das Arbeitsverhältnis erhält "das Übergewicht".[418] Man hat das Verhältnis zu dem, der in die Veröffentlichung der urheberrechtlich geschützten Werke "investiert" - wie Dietz[419] sagt - mit Argumenten aus der Wirtschaftswissenschaft unternehmerorientiert geregelt.

Es gilt der sog. Zweckübertragungsgrundsatz. Über den mit der Einräumung von Nutzungsrechten am Werk oder an einem verwandten Schutzrecht verfolgten Zweck, muß zwischen Arbeitgeber und Arbeitnehmer (Urheber und ausübender Künstler) Klarheit bestehen. Klarheit herrscht mir, wenn der Arbeitnehmer der Einräumung der einzelnen, ihm zustehenden Nutzungsrechte direkt oder durch konstituierende Handlung zustimmt. Oder - da Arbeits- und Dienstverhältnis meist durch Tarifverträge geregelt sind, in diesen festgeschrieben werden. Das geistige Eigentum, das per Gesetz dem abhängigen arbeitenden Urheber und ausübenden Künstler zusteht, wird im Sinne des Grundgesetzes (Art. 14) anscheinend gerecht enteignet.

---

418 Samson, Benvenuto: Ulfita Bd. 64/172 S. 190

Rechtspolitisch steht hinter dieser Regelung einerseits der Gedanke des "sozialen Schutzbedürfnis des Urhebers"[420] (auch Leistungsschutzberechtigter), der tunlichst an dem wirtschaftlichen Nutzen, der aus seinem Werk gezogen wird, zu beteiligen ist.[421] An der Verwertung seiner Arbeit, für die vorwiegend geistige Arbeitskraft eingesetzt wurde, steht ihm Anteil zu, der für den Urheber bei verstärktem Absatz des Werkes durch die Vorschrift des sog. Bestellerparagraphen (§ 36 UrhRG) - unter bestimmten Bedingungen -verbessert werden muß. Andererseits wird die umfängliche Einräumung der Nutzungsrechte an den Arbeitgeber mit dem jeweiligen Betriebszweck und der persönlichen Abhängigkeit des Arbeitnehmers begründet - und durch Tarifverträge sanktioniert.

Die Rechtsprechung, die generell jeweils den Betriebszweck berücksichtigt, schwankt zwischen Arbeitgeber - und arbeitnehmerfreundlicher Betrachtungsweise.[422] Aber bei Ermittlung des Vertragszweckes werden "die Interessen des Arbeitgebers in besonderer Weise" berücksichtigt; ebenso wird "das wirtschaftliche Risiko des Arbeitgebers zu seinen Gunsten in Erwägung gezogen."[423] D.h. die Enteignung erfolgt zugunsten der Arbeitgeber, was m.E. nicht durch Art. 14 GG gedeckt ist. Art. 14 Abs. 3 GG kennt nur eine Enteignung, "Zum Wohle der Allgemeinheit." Will man den Schluß ziehen, wenn für den Arbeitgeber enteignet wird, geschieht das zum Wohl der Allgemeinheit, weil allein der Arbeitgeber das Werk des Arbeitnehmers die Öffentlichkeit in Kenntnis setzen und damit zum Gemeinwohl beitragen kann, vergißt man den Ausgang für das, was verbreitet wird, den schöpferischen Menschen.

---

419 Dietz, Adolf in einem Vortrag im Seminar Prof. Beier am 9. Februar 1993.
420 Bappert, Walter - Maunz, Theodor - Schricker, Gerhard: Verlagsrecht 1984; § 8 Rdz 5a
421 RGZ 128, 102; BGH in GRUR 76; 387
422 Wandke, Artur: GRUR 92, 139 (142)
423 Schricker: Urheberrecht § 43 Rdz. 55 u. zit. Entscheidungen

In der Rechtslehre weist zuletzt Wandke[424] im Zusammenhang mit der Erstellung von Computerprogrammen, aber auch mit Hinweis auf den "Schöpfer in der geistigen Produktion" darauf hin, daß die Frage des Vergütungsanspruchs des Urhebers im Arbeitsverhältnis nicht entsprechend der im Produkt steckenden geistigen Leistung geregelt sei. Er fordert "eine klare gesetzliche Regelung" über diesen Anspruch; insbesondere dann wenn der Arbeitnehmende, Leistungsschutzberechtigte nach seinem Ausscheiden aus dem Arbeitsverhältnis für ‚seine Leistung keine Vergütung mehr erhält, weil das Produkt, das er geschaffen hat, das Computerprogramm, Eigentum des Unternehmers nach der genannten Zweckübertragungstheorie ist.

Das noch ausstehende zweite Gesetz zur Änderung des Urheberrechtsgesetzes (Entwurf vom 5.März 1992), das die EG-Richtlinie über den Schutz von Computerprogrammen verarbeiten muß wird den Anregungen Wandkes Rechnung tragen. Der, der ein Programm im Dienstverhältnis nutzt wird nach dem Entwurf des Gesetzes in § 69 des UrhRG nicht Erwerber, sondern Berechtigter genannt.

Die Leistung des ausübenden Künstlers, - sein geistiges Eigentum - fußt auf einem mitunter jahrelangen Erlernen technischer Voraussetzung, auf einer Berufsausbildung oder selbsterlerntem Können, wie Geigenspielen, Tanzen, Sprechen. Dieses Können wird durch die eigene Arbeitskraft gestaltet. Das Programm wächst ihm als sein Arbeitskapital zu. Dieses Kapital setzt er nach Weisungen oder Direktiven des Dirigenten, Regisseurs oder Choreographen des Theaters ein, so daß man sagen kann: der ausübende Künstler arbeitet wie ein Lohnarbeiter abhängig; was noch unterstrichen wird dadurch, daß die Gage, der Lohn des ausübenden Künstlers durch arbeitsrechtlich begründete Tarifvereinbarungen festgelegt werden. Mit aller Vorsicht sagt deshalb ein

---

424 a.a.O.

angesehener Urheberrechtler,[425] im Hinblick auf den "vielfältigen Schaffensbereich, dem heute Urheberrecht gewahrt wird, daß dieses Recht, ein "Recht der Kulturwirtschaft" sei und deren mannigfaltigen Produktweisen und Marktbedingungen gerecht werden muß."

Die Hinwendung zum Arbeitsrecht für Künstler allgemein, auch für den urheber- und eigentumrechtlich "höher" stehenden Buchautor, den Komponisten usw. hat der Gesetzgeber festgeschrieben, in dem er in § 12a TVG für sie als "arbeitnehmerähnliche Personen" das FVG gelten läßt, weil die sozial schutzbedürftig sind. D.h., wenn das Arbeitsrecht generell nur für die abhängige (unselbständige) Arbeit gilt, werden hier selbständige Autoren usw. ähnlich wie ein Arbeiter eingestuft; wieviel mehr muß der Tänzer im Ensemble, der Sänger im Chor als Lohnarbeiter gesehen werden. Und das, obwohl ihm Eigentum an seiner Arbeit rechtlich anerkannt ist, man seine Arbeitsleistung als sein Eigentum, sein geistiges Eigentum oder sein dem geistigen Eigentum rechtlich gleichzubehandelndes Eigentum sieht.

Die Gruppe der Künstler, deren Leistung als eigentumsähnlich angesehen wird, werden im Künstlersozialversicherungsgesetz (KSVG) wie andere abhängig Beschäftigte behandelt und in der Rentenversicherung der Angestellten und in der gesetzlichen Krankenversicherung versichert (§ 1 KSVG). In der Verordnung zur Durchführung des KSVG vom 23.Mai 1984 werden die einzelnen Bereiche genannt, in denen die Künstler aufgeführt werden, die unter die Bestimmungen des KSVG fallen. Hier sind u.a. vermerkt, Orchestermusiker in der ernsten Musik, Chorsänger in der ernsten Musik, Tanz- und Popmusiker, Balett-Tänzer, Schauspieler.

---

425 Schricker, Gerhard: Urheberrecht 1987, Einltg. I, Rdn. 2

In diesem Zusammenhang ist auch wesentlich, daß ein Teil der Urheber und der Leistungsschutzberechtigten Mitglieder der Gewerkschaft Medien sind, d.h. ihre Arbeit als arbeitnehmerähnliche Leistung einschätzen.

Ein weiterer Fall von Leistungsschutz und damit Eigentum an der Leistung für abhängig Beschäftigte ist im Gesetz über Arbeitnehmererfindungen gegeben. Danach sind Erfindungen und technische Verbesserungsvorschläge von Arbeitnehmern geschützt. Bei den Erfindungen wird zwischen freien Erfindungen und Diensterfindungen unterschieden. Als Diensterfindungen werden die Neuerungen bezeichnet, die entweder aus der dem Arbeitnehmer obliegenden Tätigkeit im Betrieb oder der öffentlichen Verwaltung entstanden sind, oder "maßgeblich auf Erfahrungen oder Arbeiten des Betriebes oder der öffentlichen Verwaltung beruhen" (§ 4 des Gesetzes über Arbeitnehmererfindungen = ANErf.G.). Auch technischen Verbesserungsvorschlägen, d.s. Vorschläge für technische Verbesserungen, die nicht patent- oder gebrauchsmusterfähig, und "bei denen der, erfinderische Gedanke nicht neu ist"[426], die also aus der dem einzelnen Lohnempfänger übertragenen Arbeit, aus dem Erlernten entstehen, ohne, gedanklich eine Weiterentwicklung zu sein, wird ein Schutzrecht gewährt (§ 20 ANErf.G.). Nach der Statistik des Deutschen Instituts für Betriebswirtschaft wurden 1991, rund 421..200 Verbesserungsvorschläge registriert, 1978 waren es die Hälfte. 39 % dieser Vorschläge wurden von den Unternehmen umgesetzt.[427]

Ohne weiter auf einzelne Bestimmungen des ANErf.G. und die zugrunde liegenden Patent- und Gebrauchsmustergesetze einzugehen, ist festzustellen: Urheberrecht einschließlich den verwandten Schutzrechten, den Leistungsschutzrechten – und Erfinderrechte sind Schutzrechte für das Eigentum am Geleisteten, das für einen bestimmten. Zeitraum Persönlichkeitsrechte (z. B. Namensnennung) und Vermögensrechte (Vergütungsansprüche) gewährt.

---

426 Bußmann, Kurt; Pietzker, Rolf; Kleine, Heinz: Gewerblicher Rechtsschutz und Urheberrecht 1962; S. 176

Ein Gesichtspunkt, der sich bei den parlamentarischen Verhandlungen zum ANErf.G. ergeben hat, muß erwähnt werden. Es ging darum, ob und wie der Arbeitnehmer für eine arbeitsvertraglich nicht geschuldete Sonderleistung, oder für das dem Arbeitgeber verschaffte Monopolrecht an den Diensterfindungen des Arbeitnehmers vergütet werden sollte.[428] Der Bundestag entschied für das Monopolrecht der Arbeitgeber getreu der Auffassung: was der Arbeiter leistet gehört dem Kapital. Auch hier Enteignung des geistigen Eigentums durch Gesetz - d.h. nicht entsprechend den Vorschriften des Grundgesetzes mit der Begründung die Arbeitsleistung gehört der Unternehmung, d.h. einem bestimmten Personenkreis. Wieweit ist die Enteignung "nur zum Wohle der Allgemeinheit" erfolgt, nur dann wäre sie "zulässig" nach Art. 14 Abs. 3 GG?

Wie unterscheidet sich nun de facto die Arbeit, das Leistungsergebnis des Lohnarbeiters, insbesondere von der Arbeit des in einer Kapelle, oder einem Ensemble, in einem Verlag, einer Zeitung tätigen Leistungsschutzberechtigten oder eine Diensterfindung oder einem Verbesserungsvorschlag machenden Arbeitnehmer? Meines Erachtens durch nichts. Alle Genannten sind in ein Arbeitsverhältnis in einen "Betrieb" eingebunden. Alle nutzen ihre Arbeitskraft, den ihnen als Persönlichkeit immanent von Vorstellungskraft und Verstand gelenkten Einsatz ihrer Energie.

Der Orchestermusiker erbringt auf der Basis seines in einer Musikschule erlernten Berufs, unter Leitung und Anweisung im Rahmen der Orchestergemeinschaft eine Arbeitsleistung, setzt seine Arbeitskraft ein. Die Darbietung als solche soll zwar "künstlerisch" sein, damit sie ihm ein Ausschließlichkeitsrecht, ein Eigentumsrecht gewährt. Künstlerisch ist wie Kunst ein sehr umstrittener Begriff

---

427 Die Welt; 26. September 1992
428 s. dazu Kurz, Peter: Die Vorarbeiten zum Arbeitnehmererfindungsgesetz, GRUR 1991 S. 422 ff.

und besagt nichts im Hinblick auf das Abspielen vom Blatt durch einen Geiger im Rahmen des Ensembles, das nicht nur geistige, sondern auch körperliche Arbeit erfordert. Der Geiger erbringt auf seinen Part bezogen, das was ein Metallarbeiter in bezug auf seine erlernte oder angelernte Arbeit leistet. Er trägt einen Teil zum Ganzen - hier Konzert, dort Produkt - auf der Basis seines Könnens und Wissens im Rahmen einer Organisation - dem Orchester hier, dem Betrieb dort - bei. Beide lenken durch den Verstand den Einsatz, der ihnen psychisch oder physisch gegebene Kräfte, (Arbeitskräfte) zielgerichtet auf das zu schaffende "Werk". D.h. wenn dem ausübenden Künstler Eigentum an seiner Leistung zugeordnet wird, steht dieses Eigentum auch dem genauso abhängig arbeitenden Lohnempfänger in seinem Menschsein, seiner Persönlichkeit, an seiner Leistung zu. Es gibt keinen Grund, dem Geiger, der excellent vom Blatt spielt und der Arbeiter, der millimetergerecht ein Werkstück verfertigt, in bezug auf ihre Arbeitskraft als Ausfluß ihrer Persönlichkeit[429] unterschiedlich zu behandeln, nur weil der eine "geistiges" der andere „physisches" - und auch psychisches Vermögen einsetzt. Es sei erinnert an den Satz von Pütter, daß jeder das als sein Eigentum ansehen kann, was seiner Geschicklichkeit und seinem Fleiß sein Dasein verdankt. Auch der Lohnarbeiter, hat ein "Leistungsschutzrecht". Wenn früher ein naturgegebenes, allgemeines Persönlichkeitsrecht, wie es die Rechtslehrer v. Gierke und Kohler vertreten hatten, vom RG[430] abgelehnt wurde, anerkennt seit 1954 der BGH[431] ein allgemeines Persönlichkeitsrecht. Es wird aus Art. 1 Abs. 1, 2. Abs. 1 GG begründet, d.h. mit dem Recht des Einzelnen auf Achtung der Menschenwürde und der Entfaltung seiner Persönlichkeit. Beide, ausübender Künstler und der in Gewerbe-, Handels- und Dienstleistungsbetrieben arbeitende Lohnempfänger, haben mit ihrer Arbeit, mit ihrer Arbeitskraft, die für sie Vermögen ist, das Eigentum an der Leistung. Die Leistung ist ihr Arbeitskapital.

---

429 Ennecerus, Kipp, Wolff: a.a.0. Bd. 1, S. 295
430 RGZ 69, 401
431 BGH/13, 334

Ich nenne das Eigentum des Lohnarbeiters "personales Eigentum" zum Unterschied vom Sach- und geistigem Eigentum. Max Brauer[432] spricht in diesem Zusammenhang vom "organischen Kapital", was mir zu wenig auf den einzelnen Menschen, die Persönlichkeit bezogen ist. Meine Auffassung vertritt auch Radbruch[433], der meint, der Arbeitsvertrag verkenne, daß Arbeit nicht ein Vermögensgut wie andere Vermögensgüter sei, sondern nichts anderes als der ganze Mensch. Dementsprechend sei das Arbeitsverhältnis (derzeit) gestaltet, „d.h. so, als wenn Arbeitskraft eine Sache wäre und nicht ein Mensch." Generell müssen wir nicht nur vom Sacheigentum und vom geistigen Eigentum sprechen - die ihren Schutz im Bürgerlichen Gesetzbuch und in den zum Immaterialgüterrecht zu rechnende Vorschriften gefunden haben,- sondern auch vom personalen Eigentum, das in einem Arbeitsgesetzbuch zu verankern wäre.

Gerade die Beurteilung der Sonderleistung nach dem ANErf.G. zeigt, daß die Arbeitskraft dem Menschen zuzurechnen ist. Der Lohnempfänger erbringt im Rahmen der ihm obliegenden Arbeit diese Sonderleistung. Indem er eine Erfindung oder einen Verbesserungsvorschlag macht, hat er daran Eigentum i.S. des Grundgesetzes. Basis für die Erfindung und für den Verbesserungsvorschlag ist die im Rahmen der abhängigen Lohnarbeit gegebene und einzusetzende Arbeitskraft. Gewiß kommt bei der Erfindung, abweichend von der generell zu leistenden personalen Arbeit, zusätzlich Phantasie, eine besondere Intuition zum Erlernten hinzu, um womöglich unter Mithilfe von Kollegen in einer "Erfindergemeinschaft" eine Sonderleistung zu erbringen. Aber - und das ist, wesentlich und maßgebend Grundlage dieser Sonderleistung bleibt die Arbeit, die täglich zu erbringen ist, bleibt der erlernte oder angelernte Beruf, die

---

431 BGH/13, 334
432 Brauer, Max: öffentliche und private Wirtschaft 1947; S. 28
433 Radbruch, Gustav: Einführung in die Rechtswissenschaft 1929, S. 98

einzusetzende Arbeitskraft. (Ausnahmen, die es sicher gibt, bestätigen die Regel und sind in der Minderzahl.) D.h. die im Rahmen eines Arbeitsverhältnisses zu erbringende Grundleistung ist überwiegend die Voraussetzung für das Plus der Erfindung oder des Verbesserungsvorschlages. Erkennt man die Sonderleistung einer Erfindung als geistiges und personales Eigentum des Menschen, des "Lohnempfängers" an, so ist die breiter gelagerte generell zu erbringende Grundleistung auch Eigentum, personales Eigentum und damit Arbeitskapital, ein Vermögenswert.

Der Grad der Unterscheidung von der übernommenen Arbeitsleistung zur Diensterfindung und zum Verbesserungsvorschlag ist wie viele miterlebte Auseinandersetzungen darüber, ob ein Mehr, eine Sonderleistung erbracht worden ist, mir gezeigt haben - so schmal, daß man diese Trennung kaum einsichtig machen kann, zumal auch für die übernommene Lohnarbeit Mitdenken und Intuition gefordert ist, auch für den "Handlanger", der einen Graben aushebt oder den Hof des Betriebsgeländes in Ordnung zu halten hat. Nicht zuletzt, weil die Unterscheidung zwischen normaler Arbeitsleistung und Verbesserungsvorschlag schwierig ist und von Vorgesetzten "als lästige Besserwisserei" (sie, die Vorgesetzten hätten doch die ihren Aufgabenbereich berührende Ideen haben müssen) angesehen wird, sind die Prämienhöhe niedrig. Beate Etzler meint in einem Aufsatz in "Die Zeit" vom 3.Oktober 1986[434], daß die Prämie in niederen Prozenten der zu erwartenden Ersparnis für ein Jahr berechnet sind. Der Nutzen für das Unternehmen hält selbstverständlich länger an.

Das personale Eigentum verdient deshalb unter dem Gesichtspunkt des Art. 14 GG den gleichen Schutz, wie das im BGB und im UrhRG, geschützte Sach- und geistige Eigentum. Auf die Einschränkungen des Eigentums wird zurückzukommen sein, vor allem im Hinblick darauf ob die geschilderten

---

434 Gute Ideen - schlecht bezahlt

Eingriffe in das Recht "durch Gründe des Öffentlichen Interesses unter Berücksichtigung des Grundsatzes der Verhältnismäßigkeit gerechtfertigt sind."

Das personale Eigentum, das Arbeitskapital stellt einen gleichen Wert dar, wie das Produktivkapital, das Eigentum an den Produktionsmitteln und sonstigen Vermögenswerten. Wie für die Gewährung von Krediten an den Besitzer der Produktionsmittel -Vermögenswerte von den Banken im allgemeinen als Sicherheit vorausgesetzt werden, ist de facto das Arbeitskapital. auch zu beleihen. Jede Bank räumt auf ein Lohn und Gehaltskonto im Hinblick darauf, daß der Kontoinhaber seine Arbeitskraft einsetzt, Dispositionskredite - im allgemeinen in Höhe eines dreifachen Monatsentgeltes - und anschließend Überziehungskredite ein.

Arbeitskapital und Produktionskapital werden von Geldinstituten - Banken, Sparkasse - ihrem Wert nach gleich behandelt. Man wird sagen, daß die Bank den Kredit nicht auf die Arbeitskraft als solche gibt, sondern deshalb, weil der Kreditnehmer ein Lohnkonto unterhält, das ihn dahin ausweist, daß er in einem abhängigen Dienstverhältnis steht, aus dem er Geld zieht. Das ist von der Bank her gesehen vielleicht richtig; das Lohnkonto ist die Sicherheit für den Kredit. Wer arbeitslos ist, wer keine Arbeitskraft einsetzen kann, ist nicht kreditwürdig. (Arbeitnehmerdarlehn sind deshalb auch vom Verbraucherschutzgesetz nicht betroffen.) Im direkten Bezug auf die Arbeitskraft, auf das Arbeitskapital ist dieses Sicherheitsdenken vordergründig. Der Lohn, der kreditiert wird, ist Ausfluß der eingesetzten Arbeitskraft, des Arbeitskapitals. Basis der. Kredithingabe ist die Arbeitskraft, die im übrigen dem Arbeitslosen als Mensch auch immanent ist. Was sich darin zeigt, daß es vorkommt, daß ein Mensch, der etwas erlernt hat, der eine Vorstellung von einem Produkt hat, für das er Arbeitskraft einsetzen will, allein auf sein personales Eigentum staatliche Investitionskredite erhalten kann.

Festzuhalten ist zunächst, daß der Arbeiter mit seinem Arbeitskapital nichts anderes tut, als der Besitzer der produzierten Produktionsmittel; er setzt sein Kapital für die Produktion, für die Erreichung eines wirtschaftlichen Zwecks ein. Er ist in diesem Einsatz nach dem Grundgesetz (Art. 2 und 12 Freiheit der Persönlichkeit über der Berufswahl) auch frei. Auch dann,. wenn er der Organisation des Betriebes, dem Direktionsrecht unterworfen ist, was bei den neuen Arbeitsmethoden durch Einsatz der Elektronik immer mehr entfällt, der den "denkenden", den flexiblen Lohnempfänger fordert. Ein Kapital, für das, wie beim Produktionskapital, für Erneuerungen und Instandsetzungen, Aufwendungen zu machen sind, z.B. in Richtung Fort- und Weiterbildung, Erhaltung der geistigen und körperlichen Kräfte (Urlaub, Freizeit) u.a., Aufwendungen, die die Gesellschaft unter "sozialen Gesichtspunkten" übernimmt, weil sie der Arbeitskraft nicht den Vermögenswert zumißt, der ihr zusteht, um selbst diese Aufwendungen zu betreiben. Der Arbeitnehmer wird Empfänger von "Sozialleistungen", da wo er bei entsprechender Regelung der Beziehungen zwischen Kapital und Arbeit selbständig entscheiden könnte.

Mit unserer Auffassung vom Arbeitskapital, Arbeitskraft Recht der Arbeitenden eigentumsähnlich zu handeln, das dem Produktionskapital - Eigentum an Sachmitteln - als personales Eigentum gegenüber steht, ihm gleichgestellt ist, weil beider Interessen - Erwerb aus dem Produkt - gleichgerichtet sind,[435] stehen wir nicht alleine.

Zunächst: man muß - auf Grund gegebener Fakten mit Braverman[436] und Marx - Engels[437] der Ansicht sein, daß soweit es um Produktionsmittel geht - diese durch

---

435 Sombart:Kapitalismils,Bd. III,1 S. 131
Adomeit, Klaus: Wen schützt das Arbeitsrecht 1987, S. 31
436 a.a.0. S. 287
437 Kommunistisches Manifest

Arbeit entstanden sind. Aber Arbeit, die Produktionskapital geschaffen hat oder die das Produktionskapital als "Werkzeug"[438] nutzt, muß Kapital sein, weil es etwas "vermocht" hat. Es sei auch auf die Enzyklika Laborem exercens des Papstes Johannes Paul II. bezuggenommen, in der es in Abschnitt I,3 heißt: "daß die menschliche Arbeit sozusagen ein Dreh- und Angelpunkt ist." Er meint außerdem in Abschnitt III,8, daß der Vorrang der Arbeit vor dem Kapital unmittelbar den Produktionsprozeß betrifft, "bei dem die Arbeit immer den ersten Platz als Wirkungsursache einnimmt" und schließt generell in Abschnitt III,12, daß die "Gesamtheit der Mittel (gemeint: Produktionsmittel) das geschichtlich gewachsene Erbe menschlicher Arbeit" ist.

2. Einige Überlegungen zur Unternehmenskultur

Ich weise weiter auf die oben (Bl. 5) zitierten Ausführungen von John Locke und Adam Smith hin. Klönne[439] zitiert den rheinischen Eisen-Industriellen Friedrich Harkort, der 1849 an seine Arbeiter von "dem braven Arbeiter" spricht, "dem Gott durch die Kraft seiner Hände, und dem gesunden Menschenverstand ein Kapital verlieh, welches ihm Niemand rauben kann, es sei denn Krankheit oder Alter." Schelsky[440] meint, daß Karl Marx es richtig gesehen hat, wenn er sagt, daß der Besitz von Produktionsmitteln die eigentliche Sicherheit in der industriellen Gesellschaft ist. Marx übersehe aber, "daß auch in der industriellen Gesellschaft die Berufsqualitäten, berufliches Können und berufliche Leistung zu den entscheidenden Produktionsmitteln geworden sind, denen gegenüber Kapital oder Rohstoffe verhältnismäßig belanglos d.h. leichter ersetzbar sind". "Das Wichtigste an diesem Produktionsmittel "Berufsqualifikation" (Zusatz des Verfassers: Arbeitskapital) ist aber, daß es von der Person, die es erworben hat, nicht trennbar

---

[438] Engels, Wolfram; in Mehr Mut zum Markt. Hrgb. Engels, Wolfram 1984, S. 18
[439] Klönne, Arno: Die Deutsche Arbeiterbewegung 1989, S. 32
[440] Schelsky, Helmut: Auf der Suche nach Wirklichkeit 1965, S. 241

ist." Ähnlich spricht Glück[441] zum Bereich Werkzeugindustrie und Maschinenbau. Hier, so sagt er, besteht das Kapital "vor allem aus Wissen und Können der in diesem Bereich ... beschäftigten Arbeitnehmer." Der in der Konferenz der Deutschen Bischöfe für Wirtschaftsfragen zuständige Bischof Josef Homeyer, meint im Zusammenhang mit der Tarifpolitik: "Was sie (leistungsschwache Branchen) aber vor allem brauchen, sind innovatorischer Geist und gut ausgebildete Mitarbeiter."[442] Der Leiter des Zentralen Bildungswesens bei Mercedes sagt: "Es sind die Köpfe und die Herzen unserer Mitarbeiter, die uns entscheidende Wettbewerbsvorteile sichern köhnen."[443] Und der Personalchef Wiedeking der gleichen Firma führt in einem Interview[444] aus "Wir haben eine gute Mannschaft an Bord. Das sind hervorragend qualifizierte und sehr motivierte Mitarbeiter." Alle wiedergegebenen Ausführungen besonders aber die Feststellung, daß Berufsqualifikation an die Person gebunden, und belangvoller, schwerer ersetzbar als Kapital und Rohstoffe ist, zeigt, daß der Beruf, der der Ausübung, der Arbeit in einer bestimmten Sparte dient und damit die Arbeit als solche, die eingesetzte Arbeitskraft, dem Produktivkapital zumindest gleichgestellt ist. Die Abhängigkeit des Produktionskapitals von sog. "qualifizierten Arbeitskräften" hat sich deutlich Ende 1989, Anfang 1990 gezeigt, als vom Facharbeitermangel und dadurch bedingten Rückgang der Produktivität gesprochen wurde. Das besagt doch: ohne Lohnarbeiter kein Produkt. 1992 werden qualifizierte Facharbeiter als fehlend beklagt, weil zuviel Schulabgänger in das Studium ausweichen.

Pfähler und Soltwedel[445] und andere - so der Bundespräsident Weizsäcker, der auf der Jahrestagung des Bundesverbandes der Deutschen Industrie 1988 sagt, daß

---
441 Glück, Michael: Keiner verdient, was er bekommt 1990, S. 70
442 Interieur in Wams vom 14.6.92
443 St.Z. 2.10.92
444 67St.Z. 16.1.93
445 68Pfähler, Wilhelm und Soltwedel, Rüdiger in Handbuch Marktwirtschaft Hrg. Vaubel, Roland und Barbier, Hans D. 1986, S 57 bzw. 239

u.a. heimisches Humankapital zum Wachstum der Wirtschaft beitrage[446] - reden vom Humankapital im Zusammenhang mit der Arbeitskraft. Da der Mensch Arbeitskraft hat und entwickelt, anerkennen Pfähler und Soltwedel mit dem Humankapital, das dem Menschen zuzurechnende Arbeitskapital. (Das Wort Humankaplital, als menschliches Kapital, gefällt mir nicht. Der Mensch, als auf Körper und Geist beruhendes Individuum, ist als solcher kein Vermögen, sondern seine Arbeitskraft ist sein Vermögen. Er wird als Mensch mit der Bezeichnung "Humankapital" versachlicht. Das Wort Humankapital beinhaltet für mich auch die Gefahr, daß, da das Wort Kapital im allgemeinen Sprachgebrauch mit dem Unternehmen in Bezug gebracht wird, man den Menschen und seine Arbeitskraft nicht als solche sieht, sondern dem Unternehmen zurechnet. Dies beweist eine Äußerung eines Handwerksmeister, der von dem 1992 als "vorbildlichsten Existenzgründer im Handwerk" ausgezeichneten Malermeister und Diplom-Betriebswirt Philip Mecklenburg aussagt, sein Konzept sei "die Mitarbeiter sind das Kapital des Betriebes."[447] Es sei denn Mecklenburg hat das Wort Betrieb richtig gewählt, als Einheit der Produktion.

Ich zitiere weiter Prof. Popitz, der in einem Vortrag vor der Mittwoch-Gesellschaft am 2. Juni 1943[448] ausführt, daß die Arbeitskraft des Arbeiters ein Kapital darstellt, auf dessen Wert ein Teil des Gewinnes entfallen müsse und der Unternehmer Konrad Henkel sagte, "nur die Tatsache, daß so viele an einem Strang gezogen haben, ihre Kreativität und ihren Fleiß zur Verfügung gestellt haben, hat Henkel so bedeutsam gemacht."[449]

Er, der einzelne Mensch mit seiner Arbeitskraft, seinem Arbeitskapital, seinem personalen Eigentum ist wesentlicher Teil für die Wirtschaft, für deren

---

[446] 69in: Die Welt 9.6.88
[447] HAB 13.3.92
[448] Scholder, Klaus:.Die Mittwochgesellschaft 1982, S. 329
[449] Die Welt 1.10.90

Wachstum. Auch die Produktionsmittel sind von Menschen erdacht, geplant, erstellt und werden von ihnen bedient. Dieses Arbeitskapital zu erhalten, zu pflegen, ja als "human" zu verwalten und in Bezug auf seine Leistung gesetzlich als Vermögenswert zu schützen, gilt es. Gelegenheit dazu ist gegeben, wenn die Aufgabe des gesamtdeutschen Gesetzgebers erfüllt wird, die ihm im Einigungsvertrag Kap. VII Art. 30 gestellt ist, "das Arbeitsvertragsrecht ... neu zu modifizieren."

3. Die Kodifizierung der Arbeitsbeziehungen

Wie kommt es, daß trotz der Tatsache, daß Kapital und Arbeit gemeinsam das Produkt, die Dienstleistung erbringen und das gemeinsam erstellte Produkt oder die gemeinsam erbrachte Dienstleistung die Kosten abdeckt und Gewinne erzielen läßt festgeschrieben ist, daß allein dem Kapital das Ergebnis der Arbeit zusteht. Ein Faktum das nicht nur das personale Eigentum, sondern auch das geistige betrifft.

BGB, HGB Gew.O, UrhRG, ANErf.G. stehen unter dem Gedanken, daß die Ergebnisse gemeinsamer Arbeit in das Eigentum des Produktionskapitals fallen, daß die Arbeitskraft = personales Eigentum = Arbeitskapital und Ausfluß des Persönlichkeitsrechts, im Bezug auf das erstellte Produkt die erbrachte Arbeit, die eingesetzte Arbeitskraft über den vereinbarten Lohn hinaus, nicht zu beachten sind. Der "Dienstberechtigte" hat allein das Recht auf das Arbeitsergebnis.

Max Weber[450] sagt dazu, daß an dieser Gestaltung - Einschränkung des personalen Eigentums an Arbeitsergebnissen zugunsten der Unternehmer die "Marktinteressenten" (d.h. die Unternehmer) interessiert waren. Die "Ausprägung der Eigentumsordnung war daher vornehmlich das Werk ihres Einflusses." Er

---

450 a.a.O. S. 61

wiederholt diese Ansicht im Zusammenhang mit der Ordnung des Arbeitsrechts. "Die Marktmachtinteressenten sind die Interessenten dieser Rechtsordnung."[451] Eine Feststellung, die im Kommentar zum Bürgerlichen Gesetzbuch von Palandt im bezug auf dieses Gesetz, das in den Jahren 1874 bis 1896 beraten wurde und am 1.Januar 1900 in Kraft trat, dahin unterstrichen wird, daß das Gesetz den sozialen Erfordernissen zu wenig Rechnung trägt. Generell wird angemerkt, daß das Vertrags- und Vermögensrecht durch den Wirtschaftsliberalismus geprägt wurde.[452] Das zeigt sich zunächst im Aufbau des Bürgerlichen Gesetzbuchs. Während vor dem Inkrafttreten des Bürgerlichen Gesetzbuchs rechtssystematisch in bestehenden Gesetzen z.T. das Sachrecht vor dem Obligationsrecht behandelt wurde, beruht der Aufbau des Bürgerlichen Gesetzbuchs" auf der Erwägung, daß die Schuldverhältnisse das <u>Werden</u> des Rechts durch den wirtschaftlichen Verkehr, d.h. den Austausch von Gütern, ordnen, während im Sachrecht das <u>Gewordene</u>, die dauernde Rechtslage des einzelnen behandelt ist.[453]

Die rechtlichen Beziehungen zwischen Dienstberechtigten und Dienstverpflichteten sind bis in die Einzelheiten durch die Lobby der Unternehmer bestimmt worden. Nipperdey[454] merkt an daß in den Kommissionen zur Beratung eines Entwurfes zum Bürgerlichen Gesetzbuch neben Juristen vertreten waren: 3 Rittergutsbesitzer, ein Professor der Nationalökonomie, ein Geh. Bergrat, ein Oberforstmeister und ein Bankdirektor. Radbruch[455] sagt gleichsam zusammenfassend: "Das Bürgerliche Gesetzbuch steht deshalb mit beiden Füßen auf dem Boden bürgerlichliberalen, romantisch-individualistischen Rechtsdenkens, bietet aber zögernd und gelegentlich schon dem neuen Rechtsdenken die Hand."

---

451 a.a.O. S. 439/40
452 Einleitung II,2 und III,3
453 Heilfron, Prof. Dr. Ed.: Lehrbuch des Bürgerlichen Rechts,II, Recht der Schuldverhältnisse 1909 S. 1 Fußn. 1
454 in Enneccerus, Kipp, Wolff 1. Bd. S. 30 Anm.
455 Radbruch, Gustav: Einführung in die Rechtswissenschaft 1929, S. 81

Man geht im BGB, HGB, Gew.0, im UrhRG und ANErf.G davon aus, daß zwischen Dienstberechtigten oder Principal und Dienstverpflichteten, Handlungsgehilfen (jetzt Arbeitnehmer) ein Dienstvertrag/Arbeitsvertrag geschlossen wird, d.h. es wird ein Schuldverhältnis begründet. Der Unternehmer ist der Gläubiger der Schuld – Dienstleistung und kann vom Schuldner eine abstrakte Arbeit fordern. Die Schuld des Lohnempfängers ist die Arbeit, die er übernommen hat, der Einsatz der Arbeitskraft, nicht deren Erfolg, deren Ergebnis, (§ 611 BGB). Während beim Kauf das Eigentum, bei der Miete der Gebrauch einer Sache zu gewähren ist, geht es beim Dienstvertrag um eine persönliche Leistung. Die personale Leistung wird gegen Vergütung erworben und der Arbeitserfolg wird vereinnahmt. Das römische Recht[456] sagt, daß der Lohnarbeiter seine Person oder seine Arbeitskraft nicht vermietet, sondern sich zu einer freien Tätigkeit verpflichtet. Der Lohnarbeiter verrichtet im Rahmen bereitgestellten Raumes, bereitgestellten Hilfsmittel, vorhandener Energie und Rohstoff seine vom Unternehmer "abhängige und weisungsgebundene Tätigkeit."[457] (Wie man bei dieser Definition abhängig, weisungsgebunden von einer freien Tätigkeit, zu der sich der Lohnempfänger verpflichtet, sprechen kann, ist unklar.)

Die fehlende wirtschaftliche und soziale Selbständigkeit macht den Inhalt des Arbeitsvertrages im Bezug auf den Lohnempfänger aus. Was sich auch darin zeigt, daß der Lohnempfänger, um seine Arbeitskraft verwerten zu können, dringlich eine Arbeitsstelle, einen Arbeitsvertrag braucht. Er kann in vielen Fällen nicht warten, bis eine günstige, ihm genehme - auch hinsichtlich der Arbeitsbedingungen genehme Arbeitsgelegenheit findet. (Die im GG[458] garantierte "freie" Wahl des Arbeitsplatzes ist durch diese tatsächlichen Gegebenheiten schwer zu verwirklichen.) Andererseits ist - selbst bei einem Mangel von

---

456 Sohm, Rudolf: Institutionen 1912, S. 546 f
457 Palandt a.a.0.
458 Art. 12

Facharbeitern - für den Unternehmer die Entscheidung, ob ein Vertrag geschlossen wird oder nicht, frei. D.h. die Dringlichkeit des Arbeitsplatzes für den Lohnempfänger und die Notwendigkeit' den Gegenpart zu finden, führt nicht nur zur rechtlichen, sondern auch zur wirtschaftlichen Abhängigkeit des Lohnarbeiters vom Unternehmer. Das bedeutet, da de facto der, Arbeitgeber (Unternehmer) bei aller Freiheit, mit wem er einen Arbeitsvertrag abschließt, zur Erreichung seiner wirtschaftlichen Zwecke vom Lohnarbeiter abhängig ist, die wechselseitige Abhängigkeit eine autonome Existenz des Einzelnen ausschließt. Wegen dieser sozialen d.i. im wesentlichen die wirtschaftliche Abhängigkeit, so die Rechtssprechung,[459] ist der Lohnempfänger nicht mehr Handlungssubjekt.

Wie stark der Gesetzgeber des BGB, des HGB, der Gew.O, des UrhRG, des ANErf.G die wirtschaftlichen Verhältnisse und nicht die personalen Beziehungen im Auge hatten oder sozial sein wollten, in dem sie für die Arbeitnehmer zum Schutz gegen Mißbrauch ihrer Person mir Schutzbestimmungen einbauten, die nicht die Persönlichkeit des arbeitenden Menschen, beachteten, sondern auf die körperliche Unversehrtheit der Person abgestellt waren, zeigen im Rahmen des Arbeitsvertrages der Tatbestand des § 950 BGB. Andererseits hat das HGB sich dem modernen Geschäftsverkehr angepaßt. Es "kommt der (sozialistische?) Grundsatz der Beteiligung der Gewerbe- und Handlungsgehilfen an dem vom Geschäftsherrn erzielten Gewinn ... in Aufnahme."[460] Heilfron weist auf Provision (Beteiligung an dem Wert der einzelnen abgeschlossenen Geschäfte) und die Tantieme Gewinnbeteiligung am Reingewinn des Unternehmers oder eines Geschäftszweiges hin (§ 88, 91, 65 HGB). Der Gedanke für die Regelung war, den Gehilfen am Gedeihen des Geschäftes zu interessieren.[461]

---

459 NJW 52, 661, JZ 53, 389
460 Heilfron, Bd. II. S. 645
461 Gierke, Julius: Handelsrecht 1933, S. 165

Nach dem BGB (§ 950) wird bei der Herstellung einer neuen Sache, des Fertigfabrikats, das Eigentum an dem vom Arbeitnehmer gefertigten Werkstück dem Unternehmer dinglich zugeordnet. Er wird Eigentümer an der Sache, an der womöglich mehrere Lohnarbeiter im Rahmen des Arbeitsvertrages gearbeitet haben, er selbst aber nicht Hand angelegt hat, oft sogar nicht einmal etwas von der Herstellungsart, von der notwendigen Addition verschiedener Arbeitsvorgänge exakte Kenntnis hat. Also nicht der, der körperlich oder geistig durch Verarbeitung oder Umbildung eines oder mehrerer Stoffe eine neue Sache schafft, oder der an ihr mitschafft, ist "Hersteller", sondern der Unternehmer, weil dessen ihm zugerechneter Betrieb sie verbreiten wird, ist "Hersteller".

Eigentümer dieser Sache oder bei der Dienstleistung dem Ergebnis eines Tuns ist somit der Arbeitgeber. Manfred Sentz, Vorstandsmitglied bei Daimler-Benz, sagte 1985 "Der Arbeitgeber erwartet, daß ihm der Arbeitnehmer seine Arbeitskraft ... zur Verfügung stellt und Leistungen erbringt, die er als Unternehmer zweckentsprechend verwerten kann."[462] Die Vorschrift des § 950 BGB gilt im wesentlichen für Industrie und Handwerk, weil hier Stoffe verarbeitet und umgearbeitet werden,[463] die der Unternehmer bereitstellt. Sie wird aber dem Sinne nach auch auf den Dienstleistungsbereich und auf die Leistungsschutzrechte übertragen.Gründe für diese Regelung: Palandt[464] gibt an, die Herstellung erfolgt im wirtschaftlichen Interesse der Unternehmer. Sonst liest man, der Arbeitgeber hat einen Anspruch auf das Ergebnis der Tätigkeit des Arbeitnehmers. Man sagt sogar, der Arbeiter ist das Werkzeug des Dienstherrn.[465] (Ein langjähriges SPD-Mitglied faßte mir gegenüber die gegebene Situation kurz zusammen: der Unternehmer kauft mir meine Arbeit ab.) Der Arbeitgeber stellt Material, Maschine, Räume zur Verfügung und vertritt das Risiko. Der Arbeitnehmer stellt

---
462 in: Arbeitszeit, S. 32
463 Ennecerus, Kipp, Wolff a.a.0. Bd. 3 1929, S. 227
464 Palandt aa.0. § 950 Ziff. 3a, aa.
465 Schaeffer, C.; Wiefels, J.: BGB Sachenrecht 1930, S. 73

"seine Arbeitsleistung in den Dienst seiner Arbeitgeber" und erhält dafür seinen Lohn. "Das aus dem Arbeitsvertrag geschuldete Entgelt ist die Vergütung für das als Gegenwert erwartete Arbeitsergebnis." Der Erfolg, der vom Unternehmer "fremdbestimmten" Tätigkeit kommt dem Arbeitgeber zu.[466] Die Zweckbestimmung, der im Arbeitsverhältnis geschaffenen Werke und erbrachten Leistungen, bestimmt den Umfang der dem Arbeitgeber zustehenden Rechte.[467] Nach dieser sog. "Zuordnungstheorie", nämlich der quasi-dinglichen Zuordnung der vom Arbeitnehmer erzielen Arbeitsergebnisse an den Betriebsinhaber und die damit verbundene Eingliederung des Arbeitnehmers in die Betriebsorganisation unter Verlust seiner Handlungsfähigkeit (Handlungsobjekt) verschafft der Arbeitsvertrag dem Arbeitgeber neben der Tätigkeit des Arbeitnehmers auch das Arbeitsergebnis.[468]

Das personale Abhängigkeitsverhältnis und die Tatsache, daß der Arbeitnehmer wegen dieser Abhängigkeit nicht mehr Handlungssubjekt ist,[469] ist Grundlage dieser Auffassung. § 950 BGB, dessen Grundgedanken auch z. T. für das geistige Eigentum gelten, löst "kein sozial-, sondern ein wirtschaftspolitisches Problem."[470] Diese Auffassung ist begründet in den während des Kaiserreichs geltenden psychologisch begründeten Grundsätzen von Herrschaft und Hierarchie, Pflicht und Ordnung, im Dienste stehen bis hin zum Obrigkeitsstaat.[471] Die Herrschaft und das Selbstbewußtsein des Unternehmers unterdrückten das Individuum, vernachlässigten die Gleichheit. Es ist auffallend, daß dieses Denken sich nicht nur in Gesetzen findet, die aus dieser Zeit stammen, sondern auch in

---

465 Schaeffer, C.; Wiefels, J.: BGB Sachenrecht 1930, S. 73
466 Schaub, Arbeitsrechthandbuch 1983, § 114 II und § 115 IX
467 s. hierzu für das Urhebernutzungsrecht BGH in NJW 74, 904
468 zu allem Vorstehenden: Fry, Markus A. in Ufita 1984 Bd. 98 S. 55; Rehbinder, Manfred, ebenda 1973, Bd. 66, S. 129

Wandke, Artur in GRUR 92, 139

469 NJW 52, 661, Ballerstedt in JZ 53,389
470 Palandt a.a.O. § 950 Ziff. 1
471 S. dazu Krockow a.a.O. S. 110 ff

Bestimmungen, die nach 1945 parlamentarisch abgesegnet wurden, wie dem UrhRG und AnErfG. Es fehlte m.E. den Parteien an dem Streben, den Kompromiß zwischen den sozialen und den wirtschaftspolitischen Problemen in Bezug auf das Arbeitsergebnis zu finden; man schließt sich dem Gedanken von Carl Schmitt[472] an, daß der "Souverän" - der Herrschende, hier der Unternehmer "das Monopol der letzten Entscheidung" hat.

Das BGB hat dem Sprachgebrauch und der Verkehrsauffassung[473] angeblich folgend, als Hersteller nicht den angenommen, der die Arbeit geleistet hat, der real "herstellt", sondern den Inhaber des Unternehmen, von dem die Sache auf den Markt gebracht wird. Damit wird "nur der Interessenkonflikt zwischen Stoffeigentümer und Verarbeiter (Hersteller) entschieden."[474] Das Gesetz löst den Konflikt, wem das im Betrieb gemeinsam erstellte Werk gehört unter angeblich wirtschaftlichen Gesichtspunkten zugunsten des Arbeitgebers. Man meint offenbar, nur so den wirtschaftlichen Verkehr, den Markt eindeutig gestalten und regeln zu können. Der Arbeitgeber übt Herrschaft, "insoweit sie legitime Macht der durch Einsicht zur Entscheidung Befähigter ist."[475]

Ähnlich wird im Urheberrecht von der Rechtslehre zu den eigentumsähnlichen Rechten des Urhebers, für die Leistungen des in einem Arbeitsverhältnis schaffenden Leistungsschutzberechtigten davon ausgegangen, daß das Ergebnis der Arbeit dem Arbeitgeber zusteht. Er stelle die zur Hervorbringung des Werkes benötigten Mittel zur Verfügung und trage das wirtschaftliche Risiko.[476] Deshalb, folgert ein allgemein anerkannter Urheberrechtler - Prof. Schricker[477]-, ergibt sich "die grundsätzliche Verpflichtung des Arbeitnehmers zur Einräumung von

---

472 Schmitt, Carl: Politische Theologie, 1922, S. 22
473 Protokoll zum BGB S. 239, 242 f
474 Baur, Fritz: Lehrbuch des Sachenrechts S. 474
475 Weizäcker, Carl Friedrich von: a.a.0. S. 26
476 Frey, Markus A.: Ufita Bd. 98, S. 59
477 Schricker, Gerhard: Urheberrecht § 43 Rdz. 37, 38

Nutzungsrechten ... aus dem Zweck des Arbeitsvertrages; dem Arbeitgeber soll die schöpferische Leistung des Arbeitnehmers zur Verfügung stehen, der Arbeitnehmer erhält für seine Arbeitsleistung den vereinbarten Lohn." Und das, obgleich die Rechtslehre allgemein festhält, daß das Urheberrecht und das Leistungsschutzrecht ein abstraktes, gegen jeden durchzusetzendes Recht, ein Persönlichkeitsrecht ist, daß auf dem sog. Schöpferprinzip, alle Rechte dem Schöpfer eines Werkes, gegründet ist. Rehbinder[478] greift den Gedanken, der Lohnarbeiter sei nicht mehr ein Handlungssubjekt auf: Er meint zu recht, daß der Arbeiter in seiner Rechtsfähigkeit durch das was auf der Grundlage des BGB Zuordnungstheorie genannt wird, eingeschränkt ist, eben durch die Zuordnung des Arbeitsergebnisses an den Unternehmer. Er sagt weiter: diese Zuordnung "ist Ausdruck der arbeitsteiligen Wirtschaft." Diese Produktionsweise sei nicht etwa Ausdruck einer "Knechtung der Arbeiterklasse." Dabei bezieht er sich auf Baur[479]. Er fährt fort und meint, daß selbst die sozialistischen Forderungen nach einem "Recht auf den vollen Arbeitsertrag" keine Forderungen nach Eigentum am Arbeitsprodukt, sondern nach angemessenen Lohn waren. Und abschließend äußert er - und das meine ich, ist bezeichnend für das, was ich im Hinblick auf "nicht mehr Handlungssubjekt", auf "Einschränkung der Rechtsfähigkeit" Verstoß gegen die freie Persönlichkeitsentfaltung bezeichne -"das arbeitsrechtliche Abhängigkeitsverhältnis hat also mit dem Verhältnis zwischen Kapital und Arbeit nichts zu tun, sondern bewirkt lediglich in einer arbeitsteiligen Produktion die rechtliche Zuordnung der betriebsgebundenen Arbeitstätigkeit des einzelnen an das Unternehmen als Ganzes."

Die Darlegungen von Rehbinder zeigen, auf was wir oben zur Entstehung des BGB hingewiesen haben: sie sind vom Wirtschaftsliberalismus geprägt und lassen Gedanken des GG vermissen. Die Arbeitsleistung wird zugeordnet, damit der Un-

---

478 a.a.O. S. 129/30

ternehmer den Wirtschaftsablauf steuern kann. Man geht von der Möglichkeit, das Produkt absetzen zu können beim Arbeitsverhältnis aus und nicht vom "arbeitsteilig" erarbeiteten Produkt. Schuldrecht vor Sachenrecht.

Nicklisch hat dazu schon 1922[480] geschrieben, daß nach geltendem Recht der Gewinn an das Unternehmen geknüpft sei, und nicht an die geistige und körperliche Arbeit in der Unternehmung, sei ein Irrtum. "Unter diesem Irrtum werden die wirtschaftenden Menschen solange leiden, bis er rechtlich und tatsächlich abgetan ist."

Dieser Irrtum, der die Zuordnung des Produkts an den Unternehmer und die Beziehung von Lohnarbeiter und Unternehmer vom wirtschaftlichen und nicht unter dem Gesichtspunkt der Grundrechte, d.h. unter dem verpflichtenden Gedanken Menschenwürde, Freiheit, Gleichheit, Solidarität sieht, ist in den Gesetzen begründet. Die Gesetze decken - so meint man - nach Art. 14 Abs. 3 Satz 2 GG dem Wortlaut nach die Enteignung der Arbeitskraft derer, die geistiges und personales Eigentum in einem abhängigen Lohnverhältnis einsetzen. Sie erlauben damit die "Zuordnungstheorie", der Zweckübertragungsgrundsatz und dadurch bedingt die Tatsache, daß der Lohnarbeiter nicht Handlungssubjekt sondern Handlungsobjekt ist. Ob diese Enteignung dem Wohle der Allgemeinheit dient, wie es Art. 14 Abs. 3 Satz 1 GG vorschreibt, ist unter den gegebenen Umständen zu bestreiten. Wenn auch die Wirtschaft für alle Gesellschaftsmitglieder bedeutsam ist, ist die Tatsache, daß den, die Wirtschaft wesentlich de facto in Gang haltenden Lohnarbeiter ihre Rechtsfähigkeit, ihre Menschenwürde genommen wird, sie zum Objekt degradiert werden, ein Verstoß gegen ein übergeordnetes im Grundgesetz verankertes Menschenrecht, dem sich wirtschaftliche Überlegungen beugen müssen. Es ist unter dem Gesichtspunkt der Grundrechte, insbesondere das der Menschenwürde zu prüfen, ob und wie die

---

480 Nicklisch, H: Wirtschaftliche Betriebslehre S. 64

gemeinsam von Kapital und Arbeit erzielten wirtschaftlich bedeutsame Ergebnisse rechtlich gestaltet und zugeordnet werden sollten und könnten.

Wir müssen aber, um Änderungsvorschläge machen zu können, um festzustellen, was gegebenenfalls zu ändern ist, zunächst untersuchen, wie es unter den bestehenden Verhältnissen mit dem Einsatz der Arbeitskraft im Rahmen der Lohnarbeit aussieht, wie sich die Beziehung der Arbeit zum Kapital nach derzeitiger Rechtsauffassung gestaltet; d.h. die Zielvorstellung muß an der konkreten Gegebenheit geprüft werden.

Der Lohnarbeiter ist in ein Vertragsverhältnis mit dem Kapital (Unternehmen) eingebunden, dem er seine Dienste anbietet, oder von dem er für die zu leistende Arbeit angeworben wird und dem er zu persönlicher Dienstleistung verpflichtet ist. Zu "persönlicher" Dienstleistung heißt zur Bereitstellung seiner, in seiner Persönlichkeit gegebenen Arbeitskraft.

Die Rechtsbeziehungen zwischen beiden sind im Arbeitsrecht bis hin zu einer gesonderten Gerichtsbarkeit in Arbeitssachen geregelt. Der Zweck des Arbeitsrechtes ist darauf gerichtet so heißt es - den Lohnarbeiter zu schützen und einen gewissen Interessenausgleich zwischen den Vertragspartnern herbeizuführen. Ein Zweck, der ein gegeneinander voraussetzt und im Arbeiter den Schwächeren sieht – warum sonst "schützen". Der ehemalige Präsident des BAG – Otto Rudolf Kissel - hat in einem Interview 1988[481] darauf hingewiesen, daß das Arbeitsrecht seiner Herkunft her eine Ansammlung wiederkehrender Arbeitnehmerschutzrechte war. Er kommt von daher zu dem Schluß: "Die Arbeitsgesetzgebung hat insofern nicht nur historisch, sondern auch aktuell Arbeitnehmerschutz zum Gegenstand, so daß zwangsläufig kraft Gesetzes, viele Entscheidungen arbeitnehmerfreundlich sein müssen." D.h. von der Konstruktion

---
481 Die Zeit, 23.9.88

her ist das Arbeitsrecht einseitig auf das Handlungsobjekt auf den vermeintlich Schwachen ausgerichtet. Daß dieser Schutz des Arbeitnehmers teilweise dazu führt, daß der Arbeitgeber "schutzlos" wird, darauf hat Adomeit[482] hingewiesen und weiß jeder, der bei Arbeitsgerichten zu tun hat, wo sich die Tendenz in dubio pro Arbeitnehmer abzeichnet, d.h. Gerechtigkeit leiden kann. Auch diese Seite der Medaille wird zu beachten sein.

Richter[483] sagt - und man kann es m.E. grundsätzlich nicht besser ausdrücken: "Arbeitsrechte sind die Rechtssätze, die Rechtsfolgen knüpfen an den Tatbestand, daß ein rechtsfähiger (ich meine besser als Persönlichkeit generell rechtsfähiger) Mensch an ihm fremden" (richtiger wohl nicht zu seinem "Sacheigentum" gehörenden) "Arbeitsgegenständen außerhalb ohnehin bestehender persönlicher Abhängigkeit zeitgebunden arbeitet." Es umfaßt, so faßt Richter zusammen: "die rechtlichen Regeln über menschliche Arbeit im Dienste anderer."[484]

Diese Situation auf dem Markt der Arbeit auf dem sich Angebot und Nachfrage nach menschlicher Arbeitskraft treffen, ist für den Sprachgebrauch und auch für die rechtliche und gesellschaftliche Betrachtung der Verhältnisse zwischen Arbeiter und Mittelbesitzer ausschlaggebend geworden. Arbeit<u>geber</u> wird genannt, der Verdienstmöglichkeiten vorgibt, und Arbeit<u>nehmer</u> "nicht der, der geleistete Arbeit entgegennimmt, sondern der, der sich bietende Arbeitsgelegenheit wahrnimmt."[485] (In diesem Zusammenhang ist es interessant, daß im ALR Preußens, der in Fabriken beschäftigte Arbeiter "Fabrikant" genannt wird und der Unternehmer "Fabrikunternehmer". In der Praxis aber wurde der

---

[482] Adomeit, Klaus: Wen schützt das Arbeiltsrecht 1987
[483] Richter, Lutz: Arbeitsrecht 1930 S. XV
[484] Richter a.a.0.
Richardi, Reinhard: Arbeitsgetze 1978 S. 9
[485] Arbeitsrecht, eingeleitet von Lutz Richter Bln 1930 S. XVI
Sick, Ota: Humane Wirtschaftsdemokratie S. 367

Ausdruck "Fabrikant" für Arbeiter und Unternehmer gebraucht[486], d.h. beide stellten her, beide arbeiten am Produkt.)

Friedrich Engels hat im Vorwort zur 3. Auflage des 1. Bandes von Karl Marx: "Das Kapital"[487], die er am 7. November 1883 besorgte, zu diesem Sachverhalt geschrieben: "Es ist mir nicht in den Sinn gekommen, in das "Kapital" den Jargon einzuführen, in welchem deutsche Ökonomen sich auszudrücken pflegen, jenes Kauderwelsch worin z.B. derjenige, der sich für bare Zahlung von anderen ihre Arbeit geben läßt, der Arbeitgeber heißt, und Arbeitnehmer derjenige, dessen Arbeit ihm für Lohn abgenommen wird. Auch im Französischen wird travail im gewöhnlichen Leben im Sinne von "Beschäftigung" gebraucht. Mit Recht aber würden die Franzosen den Ökonomen für verrückt halten, der den Kapitalisten donneur de travail und den Arbeiter receveur de travail nennen wollte." Gleiches gilt, worauf Golo Mann[488] hinweist, für England.

4. Arbeitgeber – Arbeitnehmer – Mitarbeiter; einige begriffliche Überlegungen

Die Unterscheidung in Arbeitgeber und Arbeitnehmer, die im Grundsatzprogramm 1989 des DBG, vor allem aber in geltenden Gesetzen zu finden ist (z.B. Betriebsverfassungsgesetz von 1972, Mitbestimmungsgesetz von 1976) verdeutlichen mir die Abhängigkeit, eine Diminuierung des Arbeiters als Menschen. "Ich, der Unternehmer gebe, Du, der Arbeiter nimmst (nur)." Tatsächlich geben doch beide. Der eine gibt seine Arbeitskraft, der andere gibt im eigenen Interesse Einsatzmöglichkeiten für Arbeitskraft.

---

486 Kosellack, Reinhart: Preußen zwischen Reform und Revolution 1987, S. 117/8
487 1947 S. 22
488 Deutsche Geschichte 1919-1945, 1961 S. 39

In vielen Firmen hat sich, wohl in der Erkenntnis, dieser begrifflichen Abwertung des abhängigen Arbeiters durch die Bezeichnung Arbeitnehmer, die Benennung "Mitarbeiter" durchgesetzt. Aber eben nur eine Benennung. Denn es bleibt offen, ob der Mitarbeiter am Gang des Unternehmens, an den Unternehmenszielen mitarbeiten darf, zumindest insoweit, daß er erfährt für welche Unternehmensziele er arbeitet und ob er am Erfolg mitbeteiligter Mitarbeiter ist oder ob diese Bezeichnung nicht nur ein Etikettenschwindel ist.

Trotz gesetzlicher Mitbestimmungs- und Mitwirkungsrechte hat der Mitarbeiter keinen Einfluß auf das, was er tut. In der von ihm zu leistenden Arbeit bleibt er abhängig von dem, was seine Vorgesetzte anordnen. Die Bezeichnung "Mitarbeiter" kam - soweit ich mich erinnere zu der Zeit auf, als man in den Unternehmen von "unser Haus" und "wir" sprach als man auch hin und wieder Unternehmensentscheidungen bekannt gab. Man wollte Zusammengehörigkeit aller im Unternehmen Beschäftigten mit dem "wir" und dem "unser" demonstrieren. Die Wirtschaft war politisiert und man machte in sozialem Verhalten.

Trotz der falschen Bezeichnungen wollen wir um die Verständigung über das, was unser Problem ausmacht nicht zu erschweren, bei den gebräuchlichen und gesetzlich verankerten Begriffen bleiben: Arbeitgeber - Unternehmer, Arbeitnehmer -Lohnarbeiter.

Das Faktum, daß der Lohnarbeiter im "Dienste" anderer arbeitet und von ihnen - das besagt "dienen" - fremdbestimmt beherrscht wird, führt dazu, daß sich zwischen beiden Vertragsparteien, die überall man denke an das Verhältnis Eltern/Kinder oder an das Militär - gegebene Spannungen zeigen, zwischen Herrschenden, Befehlenden und denen, die gehorchen müssen.

Diese Spannungen berühren nicht nur das Verhältnis Kapital und Arbeit, sondern scheint für die Beziehungen zwischen Lohnarbeiter und Unternehmer vorgegeben. Sie wird in den unmittelbaren persönlichen Beziehungen nicht dadurch gemindert, daß das Gesetz z. B. von der unabdingbaren Fürsorgepflicht des Unternehmers spricht (§§ 618, 619 BGB) oder die öffentlich - rechtlichen Bestandteile des Arbeitsrechts, deren Gestaltung nicht von den direkt Beteiligten erfolgt, wie auch die sog. ordnungspolitischen Rahmenbedingungen unmittelbar vom Staat. verantwortet werden. Hier ist an die zur Sozialordnung gehörenden Bestimmungen zu denken, die die Menschenwürde und die Persönlichkeitsrechte der Menschen ganz allgemein, also auch des Lohnarbeiters, schützen und fördern.

Da sind zunächst zu nennen die Vorschriften der Arbeitslosen- und Krankenversicherung (einschließlich geplanter Pflegeversicherung) einschließlich Alters- und Unfallversicherung und die Sozialhilfe. Hinzu kommen die Aufgaben der Bundesanstalt für Arbeit, festgelegt im Arbeitsförderungsgesetz. Sie soll arbeitslosen Arbeitswilligen Arbeit verschaffen, Arbeitsplätze erhalten und durch Ausbildung, Fortbildung und Umschulung neue Arbeitsmöglichkeiten eröffnen. Der Staat hat in die Beschäftigungspolitik durch verschiedene Gesetze eingegriffen. Abgesehen vom Stabilitäts- und Wachstumsgesetz sind zu nennen das Gesetz über den Mutterschaftsurlaub, das Erziehungsgeld, der Erziehungsurlaub, das Sparförderungsgesetz und das Vorruhestandsgesetz.

4.1 Einige gesetzliche Schutzrechte

Zu den Bestimmungen, die dem Lohnempfänger im Rahmen der Arbeitsverhältnisse dienen, gehören einschlägige Vorschriften des BGB, HGB, der ZPO (Lohnpfändung), der KO und der Gewerbeordnung. Weiter als Arbeitsschutzrecht folgende Gesetze: Arbeitsplatzschutzgesetz, Arbeitssicherheitsgesetz, Arbeitszeitordnung, Feiertagsgesetze der Länder, Ladenschlußgesetz, Mutterschutzgesetz, Bundeserziehungsgeldgesetz,

Jugendarbeitsschutzgesetz,Berufsbildungsgesetz,Arbeitnehmerüberlassungsgesetz Schwerbehindertengesetz, Gesetz zur Verbesserung der betrieblichen Altersversorgung. Vorschriften, die den Bestand des Arbeitsverhältnisses sichern sollen, sind das Kündigungsschutzgesetz, für Angestellte ergänzt durch das Gesetz über die Fristen für deren Kündigung. Um die im Kündigungsschutzgesetz genannte Frist nicht unterlaufen zu können, wird es spezifiziert durch das Beschäftigungsförderungsgesetz. Hinzu kommt das Betriebsverfassungsgesetz. Letzteres enthält Regelungen, die neben der Vertretung der Lohnempfänger im Betrieb durch Betriebsräte, im bestimmten Umfang ein Mitwirkungs- und Mitbestimmungsrecht der Betriebsräte bezogen auf die die Arbeit betreffenden Beziehungen zwischen Arbeitgeber und Belegschaft festlegen. Die Beteiligung von Vertretern der Arbeitnehmer in der Unternehmensführung ist, abgesehen vom Wirtschaftsausschuß des Betriebsverfassungsgesetzes, der auf Unterrichtung und Beratung in wirtschaftlichen Angelegenheiten beschränkt ist - in dem Montan-Mitbestimmungsgesetz, dem Montan-Mitbestimmungsergänzungsgesetz und dem Mitbestimmungsgesetz festgelegt.

Der Arbeitsvertrag zwischen Lohnempfänger und Unternehmer wird im Rahmen der grundgesetzlich garantierten Vertragsfreiheit abgeschlossen. In die Arbeitsverträge wirken neben den genannten Arbeitsschutzgesetzen generell die Vorschriften des Bundesurlaubsgesetzes und des Lohnfortzahlungsgesetzes ein. Die meisten Regelungen verstehen sich unter dem Gesichtspunkt: herrschender Unternehmer einerseits, abhängiger, schutzbedürftiger Lohnarbeiter andererseits.

Wenn der Lohnarbeiter rechtlich und wirtschaftlich vom Arbeitgeber abhängig ist, wollen wir zunächst sehen, wer ist der Arbeitgeber; generell: das Kapital, speziell das Unternehmen. Juristisch beschreibt Jacobi[489] das Unternehmen als "die Vereinigung von persönlichen, sächlichen und immateriellen Mitteln durch das

---

489 Jacobi, Erwin: Grundlehren des Arbeitsrechts 1927 S. 286

von einem Rechtssubjekt oder von mehreren Rechtssubjekten gemeinsam verfolgte Ziel, ein bestimmtes Bedürfnis zu befriedigen. Unternehmen ist zu verstehen als eine Wirtschaftseinheit, die unter Einsatz wirtschaftlicher Kräfte - Rohstoffe, Kapital und Arbeit - Bedürfnisse decken und damit Gewinn erzielen will". Sombart[490] meint, eine wirtschaftliche Unternehmung sei zu verstehen, "als Verwirklichung eines weitsichtigen Planes, zu dessen Durchführung es des andauernden Zusammenwirkens unter einheitlichem Willen bedarf". Deshalb sieht Sombart auch den alten Faust als "klassischen" Unternehmer, ausgedrückt in dessen Worten: "Daß sich das größte Werk vollende, genügt ein Geist für tausend Hände." Dabei ist wichtig und der Idealfall für Unternehmer: großes Gesamterzeugnis, niedere Arbeitslöhne, das Verhältnis zwischen Arbeitsleistung und Höhe der Arbeitslohnes. Anfang des 18. Jahrhunderts schreibt Bertrand de Mandeville, daß "in einer freien Nation, wo Sklaven nicht erlaubt sind, der sicherste Reichtum aus einer Menge arbeitsamer Armen besteht."[491] Und Samuel Ricard meint gegen Ende des 18. Jahrhunderts, daß "wenn zwei Nationen im gleichen Gewerbe konkurrieren, diejenige erfolgreicher sein wird, die den Arbeiter am schlechtesten bezahlt."[492] Um den Lohn im Rahmen der Gesamtkosten niedrig zu halten vervollkommt der Unternehmer die Betriebsorganisation, rationalisiert, was den Preis der Arbeit senkt und die "fatalen" Wirkungen der Lohnsteigerung unschädlich macht.[493] Die gleiche Auffassung vom westlichen Unternehmer vertritt der Japaner Hidemoto Matsuda.[494] Er meint, die Unternehmen wollen die Arbeitskraft so billig wie mögl.Ich einkaufen und sie zielten durch deren Ausnutzung auf Gewinnmaximierung. Der Klassische Unternehmer im Sinne Sombarts als Einzelperson - Faust - ist heute auch noch anzutreffen. Er tritt dem Lohnarbeiter

---

490 Der Bourgois S. 60
491 Zit. nach Marx, Kapital S. 646
492 Zit. nach Méchoulan a. a.0. S. 235
493 Sombart: Der moderne Kapitalismus Bd. III,1 S. 444/446
494 a.a.0. S. 62

als Unternehmensleiter jede Verantwortung, auch für das von ihm investierte Kapital tragende Person entgegen. Seitens der Unternehmensleiter wird die Ansicht vertreten, daß ein Unternehmer nur nach einem Willen - autokratisch und oligarchisch - geführt werden kann. Diese Entscheidungsmacht garantiere Beweglichkeit und schnelle Entscheidungen.

Dieses autokratische oder oligarchische Führungs- und alleinige Entscheidungsrecht findet sich als Prinzip bei allen Unternehmungen, gleichgültig in welcher Rechtsform sie auftreten, in Einmannunternehmen ebenso wie in Personalgesellschaften und Kapitalgesellschaften.

Die Geschäftsführer sind das alleinige Vertretungs- und Geschäftsführungsorgan. Die Geschäftsführung in Kapitalgesellschaften umfaßt die Ausführung von Gesellschafterbeschlüssen, die Mitinhaber der Gesellschaft mehrheitlich fassen, die Leitung und die Buchführung. Lohnarbeiter sind von der Leitung der Geschäfte bei. allen Unternehmen auch bei Kapitalgesellschaften ausgeschlossen, sofern man die angestellten oder berufenen Geschäftsführer nicht als Lohnarbeiter ansieht. Die Mitbestimmungsgesetze geben unter bestimmten Voraussetzungen dem Lohnarbeiter das Recht in gewissen Fragen die Geschäftsleitung via Aufsichtsrat mitzukontrollieren.

4.2 Eine kleine Statistik

Die Masse der Mitbürger sieht und hört in der Öffentlichkeit meist nur etwas von den Großunternehmen mit mehr als 1000 Beschäftigten, wie Daimler-Benz, Siemens, Bosch, VW, Thyssen, Bayer, Hoechst, BASF u.a. Daß den ca. 1.560 Großunternehmen und ca. 33.000 größeren Unternehmen mit 100 bis 999 Beschäftigten, 650 000 Ein-Mann Unternehmen, ca. 1,6 Mio Kleinstunternehmer mit 2 bis 9 Beschäftigten, ca. 212.000 Kleinunternehmer mit 10 bis 19 Beschäftigten und 152.000 Mittelbetriebe mit 20 bis 99 Beschäftigten unter allen diesen Unternehmen 750.000 Handwerksbetriebe mit 4,8 Millionen beschäftigten Männern und Frauen gegenüberstehen, ist, zumindest was die Zahlen anbetrifft, meist unbekannt. Man weiß und hört zwar von Mittelstandspolitik, der Umfang der mittelständischen Unternehmen bleibt aber als Zahl offen.

Diese Zahlen zeigen, daß nach den Ergebnissen der Arbeitsstättenzählung 1987 von der Gesamtzahl der Unternehmen (2.581.171) nur 1,3% zu den Groß- und größeren Unternehmen zählen. Andererseits bieten diese 1,3 % aller Unternehmen 42 % aller Beschäftigten Arbeitsplätze. Der Blick der Mitbürger auf die Großunternehmen von der Zahl der Beschäftigten her ist berechtigt. Andererseits sind 55 % der Beschäftigen in Betrieben mit 1 bis 99 Personen tätig. Allein 1,5 Millionen arbeiten in Kleinstbetrieben mit 2 bis 9 Beschäftigten.

Rechnet man einmal Unternehmen bis zu 500 Beschäftigten zu den Mittelständischen, so beschäftigen die mittelständischen Unternehmer einschließlich der Zulieferer für Großunternehmer 66 % der Arbeitnehmer. Sie haben zwischen 1970 und 1987 für die Zunahme von Arbeitsplätzen gesorgt, während andererseits in Betrieben mit mehr als 1.000 Beschäftigten über 300.000 Arbeitsplätze verloren gegangen sind. Deshalb spricht man zu recht von einer notwendigen Mittelstandpolitik. Graf Lambsdorff[495] schreibt in seinem für den damaligen Regierungswechsel bedeutsamen "Konzept für eine Politik der Wachstumsschwäche und zur Bekämpfung der Arbeitslosigkeit" vom 9. September 82: Kleine und mittlere Unternehmen sind durch Kreativität, Wagemut, Anpassungsfähigkeit Träger des wirtschaftlichen und gesellschaftlichen Fortschritts.

---

495 Abgedruckt bei Schmölder a.a.0

Es geht mir hier nicht um die einzelnen Zahlen, Helmut Kohl sprach in der Regierungserklärung vom 25. April 85 von 1,8 Millionen Unternehmen und der Unternehmer Horst Möller[496] von ca. 1,9 Mio. "Firmen", zumal man die verschiedensten Zahlen liest, je nachdem für welche spezielle Interessen sie zusammengestellt werden, und mit welchen Begriffen z.b. Mittelstand man auf sich aufmerksam machen will. Es geht hier mir darum zu zeigen, daß es verschieden große Unternehmen gibt, und daß die Zahl der mittleren und kleinen größer ist als die der sog. Multis, andererseits aber etwa die Hälfte der Beschäftigten in diesen Unternehmen ihr Geld verdienen.

5. Unternehmen – Betrieb

Ein Unternehmen ist, wie schon gesagt, eine überwiegend juristisch umschriebene Wirtschaftseinheit, die festlegt, welcher wirtschaftliche Zweck am Markt durch Herstellung von Güter oder Erbringen von Leistungen verfolgt werden soll. - Markt ist dort, wo Geschäfte abgewickelt werden, wo jemand kauft und verkauft, wo über den Preis verhandelt wird. Das Ergebnis der Preisverhandlung entscheidet über die Verteilung der Waren und Dienstleistungen. Der wirtschaftliche Zweck wird arbeitstechnisch in Betrieben erfüllt, die ihrerseits eine organisatorische Einheit von Menschen und sachlichen Mitteln bilden.

Ein Unternehmen kann mehrere Betriebe haben. Man bezeichnet deshalb das Unternehmen als subjektive Wirtschaftseinheit im Unterschied zum Betrieb als objektive Wirtschaftseinheit. Wesentlich ist für die Beziehung Arbeit/Kapital der Betrieb, aber auch das Unternehmen ist nicht ohne Bedeutung für das, Verhältnis Kapital/Arbeit.

Die Unternehmen werden vom Unternehmer in Person (meist bei mittleren und kleinen Unternehmen) geleitet oder von Dritten, meist "Lohnarbeitern" geführt.

---
496 im Hamburger Abendblatt 29.5.88

Lohnarbeiter verstanden als abhängig arbeitende Personen ohne Unterscheidung, ob als Angestellter oder Arbeiter i.S. des Arbeitsrechts.

Rechtlich taucht in unseren Gesetzen der Begriff Unternehmer nur im BGB im Werkvertrag (§§ 631 ff) als der auf, der sich gegenüber dem Besteller zur Herstellung des Werkes gegen Vergütung verpflichtet und in den §§ 1 ff, 84 f HGB wo auf die Principaleigenschaft, Selbständigkeit und Handeln auf eigene Rechnung hingewiesen wird, sowie in 633 RVO, wonach "Unternehmer eines Betriebes derjenige ist, für dessen Rechnung der Betrieb geht." Ähnliches gilt im Steuerrecht. Der Begriff Unternehmer ist demnach generell nur unter dem Gesichtspunkt der Wirtschaft und der Wirtschaftsordnung und sozialer Beziehungen zu sehen und zu klären.

5.1 Zur Rolle des Unternehmers

Der Unternehmer als Leiter eines Unternehmens "unternimmt" etwas, er initiiert etwas und setzt es eigenverantwortlich durch.[497] Er muß Ideen und Tatkraft, auch Phantasie haben, um einen Plan zu verwirklichen, der zu einem Werk, zu einem gewerblichen, einem Dienstleistungs- oder einer anderen Unternehmung führt. Der Unternehmer, der Lohnarbeiter benötigt, muß mit diesen redlich und offen umgehen, muß sie als Mitmenschen sehen. (Die Redlichkeit ist auch im Bezug auf den Kunden nötig; man sprach früher vom "ehrbaren Kaufmann".) Er muß verschiedene Faktoren koordinieren und kombinieren um ein gesetztes Ziel zu erreichen. Seine Funktion ist, Dinge in Gang zu setzen, wie Schumpeter[498] sagt. Es ist mit Tausenden von Maschinen zu vergleichen, die alle ihren automatischen Regler haben.[499] Als Persönlichkeit muß er, so Gördeler in seiner Geheimen Denkschrift für die Generalität über die Notwendigkeit eines Staatsstreichs vom

---

497 s. dazu Hamer, Eberhard: Die Unternehmerlücke 1984 S. 28 ff
498 a.a.0. S. 215
499 Hazlitt, Henry: Über Wirtschaft und Mißwirtschaft; 1983; S. 103

26. März 1943, Unternehmergeist haben.[500] Er muß risikofreudig und bereit sein die Haftung für sein Tun zu übernehmen. Denn, so sagt Gördeler an anderer Stelle, "nur da wird verantwortlich gehandelt, wo jeder sein eigenes Risiko trägt, und es ihm nicht von anderen abgenommen wird".[501] Deshalb handelt er - als Einzelunternehmer unkontrolliert, soweit es sein wirtschaftliches Tun angeht.

Der Unternehmer stellt das Kapital. um einen Plan ausführen zu können, sei es, daß er Einkommensteile erspart hat, daß er gewonnen oder geerbt hat, sei es, daß er Kredite aufnimmt. Er beschafft mit diesem Geld die Betriebsräume -unter der Beachtung des günstigsten Standortes: Infrastruktur, ortsansässige Fachkräfte, Rohstoffbasis, Steuervorteile, billige Energie u.a. - und organisiert den Betriebsablauf. Bei dieser Organisation des Arbeitsablaufes und der Aufgabenteilung in Betrieben kommt es zu dem, was Max Weber[502] eine straffe "Autokratische Organisation" nennt, die, wie er weiter sagt: "auch ... bestimmte Hemmungen für eine dem individuellen Fall angepaßte Erledigung erzeugen kann." Weber[503] bemerkt weiter, daß wenn diese Organisation "Beamte", Bürokratie hervorbringt "einen Mann also, der nach Reglement und Befehl pflichtgemäß und ehrenhaft seine Arbeit abzuleisten gewohnt ist, dann ist er ... an der Spitze eines Privatbetriebes (nicht) zu gebrauchen."

Der Unternehmer sorgt weiter für Rohstoffquellen und produzierte Produktionsmittel, wie Maschinen, Fahrzeuge usw., letzteres durch Erwerb von Eigentum oder durch Verträge, die die Nutzung einräumen, erwirbt oder schafft besondere Rechte für das geplante Produkt, Patente, Gebrauchs- oder Geschmacksmuster, und - womit er sozial eine wesentliche Aufgabe übernimmt - stellt abhängige Lohnarbeiter ein, um über deren Arbeitskraft zu verfügen, um mit

---

500 Ritter, Gerhard: Carl Gördeler und die deutsche Widerstandsbewegung 1984, S. 608
501 Ritter a.a.O. S. 37
502 a.a.O. S. 562
503 a.a.O. S. 836

ihnen - auch unter Beachtung der Umwelt - die Unternehmensziele durch die Fähigkeit sie zu führen und Entscheidungen zu treffen erreichen zu können. (Heinrich Weiss, Präsident des BDJ sieht in der "richtigen Führung der Mitarbeiter" "heute vielleicht die wichtigste Aufgabe des Unternehmers".[504]) Er organisiert nicht nur den Abauf der geplanten Produktion (Logistik, Just-in-time Anlieferung von Zulieferern u.a.) hin zu qualitativ besten Leistungen, er denkt an Investitionen und an Innovation. D.h. er unterhält die Produktionsstätte, erneuert Verbrauchsgüter und sucht nach Neuerungen und neuen Produkten durch die einerseits rationeller hergestellt werden kann, die qualitativ besser und kostengünstiger sind, und andererseits den Kundenwünschen gerecht werden. Der Wettbewerb und die Gewinnlage zwingt ihn dazu. Dies alles ist nur durch fortlaufende Kapitalanreicherung möglich.[505]

Das Problem der Innovation, hin zu neueren, besseren, preisgünstigeren, zeitgemäßeren Produktionen oder Leistungen ist im Hinblick auf die schnelle technische Entwicklung von großer Bedeutung. Der Mitbegründer und Vorsitzender des japanischen Konzerns Sony, Morita[506], sagt zur Innovation "An dem Tag an dem eine Erfindung gelingt, beginnt man schon an ihrer Verbesserung zu arbeiten." An verschiedenen Stellen seines Werkes weist er auf die Notwendigkeit zur Innovation und den Innovationswillen als Triebfeder des Marktes hin. Bei einer Umfrage unter deutschen Unternehmern und Managern hielten 56,4 % der Befragten es für wichtig, daß das Unternehmen Produkt- und Verfahrensinnovation aufnimmt.

---

504 1nterview in WamS vom 19.4.92
505 Zitat, von Ludwig Erhard in: Wünsche, Horst Friedrich: Ludwig Erhards Gesellschafts- und Wirtschaftskonzeption 1981, S. 163
506 129Morita, Akio: Made in Japan 4. Aufl. 1988, S. 486

-191-

Rüdiger Proske[507] spricht davon, daß hochdifferenzierte Industriegesellschaften von Arbeit, Kapital und Innovation abhängen. Zur Notwendigkeit der Innovation hat der Vorstand der Siemens AG Karlheinz Kaske in einem Interview[508] gesagt, daß Siemens 50 Prozent seines Umsatz mit Produkten erziele, die jünger als fünf Jahre seien. "Wenn unserer Forschung und Entwicklung nicht rechtzeitig etwas einfällt, ist in fünf Jahren die Hälfte der Belegschaft arbeitslos." Hans L. Merkle spricht ebenfalls vom Unternehmer als Innovator.[509] Schumpeter sieht die Unternehmerfunktion noch krasser in Richtung "Innovation". Sie besteht für ihn darin, "die Produktionsstruktur zu reformieren oder zu revolutionieren." Und Miegel[510] schreibt, daß Ideen und Ideenreichtum moderne Industriegesellschaften vor ihrem Absturz bewähren. Er meint aber weiter, daß es eine Fehleinschätzung sei, wenn man innovative Kräfte als unerschöpflich ansähe.

Wenn Hamer[511] meint, daß mit der Betonung der Innovationsaufgabe des Unternehmers, die Mehrzahl derer, die man als Unternehmer bezeichnet, nicht mehr als solche bezeichnet würden, so mag dies de facto zutreffen, ist aber der Grund dafür, daß Unternehmer die nicht innovativ denken vom Markt verschwinden oder dafür, daß sie sich zwar "Unternehmer" nennen, aber Lohnarbeiter in ihrem Unternehmen für das "Unternehmen" innovieren. Denn: Innovation ist in gewissem Umfang Erfindergeist, der sich in Patentanmeldungen niederschlägt, die ihrerseits sich als Indikator für Marktmacht und Wirtschaftsstärke darstellen. Wenn die Patentanmeldung von deutschen Erfindungen laufend im Verhältnis zu Japan und USA zurückgehen, begründet

---

507 Die Grundlagen des Spätmarxismus Hrg. Rommel, Alois 1977 S. 110

508 Stuttgarter Zeitung v. 28.4.90
509 Merkle, Hans L.: Kultur der Wirtschaft 1988 S. 72.
510 Miegel, Meinhard: Leistung lohnt sich nicht in "Die Zeit" vom 1,5.3.91
511 Hamer, Eberhard: Die Unternehmerlücke 1984, S. 23

das z.T. auch den Rückgang des Wirtschaftswachstums in der Bundesrepublik Deutschland.

Auch die Parteiprogramme sprechen davon, daß Innovation "unverzichtbar" sei; so das der SPD im Hinblick auf "technische Innovation."

Der Unternehmer kalkuliert die marktgerechten Preise für sein Produkt, sucht die Kosten zu senken und zu Preisen zu kommen, die am Markt bestehen und die einen Gewinn gestatten, mit dem Investitionen und Innovationen getätigt werden können. Er ist bestrebt, daß das Unternehmen rentabel wird, ist und bleibt und nicht zuletzt, daß seine Arbeitnehmer, die Lohnarbeiter, ihr Entgelt erhalten und die Arbeitsplätze gesichert sind. Denn nicht das Unternehmen als solches, als Rechtsperson, sondern das Produkt zahlt die Löhne, die Produktion bestimmt die Löhne.

Zu recht sagt Mises[512] "im Kapitalismus werden die Löhne nicht von Leuten bestimmt, die einer anderen Klasse angehören als die, die die Löhne verdienen." Als Beispiel führt er an, daß nicht eine Filmgesellschaft die Löhne der Stars bezahlt, sondern der Kinobesucher. Er kommt zu dem Schluß: "Mit der Trennung von Unternehmern und Arbeitnehmern hat man eine Unterscheidung in der Wirtschaftstheorie getroffen, die es in Wirklichkeit nicht gibt. Der Arbeitnehmer und Arbeitgeber sind letzten Endes identisch." Er stützt damit unsere Auffassung: Arbeitskapital und Produktivkapital arbeiten gemeinsam zu dem Ziel zusammen: Ertrag für das Unternehmen zu erwirtschaften, von dem beide - und die Gesellschaft via Staat - leben. Ähnlich sagt von Bethinann[513], "Das kapitalistische System ist ein System mit Unternehmern, nicht ein System für Unternehmer."

---

512 Mises, Ludwig von; Vom Wert der besseren Ideen 1983 S. 20
513 Bethmann, Johann Friedrich, Freiherr von: Der verratene Kapitalismus 1984, S. 39

Der Unternehmer muß Wege zum Absatz der Produkte (Zielgruppen) finden und für das Produkt werben, indem er Interesse und Kauflust durch gezielten Einsatz verschiedener Medien weckt zu dem Ziel vorhandene oder geweckte Bedürfnisse aus der Produktion oder Leistung zu befriedigen. Diese Seite der Unternehmertätigkeit führt zunehmend dahin, daß der Verkauf zu einer wichtigen Funktion des Unternehmens geworden ist. Die Unternehmensstrategie geht oft dahin, daß die Herstellung einer Ware vom Verkauf bestimmt wird. Das führt zum Primat des Marketing. Werbung, Public Relations, Imagepflege bis hin zum mit dem Image des Unternehmens verträglichen Design für das Unternehmen und für dessen Produkte. Man arbeitet mit einem Logo für das, was man loswerden will. Die Möglichkeit zu verkaufen, Beobachtung der Käuferwünsche, Beeinflussung der Nachfrage und der Bedürfnisse der Konsumenten wird zum entscheidenden Faktum für das Unternehmen. Man sucht nach innen im Bezug auf die Mitarbeiter und nach außen im Hinblick auf den Markt, die "corporate identity". Information über die Medien und Werbung für das Produkt werden für Unternehmen ein wesentlicher Kostenträger, der seinerseits von ganzen Geschäftszweigen der Wirtschaft bedient wird.

Für den Unternehmer gilt es, um das Unternehmen erfolgreich zu führen, gute, auch neuartige Leistungen zu wettbewerbsfähigen Kosten und Preisen zu erbringen. Zu den Kosten gehören die verschiedensten Steuern an Bund, Land und Gemeinden. Die steuerlichen Belastung wird von den Unternehmern als zu hoch angesehen, auf Befragung durch Ifo im Frühjahr 92 beklagten 24 von 100 Industrieunternehmen die zu hohen Steuern. Vor allem auf den Export und den Wettbewerb mit ausländischen Unternehmen orientierte Unternehmen fordern eine Unternehmenssteuerreform, weil die steuerliche Belastung ausländischer Konkurrenten geringer sei. Eines ist sicher: generell schwächen Steuern die Wirtschaftskraft. Steuern entziehen dem Lohnarbeiter einen Teil der Kaufkraft, was sich auf die Wirtschaft auswirkt. Sie beeinflussen auch den Ertrag der Unternehmen, was zur Einschränkung der Investitionen und Innovation führt, es sei denn, es wird versucht die Steuerlast durch Preiserhöhungen aufzufangen, die ihrerseits inflationäre Folgen haben. Zu den Belastungen gehört auch das, was als "Last mit der Bürokratie" umschrieben wird. Damit ist der Verwaltungsaufwand gemeint, den die Unternehmen unbezahlt für den Staat leisten müssen: Berechnung und Überweisung von Sozialabgaben und Steuern, Statistiken und Meldungen an Behörden u.a. Diese Last bezeichnen 66 von 100 befragten Unternehmen als untragbar, 6 sogar als existenzbedrohend. Globus als Quelle beziffert die Kosten für diese Arbeiten 1989 auf 26 Milliarden Mark. Wobei diese Hilfsdienste, für den Staat die Unternehmen je nach Größe unterschiedlich treffen. Globus[514] hat errechnet, daß für Betriebe mit 1 - 10 Beschäftigten ein Zeitaufwand von ca. 28 Stunden und Kosten von 20,76 DM entstehen. Für einen Betrieb mit mehr als 500 Beschäftigten sind die Vergleichszahlen 2,4 Stunden und 172,- DM. Weitere Kosten sind u.a. die Löhne und Lohnnebenkosten, die nach den Grundlagen unternehmerischen Denkens, mit der billigsten Arbeitskraft zu profitablen Produkten, zu "hohe" Lasten sind. Die Lohnnebenkosten, die 1991 im Produzierenden Gewerbe auf je 100 DM direktem Arbeitsentgelt 83,80 DM betrugen, setzen sich zusammen aus gesetzlichen Nebenkosten - Sozialversicherung (Arbeitgeberanteil), bezahlte Feiertage, Entgeltfortzahlung bei Krankheit und tariflichen und betrieblich vereinbarten Nebenkosten - Urlaubsgeld, Sonderzahlungen, betriebliche Altersversorgung, Vermögensbildung, sonstige Nebenkosten. Hier ist anzumerken, wenn die Unternehmer die Höhe der tariflichen und betrieblich vereinbarten Kosten, die von ihnen selbst zu verantworten sind, durch ihre Unterschrift unter den Tarifvertrag oder die Betriebsvereinbarung eingehen, können sie sich über deren Höhe nicht beschweren. Obgleich von Unternehmen die zu hohen Löhne "beklagt" werden, hat z.B. Werner von Siemens neben der Lohnzahlung für seine Arbeitnehmer 1872 eine Pensions- Witwen-Waisenkasse eingerichtet die aus Erträgen des Unternehmens gedeckt wurde. Ähnlich verhielten und verhalten sich Abbe,

---

514 WamS .18 . 3 . 90

Krupp, Bosch u.a., die u.a. auch Arbeitersiedlungen errichteten. Diese Einrichtungen charakterisiert Krockow[515] dahin: es handele sich um patriarchalische Fürsorge, "sozusagen nach Gutsherrenart; die Mündigkeit der Betreiber war keineswegs gemeint." Wie weit diese Überlegungen zutreffen, wenn man liest, daß nach Erhebungen des statistischen Bundesamtes bis zum 31. Dezember 1991 fast 35 Prozent der Unternehmen mit drei und mehr Beschäftigten (ohne Landwirtschaft und Öffentlichen Dienst) eine betriebliche Altersversorgung eingerichtet haben, ist zweifelhaft zumal wenn man weiter liest, daß rund 47 % aller Arbeitnehmer dieser Firmen bereits eine Versorgungszusage haben oder können verbindlich mit einer rechnen. Diese betriebliche Altersversorgung ist abgesichert, durch das Gesetz zur Verbesserung der betrieblichen Altersversorgung vom 19. Dezember 1974. Außer Altersversorgung haben Unternehmer Gewinnbeteiligungen und andere Regelungen gefunden, um den Lohnempfänger am Ertrag der Unternehmer teilnehmen zu lassen.

Der Unternehmer muß das erfüllen, was Nixon vom Staatsmann sagt: er braucht die Perspektiven von der Bergspitze zu blicken. Winston Churchill[516] soll den Unternehmer so definiert haben "Es gibt Leute die halten ihn für einen räudigen Wolf, den man totschlagen muß, andere für eine Kuh, die man ununterbrochen melken kann. Nur wenige sehen in ihm ein Pferd, das den Karren ziehen muß." Auch insoweit ziehen" muß, als seine Leistungsfähigkeit einerseits und sein Versagen andererseits für die Mehrheit der in seinem Unternehmen Mitarbeitenden, mögen sie auf ihrem Posten noch so tüchtig sein, ausschlaggebend für Überleben und Untergang ist, d.h. vom Unternehmer ist soziale Sensibilität gefordert.

---

515 Krockow, Christian Graf von: Die Deutschen in ihrem Jahrhundert 1890-1990, 1990, S. 32
516 Zit. nach Peter, Karl: Neuzeitliche Gesellschaftsverträge und Unternehmensformen 1970, S. 53 Anm. 1

Zusammengefaßt: Nach einer Entscheidung des RG vom 16. Juni 43[517] ist das Unternehmen eine Organisation, "durch welche körperliche Sachen und Rechte, aber auch Umstände, die weder körperliche Sachen noch Rechte sind, z.B. Lage, Beruf, Kenntnis der Bezugsquellen usw. einem wirtschaftlichen Zweck dienstbar gemacht werden." Art. 11 Abs.2 des Vertrages über die Schaffung einer Währungs-, Wirtschafts- und Sozialunion zwischen der Bundesrepublik Deutschland und der Deutschen Demokratischen Union (Staatsvertrag) spricht dem Unternehmer "freie Entscheidung" zu "über Produkte, Mengen, Produktionsverfahren, Investitionen, Arbeitsverhältnisse, Preise und Gewinnverwendung" zu. Das gemeinsame Protokoll über Leitsätze, die in Ergänzung zum Staatsvertrag vereinbart wurden, stellen diese Entscheidungen frei von Planvorgaben.

Das alles besagt, daß der Unternehmer die verschiedensten Faktoren zusammenfaßt um ein Produkt oder eine Leistung zu erbringen und veräußern zu können. Er stellt im Endeffekt das "Werkzeug" (den organisierten Betrieb) in dem und mit dem der Lohnarbeiter beschäftigt ist.[518] Man wird weitergehend, neben dem eigentlichen Unternehmenszweck hinzunehmen müssen, die das Unternehmen übergreifende Mitverantwortung für die Gesellschaft, die Stützel[519] darin sieht, daß der Unternehmer nicht zuletzt auch zugunsten des Betriebes Einfluß nimmt auf Bauplanung, Umweltschutz, Verbände, Parteien u.a.; was besagt: er muß politisches Gespür entwickeln. Dieses "Gespür" kann auch zu weit gehen, wenn man bedenkt, das alle Unternehmensverbände, es sind 1512 verschiedene Verbände, die in der offiziellen Bonner Lobby-Liste registriert sind, versuchen Gesetze zu beeinflussen und mit ihren Vertretern im Bundestag sitzen. In dessen Handbuch geben manche Parteivertreter an bis zu 12 Vertreter-Mandate zu haben. Das Problem "Lobby" ist bei der Streichung von Subventionen

---

517 RGZ 170, 292
518 s.dazu Kronberger Kreis: Mehr Mut zum Markt 1984, S. 278
519 Stützel, Wolfgang: Marktpreis und Menschenwürde 1981, S. 100f

besonders deutlich geworden. Streichungen: ja, aber jeweils bei den anderen Bezieher dieser Gelder, nicht bei uns. In diesem Zusammenhang sind Äußerungen des Präsidenten des Bundesverbandes der Deutschen Industrie (BDI), Heinrich Weiss, interessant, die dieser in einem Interview mit dem Hamburger Abendblatt[520] gemacht hat. Er sagte: "Es gibt eine enge Zusammenarbeit in Sachfragen zwischen den Abteilungen des BDJ und der Bonner Administration. Ich glaube, daß hier ohne lobbyistischen Druck durch fachlichen Austausch eine ganze Menge Sachargumente einfließen." Wenn auch ohne Druck, aber das Faktum, daß der BDI zu mächtig ist, um ohne Folgen für die Administration übersehen zu werden, schafft Zugang. Und der fachliche Austausch wird sich überwiegend auf Sachargumente beziehen, die unter Unternehmerinteressen gesehen werden.

In diesem Zusammenhang – Fähigkeiten und Aufgaben eines Unternehmers - ist der Fehlerkatalog interessant, der an der Universität Köln zusammengestellt wurde. Zu der Frage: woran junge Unternehmer scheitern. Es heißt da: zu geringe kaufmännische Kenntnisse, Finanzierungsschwächen, fehlerhafte Buchführung und mangelnder geschäftlicher Durchblick, ungenaue Kalkulation, veraltete technische Ausrüstung, unzureichende Planung, zu üppige Geldentnahmen, zu hohe Verwaltungskosten, ungeeignete Mitarbeiter, Fehleinschätzung der Marktentwicklung, mangelnde Anpassung an die Konjunktur, fehlender Überblick und Organisationsfehler bei raschen Wachstum des Unternehmens, Negative die besagen: der Unternehmer ist ohne Hilfen oft nicht in der Lage wirtschaftliche Fragen zu lösen. Hilfen, die er aus Beratungen durch seinen Verband (IHK, Handwerkskammer u.a.) gewinnen kann, für die er außerbetriebliche Berater - (Zunahme des Berufs der sog. Betriebsberater) - oder durch versierte Mitarbeiter erhält.

---

520 11/12.1.92

Das Unternehmen kann ohne finanzielle Mittel, ohne Kapital, nicht in Gang gesetzt und erhalten werden. Der Unternehmer muß bestrebt sein, daß die Firma erfolgreich ist, Erträge erzielt, Gewinne macht. Das Unternehmen, das Kapital, trägt ein Risiko: Verlust des Eigenkapitals, Verzinsung und Amortisation des Fremdkapitals, Abschreibung auf und Erneuerung von Produktionsmitteln und ... auch Konkurs. Man wird generell sagen können, daß der Unternehmer, weil er für seinen Kapitaleinsatz das alleinige Risiko für Erfolg und Mißerfolg, das Unternehmerwagnis trägt, gezwungen ist mit besonderer Verantwortung zu handeln um das angelegte Kapital zu nutzen, und Profite zu machen, etwas zu erwerben. Wie gesagt, aber auch im Interesse der Lohnarbeiter, die mit ihrer Arbeitskraft das Unternehmen in Gang halten.

Ziel des Unternehmens ist letztendlich dessen Stabilität und Ausdehnung. Diese Ausdehnung kann als gesichert angenommen werden, wenn ein Bedarf für die erbrachte Leistung vorhanden, der Preis marktgerecht, die Qualität gewährleistet und fortdauernd sichergestellt ist. Denn: das Unternehmen lebt von der Nachfrage und von Gewinnen. Gewinne werden überwiegend nicht allein durch Preiserhöhungen, was z.T. der Wettbewerb verbietet, sondern durch Kosteneinsparungen - oft zu Lasten der Arbeitnehmer durch Wegfall von Arbeitsplätzen, in erster Linie von wenig oder nicht ausgebildeten Arbeitskräften -und durch produktionssteigernde Maßnahmen erzielt. Sie sind nötig, um Investitionen und Innovationen zu tätigen, um Forschung und Entwicklung zu betreiben.

5.2 Der Gewinn und die Rolle der Gewerkschaften

Besonders die Gewerkschaft spricht von übertriebenen Gewinnen und benutzt diese Behauptung bei Tarifverträgen X % Lohnerhöhung als Umverteilungszuschlag anzusetzen.

Es ist nicht zu bestreiten, daß es Unternehmen gibt von denen es in den Medien heißt, daß sie in der Zeit von 1983 -1990 glänzende Gewinne gemacht hätten. Es ist andererseits auch nicht zu bestreiten, daß kleine und mittlere Betriebe nicht über 3 % Gewinn vom Umsatz kommen. Viele Einzelhändler werden mit ihrem Durchschnittsgewinn unter dem Lohn eines Facharbeiters liegen.

Die Gewinne sind aber in den seltensten Fällen in die eigene Tasche des Unternehmers oder in spekulative Anlagen oder Beteiligungen in fremden Unternehmen geflossen. Sie wurden zu einem großen Teil in Investitionen u.a. gesteckt. Die Investitionen nahmen seit 1983 bis 1990 parallel zur steigenden Ertragskraft zu, was auch zu einer Zunahme der Zahl der Erwerbstätigen führte. Es darf aber nicht übersehen werden, daß Großunternehmen einen Teil ihrer Investitionen im Ausland tätigten, um dort kostengünstiger produzieren zu können. So gab der Bosch-Chef Bierich[521] bei der Vorlage des Jahresabschlusses 1987 bekannt, daß ein Teil der Produktion, nicht zuletzt wegen der Lohnkosten nach Portugal. verlagert würde. Das bedeute, daß nur 78 % der gesamten Investitionen 1987 im Inland getätigt wurden, 1988 nur 75 %.

Aber gleichgültig, ob der Unternehmer den Gewinn investiert oder in andere, (innerdeutsche) Unternehmen steckt (was nicht unproblematisch sein kann) oder damit seine eigene Produktion erhöht, er verbessert damit die Beschäftigungslage[522] womit gesagt ist, wann der Gewinn nicht nutzbringend für die Gesellschaft angelegt wurde.

Ob Geldgier, wie Sombart[523] meint, das oder ein Motiv für das Unternehmen ist, ist m.E. von den Leitern des Unternehmens abhängig. Eher ist als Beweggrund der

---

521 Stuttg. Zeitung 7.7.88
522 Hazlitt, Henry: Economics! 1983, S. 52f
523 Der Bourgois; zur Geistesgeschichte des modernen Wirtschaftsmenschen1913; S. 24, 44

gesunde Egoismus, sich zu beweisen, selbständig zu sein, zu erobern, Erfolg zu haben, anzusehen. Ich kenne einen erfolgreichen Unternehmensleiter, der human und gerecht zu seinen Mitarbeitern war, der besondere Leistungen honorierte, der sich aber nicht scheute zu erklären: "Ich nehme die Last des Unternehmens auf mich, weil es meiner Familie gutgehen soll." Familie begreift der Unternehmer mit ein, der die Lebensqualität erwartet, die er für "gut" hält. D.h. Egoismus, Eigennutz. Aber, nach dem über sein Verhalten zu den Lohnarbeitern gesagte, ein Egoismus, der nicht über Leichen geht, der nicht mehr will als er darf also ethisch begrenzt ist, der den unter seiner Leitung arbeitenden Menschen gelten läßt. Der auch weiß, daß sein Unternehmen nicht nur ihm und der Familie und den in ihm beschäftigten Menschen dienen soll, sondern mit den hergestellten Produkten die Bedürfnisse der Mitglieder der Gesellschaft in bestmöglicher Form befriedigt, daß die Leistung des Unternehmens dem Gemeinwohl. zugute kommt, eine soziale Komponente hat.

Diese Komponente unterstrich dieser Unternehmer noch dadurch, daß er und seine Mitarbeiter auf Kosten des Unternehmens in öffentlichen und wirtschaftlichen Einrichtungen und Verbänden aktiv an allgemeinen gesellschaftlichen, sozialen und wirtschaftlichen Fragen und Problemlösungen mitwirkten.

Auch ein Unternehmer, aber nicht der Unternehmer, der nach gängiger Meinung nur an sich denkt. Eine Meinung, der ich nicht zustimme, trotzdem aber meine, die Wirtschaft wird durch Egoismus angetrieben,[524] oder wie Rüdiger Pohl in einem Interview[525] meint: "Ohne Eigennutz des Menschen geht es nicht." (Es bezogen auf die Wirtschaft.) Aber, so sagt er weiter "Man muß ihm (dem Eigennutz) Grenzen setzen.""

---

524 s.dazu Bethmann, Johann Philipp Freiherr von: Der verratene Kapitalismus 1.984, S. 18
525 Die Zeit 8.12.89

Die sozial/ökonomische Komponente z.b. die Verpflichtung zur Sauberhaltung der Umwelt, eine Pflicht die heute von niemanden mehr bestritten wird, ist allerdings von vielen Unternehmen noch nicht voll erkannt oder wenn sie erkannt ist, meint man die Produktionsweise des eigenen Unternehmens läßt Umweltschäden unvermeidbar sein oder Aufwendungen, die für das, Vermeiden von Schäden nötig seien, seien untragbar.

Man ist überrascht, wenn man hört, daß ein früherer Chef eines der größten Unternehmen der Bundesrepublik beklagt haben soll, daß "unvermeidliche Risiken" der industriellen Produktion einseitig den Unternehmen auferlegt würden. Er soll für die Unternehmen nicht anwendbar die Stichworte "Gefährdungshaftung" und "Produzentenhaftung" genannt haben. Letztendlich alles von ihm subsummiert unter der Frage, ob zur sozialen Marktwirtschaft möglicherweise der Mut fehlt." Bei dieser Einstellung verwundert es nicht, wenn derselbe Mann in einem unter seinem Namen erschienenen Buch schreibt, daß der Unternehmer weder ein Altruist noch ein Wohltäter ist. "Vielmehr hat er in erster Linie seine Produktion nach den Grundsätzen höchster Wirtschaftlichkeit zu organisieren." D.h. der Ertrag muß entsprechend sein, auch wenn bei der Produktion "unvermeidliche" Risiken eingegangen werden. Die deliktische Produzentenhaftung nach § 823 BGB reicht zur Vermeidung der hier gemeinten Risiken, die sich nicht auf die Funktion des Produktes, sondern auf das Produkt als solches und seine Herstellung beziehen, nicht aus.

Selbst wenn man anerkennen muß, daß nicht nur für die Wirtschaft, sondern auch für die Gesellschaft die unterschiedlichsten Produkte aus den verschiedensten Gründen - Gesundheit, Hygiene, Arbeitserleichterung, höhere Lebensqualität u.a. - wenn nicht unbedingt notwendig, so doch zweckmäßig sind, so ist doch das Unternehmen für das verantwortlich, was es herstellt. Ein Risiko, das man als solches erkennt ist immer "vermeidlich." Es muß vermieden werden, wenn gesehen wird, daß mit dem Eingehen auf dieses Risiko nicht nur das

Unternehmen, sondern auch die Gesellschaft geschädigt wird. In dieser Richtung hat sich der Daimler-Chef Reuter[526] im Bezug auf sensitive Güter geäußert. Wenn ein Gesetz fehlt, das den Export solcher Güter verbiete, müsse der Unternehmer die "restriktive Entscheidung" fällen.

Es gibt jetzt das Produkthaftungsgesetz. Es soll Abhilfe schaffen. Hier wird das Produkt als solches hinsichtlich seiner Risiken unter die Lupe genommen. So wie Eisenbahn und Fluglinien, die wichtig für die Gesellschaft sind, wissen, daß in -ihrem Betrieb Gefahren stecken, auf die der Benutzer keinen Einfluß hat und die auf Null zu stellen sind, kraft Gesetz bereit sein müssen für diese Gefahren zu haften, sollte es selbstverständlich sein, daß die Industrie für die Produkte und Herstellungsverfahren haftet, von denen sie weiß, daß für deren Nutzung "unvermeidliche Risiken" eingegangen werden. Ja, noch ein Schritt weiter müßte die Industrie gehen; sie sollte Risiken, die sie glaubt nicht vermeiden zu können, als solche, eben als Risiken von staatlichen Prüfungsstellen wie TÜV auf ihre Verträglichkeit für die Gesellschaft untersuchen lassen.Wird sie mit dem Produkt und der Herstellung abgewiesen, hat die Produktion zu unterbleiben.

Der Egoismus des Unternehmers ist der Vorwurf gegen das Kapital: überhöhte, von den Kosten her unbegründete Profite - und Erträge allgemein - kommen nicht dem Unternehmen z.B. als Liquiditätsreserve zu gute oder werden nicht zu Investitionen oder Innovationen verwendet, sondern werden auf das eigene Unternehmen bezogen unproduktiv in Anleihen und Beteiligungen angelegt, aus denen Zinserträge erzielt werden, die ihrerseits dem Unternehmer (z.B. bei AGs dem Aktionär als Dividende) zufließen. Diese Zinserträge sind mitunter höher als die Erträge aus der Produktion der Unternehmen. Hier wird - abseits vom produzierenden Unternehmen und ohne soziale Bindung - Geld aus Geld gemacht. Es gibt dafür Beispiele.

---

526 Stuttg. Ztg. 7.7.89

Gewiß: auch diese außerhalb des Unternehmens angelegten Gelder, können dem Unternehmen als solchem dienen. Sie können Rücklagen für Liquiditätsengpässe, für den Aufkauf weiterer Unternehmen sein oder auch Reserven um im Ausland zu produzieren und vom Wechselkurs der DM bei der Ausfuhr der Inlandproduktion unabhängiger zu werden, können der Diversifikation des Unternehmens dienen. Aber, sie werden dem Verhältnis Arbeitskapital/Produktivkapital, dem Betrieb, entzogen. Generell und im Hinblick auf das Gemeinwohl besteht dadurch die Gefahr von einer gewerbetreibenden Wirtschaft zu einem Rentnertum[527] zu verkommen, das sich scheut zu investieren und zu innovieren.

Der Unternehmer hat in verschiedenen Vermögensarten - Anlage- und Umlaufvermögen, bei der Gründung und bis zum Verkauf der ersten Produkte auch für den Lohn der Arbeiter – Kapital eingesetzt; sei es aus eigenen vorhandenen Mitteln (Eigenkapital) sei es aus aufgenommenen Krediten (Fremdkapital).

Für das Eigenkapital - daß Kredite, Fremdkapital, verzinst werden müssen, versteht sich von selbst, welche Bank verzichtet auf Zinsen - rechnet der Unternehmer mit einer Verzinsung, so wie jeder, auch der Arbeiter, der Geld, also eigene Mittel auf einer Bank oder Sparkasse, festlegt, Zinsen erwartet. Für eigene vom Unternehmen genutzte Grundstücke erwartet der Unternehmer eine kalkulatorische Miete, so wie der Arbeiter für eine in seinem Eigenhaus vermietete Wohnung Mietzins fordert.

---

527 Sombart, Bourgois S. 345

Dem Inhaber des Unternehmens soweit er für das und in dem Unternehmen, wie ein Lohnempfänger seine Arbeitskraft einsetzt, steht ein seiner Leistung entsprechendes Entgelt zu.

Ob, neben den Zinsen für eingesetztes Eigenkapital, vom Unternehmer geforderte generell gutzubringende Risikoprämie bezogen auf das insgesamt eingesetzte Kapital und neben den Zinsen zu erstatten ist in dieser Form unbegründet.[528] Ob und wieweit die Risikoprämie bei der Verzinsung des Eigenkapitals zu berücksichtigen ist, so wie Banken bei risikobeladenen Krediten höhere Zinsen fordern, wäre dem Grunde nach verständlich. Aber: Lohnempfänger und Unternehmer tragen beide ein Risiko, wenn die Geschäfte nicht so gehen, daß das Unternehmen überleben kann. Der eine verliert seinen Arbeitsplatz, sein Arbeitskapital liegt zumindest zeitweise brach, der andere verliert sein Vermögen, das Produktivkapital. Zu überlegen wäre im Interesse beider Parteien als weitere Möglichkeit der Abdeckung des Risikos eine Rückstellung, eine Marktreserve, die beide belastet, aber der Deckung von Verlusten des Unternehmens wiederum beiden dient. Eine solche bedürfte interner Abmachungen oder gesetzlicher Regelung. Alle Aufwendungen, Löhne und deren Nebenkosten, Gesamtkosten, Verzinsungen, Gehalt des Unternehmers sind aus dem Unternehmen zu bestreiten, dazu der Teil, den ich Marktreserve nenne und der im Aktienrecht mit gesetzlicher Rücklage bezeichnet wird.. Mit dieser Marktreserve sollten Unterbilanzen, aber auch Fehlplanungen und außergewöhnliche Schäden gedeckt werden.

Zwei dem Unternehmen zugestandene Einnahmen - Verzinsung des eingesetzten Kapitals und Höhe der Arbeitsvergütung - tragen zur Spannung zwischen Kapital und Arbeit bei. Desgleichen interessiert unter dem Gesichtspunkt Arbeitskapital

---

528 Glück a.a.O. S. 139 bezeichnet sie als "dubios."

und Produktivkapital schaffen gemeinsam das Produkt, den Lohnempfänger, der Gewinn und seine Verwendung.

Die Auffassung, daß die Produktionsmittel Eigentum des Unternehmers sind, daß er allein etwas im geschilderten Sinne unternimmt, daß die in den Produktionsmitteln steckende vergangene oder tote Arbeit, wie Marx sagt, sich als Kapital des Unternehmens darstellt und damit Herrschaft über die Arbeit, die Arbeitskraft, der mit den Produktionsmitteln arbeitenden Menschen ausübt, besteht. Das Unternehmen beansprucht für sich das Monopol allein entscheiden zu können. Edzar Reuter als ehemaliger Vorstand von Daimler-Benz hat sogar zugestanden, daß der Einfluß den jede Unternehmung kraft ihrer Existenz unausweislich hat, in bedenkliche, gar in gefährliche Macht umschlagen kann.

Mit recht spricht Braverman[529] davon, daß die vom Unternehmen ausgeübte Herrschaft sich als physische Tatsache darstellt und sich steigert, je mehr der Arbeiter "dem Joch der Maschinen" unterworfen wird. Der Unternehmer vernachlässige nicht nur, sondern übersieht, daß der Arbeiter kein Objekt, sondern Mensch ist und als solcher seine persönliche Freiheit gewahrt sein muß. Er würde die Würde des Menschen mißachten, wenn er ihn gegenüber den statischen Sachen - Maschinen, Rohstoffen - hintanstellt.

Diese Herrschaftsmacht führt bei vielen Unternehmern und Managern zur Selbstüberschätzung. Ihr Tun erscheint ihnen in besonderem Lichte. Wie absolute Kaiser und Könige meinen sie sich mit besonderem Pomp umgeben zu müssen, mit besonderer Aufmachung repräsentieren zu müssen, haben sie im Verwaltungsgebäude des Unternehmens einen gesonderten Fahrstuhl für sich, essen sie in der Kantine mit ihren nächsten "Untertanen" im gesonderten Speiseraum am gedeckten Tisch mit Bedienung. Sie fahren die teuersten Wagen.

---

[529] a.a.O. S. 177/9

So gut wie nie produzieren sie selbst. Sie geben vor zu organisieren, zu kontrollieren und beanspruchen Gehälter die ein Zehnfaches der Entgelte derer ausmachen, die herstellen. (Nur sehr selten hört, man, daß bei angespannter "Finanzlage" eines Unternehmen das Gehalt des Firmenchefs oder bei Gesellschaften der Vorstandsmitglieder gekürzt wird. Anfang 1992 vermeldeten die Zeitungen, daß bei IBM solche Kürzungen vorgenommen seien, ohne daß das Aufmerksamkeit geweckt hätte.) Sie beanspruchen das Recht über ihnen zum Teil - nicht gehörende Gelder zu verfügen und über das Schicksal vieler Untergebener zu entscheiden.

Die Selbstgefälligkeit führt dahin, daß die Moral hintangestellt wird. Selbst dann, wenn der einzelne zusammen mit anderen entscheidet, scheut er sich nicht contra legem zu handeln. Sei es bei Wettbewerbsmaßnahmen, sei es durch Steuerhinterziehungen, Bestechungen oder illegale Spenden an die politischen Parteien.[530]

Hierher gehört auch die Art der Ausübung der Macht, die über die sog. Lobby, sei es die einzelner Unternehmen, seien es die der Verbände, in die Unternehmen bestimmter Branchen zusammengeschlossen sind auf die politischen Parteien ausüben.

Wenn sich das Unternehmen Herrschaft zurechnet, so dürfen sie sich der Verantwortung für die von ihnen, wie sie meinen de facto Abhängigen nicht entziehen; für den, den sie "unter Vertrag" genommen haben. Diese Verantwortung ist ethischer Art. Der Unternehmer muß sein Handeln danach einrichten, daß es gegenüber dem "Abhängigen" gerechtfertigt werden kann und es muß - auch gegenüber der Gesellschaft - vertretbar sein.

---

530 Anmerkung: es gibt, wie bei jedem Verhalten der Menschen, Ausnahmen, anders Denkende.

Wie weit diese Herrschaft im Hinblick auf das vom Lohnabhängigen eingesetzte Arbeitskapital, auf das gemeinsame Ziel, die -Produktion, gerechtfertigt ist, und wie das Verhältnis Kapital/Arbeit auf Grund unserer Erkenntnisse "gerechter" nämlich richtiger zu gestalten ist, wird uns beschäftigen müssen. Wir dürfen nie vergessen, daß Gerechtigkeit, vor allem soziale Gerechtigkeit, Gleichheit und Freiheit "edle, humane Ziele" sind.[531]

Wir haben versucht die Situation des Unternehmens zu umschreiben, so wie sie heute generell als gegeben angesehen wird, und wollen im folgenden die Formen in denen es in der Öffentlichkeit auftritt, darstellen. Ein Unternehmen muß in der Gesellschaft in bestimmten Rechtsformen tätig werden, die gesetzlich Rechte und Pflichten festlegen. Wegen der Vielfalt der Rechtsformen ist im vorn herein zu erkennen, daß es ein einheitliches Bild über die rechtliche Seite der Unternehmen nicht gibt: Dabei haben wir nur das private Unternehmen im Auge. Vom öffentlichen, von öffentlichen Körperschaften betriebenen und von gemischt wirtschaftlichen Unternehmen, die unter dem Einfluß öffentlicher Körperschaften stehend, selbständig sind, soll nicht die Rede sein, obgleich die Zahl dieser Unternehmen oder die Beteiligung der Öffentlichen Hand an privaten Unternehmen erheblich ist. Auch der wirtschaftliche Einfluß solcher Unternehmen, man denke z.B. an die Bahn, ist wesentlich. Die Problematik der staatlichen Beteiligung am Wirtschaftsleben ist mit dem Stichwort Reprivatisierung umschrieben. - Die 808 mittelbaren und unmittelbaren Beteiligungen der öffentlichen Hand an Unternehmen, die 1982 bestanden sind bis 1991 auf 381 zurückgegangen. Der Bund hat seit 1983 aus den Verkäufen solcher Beteiligungen ca. 10 Milliarden eingenommen und betreibt weitere Privatisierung seiner Beteiligungen. Hintergrund der Auflösung Öffentlicher Unternehmen: sie passen nicht in die Marktordnung und schaffen staatlichen Einfluß auf die Wirtschaft.

---

531 Bullock, Alan: Hitler und Stalin 1992 S. 556

Auszunehmen sind solche Unternehmen, von denen Güter und Dienste angeboten werden, nach denen Bedarf besteht, die aber aus irgendwelchen Gründen von Privaten nicht erstellt werden. Das sind öffentlich-rechtliche Unternehmen, bei denen Bund, Länder und Gemeinden in der Verantwortung für das Gemeinwohl, diese Aufgaben übernehmen, obgleich auch für einen wesentlichen Teil dieser Aufgaben - hier ist z.b. die aufgeteilte Bundespost zu nennen sich zeigt, daß sie privatisiert werden könnten. Man denke daran, daß der Verkehr nicht mehr allein durch die Bahn bewältigt wird. Man kann auch Straßen privat bauen lassen und mit Mautgebühren belegen.

6. Ausgewählte Rechtsformen

Das private Unternehmen ist die finanzielle und rechtliche Organisation, die unter einer Benennung, dem rechtlich geschützten Firmennamen, am Wirtschaftsleben mit einem oder mehreren Betrieben teilnimmt. (Wir benutzen den Begriff "Betrieb" in Kenntnis dessen, daß häufig zwischen Unternehmen und Betrieb nicht unterschieden wird. Unternehmen und Betriebe sind zwei Seiten einer Einheit. Eine Unterscheidung, die - bei der rechtlichen Durchdringung einer Firma - sich in der Unternehmensverfassung (dazu die Mitbestimmungsgesetze aus den Jahren 1951 und 76) und der Betriebsverfassung (dazu das Betriebsverfassungsgesetz von 1972) wiederfinden; Begriffen, die für die Verbindung und Einbindung von Kapital und Arbeit bedeutungsvoll sind insoweit, als den Arbeitnehmern auf jede der Verfassungen unterschiedliche gesetzlich geregelte Einflußnahmen zur Verfügung stehen.)

Ein Unternehmen kann einer oder mehreren natürlichen Personen oder einer juristischen Person zu Eigentum gehören. Juristische Person ist die

Zusammenfassung von Personen und Sachen zu einer rechtlich geregelten Organisation, der die Rechtsordnung Rechtsfähigkeit verliehen und dadurch als Träger eigener Rechte und Pflichten verselbständigt hat.[533]

Als natürliche Personen sind die Betreiber eines Unternehmens, die für das Unternehmen als ganzem Verantwortlichen, auch Eigentümer des Unternehmens. Man spricht deshalb in diesem Fall vom Eigentümer-Unternehmer, der von der Konstruktion her grundsätzlich kein fremdbestimmter Kapitalträger ist. Grundsätzlich, insofern er nicht mit Fremdkrediten, d.h. mit Geld von dritter Seite meist von Geldinstituten oder durch sog. stillen Teilhabern belastet ist und dadurch der Kreditgeber oder der Dritte direkt oder indirekt den Gang des Unternehmens zumindest beeinflußt oder gar bestimmt. Die Deutsche Bundesbank hat 1991 festgestellt, daß jeder vierte Unternehmer aufgrund von Kapitalmangel pleite geht. Der Einfluß der Geldinstitute von der Kreditingabe, über die Höhe der Zinsen bis zur direkten Mitwirkung (Beteiligung) oder indirekten Mitwirkung (Beratung oder direkte Mitwirkung über Beiräte) kann im Rahmen dieser Arbeit nur angedeutet werden. Was die Arbeit, das Verhalten der Banken, die Zinsgestaltung angeht, sind die Banken laufend Angriffen ihrer Kunden und der Öffentlichkeit ausgesetzt, so daß der Bundesverband der Deutschen Banken beim Verband eine Beschwerdestelle eingerichtet und zudem einen Ombudsmann ab 1. Juli 1992 bestellt hat, der den Streit zwischen Bank und Kunden schlichten soll. Eine Einrichtung, die unterschiedlich beurteilt wird.[534]

Der Eigentümer-Unternehmer sollte alles das betreiben was wir beispielhaft als Aufgabe eines Unternehmers umschrieben haben. Er sollte risikobereit, führungsfähig, entscheidungsbereit, durchsetzungsfähig, wirtschaftlich kreativ

---

533 Palandt a.a.O. Einf. von § 21 Ziff. 1

534 s. dazu Artikel von Udo Perina in "Die Zeit" vom 3.4.92

sein. Hamer nennt ihn deshalb Risiko-Unternehmer.[534] Er setzt seine Arbeitskraft meist im Unternehmen und Betrieb produktiv ein. Der ehemalige Bundeskanzler Schmidt sprach deshalb in einem Interview von diesen Unternehmern als Schwerarbeitern.[535]

Der Eigentümer-Unternehmer haftet Dritten gegenüber mit seinem gesamten Vermögen, auch mit dem Privatvermögen. Er ist "Arbeiter" im Unternehmen - aber nicht Arbeitnehmer i.S. des BVG § 5 - der mit seiner Arbeitskraft, genau wie die übrigen Arbeitnehmer im Unternehmen, eine in Geld abzufindende Leistung erbringt, der einen "Arbeitslohn" verdient, mit dem er, wie ein Arbeitnehmer, seine Bedürfnisse befriedigen kann. Ob dieser "Arbeitslohn" die gerechte Verzinsung des eingesetzten Arbeitskapitals des Unternehmers, also das ihm vom Erlernten, von seiner Ausbildung, seinem Können und seiner effektiven Leistung her "Zustehende" und Angemessene ist, ob das Entgelt für den Unternehmer, der sich den "Lohn" z.B. als eine Art "Geschäftsführergehalt" selbst zuteilt, angemessen und gerecht im Verhältnis zur Vergütung der abhängigen Lohnempfänger im Unternehmen ist, ist wie schon gesagt problematisch. Darüber hinaus steht dem Unternehmen der Gewinn zu, wenn der Ertrag die Kosten übersteigt, und ihn trifft der Verlust, wenn der Ertrag hinter der Aufwendung zurückbleibt. Der Gewinn - und der Verlust - spielt im Verhältnis Kapital und Arbeit eine besondere problemhafte Rolle.

Soweit die Unternehmen in der Form der Personengesellschaft, als Offene Handelsgesellschaft (OHG.) oder als Kommanditgesellschaft (KG.) auftreten und die persönlich haftenden Gesellschafter die Geschäfte führen, trifft auf diese Haftung der Gesellschafter das über den Eigentümer-Unternehmer Gesagte zu.

---

534 Hamer, Eberhard: Die Unternehmerlücke 1984 S. 46
535 Hamburger Abendblatt v. 13.8.84 S. 2

Bei der OHG, einer sog. Unternehmergesellschaft betreiben ein oder mehrere Gesellschafter ein Gewerbe unter gemeinsamer Firma, wobei die Haftung keines Gesellschafters beschränkt ist. (§ 105 HGB.) Teilhaber können nicht bloß natürliche Personen, sondern auch juristische Personen sein. Jeder Gesellschafter ist zur Geschäftsführung und zur Vertretung nach außen berechtigt, soweit im Gesellschaftsvertrag nicht anderes vereinbart und dies zur Wirkung gegen Dritte im Handelsregister eingetragen ist.

Die KG ist eine Einlagegesellschaft. Es gibt zwei Arten von Mitgliedern: den "persönlich" haftenden Gesellschafter, der den Gesellschaftsgläubigern unbeschränkt haftet, den Komplementär, und den Kommanditisten, der den Gläubigern beschränkt haftet mit den) Betrag einer bestimmten Vermögenseinlage in der Gesellschaft (§ 161 HGB). Der Kommanditist ist von der Führung der Geschäfte der Gesellschaft ausgeschlossen (§ 161 HGB). Der Komplementär ist daher Kapitalträger und als Geschäftsführer, "Lohnarbeiter". Der Kommanditist ist spekulativ am Unternehmen mit übersehbarem Risiko - Verlust der Einlage - beteiligt. Er läßt gleichsam das dem Unternehmen zur Verfügung gestellte Geld sich aus den Gewinnen der Firma und mit dem eventuell anwachsenden Wert der Firma vermehren, oder er verliert es; aber eben nur den von ihm eingebrachten Betrag und nicht mehr. Er ist" wie Julius von Gierke[536] sagt "ein sehr bleichsüchtiger Kaufmann." Die totale Haftung des Eigentum-Unternehmers, des OHGisten und des Komplementär führt dazu, daß immer mehr Personen von diesen Unternehmensformen abgeben und Formen suchen, die Haftungsbeschränkung zulassen, wie z.B. die GmbH. Was bedeutet, die dem Unternehmer zugeschriebene Risikobereitschaft ist in vielen, auch kleineren und mittleren Betrieben eingeschränkt. In diesem Zusammenhang die Mitteilung, daß

---

536 Handelsrecht 1933 S. 250

im August 92 bei den Amtsgerichten 6418 Firmen-Neueintragungen erfolgten, 77 % davon wurden als GmbH in das Handelsregister aufgenommen.

Die GmbH und Co. KG ist grundsätzlich wie eine KG zu beurteilen, sie schränkt aber die Haftung noch mehr ein als eine GmbH. Der -Kommanditist, der "Co" haftet mit seiner Einlage. Aber auch der Komplementär, in der Form der GmbH, haftet als besondere Gesellschaftsform nur entsprechend dem GmbH-Gesetz. Bei der KG und der GmbH und Co KG sind ein Teil oder die Mehrzahl der am Unternehmen als solchem auf Kapitalhingabe und beschränkte Haftung Beteiligten gegenüber einem Eigentümer-Unternehmer vom Risiko und von der Unternehmensleitung stark abgerückt. Und nicht nur das: die Arbeitnehmer in der GmbH übernehmen oft die Aufgaben, die dem Unternehmer zugerechnet werden. Sie sind auch die Geschäftsführer und führen anfallende Aufträge aus und entscheiden oft an Ort und Stelle über Arbeitsgänge.

Kein Mitglied der GmbH haftet den Gläubigern der Gesellschaft persönlich. Die Haftung ist beschränkt auf das Stammkapital, das mindestens 50.000 DM betragen muß. Die Stammeinlage jedes Gesellschafters muß mindestens 500 DM betragen. Der Gesamtbetrag der Stammeinlagen muß mit dem Stammkapital übereinstimmen (§ 5 GmbH.G.). Selbst wenn ein Mitglied der GmbH als Geschäftsführer "Arbeiter" im Unternehmen ist, sind er und alle übrigen Kapitalgeber als Eigentümer auf ein geringes Risiko beschränkt.

Bei den reinen Kapitalgesellschaften der GmbH und der AG trennt sich Unternehmensleitung und haftendes Kapital total. Bei der AG ist der das Unternehmen Besitzende, der Unternehmenseigentümer, nicht mehr Einzelperson, sondern ein rechtsfähiger Verein, eine juristische Person. Diese Unternehmensform, die im 17. und 18. Jahrhundert in westeuropäischen Ländern

-213-

bereits geübt wurde[537] kam in Deutschland Ende des 19. Jh. mit dem wirtschaftlichen Aufschwur auf, der zur Gründung größerer Unternehmen führte. 1898 entstanden neue AG mit einem Kapital von 463,22 Mio. Mark 1899 weitere 364 mit 544,39 Mio. Kapital.[538] Diese Form des Unternehmens hat einen Vorteil auf den Kostolany[539],hinweist: Sie bietet die Möglichkeit, daß der Besitz von Aktien breitgestreut werden von allen Mitgliedern der Gesellschaft erworben werden kann, was heißt "der kleine Mann" beteiligt sich am Produktivkapital und trägt direkt zum. Aufbau der Wirtschaft bei.

Die juristische Person, die GmbH und die AG sind handelsrechtlichen Spezialbestimmungen, dem GmbHgesetz und dem Aktiengesetz unterworfen. Die AG ist aufgebaut auf einem in einer Summe ausgedrückten sog. Grundkapital. (es muß mindestens 100.000 DM betragen), das in Anteile (Aktien) zerlegt ist. Jeder Inhaber eines Anteils ist Mitglied des Aktionärvereins. Diese Mitgliedschaft ist frei übertragbar. Jeder Aktionär hat durch den Erwerb der Aktie seinen Anteil am Grundkapital. Weitere Beiträge hat er grundsätzlich nicht zu zahlen. Er kann mehr einzahlen, wenn das Unternehmen neue Aktien auflegt und ihm zur bevorzugten Zeichnung anbietet. Den Gläubigern der AG haftet der Aktionär nicht mit seinem ganzen Vermögen. Er verliert eventuell nur seinen Einsatz an dem von ihm gehaltenen Aktienwert. Der Aktionär ist als Teilhaber am Unternehmen ohne das besondere Unternehmerwagnis und empfindet sich kaum mehr als Eigentümer, sondern zum wesentlichen Teil als der, der Geld für ein Vorhaben einsetzt, in der Erwartung den Einsatz zu vermehren.

Auf weitere Einzelheiten des Aktienrechtes, das Aktiengesetz von 1965, das inzwischen durch 14 verschiedene Gesetze ergänzt und geändert wurde (zuletzt

---

537 Kennedy, Robert: Aufstieg und Fall der Großen Mächte, 1989
538 Lamprecht, Karl: Deutsche Geschichte, Ergänzungsband II 1903 S. 245
539 Kostolany, André: Kostolanys Börsenseminar 1986, S. 32

1985 durch Anpassung an Richtlinien des Rates der Europäischen Gemeinschaft), soll nicht eingegangen werden. Es genügt festzuhalten, daß die AG als Unternehmen in der Hand von Mitgliedern mit unterschiedlich hohen Anteilen ist. Anzumerken ist, daß es 1992 in Deutschland 4,2 Millionen Aktionäre gab, von denen 1,55 Millionen Inhaber von Belegschaftsaktien waren.[540]

Die Aktionäre bestellen sich Organe, die Aufsichtsräte. Der Aufsichtsrat beruft und abberuft (§ 89 Akt.G.) den Vorstand. Die wesentliche Tätigkeit des Aufsichtsrat ist die Überwachung der Geschäftsführung des Vorstandes (§ 111 Akt.G.). Eine weitere wichtige Aufgabe ist, eine Geschäftsordnung für den Vorstand zu beschließen und die Geschäftsverteilung innerhalb der Unternehmensführung festzulegen (§ 77 Abs. 2 Satz 1 Akt.G.). Aufsichtsräte und Vorstandsmitglieder sind persönlich nicht Anteilseigner der AG, sie betreiben aber das "Geschäft" des Unternehmens, kontrolliert von der Mitgliederversammlung der Aktionäre (Hauptversammlung) die aber nicht in Fragen der Geschäftsführung aktiv werden können; §119 Abs. 2 Akt.G. schließt das ausdrücklich aus. Diese Betreiber der Geschäfte - der Vorstand - werden von der AG bezahlt. D.h. "die AG trennt die Leitung vom Besitz und macht die Leitung zur Funktion höher bezahlter Lohnarbeiter und Angestellter,"[541] der sog. Manager. Hamer nennt sie "Gehaltsunternehmer,"[542] die als "Faktor Disposition" im Programm der FDP auftritt.

Die AG ist eine Vermögenssammelstelle, weil das für das Betreiben des Unternehmens nötige Kapital nicht von einer oder wenigen Personen aufzubringen ist. Sie führt zur Kapitalkonzentration bei der die Gestalt des Eigentümers, des Unternehmers verschwunden ist. Es gibt Unternehmensleiter, Direktoren als Angestellte, große Aktienbesitzer z.B. Banken und kleine

---

540 Quelle: Deutsches Aktieninstitut im März 1992
541 Hilferding, Rudolf: Das Finanzkapital 1955, S. 524
542 a.a.O. S. 46

Aktienbesitzer. Der Anteil der Banken an AG's und GmbH's ist so, daß man in bezug auf die Deutsche Bank der Ansicht ist, sie habe sich ein Imperium aufgebaut. Man sprach 1975 im Hinblick auf die Banken von einer Machtkonzentration, die beschränkt werden müßte. Die Monopolkommission beim Bundeswirtschaftsministerium wies 1986 erneut auf diese Konzentration hin und forderte, daß Banken nur ein Anteilsbesitz an Nichtbanken bis zu 5 % erlaubt sein sollte. Wobei, was die Banken angeht, nicht vergessen werden darf, daß sie ein Handelsbetrieb sind. Durch Kredithingabe von Mitteln, - auch an eine AG welche ihr selbst kreditiert werden, machen Banken Gewinne, d.h. sie geben für hereingenommenes Geld geringere Zinsen als für ausgezahltes. So entstehen zwischen Geldhingabe und Geldeinnahme erhebliche Zinsdifferenzen, die Ärgernis erregen und das Problem "Kreditwucher" aufkommen lassen. Zu recht sagt Sombart:[543] Der Kredit hat die Künstlichkeit und Verwickeltheit der wirtschaftlichen Beziehungen auf den höchstmöglichen Grad gesteigert. In dieser Künstlichkeit spielen die Banken als Aktionär meist mit Vertretung im Aufsichtsrat und als Kreditgeber eine beachtliche Rolle.

Abgesehen davon, daß etwa 1,2 Millionen Arbeitnehmer von insgesamt 3,5 Millionen Aktionären Belegschaftsaktien halten, die "von über 900 Aktiengesellschaften" ausgegeben wurden und insoweit Kapitalanteiler an "ihrer" Firma sind, hat die Masse der Aktionäre (zu 36% Angestellte und Beamte, 10% Arbeiter) mit den faktischen Aufgaben "ihres" Unternehmens nichts zu tun. Trotzdem: die Zahl der Aktionäre beträgt mehrere Millionen, zu denen noch ca. 800.000 Inhaber von Aktien-Investmentanteilen kommen.[544]

Die Mehrheit der Aktionäre verstehen von den Geschäften der Gesellschaft wenig. Sie haben nach Informationen der Banken oder der Medien Aktien erworben, weil

---

543 a.a.O. Bd. III,1 S. 222
544 Blöhm, Bernhard "Die Zeit" S. 186

sie eine gute Verzinsung ihres Geldes - Dividende - erwarten, was meist nicht zutrifft, da der Wert vieler Aktien über pari liegt, und die Dividende nur interessant ist für den, der zu pari gekauft hat, was selten vorkommt, weil schon bei der Neugründung einer AG oder bei Emission neuer Aktien der Wert einer 50 DM-Aktie von den die Emission betreuenden Konsortialbanken weit über 100 % festgesetzt wird. Überwiegend spekulieren die Aktionäre in der Erwartung, daß der Kurswert der Aktie, soweit sie an der Börse gehandelt wird, steigt, um durch Verkauf ihres Anteils "Geld" mitzunehmen, nicht erarbeitetes Einkommen zu erzielen.

Die Masse der Privataktionäre - die Bundesbank gibt für 1991 an, daß in den westdeutschen Ländern etwa 17 % aller deutschen Aktien privaten Haushalten gehören und stellt fest, daß Unternehmen zu 42 % Aktien bei anderen Unternehmen besitzen, - überlassen ihr Stimmrecht in der Hauptversammlung, das einzige, sehr eingeschränkte Mitspracherecht an der Arbeit, an den Zielen der Gesellschaft, meist den Banken, in deren Depot ihre Anteilscheine liegen. D.h. wenn einerseits das auf den Nennwert der Aktie beschränkte Risiko gering ist, ist der Inhaber der Aktie andererseits einflußlos auf das Geschehen des Unternehmens, gibt aber Banken über das Depot und die ihnen übertragenen Rechte der Depotbesitzer verstärkt die Möglichkeit Einfluß am Unternehmenslauf zu nehmen durch die im Depot zusammengefaßten Aktien - je Aktie eine Stimme.

Banken legen ihre Eigengelder in nicht unwesentlichen Umfang - 10 % - in Aktien an. Die drei großen Banken sind an vielen Gesellschaften, z.T. mit über 25 % beteiligt, so haben sie z.B. zusammen 31,7 % der Daimler-Benzaktien im Besitz. Banken sind untereinander und mit Versicherungen verbunden, z.B. ist die Allianz außer bei der Dresdner, mit der Deutschen, der Hypobank und mit dem Privatinstitut Hauck verbunden, auch von der BHF liegen Pakete von

Allianzportfolios,[545] die ihrerseits an Industrie- und Dienstleistungsbetrieben beteiligt sind. Sie üben deshalb in der Wirtschaft Macht aus. Was der Chef der Allianz Schieren in einem Interview mit der "Zeit"[546] unterstellt. Er schränkt mit der Bemerkung ein, "daß eine solche Macht keinen Anlaß zur Diskussion (gäbe), weil es keine mißbräuchlichen Umgang mit ihr gibt." Nicht zuletzt unter Mithilfe der Banken haben meist Aktiengesellschaften, die durch Fusion mit anderen und durch Ankäufe anderer Firmen Unternehmen wurden, vom Umsatz und der Beschäftigungszahl her für die Volkswirtschaft wesentliche Bedeutung erlangt. Die Verflechtung des Versicherungskonzern Allianz mit der Dresdner Bank haben hier ein Zeichen gesetzt für weitere Versicherungsgesellschaften, teilweise Zusammenarbeit durch wechselseitige Kapitalbeteiligung einzugehen. Den Umfang der Beteiligung der Allianz hat 1991 das manager magazin aufgezeigt.[547] Wenn es auch für die Funktion der Banken im Bundesaufsichtsamt für das Kreditwesen (Kreditwesengesetz) und die der Versicherungen im Bundesaufsichtsamt für das Versicherungswesen Institutionen gibt, die diese Unternehmen kontrollieren, die aus dem Engagement der Banken in anderen finanzwirtschaftlichen Bereichen, Versicherungen und Bausparkassen, resultieren.

Die Folge dieser Tatsache ist, worauf Hilferding[548] schon 1955 aufmerksam machte, daß die Banken Interesse an diesen AG nehmen, weniger als Produktionsstätte, als als Kapitalanlage. Sie kontrollieren und beherrschen die Gesellschaften dadurch, daß sie in den Aufsichtsräten, mitunter als Vorsitzende, vertreten sind. Häufig kumulieren die Aufsichtsratposten in der Person eines Bankvertreters, wodurch Geschäftsbeziehungen zwischen den vertretenen Gesellschaften gefördert werden oder der Wettbewerb durch Machtkonzentration indirekt beschränkt wird. Hinzu kommt, daß sie, die Vertreter der Banken, als

---
545 Managermagazin 8./1991, S. IV
546 v. 12.9.91
547 Heft 8/1991, S. 10
548 Hilferding, Rudolf: Das Finanzkapital 1955, S. 163

Aufsichtsräte das Königsrecht haben, die Mitglieder des Vorstandes zu bestellen, d.h. sie berufen das "Management". 1988 beanstandete der damalige Präsident des Bundeskartellamtes Wolfgang Karte in einem Interview des Südwestfunks dieses Verhalten der Banken. Er sprach sich für einen Abbau der von den Banken gehaltenen "Industriebeteiligungen." Das Kartellamt könne nur gegen Fusionen einschreiten, wenn der Wettbewerb in Marktbereichen gefährdet werde. Die Zusammenhaltung wirtschaftlicher Macht unterliege keiner Kontrolle.

Wenn so auch die Unternehmen, die AG, vom Bankkapital z.T. kontrolliert werden, geführt, unternehmerisch geleitet werden sie von den Angestellten der AG. Die AG macht damit die Zurechnung des Produktionskapitals und das Eigentum am Unternehmen steht "Nichts-als-Kapitalisten" zu.[549]

Die Leiter des Unternehmen "AG" arbeiten als Gehaltsempfänger, deshalb Gehaltsunternehmer oder Manager genannt, eben Lohnempfänger ohne persönliches Risiko, was den Einsatz ihres Vermögens angeht,- das Risiko den Arbeitsplatz eventuell zu verlieren, ist das eines jeden Arbeitnehmers. Sie haben eine Leitungsbefugnis, die sich nicht aus der persönlichen Entscheidung herleitet, Unternehmer sein zu wollen. Meist haben sie sich in dem Unternehmen "hoch" gedient. Beispiel: Direktor Nieffer von Mercedes-Benz fing in der Firma als Werkzeugmacher an. Sie sind als Geschäftsführer oder Vorstandsmitglieder losgelöst vom Firmenvermögen vom Kapital.

Die verantwortlichen Betreiber des Unternehmens sind "Manager" durch Verträge gebunden und durch den Aufsichtsrat kontrolliert insofern unselbständig. Management vom lateinischen manus = Hand und agere = führen, was zusammengefaßt in manege auftaucht und besagt Pferde in allen Gangarten führen, bedeutet Kontrolle. Der Manager trägt Verantwortung gegenüber den

---

549 Schmitt, Carl: Katholizismus und politische Form 1984, S. 30

Kapitalgebern und sucht Beziehungen zu den Mitarbeitern, die ihm helfen, die er im Grunde nur kontrolliert. Dabei ist bei den Mitarbeitern der Faktor Arbeit in Gruppen von Technokraten – herrschenden Spezialisten – innerhalb des Unternehmens zusammengefaßt, die als Forscher und Entwickler Innovationen planen und festlegen, die gewollte Ergebnisse vorausberechnen, kontrollieren und das Risiko einzuschränken suchen. Der Unternehmer und Mäzen Kurt A. Körber[550] meint im August 1982: "Ein neues technisches Produkt (ist) in aller Regel die Akkumulation von Ideen verschiedener Köpfe." Und selbst in der unmittelbaren Leitung, im Vorstand, gilt nicht der Eigenentscheid, ist "Kommissionsarbeit" angesagt. Es ist deshalb falsch, wenn die Medien den Vorstandsvorsitzenden einer AG. als den "Macher" dieses Unternehmens herausstellen. Der langjährige BP-Chef Buddenberg sagte kurz vor seinem Ausscheiden aus dem Unternehmen 1989 in einem Interview,[551] er glaube "daß die Bewältigung der Aufgaben, die wir heute haben, nur mit einem kooperativen Führungsstil möglich ist." Und Merkle,[552] der ehemalige Geschäftsführer der Robert Bosch GmbH, äußerte 1984 anläßlich des Wechsels in den Bosch-Aufsichtsrat, "Die Führung dieses Unternehmens war immer eine Gemeinschaftsarbeit und wird immer eine Gemeinschaftsarbeit bleiben." Hans-Peter Stihl, Präsident der DIHT, meinte anläßlich seines 65. Geburtstages, die Führung eines Unternehmens müsse verbunden sein mit der Fähigkeit, ein Team zu bilden.[553] Die Initiative des Eigentümer-Unternehmers - von der Einzelfirma bis hin zur KG. - soweit diese nicht in vielen Fällen von Mitarbeitern übernommen werden oder geschulte Spezialisten Entscheidungen auf- und vorbereiten, oder übernommene Arbeiten selbständig ausführen wird in GmbH und AG von Vorständen unter Mithilfe der Spezialisten durch Planung ersetzt mit der Folge, daß Profite zwar wünschenswert sind, wesentlich aber ist Planerfüllung

---

550 Wam S. 16.8.92
551 Wam S. 25.12.88
552 Stuttgarder Zeitung 30.12.92
553 Sendung des SDR v. 21.2.93

und das Vermeiden von Verlusten zu Lasten der Geldgeber, der Dividende und des Aktienwertes. Die Vorstände erwerben aus dem Firmengewinn nichts, es sei denn, ihnen werden Tantiemen zugesagt. Sie dürfen keine Aktien des von ihnen vertretenen Unternehmens erwerben. Profite des Unternehmens dienen nicht zuletzt dazu, die eigenen Gehälter via Aufsichtsrat "entsprechend" festzusetzen zu lassen. Alles Feststellungen, die bestritten werden können, die aber, wie die zitierte Äußerung von Schieren zeigt, gegeben sind: Macht ja, aber subjektiv geäußert, nicht mißbraucht.

Eigentum am Unternehmen und Unternehmensleitung fallen auseinander. Deshalb erklärte der Vorstandssitzende der Axel Springer AG., Tamm, bei der ersten Hauptversammlung der Aktionäre dieses Unternehmens im Februar 1986 durchaus zutreffend: "Ich werde Ihnen unser Unternehmen - eigentlich müßte ich sagen Ihres Verlages - darstellen. "[554]

Diese Tatsache - Einschränkung des Risikos, - und damit Aufgabe eines frei handelnden, finanziell beschränkten Beteiligung am Unternehmen nimmt auch insoweit zu als immer mehr größere Firmen die AG und den Zugang zur Börse wählen. Die Entlastung vom Risiko hatte, wie der Historiker Karl Lamprecht[555] feststellt schon um 1900 eingesetzt. 1893 wurde mit dem Rheinisch-Westfälischen Kohlensyndikat - wie Bullok feststellt[556] das erste industrielle Kartell modernen Typs - geschaffen.

Seit dem Anfang der 80iger Jahre werden immer mehr Unternehmen, bei denen der Inhaber als Einzelperson oder Komplementär voll haftete, GmbH, GmbH und Co KG oder - wenn die Voraussetzungen gegeben sind - AG, trotz der Tatsache,

---

554 Welt am Sonntag v. 16.2.86
555 Lamprecht, Karl: Deutsche Geschichte 2. Ergänzungsband 1. Hälfte 1903 S. 407ff
556 a.a.0. S. 599

daß die Kapitalgesellschaften ihre Bilanzen veröffentlichen müssen. Diese durch die vierte EG-Richtlinien in das AG-Gesetz aufgenommene Verpflichtung zur Veröffentlichung der Jahresabschlüsse gilt auch für die GmbH. Diese Vorschrift, die bei der meist geringeren Kapitaldecke für außenstehende Dritte bedeutsam ist, wird von den GmbH-Firmen in vielen Fällen nicht befolgt. D.h. die Öffentlichkeit, die an diesen, das Risiko beschränkenden Unternehmen - sei es als Geschäftspartner (Kunde, Lieferant), sei es als Wettbewerber interessiert sind, ist trotz des Gesetzes "ausgesperrt." Unter dem Gesichtspunkt, daß Unternehmen keine Privatsache sind, mit der Gesellschaft verwoben sind, hat die Offenlegung der Bilanzen auch Bedeutung für die Lohnempfänger in dem Unternehmen: z.b. die Möglichkeit Löhne in das Verhältnis zur Rendite zu setzen.

Die Gefahr Geld zu verlieren wird von dem, der etwas "unternehmen" will und eine GmbH gründet, eingeschränkt. Es gibt heute kleine Unternehmen z.b. einen Malermeister, der sich zur GmbH entwickelt. Selbst Rechtsanwälte forderten auf dem Deutschen Anwaltstag 91 die Zulassung der "personalistischen Kapitalgesellschaft (GmbH) auch unter dem Gesichtspunkt der Haftungsbeschränkung im Hinblick auf das immer größer werdende "Haftungsrisiko."[557] Der BGH hat auch die Zahnarzt-GmbH als rechtlich möglich anerkannt.

Daß es z.B. bei GmbH-Gründung um Einschränkung des Risikos geht, weil diesen Firmen meist das nötige Eigenkapital fehlt, ist auch damit bewiesen, daß die Deutsche Bundesbank 1992 feststellt, daß von den Firmen die in Konkurs, gingen jedes zweite Unternehmen eine GmbH, jedes vierte eine GmbH + Co. war.

Die Konstruktion von Unternehmen als juristische, nicht natürliche Person, die klare Trennung von Nur-Geldgebern und Unternehmensleitern auf der

---

557 s. Anwalts Blatt 1991 S. 399

Unternehmerseite und den lohnabhängigen Arbeitnehmer, zu denen auch die Leitung des Unternehmens gehört umschreibt der Mitbegründer des japanischen Großunternehmens Sony, Akio Morita:[558] der Japaner fasse ein Wirtschaftsunternehmen nicht als alleiniges Eigentum der Aktionäre und des Management auf. Aktionäre können ihr Geld zurückziehen, Manager können ausscheiden, Arbeiter kommen und gehen. Er kommt zu dem Schluß: "Die Arbeiter sind von allen Beteiligten zum Schutz ihrer Interessen am wenigsten in der Lage, trotzdem können Unternehmensleitung und Aktionäre auf sie nicht verzichten." Die Aktiengesellschaft wirft für dieses Faktum, besonders prägnant für die Arbeitnehmer, drei für das Verhältnis Kapital und Arbeit wesentliche - generell jedes Unternehmen betreffende - Fragen auf:

7. Gehalt, Dividende und andere Erfolgsfaktoren

1. die gleichen, die beim Eigentümer-Unternehmer auftreten, die aber bezogen auf die lohnabhängigen Geschäftsführer und Vorstände noch gravierender sind. Sind deren Gehälter, also die durch sie die Produktion belastenden Personalkosten "angemessen", d.h. ihren Leistungen entsprechend und belasten sie den die AG oder einzelne Mitglieder der Gesellschaft durch den für die Ware oder die Dienstleistung zu entrichtenden Preis nicht übermäßig. Diese Frage ist in Relation zum Ertrag zu sehen und zu lösen. Es sind Fälle denkbar in denen mit überhöhten Gehältern, insbesondere bei GmbH, der Ertrag niedrig gehalten wird, um auf den Ertrag bezogene Steuern zu sparen. Entsprechen die Gehälter den Löhnen der nicht Leitenden?

Im Bezug auf die Höhe der Vorstandsbezüge war in der "Welt am Sonntag"[559] schon 1984 zu lesen, wieviel je Vorstandsmitglied an Gehalt gezahlt wurde: bei. Bertelsmann 1,398 Mio. DM, bei BMW 1,2 Mio. DM, Daimler-Benz 812.000

---

[558] Made in Japan 1988 S. 323

DM, Mannesmann 640.000 DM, Continental 544.000 DM. Das Durchschnittsgehalt der Leitenden bei den 90 größten Aktiengesellschaften in der Bundesrepublik Deutschland lag 1983 bei 537.000 DM. Bei Erfassung von 700 Unternehmen mit 800 Geschäftsführern sowie 5.500 Führungskräften in den beiden Ebenen darunter ergab sich 1987 - einschließlich Tantiemen ein Durchschnittsverdienst von 257.000 DM.[560]

2. Sind die, den Nur-Kapitalbesitzern ausgezahlten Dividenden, die Zinsen für ihren Nominalanteil- am Kapitalvermögen einer Firma, der Höhe nach angemessen?

Die Axel Springer Verlag AG zahlte für das Jahr 1985/6 eine Jahresdividende von 24 %[561] und Porsche für das Geschäftsjahr 1984/5 einschließlich eines Bonus von 2,50 DM 35 %. Nur Beispiele, denen entgegen zu setzen ist, daß Grundig 1985 keine Ausschüttung hat vornehmen können.

D.h. eine Verzinsung ist dem Aktionär nicht sicher und der Zinssatz - auf den Nominalwert der Aktie bezogen - besagt nichts darüber, daß die Zinsen im Hinblick auf den Preis zu dem die Aktie erworben wurde, mitunter bei 1 % und weniger liegt.

Trotzdem ist zu prüfen, welche Dividende - und faßt man Dividende zu recht als Gewinn aus dem Unternehmen auf - welcher Unternehmergewinnanteil für den einzelnen Aktionär ist angemessen? Zu dieser Frage hat sich schon 1897 Adolf Wagner[562] geäußert. Und zwar unter dem Gesichtspunkt der Angemessenheit für die ganze Volkswirtschaft und den "ganzen Arbeiterstand." Er hielt einen Zinsfuß

---

559 1.9.84
560 Christian Näser in Welt am Sonntag 3.1.88
561 Wam S. 16.2.86
562 Wagner, Adolf: Uhternehmergewinn und Arbeitslohn 1897, S. 10 u. 11

in der Höhe des Doppelten "vom üblichen Zinsfuß guter Staatspapiere und Hypotheken im Durchschnitt" für zu niedrig, aber im Endeffekt für angemessen. Bei diesen Angaben muß man bedenken, daß 1897 der Zinssatz nicht der heutige war. Trotzdem meine ich, daß die Faustregel Wagners noch jetzt Geltung haben kann, wenn man vom halben heutigen Zinssatz für Anleihen ausginge. D.h. bei einem Zinssatz von z.b. 7 % für Bundesanleihen und aus ersten Hypotheken wäre eine Dividende von 8 % als angemessen zu bezeichnen.

Einen weiteren Hinweis gibt das Reichsgesetz vom 29.1.1930 über das Zündholzmonopol, das der Deutschen Zündwaren-Monopolgesellschaft AG übertragen wurde. Danach stand den Gesellschaftern kraft Gesetzes eine Dividende von 8 % vom Umsatz zu. Tatsächlich haben Aktionäre der drei größten Chemiefirmen Hoechst, BASF, Bayer 1992 jeweils mehr als 8 % vom Nennwert Zinsen erhalten, was dazu geführt hat, daß die Ausschüttungen 50 % und mehr des Jahresüberschuß ausmachten.[563]

3. Was geschieht mit dem Gewinn, d.h. dem Betrag der nach Abschreibungen, Steuern, Rücklagen (bei. der AG gesetzlicher) übrig bleibt? Wird mit ihm eine nur angemessene Dividende ausgeschüttet, wird hinreichend investiert und innoviert, wird er einer notwendigen Liquidität, der Erhöhung des Eigenkapitals zugeführt, dient er der Sicherung der Arbeitskraft? oder wird Liquidität angehäuft. Wie wird das Arbeitskapital berücksichtigt? Ich erinnere, ohne diese Tatsache zu verallgemeinern, daß es Firmen gibt die mit diesem Überschuß, aus Geld Geld machen, durch Anlage in Aktien, in Beteiligungen an fremden Firmen u.ä. Wobei selbstverständlich jeder Fall gesondert zu betrachten ist. Anlage in Aktien, die an der Börse gehandelt werden, oder in festverzinslichen Papieren, die jederzeit flüssig zu machen sind, kann auch der notwendigen Liquidität dienen.

---

[563] WamS 24.3.93

Wir haben die Voraussetzung, die für den Unternehmer gelten und die Rechtsformen der Unternehmen wie sie sich im heutigen Wirtschaftsleben darstellen, umrissen. Dabei mußten wir feststellen: das Risiko, das zu übernehmen den Eigentümer-Unternehmer auszeichnete, wird abgebaut, verschwindet, umsomehr, als Restbestände an Risiko durch die allerdings verschiedensten Versicherungen, die mit den Prämien in die Kosten eingehen, abgesichert werden, aber in keinem Verhältnis zur möglichen Schadenshöhe stehen. Ich denke hier an Produkthaftung, Betriebsunfall, Brand-, Diebstahl- Kfz-Versicherung u.ä. Das Risiko der Unternehmer wird weiter verteilt durch Leasing-Verträge. Es werden nicht nur Autos, sondern auch EDV- und Produktionsanlagen und Immobilien, ja sogar Personal-und Arbeitskleidung, "geleast" d.h. gemietet. Vorteile gegenüber den Investitionen: das Eigenkapital wird nicht angegriffen, Liquidität bleibt erhalten; die Leasingraten als Betriebsausgaben mindern den Umsatz und bringen steuerliche Vorteile mit sich. Das Risiko wird auch durch Subventionen und Forschungsgelder der Bundesregierung verändert. Exporteuren wird durch Ausfallbürgschaften des Staates die Bezahlung ihrer Lieferungen garantiert. (Hermes-Bürgschaften) Dabei werden diese Bürgschaften zu einem außenpolitischen Instrument umfunktioniert. Der Staat übernimmt die Bürgschaft auch dann, wenn sie ökonomisch zweifelhaft, aber außenpolitisch opportun ist. (Exporte an GUS und andere osteuropäische Länder.) Die persönliche Entscheidungsfreude wird auf Spezialisten, Techniker, Ingenieure, Konstrukteure, Produktorganisatoren, Manager übertragen. Ideen und Innovation werden z.T. durch Mitarbeiter nicht nur angeregt, sondern durchgeführt. (Wegen der fehlenden Innovation durch den "Unternehmer" erinnere ich an die oben genannte Äußerung von Hamer.) Auch viele andere Unternehmerqualitäten entfallen heute. D.h. es steht dem Lohnempfänger nicht das umschriebene Unternehmertum gegenüber, sondern allein das angesammeltes Kapital, das Geld.

8. Die gesellschaftliche Verantwortung von Unternehmen

Zu untersuchen bleibt: welche Bedeutung haben Unternehmen im Rahmen der Volkswirtschaft wenn man sie gewichtet. (Wir wollen im weiteren immer von Unternehmen und nicht vom Unternehmer sprechen. Unternehmer und Kapitalbesitzer können, wie gezeigt, im rechtlichen und wirtschaftlichen Firmenaufbau auseinanderfallen.

Ist das Unternehmen nur sich selbst verpflichtet, übt Herrschaft über die bei ihm beschäftigten Arbeitnehmer aus und setzt sie allein für seine Ziele Erwerb von Vermögen, vermehrten Reichtum ein? Oder ist es verpflichtet auch Helfer zur Erreichung von Zielen zu sein, die dem im Unternehmen arbeitenden Lohnempfänger, der Gesellschaft und ihren Mitgliedern dient? Muß es als dienendes Glied der Gesellschaft Aufgaben erfüllen, die die Gesellschaft oder der Staat vorgibt? Wirtschaft, vom Unternehmen her gesehen, ist nicht nur eine Aufgabe, die sich eine Person oder ein Personenkreis stellt um Bedürfnisse zu befriedigen, sondern dient auch dem Erwerb dieser Personen. Sie will für sich Vorteile irgendwelcher Art gewinnen durch die Verfügung über die benötigten Güter und Menschen. Sie verantwortet aber auch die Entwicklung der Gesellschaft. Sie ist eine soziale Einrichtung. Man denke an die Steuern, die zu zahlen sind, damit der Staat Leistungen für die Gesellschaft erbringen kann. Man denke an ihre nicht immer eingelöste - Verpflichtung gegen die Umwelt. Man beachte in diesem Zusammenhang weiter, daß sie die im Unternehmen arbeitenden Menschen nicht vergessen darf. Letzteres zeigt sich eindringlich beim Bankrott eines Unternehmens. Der Hermes Kreditverein schätzte z.B. für 1983 nicht nur 30 Milliarden DM verlorener Gelder bei den Konkursen in der BRD sondern auch rund 150.000 vernichtete Arbeitsplätze.

Nun zum Arbeitnehmer. Der Lohnarbeiter und der Unternehmer schließen einen Arbeitsvertrag, d.h. legen vertraglich ihre gegenseitigen Beziehungen - Rechte und Pflichten - fest.

8.1 Die Rolle der Tarifvertragsparteien

Das Arbeitsverhältnis zwischen Unternehmer und Lohnarbeiter ist ein Dauerschuldverhältnis, das über den schuldrechtlichen Inhalt hinaus nach der herrschenden Meinung der Rechtslehre "ein personenrechtliches Gemeinschaftsverhältnis darstellt."[564] Die Auffassung vom Gemeinschaftsverhältnis, vom "friedlichen Miteinander" und vertrauensvollen Partnerschaft mit dem wirtschaftlichen Gegenspieler ist allerdings überwiegend Ansicht der Rechtslehre. In diesem Zusammenhang sei auf die Rechtsprechung des BAG hingewiesen, wonach Streik die "ultima ratio" ist. Wobei daran zu denken ist, [565]daß ultima ratio regis auf den preußischen Kanonen stand, und besagte: "der Waffengang ist der letzte Ausweg - und nicht der erste."[566] Was auf das Arbeitsverhältnis bezogen besagt: Spannungen bestehen. Von "vertrauensvoller" Zusammenarbeit zum Wohle der Arbeitnehmer und des Betriebes, wird nur im Betriebsverfassungsgesetz (§ 2 Abs.1) gesprochen, als Richtlinie für den Arbeitgeber und Betriebsrat. D.h. nicht für den einzelnen Arbeitnehmer gilt vertrauensvolle Zusammenarbeit mit dem Arbeitgeber, sondern nur für die von ihm demokratisch gewählte Arbeitnehmervertretung, eben der Betriebsrat. Wer Auseinandersetzung zwischen Unternehmen und - im wesentlichen von der Gewerkschaft gesteuerten Betriebsräten kennt, weiß, daß das "Wohl des Betriebes" wenig bis nicht vom Betriebsrat beachtet wird. Vor allem die Gewerkschaft - mit Ausnahme vielleicht der IG

---

564 Palandt: Bürgerliches Gesetzbuch 1989 Anm. 12 zu § 611
565 Bind, Ernst: Notstandsverfassung und Arbeitskampf 1963, S. 17
566 Schoeps a.a.O. S. 84

Nahrung-Genuß-Gaststätten ist für das Miteinander von Lohnarbeiter und Unternehmer nicht zu haben.

Das DGB-Grundsatzprogramm 1981 sagt, daß sich die Interessen der Unternehmer und die der "Arbeitnehmer" gegenüber stehen. Der Gewerkschaft geht es, wie Schönhoven[568] feststellt, um den "sozialen Kompromiß zwischen Arbeit und Kapital", Sozialpartnerschaft ist für sie eine "Illusion."[569] Dabei wird bei der Betrachtung des Arbeitsvertrages, der mit jedem einzelnen Arbeitnehmer eines Betriebes abgeschlossen wird, außer acht gelassen, daß der Betrieb mit seiner Arbeitsteilung, mit den unterschiedlichsten Aufgaben des einzelnen verpflichteten Arbeitnehmers im Hinblick auf die Zielsetzung - ein Produkt, eine Dienstleistung - de facto eine geschlossene - Radbruch[570] meint soziologische - Einheit ist. Sofern man im Blick auf den Einfluß der Gewerkschaften durch die in § 2 Betr.V.G. vorgesehene Mitwirkung der Gewerkschaft im Betrieb, die soziologische Einheit, den Betrieb nicht als fremdbestimmt sehen muß.

Mit dem Arbeitsvertrag verpflichtet sich der Lohnarbeiter zu einer Leistung, zu einem vom Unternehmen gewünschten, besser erwarteten, noch besser geforderten, weisungsgebundenen Einsatz seiner Arbeitskraft. Die Abhängigkeit und das Gebundensein an Weisungen ist grundsätzlich bedingt dadurch, daß der Lohnarbeiter sich in den Arbeitsablauf, die Arbeitsteilung, an die Produktionsverhältnisse in dem Betrieb in den er eintritt ein- und unterordnen muß, damit Ergebnisse erzielt werden, die den Bestand des Unternehmens sichern. Damit sind nicht nur der Zeitpunkt zu. dem und der Ort an dem eine Leistung zu erbringen ist, fremdbestimmt sondern auch die einzusetzende Arbeitskraft. §12a

---

568 Schönhoven, Klaus: Die Deutschen Gewerkschaften 1987, S. 249
569 Steinkühler, Franz: in: Arbeitszeit-Flexi-bilisierung und Entgelt-Differenzierung Hrg. Knebel, Heinz und Zander, Ernst 1986, S. 30

570 a.a.0. S. 96

des Tarifvertragsgesetz drückt die Stellung des Lohnarbeiters in dem Arbeitsverhältnis mit dem Unternehmer deutlich aus: "wirtschaftlich abhängig" und "sozial schutzbedürftig." Der Lohnarbeiter wird, vom Unternehmen "beherrscht". Der bekundete Wille des Unternehmers beeinflußt das Handeln des Lohnarbeiters so, daß dessen Handeln abläuft, wie es der Herrschende will.[570] Dabei vergißt Weber, daß das Handeln, die Leistung als solche allein Sache des Lohnempfängers ist, der aber in der Disziplin, und damit in seiner Freiheit eingeschränkt arbeitet.

Der Lohnempfänger erhält für seine Leistung ein Entgelt sowie die Erfüllung anderer gesetzlich geregelte Maßnahmen durch den Unternehmer, wie Urlaub, Anteil an Versicherungsbeiträgen, Kündigungsschutz usw. Daß die Unternehmen zusätzliche, in Tarifverträgen verankerte Leistungen erbringen, und solche die sie freiwillig übernehmen sei angemerkt und wiederholt.

Auch sei hier auf die ab 1962 geltenden, später häufig geänderten Vermögensbildungsgesetze hingewiesen. Sofern in Tarifverträgen vereinbart wird, und der einzelne der der Vereinbarung nach durch persönliche Entscheidung bestimmte Anteile des Lohnes für längere Zeit festlegt, zahlen Unternehmen und der Staat einen bestimmten Betrag hinzu. Im Laufe der Zeit wurden die Möglichkeiten der Vermögensbildung von staatswegen eingeschränkt, z.Zt. gelten nur Anlagen bei Bausparkasse und in Aktien als förderungswürdig. Sinn der Regelung, der Arbeitnehmer soll zusätzlich vom Lohn Vermögenswerte für seine Zukunft, seine freie Lebensgestaltung erwerben.

§ 611 BGB spricht davon, daß der, der die Dienste annimmt zur "Gewährung der vereinbarten Vergütung verpflichtet ist." Gewähren, umgangssprachlich als etwas (generös) "bewilligen", etwas "erlauben" zu verstehen, ist in dieser gesetzlichen

---
570 Weber, Max a.a.O. S. 544

Form auf die sich auch das Arbeitsrecht bezieht, als verfehlt anzusehen und weist auf die Zeit der Erstellung des BGB hin: Einfluß der Unternehmer, die "gewähren." Der Lohnarbeiter hat Anspruch auf ein Entgelt für die von ihm erbrachte Leistung. Deshalb spricht § 612 BGB auch zu recht von einer Vergütung einer Leistung.

Trotz der im GG zugesicherten Vertragsfreiheit werden individuell ausgehandelte Arbeitsverträge nur noch in den seltensten Fällen, z.B. für die oberen Führungskräfte, abgeschlossen; abgesehen davon, daß der Betriebsrat unter gewissen Voraussetzungen bei Neueinstellungen Arbeitsverträgen zustimmen muß (§ 99 BVG). Bei den sog. Leitenden spricht man heute im Bezug auf Gehalt, Tantiemen, Altersversorgung, Darlehen, Versicherungen aller Art, Dienstwagen usw. vom "Cafeteria System", d.h. sie stellen sich ihre Vergütung und Extras - im gesetzlichen Rahmen (z.B. § 97 Akt.G.) - nach eigenem Wunsch zusammen. Dabei wird besonders darauf geachtet, daß "aus Brutto mehr Netto" gemacht wird.[571]

Die sog. individuellen Arbeitsverträge der Lohnempfänger werden inhaltlich durch kollektive Tarifverträge geregelt. Es gilt, wie man mit einem Schlagwort sagt, das GTL System, das Gewerkschaftliche-,Tariflohn-System. Zu Beginn der achtziger Jahre sollen 90 % sämtlicher Arbeitsverhältnisse durch Tarifverträge gestaltet worden sein.[572] Das vom Wirtschafts und Sozialwissenschaftlichen Institut des DGB herausgegebene Tarifpolitische Taschenbuch 1991 bestätigt, daß der weitaus größte Anteil - genannt werden 18.821,914 Arbeitnehmer – der Beschäftigten, das sind ca. 60 % der Erwerbstätigen der alten Länder der BRD, von Tarifverträgen erfaßt werden. Das Taschenbuch nennt 14.300

---

571 Die Welt 25.7.92
572 Soltwedel, Rüdiger: in Handbuch Marktwirtschaft
Hgl. Vaubel, Roland, Barbier, Hans D. 1986 S. 176

Ursprungstarifverträge von denen "gut 7.300 auf Verbandstarifverträge und 7000 auf Firmentarifverträge" entfallen.[573] D.h. etwa die Hälfte der Tarifverträge werden von der Gewerkschaft direkt mit Firmen abgeschlossen, also nicht zwischen Verbänden, andererseits aber erfassen die Verbandsverträge den "weitaus größeren Anteil" der Beschäftigten.[574]

Diese Tarife regeln nicht nur Lohn, Gehalt und Entgelt, sondern auch Zulagen, Zuschläge, Jahressonderzuschläge, Verdienstsicherungen für ältere Arbeitnehmer, Arbeitszeit, Urlaub, Weihnachts- und Urlaubsgeld, Kündigungsschutz, Arbeitsschutz, greifen damit in die arbeitsvertraglichen Beziehungen vielfältig verbindlich regelnd ein. Zusammenfassend: das Verhältnis Kapital/Arbeit wird wesentlich beeinflußt von den Tarifsvertragsparteien, d.h. auf seiten der Arbeit von Gewerkschaften, soweit nicht darüber hinaus durch Betriebsvereinbarung zwischen Arbeitgeber und Betriebsrat Regelungen getroffen werden, die das Arbeitsvertragsverhältnis des einzelnen Arbeitnehmers dieses Betriebes berühren. Gegenüber diesen Betriebsvereinbarungen hat "das Betriebsverfassungsgesetz den Gewerkschaften keine allgemeine Aufsichtsfunktion ... zugewiesen", sagt das BAG.[575]

Rechtliche Grundlage für die zwischen Gewerkschaften, einzelnen Arbeitgebern sowie Vereinigungen von Arbeitgebern abzuschließenden kollektiven Arbeitsverträgen (§§ 1 u. 2 TVG) ist Art. 9 Abs. 3 GG. Darin ist "Das Recht, zur Wahrung und Förderung der Arbeits- und Wirtschaftsbedingungen Vereinigungen zu bilden, ist für jedermann und alle Berufe gewährleistet," festgelegt. Damit ist die sog. Koalitionsfreiheit und die koalitionsmäßige Betätigung als einklagbares Grundrecht festgeschrieben. D.h. Arbeitnehmer können sich zu Gewerkschaften,

---

Risch, Bodo: ebenda S. 265
573 Tarifpolitisches Taschenbuch, S. 17
574 Tarifpolitisches Taschenbuch, S. 17
575 Beschluß 1 ABR 65/86 vom 18.8.87

Arbeitgeber zu Arbeitgebervereinigungen zusammenschließen und können als Verbände, aber auch der einzelne Arbeitgeber mit einer Gewerkschaft Tarifverträge abschließen. Diese Organisationen regeln Gesetzen ähnlich, die Arbeitsbedingungen in eigener Zuständigkeit und Verantwortung und mit den normativen Bestimmungen des Tarifvertrages den Inhalt der Arbeitsverträge. Sie üben Tarifautonomie aus. Sie regieren gleichsam durch diese Autonomie im Staat und Gesellschaft in wesentlichen Wirtschaftsfragen mit. Sie setzen nicht nur auf dem Lohnsektor Rahmendaten für die Wirtschaft. Sie stehen damit Parlamentsentscheidungen nicht nach, mit dem Unterschied, daß nicht demokratisch,sondern durch Funktionäre im Wege von Verhandlungen "entschieden" wird. In ihrem Bereich handeln sie mit, Wirkung gegen Dritte. Den Gewerkschaften ist damit eine "Monopolposition als Interessenvertretung der Arbeitnehmer"[576] gegeben, die im Hinblick auf die Bestimmungen gegen Wettbewerbsbeschränkungen zu hinterfragen ist. Grundsätzlich fallen die Gewerkschaften nach dem Gesetz gegen Wettbewerbsbeschränkungen nicht unter das Verbot Monopole zu bilden, da sie keine Unternehmen sind. Es war aber einmal ein Verbandsgesetz im Gespräch, das die Frage regeln sollte, umsomehr als bei Tariferhöhungen meist eine Gewerkschaft die Führungsrolle übernimmt und andere nachziehen oder im Falle des Streiks nicht unmittelbar betroffene Gewerkschaften, der den Streik führenden ihre Unterstützung geben. Popitz[577] spricht auch davon, daß Gewerkschaften indirekt durch Organisation der Arbeiter Streikdrohungen und "terroristische Verhinderung des Streikbruch" ein Monopol zu erreichen versuchten. Dieses Monopol geht soweit, daß wenn die Bundesregierung anregt, daß z.B. 4 % Lohnerhöhung in das wirtschaftspolitische Umfeld passen würden die Gewerkschaft von "Provokation" spricht. So geschehen im Herbst 1992. Der Staat wird, nur insoweit direkt tätig, wie die

---

576 Schönhoven, Klaus: Die deutschen Gewerkschaften 1987 S. 223
577 Mittwochsgesellschaft S. 328

Gesetze es zulassen und wie es z.b. Bundesurlaubsgesetz und andere Arbeitsschutzgesetze festlegen, Gesetze die aber nur subsidiär gelten, insoweit als im Tarif weitergehende Bestimmungen vereinbart werden können.

Der Staat hat sich auch nicht, wie in der Weimarer Republik bei Auseinandersetzungen der Tarifparteien, z.b. Streik und Aussperrung, die staatliche Zwangsschlichtung vorbehalten, die noch gesondert galt bei durch Aussperrungen und Arbeitsniederlegungen bedingte "Stillegung von Betrieben, welche die Bevölkerung mit Gas, Wasser, Elektrizität versorgen." Letzteres ist eine Regelung, die noch heute zu begrüßen wäre, wenn man daran denkt, welche Folgen der Wegfall der Energien für die Gesellschaft, für das Gemeinwohl z.b. bei einem Streik der Wasserwerker und Müllwerker für die Hygiene der Bürger bedeutet, oder Stromausfall im Blick auf den in fast jedem Haushalt zu findenden Kühlschrank. Die Zwangsschlichtung erübrigt sich vielleicht, weil die Gewerkschaften diese Zustände vermeiden und von sich aus Notmaßnahmen regeln. Heute ist die Schlichtung subsidiär und bilateral zwischen dem Bundesverband der Deutschen Industrie und dem DGB (1950 und 1954) geregelt worden. In die Tarifverträge ist das Schlichtungsverfahren mit paritätisch besetzten von einem neutralen Vorsitzenden geleiteten Schlichtungskommissionen festgeschrieben. Die IG-Chemie hat an Stelle der neutralen Vorsitzenden den Schlichterposten ebenfalls paritätisch mit je einer von den Arbeitgebern und von den Arbeitnehmern benannten Persönlichkeit besetzt. Diese Regelung begrüßt Karl Monitor,[578] Vorstandsmitglied des Bundesarbeitgeberverbandes Chemie. Mit der paritätischen Besetzung des Postens des Vorsitzes der Schlichtungskommission setzen sich die Parteien selbst unter Druck. Ein neutraler Schlichter bringt eigene Meinungen in die Auseinandersetzungen womit die Tarifparteien aus der Verantwortung entlassen würden.

---
[578] Interview in WamS v. 28.2.92

Gelingt die Schlichtung nicht, steht beiden Parteien als "ultima ratio" der Streik bzw. die Aussperrung zu. Entsprechend der Einstellung der Gewerkschaften, daß Kapital und Arbeit sich in Spannung gegenüber stehen, betrachtet der DGB die Aussperrung als "Willkürinstrument der Arbeitgeber", das "verboten werden muß."[579] M.E. ungerechtfertigt, denn bei einer Kampfsituation, die nach mißglückter Schlichtung gegeben ist, müssen die Waffen "gut und gleich" sein. Streik ist Waffengang; Kampf. Kampf ist ein Akt der Gewalt um den Gegner zur Erfüllung des eigenen Wollens zu zwingen. Ziel: "Feind" wehrlos zu machen, zu unterwerfen, gefügig zu machen. Gleiches gilt, wenn mit einer Aussperrung der "Arbeitskampf" begonnen wird. Jeder Mensch der mit Gewalt zu einer Handlung gezwungen werden soll, hat das begründete Recht der Verteidigung. Deshalb: Aussperrung bei einem Streik und umgekehrt. Problematisch ist in diesem Zusammenhang der Warnstreik. Er bleibt - wenn auch punktuell - Streik und wird m.E. zu unrecht vor Ablauf der Schlichtung angewandt.

Das BVG hat in Anlehnung an mehrere Entscheidungen des BAG der hier vertretenen Auffassung zugestimmt, mit der Einschränkung, daß die Zahl der von der Aussperrung Betroffenen in einem angemessenen Verhältnis zur Zahl der Streikenden stehen muß.[580] Der Staat hat mit der Änderung des § 116 Arbeitsförderungsgesetz festgelegt, daß "durch Gewährung von Arbeitslosengeld nicht in Arbeitskämpfe eingegriffen werden (darf)." Er hat damit indirekt zum Streik Stellung genommen, dergestalt, daß Arbeitskämpfe allein Sache der Tarifvertragsparteien sind.

Die Vereinigungen als solche und ihre handelnden Persönlichkeiten sind aber nicht demokratisch bestimmt, sondern sind als Funktionäre von Funktionären und

---

579 Grundsatzprogramm des DGB Abschn. 1
580 BVG - 13 v R 779/85

nicht von der Gesamtheit der Mitglieder einer Vereinigung gewählt. Diese fehlende Demokratie z.b. in der Gewerkschaft findet ihren Ausdruck in der Tatsache, daß im DGB Mitglied nicht Einzelpersonen, sondern 16 Gewerkschaften sind, oder daß bei der IG Druck + Papier der Vorstand bei Ausrufung eines Streiks nicht mehr zwingend an eine Urabstimmung gebunden ist. Erst auf dem Gewerkschaftstag der ÖTV in Nürnberg 1992 ist z.B. ein Beschluß gefaßt worden, die Basis in die Entscheidung die von der Spitze zu fällen sind mehr einzubeziehen. Im Januar 1993.ist diese Abmachung zum ersten Mal zum Tragen gekommen. Die Große Tarifkommission der ÖTV hat von ihrer Entscheidung zu dem Ergebnis der Verhandlungskommission die Stimmung bei den Kreisverwaltungen abgefragt. D.h. die wirkliche Basis, das einzelne Mitglieder noch nicht einbezogen, wohl aber die niederste, der "Basis" am nächsten stehende Funktionärsebene wurde gehört. Daß in der Presse und im Fernsehen wiedergegebene Befragungen einzelner Mitglieder wenig Verständnis zeigten für die Entscheidungen der Gewerkschaftsleitung, ist nichts besonderes, Gegenstimmen, anderer Meinung sein, ist die Besonderheit der Demokratie.

Wenn man generell. unterstellen kann, daß die Arbeitgebervereinigungen für soziale Marktwirtschaft sind, so muß man auch feststellen, daß sie die soziale Seite der Marktwirtschaft durch Einflußnahme bei der Regierung zu beeinflussen suchen. So hat der BDI dem 34 Verbände angehören, unter seinem Hauptgeschäftsführer Siegfried Mann als Maxime für den BDI erklärt: "Wir haben das Fachwissen in die politischen Entscheidungsprozesse zu transportieren,- die konkurrierenden und teilweise gegensätzlichen Einzelinteressen nach innen im Sinne demokratischer Willensbildung auszugleichen und schließlich die spezifischen Interessen gegenüber der Öffentlichkeit und den Trägern der politischen Entscheidung glaubwürdig zu vertreten."[581]

---

581 nach "Die Zeit" 4.9.92

Bei den Auseinandersetzungen zwischen Kapital und Arbeit sind die Unternehmerverbände im allgemeinen zurückhaltend, weil sie im Interesse des Unternehmens - hier gesehen als Kapital und Arbeit - kämpferische Auseinandersetzungen Streik und Aussperrung - scheuen. Absatz und Gewinn erfordern Vertragserfüllung, d.i. termingerechte Lieferung, die durch Streik und Aussperrung gefährdet ist. oft wird von Verbandsmitgliedern, besonders kleinerer oder mittlerer Betriebe beanstandet, daß die Kommissionen des Verbandes, oft besetzt mit Vertretern größerer Unternehmen, den Forderungen der Gewerkschaft zu wenig Widerstand leisten. Die Gewerkschaften gehen, unterstützt von ihren Mitgliedern grundsätzlich auf ihre Ziele los, die sie meinen erreichen zu müssen, denken aber auch an auszuzahlende Streikgelder. Generell wird man sagen können, daß die Gewerkschaften in dem Verhältnis Kapital/Arbeit auf wirtschaftlichen und sozialen Gebiet neben dem Staat den Ton angeben.

Die Tarifverträge werden als Branchentarife und auf Seiten der Gewerkschaften entsprechend der Organisation in Industriegewerkschaften von diesen abgeschlossen dahin, daß für jeden Betrieb möglichst nur eine Gewerkschaft die Interessen aller dort Beschäftigten vertritt.

Diese Tarifverträge gliedern sich in meist kurzfristigere Lohntarife und länger laufende Manteltarife. In letzteren geht es um Arbeitsschutzmaßnahmen, Arbeitsplatzgestaltung, Arbeitszeit und ihre Flexibilisierung, Mitbestimmungs- und Mitwirkungsrechte zur "Demokratisierung" der Wirtschaft und größere soziale Sicherheit.

Ziel der Gewerkschaften, das in die Tarifverträge eingehen soll und z.T. eingegangen ist, ist gesellschaftliche Gleichberechtigung, Befreiung von "vermeidbarer" wirtschaftlichen Abhängigkeit, gerechtes Arbeitseinkommen, humane Arbeitsbedingungen, Vollbeschäftigung, Ausbau der Mitbestimmung der Arbeitnehmer bei allen wirtschaftlichen, sozialen und personellen Entscheidungen der Unternehmer und soziale Sicherung, um einige, wohl die wichtigsten Punkte des Grundsatzprogramms des DGB von 1981 zu nennen.

Die Verhandlungen um Tarifabschlüsse sind harte Auseinandersetzungen. Der Vorsitzende der IG-Metall Steinkühler, hat das kurz und prägnant zusammengefaßt: "wer am Verhandlungstisch nicht hören will, muß in den Betrieben fühlen."[582] Die Verhandlungen ziehen sich lange hin obgleich die Beteiligten und interessierte Außenstehende oft wissen, wie sie ausgehen werden -, werden meist nach Dauersitzungen erst nach Mitternacht, "in den Morgenstunden", abgeschlossen. Dies obgleich Eingeweihte berichten, daß spätestens ab dem Abendbrot die Masse der an den Verhandlungen Beteiligten herumsitzen. Grund: es macht sich offenbar den Mitgliedern der Vertragsparteien gegenüber gut, bis in die Nacht am Tarif, um die Lohnhöhe für deren "Wohl" gearbeitet zu haben. So gehört von Teilnehmern an Tarifverhandlungen und aus Pressemitteilung über den Ablauf solcher Verhandlungen geschlossen. Jeder Interessierte weiß, daß, wenn hier 10 % gefordert, dort 4 % Lohnerhöhung gesagt wird, man mit 6 - 7 % abkommt.

8.2 Zur Rolle des Lohns

Primär erhält der Lohnarbeiter für seine Arbeit einen in den Tarifverträgen seiner, nach verschiedenen Merkmalen, Kenntnisse, Beanspruchung und Verantwortung umschriebenen aber oft nicht seinen individuellen Fähigkeiten entsprechende Leistung, seiner Tarifgruppe entsprechend, festgelegten Lohn. D.h. die Lohnhöhe ist eine vom Lohnarbeiter nicht zu beeinflussende Größe. Es sei denn, es gelingt

---

582 Stuttgarter Zeitung v. 23.4.90

einem Lohnarbeiter oder dem Betriebsrat für alle Betriebsangehörige, eine günstigere Lohnhöhe, übertarifliche Zulagen zu vereinbaren, als im Tarifvertrag vorgegeben. Diese Änderungen und Erweiterung, Abweichungen vom Tarifvertrag zu Gunsten des Lohnarbeiters gestattet das sog. Günstigkeitsprinzip des § 4 Abs. 3 TVG, das für alle tarifvertraglichen Vereinbarungen, wie Arbeitszeit, Sonntagbarbeit u.a. Verschlechterung gegenüber den tariflichen Mindestnormen sind jedoch nicht möglich. Sie werden von den Gewerkschaften strikt abgelehnt, besonders für den Fall, daß die Unternehmer in den Tarifverträgen eine sog. Öffnungsklausel fordern, die auch Verschlechterungen möglich machen soll. Die eventuell durch Öffnungsklausel vereinbarten, die Mindestnormen des Tarifvertrages unterschreitenden Löhne, könnten gegebenenfalls von Staats wegen durch das Gesetz über die Festsetzung von Mindestarbeitsbedingungen vom 11.1.52 aufgehoben werden. Mit den staatlich festgesetzten Mindestarbeitsbedingungen "wird die unterste Grenze der Entgelte und sonstigen Arbeitsbedingungen in einem Wirtschaftszweig oder einer Beschäftigungsart festgelegt." (§ 4 Abs. 3 Mind.ABG.)

Mit dem vereinbarten Entgelt muß der Lohnempfänger seine persönlichen Bedürfnisse befriedigen. Dabei soll nicht nur der existentielle Lebensbedarf gedeckt werden können, - es ist nicht richtig, wenn der französische Materialist Holbach meint: "Eine Gesellschaft genießt all das Glück dessen sie fähig ist, sobald die große Mehrheit ihrer Mitglieder genährt, gekleidet und behaust ist"[583] - sondern der Ertrag der Arbeit soll auch dazu ausreichen, etwas zu Eigentum zu erwerben, am kulturellen Leben teilzuhaben, zu tun was Freude macht, soll Sicherheit, Geborgenheit, innere Ruhe und Frieden geben, soll dazu dienen sich sogenannte "postmaterielle" Wünsche zu erfüllen, in der Freizeit selbstbestimmend zu handeln und tätig zu sein.

Tätig sein unterscheidet sich von arbeiten insoweit, als lohnabhängige Arbeit, wie sie heute konstruiert ist, einen "Zwang" beinhaltet zum fremdbestimmten Tun d.h. die persönliche Freiheit einschränkt. Tätigkeit ist das selbstbestimmte Tun im Rahmen des von äußeren Eingriffen freien Handelns.[584] Ob man bei "Tätigkeit" davon sprechen kann, daß dem Menschen die Beschäftigung, das körperliche und geistige Tun angeboren sei., von ihm als ein Muß, ein nicht anders Können vollzogen wird, ist m.E. generell nicht zu entscheiden. Die Menschen sind verschieden. So auch in ihrer Entscheidung, etwas zu tun oder nicht zu tun. Eines aber ist sicher, bei der Tätigkeit handelt der Mensch, realisiert er bewußt, willentlich und frei seine Absicht ein Ziel zu erreichen.

Bei wievielen Beschäftigungen, die für Haus und Familien geleistet werden, Arbeit oder Tätigkeit im umschriebenen Sinne gegeben ist, hängt - wie gesagt - vom einzelnen Menschen ab, davon wie er dieses Tun beurteilt und bewertet, ob er dafür einen Zwang empfindet oder nicht. Fest steht für mich, daß alle Beschäftigung, ob Arbeit oder Tätigkeit, auch Nutzen für die Gesellschaft erbringt und von der Gesellschaft her, also sozial gesehen, von Fall zu Fall ihres "Lohnes" wert ist. Ob "Lohn" für Tätigkeit in Ansehen, in Ehrungen, Orden, in sozialen Maßnahmen (Mutterhilfswerk, Mutterschaftsurlaub) sich darstellt oder in Vergütung für erbrachte Leistung (Steuervorteil beim Hausbau, Kindergeld; Kindergeld für Trümmerfrau; Zuschüsse für Pflegebedürftige bei deren Pflege im eigenen Hause) sich niederschlägt, muß die Gesellschaft und der Staat entscheiden.

Der Tätige handelt primär nicht als Mittel für fremde Zwekke, sondern für eigene Ziele. Ab er: "Die Haus- und Familienarbeit" bei der die Frau oder der Mann nicht für fremde Zwecke, sondern primär für eigene Ziele (Erhalt seiner Familie tätig

---

583 Zit. nach Plechanow. G.W: Beiträge zur Geschichte des Materialismus 1946 S. 20
584 s. dazu Dahrendorf, Ralf in: Geht uns die Arbeit aus. Hrg. Afheldt, Heik, Rogge, Peter G. 1983 S. 26

ist), ist so meint m.e. zu recht Lafontaine,[585] "elementarer Teil der gesellschaftlich notwendigen Arbeit." Diese Überlegungen werden auch in der Encyklika "Laborem exercens" (Absch. 18) im Hinblick auf die Familie, vorgetragen. Der Papst sagt, wer Verantwortung für eine Familie trägt, muß für die dabei geleistete Arbeit "gerecht" entlohnt werden. v. Nell-Breuning, der diese Ausführungen kommentiert[586], meint, daß die Leistung der Eltern zum "Wohle der größeren Gemeinschaft von Volk und Staat" nicht weniger beiträgt, als die Arbeit einer Erzieherin. Er deutet an, daß die ökonomische Leistung der Eltern für die Volksgemeinschaft, "insbesondere der Altersversorgung bedeutsam sein könnte. Dieser Gedanke kommt auch im Grundsatzprogramm der CDU (Ziff. 110) zum Ausdruck. Es heißt da "Hausfrauentätigkeit und Kindererziehung sind Berufstätigkeit und müssen als solche anerkannt werden."

Wesentlich in diesem Zusammenhang ist, daß in einem Schadensersatzprozeß nach einem Verkehrsunfall, das Landgericht Paderborn[587] den Wert der Hausfrauentätigkeit mit 1.845,63 DM monatlich errechnete. Die Nichtentlohnung der Hausarbeit, der Pflege und Erziehung der Kinder führt dazu, daß es auch keine Rentenversicherung für Frauen, die als "Beruf" Hausfrau angeben gibt. Die Folge davon ist, daß nach einer Feststellung der Bundesregierung[588] 74 % der Rentnerinnen -meist als Anhängsel an die Rente des Ehemannes - mit höchstens eintausend DM Rente monatlich auskommen müssen, während bei den Männern nur 21 % sich mit diesem geringen Betrag begnügen müssen. Die Rente für "Trümmerfrauen" ist nur teilweise eine Entschädigung für Kinderbetreuung. Dem Grunde nach ist sie Entlohnung für Aufräumarbeiten nach dem 2. Weltkrieg, also für gesellschaftliche Leistungen.

---

585 Lafontaine, Oskar: Die Gesellschaft der Zukunft 1988 S. 213
586 a.a.O. S. 77/78
587 Az: 4.0 300/90
588 Die Zeit v. 18.1.91

Zurück zum Lohn: Abgesehen davon, daß der Lohn die Lebensbedürfnisse decken soll, soll er auch die Leistung als solche bewerten. Ein sehr wesentlicher Punkt, wenn man berücksichtigt, daß in den Tarifen nicht die individuelle, sondern eine angenommen zu erbringende Leistung in bis zu 19 Gruppen eingestuft wird. Die abstrakte im Tarifvertrag punktuell umschriebene Arbeit wird finanziell von den Tarifvertragsparteien bewertet. Wobei auch nicht das Produkt und die Produktivität der einzelnen Betriebe beachtet wird. Vielmehr wird die Tarifgestaltung am Durchschnitt der Betriebe orientiert.[589]

Die Leistung ist zu messen am Wert, den die Arbeit zum Verkaufswert des Produktes beiträgt, das heißt in diesem Zusammenhang: die effektiv geleistete Arbeit des Einzelnen im Verhältnis zum Produkt sollte die Vergütung, den Lohn bestimmen. Gleichzeitig geht es auch darum, den Lohn so festzulegen, daß er die volle Auslastung der Produktion, die höchste Produktivität und die höchste Beschäftigung zuläßt. Der Lohn ist demnach funktional und hat mit Gerechtigkeit, die "mehr Gleichheit in der Verteilung von Einkommen" erfordert[590] mit dem "gerechten Lohn" insoweit zu tun, als die Funktion des Lohnes im Rahmen der Produktion gerecht - bezogen auf den einzelnen Lohnarbeiter oder auf eine Gruppe gleichartig Beschäftigter seinerseits bezogen auf den Betrieb in dem sie arbeiten festgesetzt wird. D.h. auch gleicher Lohn für gleiche Arbeit, aber, und das müßte beachtet werden, individuell bemessene Arbeit.

Übersehen wird im allgemeinen, daß die Höhe des leistungsgerechten Lohnes von der Produktivität des Betriebes abhängt. Die Gewerkschaft geht bei der Lohnerhöhung von der Produktivitätssteigerung der Gesamtwirtschaft, vom Bruttosozialprodukt aus, die das Statistische Bundesamt für ein Jahr errechnet und

---

589 Steinkühler, Franz: Interview a.a.O.
590 Grundsatzprogramm der SPD

von der Inflationsrate. Diese Festlegung wird den einzelnen Betrieben mit ihrer unterschiedlichen Produktion nicht gerecht. Wenn der Lohn aus dem verkauften Produkt bezahlt wird, muß der gerechte Lohn dem Produkt, seinem erreichten Preis angepaßt werden. Löhne haben demnach ein Janusgesicht. Auf der einen Seite sollen sie der individuellen Leistung, nicht einer errechneten, oder eingestuften Tarifgruppenleistung, gerecht werden, andererseits kann nur der Produktivitätsfortschritt eines bestimmten Betriebes Lohnfortschritte, sprich -erhöhungen begründen. Feststellungen, die von Gewerkschaften örtlich und auf Betriebsgröße bezogen, punktuell- beachtet werden.

Die Schwierigkeit bei den Tarifen abgesehen von der individuellen Leistungsfähigkeit zu einer "gerechten" Entgeltdifferenzierung unter Berücksichtigung der technischen Entwicklung zu kommen, hat sich auf dem Syposium "Analytik" im Jahre 1985[591] gezeigt. Im Rahmen dieser Zusammenkunft stellte der Bezirksleiter der IG-Metall Reiner Birkwald[592] fest, daß "die Idee der DAF nur "körperliche Arbeit," also die Arbeit der "Werktätigen Berufe" zu betrachten in großem und ganzen auch heute noch vorhanden ist." D.h. die vorwiegend geistige Beschäftigung der werktätig, also körperlich Arbeitenden mit elektronischen Hilfsmitteln ist z.T. unberücksichtigt, es sei, man versucht Angestellte und Arbeiter in einem Einheitstarif zusammenzufassen, um damit der geforderten geistigen Arbeit des Lohnempfängers gerecht zu werden.

Die Bemessung des Lohnes ist ein altes Problem. Reichfreiherr vom Stein ging in einer Denkschrift 1806 darauf ein.[593] "Zur Sicherung der arbeitenden Klasse gegen allen Druck der Fabrikverleger ist der Entwurf eines Reglements über ein Lohntax und die Rechte Und Verbindlichkeiten der Arbeiter gegen die Fabrikbesitzer erforderlich."

---

591 Knebel, Heinz; Zander, Ernst; Hrsg.: Arbeitszeit-Flexibilisierung und Entgelt-Differenzierung, 1986
592 Arbeitszeit, S. 138
593 Bellwick

Engels[594] begründet 1845 das Minimum des Durchschnittlohnes mit der Konkurrenz der Arbeiter um einen Arbeitsplatz und das Maximum damit, was die Unternehmer in Konkurrenz um die Arbeitskraft bieten. Je nach Konkurrenzlage bestimme sich so der Durchschnittslohn. Der Arbeiter für Engels unter Berufung auf Adam Smith ein Handelsartikel, eine Ware, deren Preis der Markt bestimmt. Angebot der Arbeit und Nachfrage nach Arbeit waren ausschlaggebend.

Wenn wir sagen, daß die Bemessung des Lohnes von der Relation Leistung des Arbeitnehmers d.i. Einsatz des jeweils gegebenen Arbeitskapitals zum Verkaufswert des Produkts abhängt, so nehmen wir damit auf die Faktorleistung Arbeitskapital die im Rahmen des Produktionsprozesses erforderlich ist, auf den sog. Produktionsfaktor Arbeit bezug.

Lohn als Entgelt für den Einsatz der Arbeitskraft, als Kostenanteil am Produkt, ist die eine Seite der Medaille. Arbeitskapital, die andere Seite ist der arbeitende Mensch als solcher. Menschliche Arbeit ist, wie Birkwald[595] zurecht meint, eine komplexe und komplizierte ganzheitliche Erscheinung. Die menschliche Seite wirft die Fragen auf: bringt die Arbeit dem Arbeitnehmer eine gewisse Befriedigung, sieht er einen Erfolg mit seiner Arbeit und wurde unter menschenwürdigen Bedingungen - Arbeitsumwelt, Arbeitszeit - gearbeitet.

Im Lohn für Arbeit realisiert sich, weil das Entgelt neben dem Erfolg der ausgeübten Arbeit, auch die Arbeitsverhältnisse widerspiegelt, und mit ihm, dem Lohn, die Lebensqualität - gesunde und ausreichende Wohnverhältnisse, ausreichende Verpflegung und Freizeit, d.i. die soziale Komponente - bestimmt wird, die Stellung und die Verhaltensmöglichkeiten des Arbeitnehmers in der

---

594 Engels, Friedrich: Die Lage der arbeitenden Klasse in England. 1973, S. 9ff
595 Arbeitszeit, S. 140

Gesellschaft. Der Lohn soll auch Fort- und Weiterbildung, bessere Ausbildung für die Kinder, Teilnahme an kulturellen und gesellschaftlichen Veranstaltungen ermöglichen. Unter diesen Facetten und Perspektiven gesehen ist der Lohn für abhängig geleistete Arbeit, die Grundlage für ein menschenwürdiges Leben, nicht nur finanziell, sondern auch auf die Person bezogen.

Denn: Krankheit, Invalidität, Arbeitslosigkeit, altersbedingte Arbeitsunfähigkeit und den technischen Gegebenheiten nicht angepaßte Qualifikation - von der Person und von der Ausbildung her gesehen - bedeuten: keine oder geringere finanzielle Einnahme und individuelle Zurücksetzung. Ob und wieweit die finanzielle Seite des menschenwürdigen Lebens, auch für aus dem Arbeitsleben Ausgeschiedene, mit dem Entgelt für geleistete Arbeit, durch Ersparnisse, Versicherungen und Vermögensbildung mit staatlicher Sparzulage erreicht werden kann, ist in erster Linie eine wirtschaftliche Frage, die im Rahmen der Verhältnisse von Kapital und Arbeit zu klären ist, und die vom Wachstum der Wirtschaft abhängt. Heute ist sie zu erheblichen Teilen auf die staatliche Umverteilung verschoben. Diese Überlegung, die für die Wirtschaftspolitik, insbesondere für die Konjunkturpolitik, die sog. Globalsteuerung der Wirtschaft wesentlich ist, zeigt die Bedeutung der Tarifautonomie, insbesondere die Verantwortung der Gewerkschaften und Arbeitgeberverbände für ihre Lohn- und Tarifpolitik.

Die sozialen und gesellschaftlichen Fragen, die dem Arbeitnehmer ein humanes Leben ermöglichen, werden im Rahmen der Gesellschaft staatlich unter Beachtung der Gerechtigkeit und der Solidarität gelöst, sollten aber aus dem Verhältnis Arbeit/Kapital nicht ausgeklammert werden. Aber: dem Ausgleich für nicht durch den Lohn im Einzelfall abgedeckte, begründete Ansprüche an die Lebensqualität, an die Teilnahme an kulturellen und gesellschaftlichen Veranstaltungen, kann wohl schon deshalb nicht über den Lohn ausgeglichen werden, weil der einzelne Arbeitnehmer in den - von der Produktivität her unterschiedlichsten Unternehmen - tätig ist. Würden sie den einzelnen Unternehmer via individuell angepaßten Lohn belasten, würden sie die Kosten und damit den Preis des erzeugten Produktes so erhöhen, daß es zu Wettbewerbsverzerrung - besonders in Export orientierte Unternehmen - und zu nicht aufzuholenden Verlusten führen würde. Hierher gehören auch, zum Teil- mit Tarifen abgedeckte Sonderleistungen, wie Weihnachtsgeld, Urlaubsgeld, Jahresprämien, Ausflüge, Essen die, wie Schumpeter meint. Der "kapitalistischen Leistung" zugerechnet werden müßten.[596] müßten nicht nur, sondern sie müssen als Entgelt für geleistete Arbeit angesehen werden. Sie sind Lohnkosten. Diese Sonderleistungen, auch Personalnebenkosten genannt, die sich in gesetzliche Leistungen, d.s. Arbeitgeberbeiträge zur Sozial- und anderen Versicherungen, bezahlte Feiertage, Lohnfortzahlung bei Krankheit, Betriebsunfallversicherung, Mutterschutz u.a. und tarifliche und betriebliche Leistungen, wie Urlaub und Urlaubsgeld, Sonderzahlungen, betriebliche Altersversorgung, Vermögensbildung und andere bereits genannte Kosten, erreichten 1991 83,8 % des Entgelts für geleistete Arbeit, des Lohnes.[597] Es sind Beträge, die die Lohnstückkosten so erhöht haben, daß sie in der Bundesrepublik z.B. um fast 30 Punkte über denen Japans liegen.[598] Ein Beispiel dafür, daß diese im wesentlichen sozialen Maßnahmen, werden sie über den Lohn erbracht, hinsichtlich der Einstellung von Arbeitskräften prohibitiv wirken: Frauen werden mit Zurückhaltung wegen des Mutterschutzes eingestellt oder werden veranlaßt abzutreiben, wie aus den "Neuen Bundesländern" berichtet wird, was ich unkontrolliert anmerke.

---

596 a.a.0. S. 11.6
597 Quelle IW, abgedruckt in verschiedenen Tageszeitungen März 92
598 auch IW, EG-Kommission

Generell ist festzuhalten die personale Beziehung zwischen Arbeit und Lohn einerseits, und die Beziehung Produkterlös und Lohn steht zur Debatte.

Arbeitskraft[599] oder gar der Lohnarbeiter ist nicht, - wie schon angemerkt, von Marx und Engels[600] behauptet wird - eine Ware. Eine Auffassung, auf die der DGB in seinem Grundsatzprogramm 1981 Abschnitt 2 bezug nimmt, wenn er sagt: Die Arbeitskraft des Arbeitnehmers "darf nicht als Ware gewertet werden." Bei der Wiederholung der ideologischen Floskel - Arbeit gleich Ware- von,Marx, im Grundsatzprogramm des DGB zeigt sich, worauf der französische Sowjetologe Alain Besancon[601] hingewiesen hat: "Vom Augenblick an, wo jemand die Sprechweise einer Ideologie übernimmt, verliert er seine bisherige Sprache und mit ihr seine geistige Welt und sein Selbstwertgefühl. Selbst wenn das völlig unabsichtlich geschieht, wird der Adept einer ideologischen Sprechweise zu einem Teil dieser Ideologie, schließt er gewissermaßen einen Pakt mit dem Teufel."

Man könnte vielleicht insoweit von "Ware" sprechen, als Ware, durch Kaufvertrag erworben wird. Wenn in Tarifverträgen auf Grund der zu erbringenden Leistungen, der zu leistenden objektiven Arbeitserfolge, die Löhne für viele, die die gleiche Leistung erbringen katalogisiert werden und den Leistungen mit dem festgeschriebenen Lohn, Wie einer Ware, ein Wert zugeschrieben wird, könnte man sagen: gegen Entrichtung des festgesetzten Preises (Lohnes) erwirbt man, wie bei einem Kauf, die Ware, die - ausgeschriebene, tariflich festgelegte Leistung. D.h. weil man nicht

---

599 Engels, Friedrich: Konspekt über "Das Kapital" 1947 S. 23
600 Manifest der Kommunistischen Partei 1946 S. 10
Marx, Kapital, Buch I S. 239
601 Zit. nach Huyn, Hans Graf: Die doppelte Falle 1989 S. 411/2

die im einzelnen erbrachte Leistung eines Menschen sieht, sondern Leistungen schematisch gewissen in Tarifgruppen eingestuften Personen zurechnet und nach generell im Tarif gesetzten Normen bewertet, geht der Mensch verloren. Wird die Arbeit des einzelnen gesehen der diese Arbeit erbringt, ist sie keine Ware, sondern Ausfluß der Arbeitskraft eines Menschen, eines Persönlichkeitswertes und -rechts.

Die Arbeitskraft ist deshalb, wie Theodor Heuss[602] zu recht sagt, nicht Ware, weil sie an den individuellen Menschen gebunden ist. Der Mensch ist eben - um den Gedanken Heuss fortzuführen - keine Sache, sondern stellt als Persönlichkeit einen Wert dar, der der Kraft seines Geistes unterstellt ist.[603] Ähnlich wie Heuss stellt Leo XIII in Rerum novarum fest: "Arbeit ist etwas Persönliches, da ja die Arbeitskraft unlösbar von der Person ist." Bei der Arbeit wird nicht, wie beim Kauf einer Sache, einer Ware etwas Statisches vergütet, sondern das vom Lohnarbeiter, dem Menschen, erbrachte, geistig-körperlich von seinem Können und Wissen abhängige Tun, etwas Dynamisches. Auch dann, wenn er am Fließband immer nur durch gleiche Handgriffe zum Endprodukt etwas beiträgt, bleibt er Individuum und ist nicht statisches Objekt.

Eine Anmerkung: Neben den Männern haben schon immer Frauen "abhängig" gegen Entgelt gearbeitet. In der Tuchherstellung waren Frauen seit dem Hochmittelalter für Meister beschäftigt. Ende des Mittelalters waren in Köln 116 Seidenmacherinnen in Meisterbetrieben tätig.[605] Der Lohn für Frauenarbeit und die Frauenarbeit als solche ist ein besonderes Problem und bleibt es auch nachdem 1980 in das BGB (H 611 a u. b) Vorschriften über "geschlechtsbezogene Benachteiligung" eingeführt wurde. Das BAG hat in verschiedenen Urteilen für die Gleichbehandlung der Frau gesorgt. Es hat sogar Schadensersatz- und Schmerzensgeldansprüche zugestanden, wenn Frauen wegen ihres Geschlechts

---

602 Rede vom Nov. 54, Herausgeber DGB Köln-Dentz 1954
603 Vgl. dazu Augustinus: Vom Gottesstaat XII Bd. 24. Kapitel
605 Enne, Edith: Frauen im Netz 1985

benachteiligt wurden, wenn ein Arbeitgeber eine Stellenbewerberin wegen des Geschlechts ablehnte.[607] Das Statistische Bundesamt hat 1990 festgestellt, daß 39 % der Beschäftigten in der Bundesrepublik Frauen sind. In Unternehmensberatung, Werbung, Forschung, Steuerberatung, Datenverarbeitung sind es sogar 46 %. Von den Auszubildenden waren nach dem Statistischen Bundesamt 1988 insgesamt 43 % Mädchen, die vorwiegd frauentypische Berufe im Öffentlichen Dienst (45 %), Industrie und Handel (44 %) wählten. Im Handwerk waren es 28 %.

Der Zustand der Abhängigkeit des Lohnarbeiters ist nicht mit dem Eintritt in das "Ökonomische Zeitalter" entstanden. Er bestand in der Landwirtschaft und im Handwerk schon seit langem. So für den Handwerksgesellen, der am Produkt, das der Meister zu fertigen übernommen hatte, nach dessen Weisungen und unter dessen Kontrolle mitarbeitete oder das Endprodukt nach Hinweisen des Meisters selbst fertigte. Der Geselle konnte während der Arbeit über seine Zeit nicht frei verfügen und war in seinen Entschlüssen gebunden. Vielleicht wurde diese Einschränkung nicht so empfunden, weil für den Gesellen stärkere Gemeinschaftsbeziehungen im Rahmen einer patriarchalischen Ordnung des "ganzen Hauses" zum Meister, zu dessen Familie und Gesinde bestanden. Die Familiengemeinschaft des Meisters - der Geselle eingeschlossen - war eine Produktions- und Verbrauchsgemeinschaft.

Das änderte sich für den abhängig Arbeitenden mit Eintritt in das ökonomische Zeitalter dahin, daß der Meister und seine Familie eine Verbrauchs- und Wohngemeinschaft[608] und der Geselle für den "Prinzipal und dessen Hausstand" eine durchaus "fremde Person"[609] eben Arbeitnehmer wurde. Die Arbeitsleistung

---

607 BAG 8 AZR 351/86 u. 8 AZR 447/87 vom 14.3.89
608 Koch, Rainer: Die freie Reichsstadt Frankfurt am Main um 1800 in: Frankfurt ist der Nabel der Welt 1983 S. 32 ff s. auch Sombart a.a.O. Bd. I,1 S. 197
609 Koselleck a.a.O. S. 67

des Gesellen erfolgte bis dahin gleichsam in seinem Privatbereich. (Eine Tatsache, die heute mit der Telearbeit, der Arbeit außerhalb des Betriebes in der Wohnung des Arbeitenden, in anderer Form wieder gegeben ist und ähnliche Vorteile wieder belebt wie die, die für den Gesellen im geschlossenen Handwerksbetrieb bestanden, z.b. stärkere Eigenbestimmung der zu leistenden Arbeit. Die Nachteile der Telearbeit, Vereinsamung, mangelnde Kommunikation gab es für den Gesellen nicht. Erst im industriellen Betrieb wurde der Lohnarbeiter - aus der Gemeinschaft der Meisterfamilie - ausgeschlossen.

Vor allem aber: der Geselle im Handwerksbetrieb wußte welchem Zweck seine Arbeit diente. Er arbeitete unmittelbar am Werkstück und sah es, wenn es vollendet war. Er kannte den Plan, den Abnehmer und sah das Ergebnis seiner Arbeit. Er hatte persönliche Beziehungen zum, teils auch von ihm individuell gestalteten Werk. Die Arbeit, der Erfolg der Arbeit gab ihm ein gewisses Maß an Befriedigung und Genugtuung. (Ein Zustand der heute noch für in kleineren Betrieben Beschäftigte gilt.) Andererseits war er anders als heute durch obrigkeitliche Ordnungs- und Zunftzwänge (Zunft, Gilde oder Innung als Handwerkergenossenschaft[610]) in der Freizügigkeit eingeschränkt. Die Zünfte legten Ausbildungsstatuten, sowie die Zahl der Lehrlinge, fest, regelten die Arbeitszeiten und kontrollierten die Produktion.[611] Löhne waren, wie die Preise, durch die Zunft einheitlich festgelegt und nicht Sache freier Vereinbarung. Aus rein egoistischen Wettbewerbsgründen sorgten die Handwerksmeister dafür, daß es nicht zuviel Meister gab.

Diese Beschränkungen führten vielerorts zu Unruhen. Die Gesellen wünschten Arbeitszeitverkürzungen, mehr Lohn, mehr Nahrung. So stellen bereits 1328 in Breslau die Gürtlergesellen ihre Arbeit für ein Jahr ein, der älteste bekannte Streik

---

610 Sombart a.a.0. Bd. I.1 S. 192
611 Méchoulan a.a.0. S. 235

in Deutschland.[612] Die Unruhen waren ein Auflehnen gegen standesbedingte Ungerechtigkeiten. Auch die Gegensätze zwischen den herrschenden Adligen und dem arbeitenden Volk wurden immer deutlicher. Man sang das Lied: "Als Adam grub und Eva spann, wo war denn da der Edelmann." Revolutionär, mit dem Ziel die Gesellschaft gewaltsam zu verändern, waren diese Auseinandersetzungen nicht. Koch[613] sieht m.E. zurecht in den Unruhen "eher Auseinandersetzungen um Zugriffsrechte innerhalb einer Privilegienordnung."

Als 1798 in Preußen soziale Unruhen auftraten, erging eine Kabinettsorder, die der Verhinderung von. Tumulten dienen sollte. "Die Eltern, Schullehrer und Herrschaften für ihre Untergebene, die Hauswirte für ihre Hausbewohner, die Entrepreneurs von Fabriken und Gewerksmeister für ihre Arbeiter, Gesellen, Lehrlinge und Tagelöhner (wurden) verantwortlich gemacht, daß Werkstatt und Wohnung nicht zu verlassen seien."[614] Diese Verordnung wurde bis ins Jahr 1835 hinein nicht erneuert oder geändert und zeigt, daß laufend soziale Unruhen gegeben waren; andererseits, daß der Fabrikant und der Meister seinen mitarbeitenden Abhängigen gegenüber gleichsam obrigkeitliche Rechte wahrnehmen mußte.

Wenn wir bisher außer vom Lohnarbeiter auch vom Arbeitnehmer gesprochen haben (daß der Begriff "Arbeitnehmer" m.E. unzutreffend ist, darauf bin ich oben eingegangen) müssen wir uns darüber klar sein, daß es den Arbeitnehmer, den Erwerbstätigen im abhängigen Arbeitsverhältnis als generalisierte Figur, ebenso wenig gibt, wie den Arbeitgeber, den Deutschen, den Russen usw. Abgesehen davon, daß jeder einzelne Arbeitnehmer eine eigen geformte Persönlichkeit ist, ist an jeden auch eine individuelle Leistungsfähigkeit gebunden. Bereits vor dem

---

612 Fischer-Fabian a.a.0. S. 109, 349
613 a.a.0. S. 34 Anm. 30 unter Bezug auf F. Göttmann: Die Bäckerzunft im späten Mittelalter 1975
614 Koselleck, Reinhart: Preußen zwischen Reform und Revolution. Sonderausgabe 1987 S. 66

ökonomischen Zeitalter gab es den ausgebildeten Meister und Gesellen, den Lehrling und den nicht vorgebildeten Helfer, den Handlanger.

Neben den fremdbestimmten Handarbeiter tritt heute in verstärktem Maße der abhängige Kopfarbeiter, der Angestellte von der niedrigsten Qualifikation bis hin zum Top-Manager. (Angestellter ist der vorwiegend geistige Arbeit leistende Arbeitnehmer, der in § 616 Abs. II S. 1 BGB und in §§ 2,3 des Angestelltenversicherungsgesetzes umschrieben ist.) Für Angestellte gilt, ähnlich wie für sonstige Arbeitnehmer, es wird in allen Sparten unterschieden nach den Berufsbildern in der gewerblichen Wirtschaft, den Dienstleistungen und den sog. freien Berufen, den Selbständigen, und innerhalb der Berufsgruppen, in der Regel eingeteilt nach sog. Tätigkeitsmerkmalen der Tarifverträge, in Tarifgruppen. In letzteren geht man als Einzelmerkmalen meist aus von der Arbeit nach Anweisungen hin zur Selbständigkeit und von an gelernten Fertigkeiten hin zu erlernten Berufspraktiken und der Erfahrung, was seinerseits das Dienstalter berücksichtigt. Bei diesen Einstufungen werden, worauf Smith[615] schon hinweist - die Umstände unter denen gearbeitet wird, beobachtet. Smith meint hier: ist die Arbeit angenehm oder unangenehm, ist sie leicht oder schwer. Heute sagt man: es gibt Erschwerniszulagen. Eines wird wie bei den Arbeitern auch, nicht in Rechnung gestellt, die objektive Leistung des einzelnen Angestellten am Arbeitsplatz.[616]

9. Arbeiter und Angestellte

Zum Vorhergesagten eine Anmerkung: Ich halte unter den derzeitigen Bedingungen die Einteilung der Arbeitnehmer in Arbeiter und Angestellte seit langem für überholt und war für einen großen Teil der Angestellten für die Bezeichnung Büroarbeiter. Die Bezeichnung Angestellter stammt aus einer Zeit in

---
[615] Adam, a.a.O. S. 86 ff

der nur wenige Kräfte im Büro arbeiteten und dort als kaufmännische oder technische Beschäftigte für den Gang des Betriebes oder des Geschäfts wichtig waren so daß besondere Rechte außer den im HGB für besondere Positionen festgelegten begründet waren. Heute spricht man bei diesen Personen von Leitenden Angestellten, soweit sie den Unternehmensablauf wesentlich beeinflussen.

Unterschiedliche Kündigungs - und Urlaubszeiten für Arbeiter und Angestellte sind nicht vertretbar; umsoweniger als heute generell betrachtet viele Angestellte geringwertigere Arbeit leisten, als z.b. ein Facharbeiter. Man denke z.b. an eine Schreibkraft im Verhältnis zu einem Facharbeiter. Das BVerf.G. hat durch seinen Beschluß vom 16.11.82 - Brl 16/75 u. 36/79[617]- § 622 Abs. 2 Satz 2 BGB für verfassungswidrig erkannt, weil nach ihm ältere Arbeiter hinsichtlich der Kündigungsfristen schlechter gestellt sind als ältere Angestellte nach den Vorschriften des ä 2 Abs. 1 Satz 3 des Ang.K.Sch.G. Wenn auch bisher (März 1993) die Bundesregierung den § 622 BGB nicht unter Berücksichtigung des BVerf.G.-Beschlusses geändert. hat, wird diese Entscheidung vom BAG am 28.2.85 - 2 AZR 403/80 und am 12.12.85 - 5 AZR zugestimmt. D.h. die Rechtsprechung hat zu einer Angleichung der Kündigungsschutzrechte von Arbeitern und Angestellten beigetragen.

1983 wurde in einem Haustarif für die Fa. Vögele mit der IG-Metall der Wegfall einer Unterscheidung zwischen Arbeiter und Angestellten und Zahlung eines einheitlichen Entgelts, für alle im Betrieb Beschäftigten geltenden nach Entgeltsgruppen vereinbart. Vögele wurde von seinem Arbeitgeberverband ausgeschlossen! Für den Bereich Chemie ist 1938 für das Gebiet der damaligen Bundesrepublik Deutschland ein Tarifvertrag abgeschlossen, der einheitliche

---

616 so auch Glück a.a.0. S. 133
617 NJW 83; 617

Entgelte für Angestellte und Arbeiter vorsieht. Gleiches ist 1991 in einem Tarifvertrag zwischen der IG-Metall und dem VW-Werk festgelegt. Für bisherige Arbeiter und bisherige Angestellte wurde ein einheitliches Entgeltsystem vereinbart, das die IG-Metall auf Tarifbezirke ausweiten will. Auch der Gesetzgeber hat mit dem Gesundheitsreformgesetz eine Gleichstellung von Arbeitern und Angestellten vorgenommen. Ab dem 1. Januar 1989 können sich auch Arbeiter, wie bisher Angestellte, privat versichern, wenn ihr Einkommen über der Jahresarbeitsentgeltgruppe liegt.

Die Angleichung von Arbeitern und Angestellten im Hinblick auf die Arbeitsverhältnisse und den Bezug zur Arbeit als solchen ist umsomehr geboten, als wir uns immer mehr zu dem entwickeln, was man mit "Dienstleistungsgesellschaft" bezeichnet. Die Volkszählung 1987 ergab 11 Mio. Angestellte und 10,7 Mio. Arbeiter und stellte fest, daß zwischen 1970 und 1987 die Zahl der Angestellten um 33,8 %, die der Arbeiter um 12,1 % gestiegen ist. Der Berufsbildungsbericht 91 der Bundesregierung zeigt auf, daß die Auszubildenden zu einem großen Teil kaufmännische Berufe wählten. Nach dem Statistischen Bundesamt waren 1989 in der Bundesrepublik Deutschland 57 % der Erwerbstätigen im Dienstleistungsgewerbe, d.i. Handel, Verkehr, Banken, Versicherungen, Beratung, Gastronomie, Pflege- und Freizeit, Staat, Verbände u.a., beschäftigt. Damit sind über 50 % der Beschäftigten heute Angestellte und Beamte. Zur Vervollständigung: 41 % verdienen in der gewerblichen Wirtschaft, und 3 % in der Land- und Forstwirtschaft ihr Geld. In der gewerblichen Wirtschaft arbeiten 67 % Männer und 25 % Frauen. In Dienstleistung sind 75 % aller Beschäftigten Frauen.

Die im Endeffekt tariflich bedingte Einstufung der Löhne, bestimmen nicht mir die Lohnhöhe, sondern begründen auch die Beziehungen des einzelnen zu seiner Arbeit. Der unmittelbare Bezug der Arbeit des Einzelnen zum Endergebnis, zum gemeinsamen Tun in einem Betrieb und die Befriedigung mit dem Arbeitsvorgang an dem er mehr und weniger beteiligt ist, nimmt ab, je nachdem, ob er als Facharbeiter, angelernter oder ungelernter Arbeit beschäftigt ist. Das Gefühl der Abhängigkeit angeordnete Arbeitsgänge ausführen zu müssen nehmen in umgekehrter Folge zu. Womit das, was man Leistungsmotivation nennt immer mehr wegfällt. Diese emotionelle Beurteilung der eigenen Arbeit führt dazu, daß - wie gesagt - nur 3 % der Befragten angeben, nicht ohne Arbeit leben zu können, andererseits aber dahin, daß die Arbeit, die wenig geschätzt wird, als solche doch einen Wert an sich hat. Wer keine Arbeit hat, arbeitslos ist, fühlt sich aus der Gesellschaft ausgestoßen. Er klagt darüber, daß er in der Familie, bei Freunden und Nachbarn "schief" angesehen wird. Er fühlt sich vereinsamt, beziehungslos, hat Bindungen verloren. Er hat den Eindruck seiner z.T. mühsam erworbenen Fähigkeiten "beraubt" zu werden, diese zu verlieren.

10. Auswirkungen der Automatisierung – Folgen der Arbeitsteilung

Die Beziehungen zur eigenen Arbeit sind durch das Vordringen der Maschine bis hin zum mikroelektronisch gesteuerten flexiblen Automaten und der durch Rationalisierung (Ziel: mehr Güterproduktion) verstärkten Arbeitsteilung wesentlich beeinflußt. Generell wird die Arbeit des Menschen stereotyper; ist von der Maschine abhängig. Die Eintönigkeit und Gleichmäßigkeit der Arbeit führt zu Qualitätsverlusten und gefährdet die Sicherheit des Arbeitenden. Der Arbeitnehmer wird immer unfreier, ist im individuell differenzierten Handeln eingeschränkt. Unfrei insofern er seine Arbeitskraft für ein Tun einsetzt, das er - gegebenenfalls trotz erlernten Berufs - nicht bestimmt und beeinflußt[618]; bei dem sich aber das Arbeitstempo gesteigert hat, bei dem der Kontakt mit anderen an der Arbeitsstelle beschränkt ist, es zur Vereinsamung am Arbeitsplatz kommt.

---

618 vgl. Schelsky, Helmut: Die skeptische Generation 1957 S. 189

Schönhoven[619] weist in diesem Zusammenhang auf die höhere nervliche Belastung insbesondere der Akkord- und Fließbandarbeit hin. Man sagt heute Streß entsteht u.a. nicht durch übermäßigen Arbeitsanfall, sondern durch den Umgang mit den technischen Geräten und spricht vom Technostreß, mit übermäßiger Anspannung, Erschöpfung, Kopfschmerz und auch Minderwertigkeitsgefühlen als Folge.

Welche Probleme und Chancen durch den Roboter geschaffen werden, dazu hat sich der japanische Prof. Hasegawa ausgelassen.[620] Was den arbeitenden Menschen betrifft, sei daraus angeführt: Verlust der Arbeitsplätze, Umschichtung der Beschäftigten vom Sekundärindustriellen zum Tertiär-Dienstleistungsbereich, d.h. Umschulung, angelernte Arbeiter werden zu unqualifizierten Arbeitern; andererseits verbesserte Arbeitsbedingungen aber auch hochqualifizierte Arbeitskräfte erforderlich. Umfragen bei Metallarbeitern ergaben folgende Plus/Minus Liste: Plus: Arbeitsgleichmäßige und vielseitigere, präzisere Produktion, Kapazitätenerhöhung, Handarbeit wird ersetzt, Arbeit geistig anregender, weniger körperliche Beanspruchung. Minus: frühere Erfahrung entwertet, Arbeit schwieriger, Abbau von Arbeitsplätzen, stärkere Konzentration, höheres Arbeitstempo, mehr Streß, Arbeit monotoner. Niefer[621], der zu den Fragen der Industrieroboter und ihre Einordnung in die rechnerunterstützte Produktion Stellung nimmt, schreibt, daß die damit arbeitenden Menschen die Aufgabe "der Planung, Steuerung und Überwachung zu übernehmen" haben. Der Roboter wirft viele Fragen auf, (die den Stellenwert der Arbeit angehen und zu lösen sind). Z.Zt. ist die Zahl der Roboter noch relativ gering aber laufend im Steigen begriffen.

---

619 Schönhoven, Klaus: Die Deutschen Gewerkschaften 11987 S. 153
620 Technik 2000 S. 97 ff
621 Niefer, Werner in: Haben uns die Japaner Überholt. Hrg. Gaugler, Eduard; Zander, Ernst 1981 S. 133

Generell. ist in diesem Zusammenhang die Veränderung der Erwerbstätigenzahl seit 1972 interessant. Es werden erhebliche Zunahmen bei der Datenverarbeitung und Abnahmen bei der Landwirtschaft und in gewerblichen Berufen, wie Schmiede, Drucker, Bergleute, Metall- und Textilberufen festgestellt. Mikroelektronik, Computer, Kernenergie, aber auch ausländische Billigware haben die Erwerbstätigenzahlen beeinflußt. Die Automation läßt Arbeitsplätze verschwinden. In dem Maschinen- und Anlagenbau ist die Beschäftigtenzahl von 1972 zu 1982 um 111.000 auf 1,02 Mio. geschrumpft, und betrug 1984 992.000. [622]Von 1961 bis 1980 gingen im produzierenden Gewerbe und in der Landwirtschaft 3 Mio. Arbeitsplätze verloren.[623] Wieweit die entlassenen Arbeitskräfte im Dienstleistungsbereich z.B. im Rahmen der Materialflußwirtschaft unterkommen, bleibt offen.

Die Rationalisierung, die innere Arbeitsteilung und ihre Folge, die Spezialisierung, die z.T. kaum noch den Geist und den Körper beansprucht, ist grundsätzlich nicht neu.schon im römischen Reich, so stellt Jens Jessen[624] fest, hat u.a. wachsende Arbeitsteilung zur Hebung des Wohlstandes geführt. Adam Smith[625] hat Ende des 18. Jahrhunderts die Folgen der Arbeitsteilung für die, "die von der Arbeit leben, also die Masse des Volkes" erkannt. Er sagt: "Jemand der täglich nur wenige einfache Handgriffe ausführt, die zudem immer das gleiche oder ein ähnliches Ergebnis haben, hat keinerlei Gelegenheit seinen Verstand zu üben . Denn da Hindernisse nicht auftreten, braucht er sich auch über deren Beseitigung keine Gedanken zu machen. So ist es ganz natürlich, daß er verlernt, seinen Verstand zu gebrauchen, und so stumpfsinnig und einfältig wird, wie ein menschliches Wesen nur eben werden kann." ... "Selbst seine körperliche Tüchtigkeit wird beeinträchtigt und er verliert die Fähigkeit seine Kräfte mit

---

622 Präsident Schiele vom Verband Deutscher Maschinen und Anlagenbau: nach Hamb. Abendblatt v. 21.9.84
623 Cohaus, Helge B.: Patente für Dienstleistungen in GRUR 89,797
624 in Mittwoch-Gesellschaft S. 277
625 a.a.O. S. 662/3

Energie und Ausdauer für eine andere Tätigkeit als der erlernten einzusetzen." Smith schließt den Gedankengang trotz seiner individualistischen Auffassung von Wirtschaftsleben - und die Überlegung gilt auch heute, wenn auch nicht so allgemein: "Dies ist die Lage, in welche die Schicht der Arbeiter, also die Masse des Volkes, in jeder entwickelten und zivilisierten Gesellschaft unweigerlich gerät, wenn der Staat nichts unternimmt, sie zu verhindern." Ähnlich stellen Marx und Engels im "Manifest der Kommunistischen Partei"[626] fest. "Die Arbeit der Proletarier hat durch die Ausdehnung der Maschinerie und die Teilung der Arbeit allen selbständigen Charakter und damit den Reiz für den Arbeiter verloren." Ford[627] sagt zur Fließbandmontage, also zur Mechanisierung der Arbeit, daß sie zur "Verminderung der Ansprüche an die Denktätigkeit des Arbeitenden" und zur "Reduzierung seiner Bewegungen auf das Mindestmaß" führt. Und Sornbart[628] spricht unter Bezugnahme auf Ford davon, daß jede persönliche Beziehung zwischen den in einem Betrieb Tätigen wegfällt, daß "beseelte Arbeit" ausgeschaltet ist. Hesse[629] stellt Anfang der fünfziger Jahre gleiches fest, wenn er sagt, daß mit der "Mechanisierung der Tätigkeit" die Arbeitsfreude verloren, das "Leben ärmer geworden geworden ist." Thieme[630] weist m.E. zu recht auf drei Folgen der Arbeitsteilung hin: sie begründet wirtschaftliche Machtpositionen, mindert die Motivation zur Arbeitsleistung und macht den Wirtschaftsprozeß weniger Überschaubar.

11. Zum Recht auf Arbeit

Es ist festzuhalten: Die Masse der Arbeitnehmer vollbringt in Erfüllung eines privatrechtlichen Vertrages - dieser im wesentlichen vorbestimmt und beeinflußt durch Gesetze und die Tarifhoheit der Gewerkschaften und der Verbände - eine

---

626 a.a.O. S. 10
627 Ford, Henry: Erfolg im Leben 1963 S. 50
628 Der moderne Kapitalismus 1986 Bd. III, 2 S. 899, 922
629 Hesse, Albert: Nationalökonomie 1950 3. Bd. S. 247

fremdbestimmte, ihn als Persönlichkeit wenig fordernde, oft monotone Arbeit" für die er ein Entgelt erhält. Wir stellen weiter fest, die technische Entwicklung veränderte die Arbeitswelt. Der abhängige Lohnempfänger wurde immer mehr disqualifiziert, wurde Handlanger der Geräte ohne körperlich und geistig gefordert zu werden. Er wurde durch die Technik entmenschlicht und verlor seine Persönlichkeit.

Trotz aller Fremdbestimmung der Arbeit ist der Arbeitnehmer kein Sklave, leistet er nicht Sklavenarbeit, wie man hier und da hört.[631] Tolstoy[632] sagt in der Kreutzersonate: "Sklaverei ist die Nutzung von erzwungener Arbeit vieler durch wenige." Erzwungen, also gewaltsam abgefordert wird, das Tun des Lohnarbeiters nicht. Vor allem, und das macht den Begriff "Sklaverei" vom römischen Recht her betrachtet aus, der abhängig Arbeitende ist als Individuum nicht Sache, sondern Person. Er ist nicht der Willkür des Herrn preisgegeben; der "Herr" - sprich der ihn Beschäftigende - hat kein Eigentum an dem bei ihm Arbeitenden,[633] man ist versucht zu sagen, am "Humankapital." Die Gedanken der römischen Gesetzgebung hat Thomas von Aquin seiner "Summe- der Theologie" unter Berufung auf den römischen Philosophen Seneca aufgegriffen, der meint[634] "Es ist ein Irrtum, wenn jemand glaubt, das Dienstverhältnis erfasse den ganzen Menschen. Sein besserer Teil fällt nicht darunter." Ähnlich hat sich Hermann Wagner, der Helfer Bismarcks bei der Einführung der Sozialgesetze am 21. Januar 1857 vor dem Hause der Abgeordneten geäußert,[635] "Sklaverei heißt den Menschen als Sache betrachten und nicht als Person, ihn als Mittel zu behandeln und nicht als Zweck." Dem Lohnarbeiter fehlt als Person, als Menschen generell

---

630 Thieme, H. Jörg: Soziale Marktwirtschaft 1991 S. 2/3 s. dazu auch Lutz, Burkart in "Die Zeit" 29.3.1991
631 Engels, Friedrich: Die Lage der arbeitenden Klasse in England 1973, S. 97
632 Insel Bd. 4 S. 70
633 Sohm, Rudolph: Institutionen 1917 S. 192/3
634 Klassiker S. 94
635 Sten. Ber. S. 97

die Freiheit nicht, wohl aber bei seiner zu verrichtenden Arbeit. Die in der Arbeit fehlende Freiheit sucht er in der Freizeit, in der er sich frei von Zwängen betätigen kann und mitunter nicht weiß, was er mit seiner Zeit anfangen soll, oder in einem Verhalten innerhalb der Gesellschaft, bei dem er jede soziale Rücksichtnahme vergißt (Autoraserei) und aus der Form gerät; Verfolgung anders Denkender, Aufbau von Freund - Feind Beziehungen um sich zu "verwirklichen".

Wenn es für den freien Menschen einen "Zwang", ein "Muß" zur Arbeit gibt, dann deshalb, weil sie notwendig ist, um sein Leben zu erhalten, um für den Lebensunterhalt zu sorgen, was im allgemeinen nur durch Arbeit erreicht wird. Fremdbestimmt durch Dritte, durch Menschen d.h. nicht selbst verfügend, ist der Lohnarbeiter im Rahmen der auf der Basis der sogenannten Vertragsfreiheit abgeschlossenen Vertrages, durch den ihm Arbeitsmöglichkeit eingeräumt wird.

Wenn man heute in allen Parteien den Arbeitszwang ablehnt, so sei darauf hingewiesen, daß das Kommunistische Manifest vom "Gleichen Arbeitszwang" für alle spricht. Und wenn heute Arbeitslose nur unter einschränkenden Voraussetzungen in eine Arbeit eingewiesen werden können, sei an einem Beschluß vom 3. März 1848 - unterzeichnet u.a. von Marx und Engels und als "Forderungen" der Kommunistischen Partei in Deutschland bezeichnet - erinnert, der von der Errichtung von "Nationalwerkstätten" spricht, was das "Zentralkomitee für Arbeit" im April 1848 dahin erläutert: "Beschäftigung von Arbeitslosen in Staatsanstalten."[636] Hier denkt man an die Arbeitsbeschaffungsmaßnahmen (ABM) in der Bundesrepublik Deutschland, bei denen jedoch der Arbeitszwang fehlt. Die in Bundessozialhilfegesetz § 26 vorgesehene Unterbringung des Hilfempfängers oder Unterhaltpflichtigen in einer "Arbeitseinrichtung" hat man aufgehoben, weil die für den Bereich des

---

636 Klönne, Arnold: Die deutsche Arbeiterbewegung 1989, S. 24

Strafrechts vorgesehene Unterbringung in einem Arbeitshaus zur Besserung und Sicherung gestrichen wurde.

Sprach Marx vom "Zwang" zur Arbeit, fordert die SPD in ihrem Programm von 1989 (Teil IV) entsprechend Art. 24 der Verfassung der ehemaligen DDR - das "Recht auf Arbeit" als Menschenrecht. Auch Papst Johannes Paul II spricht vom Staat als "mittelbaren Arbeitgeber", weil er entscheiden den Einfluß auf die Arbeitsbedingungen ausübe, weshalb er Verantwortung dafür trage, daß Arbeitsgelegenheiten geboten werden (Abschn. 17/18). v. Nell-Breuning[637] sagt deshalb in der katholischen Soziallehre würde jetzt erstmals von Recht auf Arbeit in dem Sinne gesprochen, "daß darunter die Verpflichtung des Staates und aller anderen, die in diesem Sinne etwas zu tun vermögen, verstanden wird, alles ihnen mögliche zu tun, damit alle, die sich um Arbeitsplätze bemühen auch wirklich Beschäftigung finden".

Art. 12 Abs. 2 GG sagt, daß "niemand zu einer bestimmten Arbeit gezwungen werden darf" außer im Rahmen einer für alle gleichen öffentlichen Dienstleistungspflicht. Das GG lehnt generell den Zwang zur Arbeit ab und sagt zum Recht auf Arbeit nichts. In diesem Zusammenhang ist es interessant, daß Bismarck in seinen Plänen zu den sozialen Sicherungen, auch das Recht auf Arbeit vorgesehen hatte. Bismarcks Überlegungen dabei: mit dem Recht auf Arbeit sollte ein Eingriffsrecht des Staates gegen ungerechtfertigte Entlassungen sowie gegen gewerkschaftlichen Streikzwang statuiert werden.[638] Festgeschrieben ist das Recht auf Arbeit in Art. 23 der allgemeinen Erklärung der Menschenrechte in der von der Generalversammlung der Vereinten Nationen beschlossenen Fassung vom 10. Januar 1948.

---

637 a.a.O. S. 47
638 Richter, Werner: Bismarck S. 429

Wenn man als Menschenrecht das Recht auf Arbeit als Grundrecht kodifizieren will, muß man es unter verschiedenen Gesichtspunkten einschränken z.b. muß man - aus den Erfahrungen der DDR - unter bestimmten Voraussetzungen die Kündigung eines auf Grund des Rechtes auf Arbeit eingegangenes Rechtsverhältnis zulassen, was z.Zt. durch das Kündigungsschutz negativ umschrieben ist. In der DDR wurde der Art. 24 der Verfassung dahin ausgelegt: eingestellt wird, entlassen kann nicht werden, d.h. lebenslängliche Versorgung ohne Rücksicht darauf, ob Konjunktur oder Rezession eine Weiterbeschäftigung unmöglich machen, und darauf ob der Mitarbeiter seinen Aufgaben gerecht wird, ob er die Zusammenarbeit stört oder nicht. Ähnliche Überlegungen mögen dazu geführt haben, daß sich noch in dem Verfassungsentwurf des Runden Tisches vor der Vereinigung der beiden deutschen Staaten in Zusammenhang mit dem Recht auf Arbeit das Gebot findet, der Staat habe in seiner Wirtschaftspolitik dem Ziel der Vollbeschäftigung in der Regel Vorrang einzuräumen. Noch weiter einschränkend heißt es in einer Neufassung des Grundgesetzes vom "Kuratorium für einen demokratischen Bund deutscher Länder": "Der Staat sichert einen hohen Beschäftigungsstand soweit dies sozial verantwortbar und ökologisch vertretbar ist." Die Bundesrepublik spricht im Gesetz zur Förderung der Stabilität und des Wachstums der Wirtschaft (Stabilitätsgesetz) vom 8. Juni 1967 ähnlich davon, daß Bund und Länder Maßnahmen zu treffen haben, die u.a. "zu einem hohen Beschäftigungsstand ... beitragen." Eine Aufgabe die sich die Europäische Gemeinschaft (EG) in Art. 2 des Vertrages zur Gründung der EG in der Fassung vom 7.2.92 auch gestellt hat. Außerdem müßte im Interesse des Staates und der Gesellschaft, die das Recht auf Arbeit, den Anspruch arbeiten zu können sichern soll im gleichen Interesse des Staates und der Gesellschaft und unter dem Gesichtspunkt der Gerechtigkeit, die Pflicht zur Arbeit festgeschrieben werden. Ansätze finden sich in §§ 18, 19 Bundessozialhilfegesetz. Wer sein Recht nicht geltend macht und damit womöglich sozialen Einrichtungen, also der Gesellschaft zur Last fällt, obgleich er arbeitsfähig ist, hat die Pflicht zur Arbeit und kann zur Annahme einer Arbeit verpflichtet werden bis hin zu den nach der Einigung in den sog. neuen Bundesländern fortgeltenden ABM und Beschäftigungsgesellschaften (Anl. II zum Einigungsvertrag Sachgebiet E Abschnitt 1) oder ... eine etwaige humanitäre Hilfe ist aufs Äußerste zu beschränken. Grund: er hat sich aus der Gesellschaft abgemeldet, ist unsolidarisch. - Über den Mißerfolg der in Frankreich nach 1848 errichteten National-Werkstätten - am Ende: leere Staatskassen und Unruhen - hat sich Friedenthal[639] verbreitet. Gewiß muß die Pflicht, so wie beim Recht zur Arbeit angedeutet, eingegrenzt werden, sofern z.b. ein Angehöriger der Gesellschaft geistig und/oder körperlich behindert ist. Wenn wir hier auf Äußerungen von Marx und Engels zum Punkt Arbeitszwang und deren Durchsetzung zurückgegriffen und sie für heute bedingt anwendbar ansehen, verkennen wir nicht, daß der heutige Lohnarbeiter geistig auf einem anderen Niveau steht, als der Proletarier des Marx. Trotzdem sind wir - mit den genannten Einschränkungen - der Meinung, daß, wenn die Gesellschaft das Recht auf Arbeit, d.h. im Endeffekt die Vollbeschäftigung kodifiziert (was durchaus im Interesse der Gesellschaft liegt), muß im Interesse gerade dieser Vollbeschäftigung die Pflicht zur Arbeit - mit den genannten Einschränkungen - festgeschrieben werden. Oder aber, - und das ist m.E. die richtige Lösung Recht auf Arbeit und Pflicht zur Arbeit (womit die Freiheit des Einzelnen im Rahmen des GG zulässig eingeschränkt würde) werden im GG zu Staatszielen erklärt und das Recht auf Arbeit nicht als einklagbares Grundrecht festgeschrieben.

Ob und inwieweit der abhängige Lohnarbeiter bei einer Arbeit, bei der er zum Endprodukt einen Teil beiträgt, oft ohne den Zweck seiner Arbeit zu kennen, eine persönliche Befriedigung empfindet, ist zweifelhaft, aber nicht endgültig zu entscheiden. Einerseits wird gesagt, daß Beschäftigung dem Lohnarbeiter, gleichgültig welcher Art sie ist, doch ein Gefühl nützlich zu sein, einen

---

639 Friedenthal, Richard: Karl Marx 1981 S. 348

bestimmten Sozialstatus gibt, und daß der Lohnarbeiter von seinen Kollegen nicht als schlecht oder gar untüchtig angesehen werden will.[640] Andererseits hört man oft, daß man seinen "Stiefel runterreißt" und damit aus. Was heißen soll: egal was ich tue, ich mache meinen Job, Hauptsache: Ende der Arbeitszeit und ... die "Knete" stimmt. Sik[641] meint 1972 dazu, daß "die Mehrzahl der produktiv und überhaupt wirtschaftlich arbeitenden Menschen hat kein eigentliches Interesse an der eigenen Arbeit." Sie hätten nur ein "außerordentlich starkes Lohninteresse." Ein eigenes Interesse an der Arbeit bei den so beschäftigten Menschen hätten wohl "Techniker, Ingenieure, Konstrukteure, Manager etc." "soweit (die eigene Tätigkeit) abwechslungsreich, kreativ ist und eine eigene Initiative zuläßt." Lohninteressen ganz allgemein gesehen, sind verständlich, wenn man berücksichtigt, daß das Statistische Bundesamt 1989 feststellte der Anteil der Bruttolöhne und -gehälter am Volkseinkommen, die Lohnquote im Verhältnis zum Unternehmervermögen seit 1981 geschrumpft sei.

Befriedigung ist eben ein subjektives Empfinden und dem einzelnen Individuum zuzurechnen und damit generell. Gültig nicht festzulegen. Es ist aber festzustellen, daß viele Lohnarbeiter unbefriedigt mit der ihnen übertragenen Arbeit sind.

Gleichgültig, ob die Arbeit den Menschen befriedigt oder nicht, die Arbeit als solche ist an den einzelnen Menschen gebunden. Die Maschine an und mit der heute viele Lohnarbeiter arbeiten ist im Grunde statisch - Max Weber[642] spricht zu recht von "der leblosen Maschine" die "geronnener Geist" und als statisches Instrument "totes Eigentum" eines Dritten, des Kapitals, ist. Der Präsident der Frauenhofer-Gesellschaft Hans- Jürgen Warnecke - stellte dazu fest: keine

---

640 Hawrylyshyn, Bohdan in Technik 2000. Hrg. Miegel, Meinhard 1982, S. 54; Dahlberg, Gunnar: Die zukünftige Gesellschaft S. 78
641 Sik, Ota: Der Dritte Weg, 1979, S. 71
642 a.a.O. S. 835

Maschine sei je so kreativ und flexibel wie der Mensch.[643] Die Maschine wird dynamisch und damit nutzbringend, wenn ein Mensch, der Lohnarbeiter mit ihr umgeht, sie in Aktion setzt, gleichgültig, ob durch seine Körperkraft oder durch ein von seiner Intelligenz bedienten Knopfdruck. Er kann sie aber erst bewegen, wenn andere Menschen, ihrerseits überwiegend Lohnempfänger, sie erdacht und erstellt haben.

Zur Zeit spielt sich das Verhältnis der Lohnempfänger zum Unternehmer noch überwiegend so ab:

Etwa 88 % aller Erwerbstätigen stehen in einem abhängigen Arbeitsverhältnis. Circa jeder fünfte der 28 Mio. Erwerbstätigen in den alten Bundesländern (für die neuen gibt es vorerst keine vergleichbaren Zahlen) ist ohne beruflichen Ausbildungsabschluß. Döding[644] spricht - unter Bezug auf Erhebungen der IBA - in diesem Zusammenhang davon, "daß über 6 Mio. Arbeitnehmer einer engen Arbeitsregelung unterliegen, d.h. nach genauen Vorgaben für die Art und Weise der eigenen Arbeitsdurchführung arbeiten müssen."

Andererseits hat etwa ein weiteres Viertel einen "höherwertigen" Bildungsabschluß, d.h. Realschulbesuch, Fachhochschul- oder Hochschulreife.[645] Viele Menschen bilden sich erst mit der Arbeit, im Arbeitsverhältnis auf speziellen Gebieten aus. Sie kommen damit in den "Rang" des Inhabers eines vermehrten Arbeitkapitals.

Nach Feststellungen des Statistischen Bundesamtes liegt der Prozentsatz derer, die intelligent genug und entsprechend ausgebildet sind, um die moderne Technik zu beherrschen, mit ihr umzugehen, sie einzusetzen und im engen Arbeitsbereich

---

643 Tanja Volz in St.Z. v. 2.1.93
644 Döding, Günter: Die neuen Aufgaben der Gewerkschaft 1985 S. 35
645 Daten Report 1984, S. 77 u. 87

fortzuentwickeln bei ca. 10 % der Erwerbstätigen. D.h. bei etwa 28 Mio. Erwerbstätigen in abhängigen Arbeitsverhältnis, sind ca. 3.Mio. Arbeitnehmer selbständiger geworden, können Maschinen bedienen und warten. Das Bundesamt sagt selbständiger, um die Apparate aus eigenem Wissen "Befehle" zu erteilen, und unabhängiger von den Anweisungen der Vorgesetzten, um damit dem Sachkapital gleichwertig gegenüber zu treten. Zahlen, die m.E. viele dunkle Stellen im Beweis aufweisen. Die auch die Fortbildung, die Entscheidungsfreiheit nicht beachten - und fast 10 Jahre alt sind.

Ob diese Möglichkeit, die für die zu leistenden Arbeiten notwendigen gehobenen und anspruchsvolleren Fähigkeiten zu erbringen, bei den Betroffenen geringere Neigungen erweckt, sich nach dem Prinzip der Gewerkschaften "Macht durch Masse" unterzuordnen - worauf Späth[646] im Hinblick auf den Bestand der Gewerkschaften hinweist - möchte ich bezweifeln. Mit einem gewissen Recht sagt Sik,[647] daß die Masse der Arbeitnehmer "in der organisierten Solidarität, in den Gewerkschaften" "die soziale Absicherung der labilen individuellen Stellung" suchen. Sowohl die Ansicht von Späth wie die von Sik wird dubios, wenn man im Mai 1992 liest,[648] daß nur 37 % aller in den sog. alten Bundesländern Beschäftigten gewerkschaftlich organisiert sind. Selbst wenn der einzelne verantwortungsvolle Arbeit leisten kann und dadurch selbstbewußter gegenüber dem Sach- und Geldkapital wird: er bleibt eingebunden in allgemeine das Verhältnis Arbeit/Kapital betreffende, auch von der Politik zu lösende Fragen, die er für sich besser in und mit der "Masse" aufgehoben sieht. Das umsomehr, als er sich dem Unternehmer gegenüber, der die Lobby seines Verbandes hin zu Parteien und der Regierung hinter sich hat, als Einzelkämpfer selten durchsetzen kann. Hinzu kommt, daß generell anerkannt ist, daß die Gewerkschaften und die

---

646 Späth, Lothar: Wende S. 36
647 Der dritte Weg S. 94
648 WamS. 10.5.92

Verbände, die Tarifvertragsparteien, seit dem 2. Weltkrieg für das Wirtschafts- und Sozialleben eine Ordnungsfunktion übernommen haben. Ob diese Funktion, wie bei allen Institutionen reformiert werden können - z.b. im Hinblick auf betriebsnahe Politik und Öffnungsklauseln - ist hier eine offene Frage.

Auf der anderen Seite hat die technische Entwicklung für einen wesentlichen Teil der Arbeitnehmer durch die Aufsplittung der Arbeitsgänge, durch Arbeit am Monitor, durch automatische, vom Computer "vorgedachte" Arbeit, durch ständig gleichartige Handgriffe und ähnlich gleichmäßige Verrichtungen die Langeweile bei und mit der Arbeit vermehrt. Alle diese Vorgänge lassen den Betroffenen erkennen, daß sein Werk als arbeitender Mensch sich dem Nullpunkt nähert und der Teil der "Masse," im Sinne, Ortega y Gasset wird, d.h. jemand ist, "der sich nicht selbst aus besonderen Gründen ... einen besonderen Wert beimißt." Er wird dadurch manipulierbar, Mitläufer. Das Ideal der freien Persönlichkeit schwindet und der Wunsch nach Gleichheit, Gleichheit der Lebensansprüche, wächst.

Die Arbeit als solche verlangt von der naturgegebenen Arbeitskraft des Einzelnen immer weniger Einsatz und fordert den Menschen fast gar nicht. Diese Fakten machen ihn unfroh. Er bewegt sich, wie Norbert Blüm[649] sagt "als Rädchen in einem funktionalen System, dessen Anfang und Ende und dessen Logik er nicht begreift." Arbeitnehmer mit erlernter oder angelernter Qualifikation werden durch die Hilfsgeräte zu unqualifizierten Spezialisten niederen Ranges abgestuft, wenn sie nicht Gelegenheit und den Willen haben zu lernen, wie man diese Geräte beherrscht. Dazu kommt, daß eine wesentliche Begleiterscheinung vor allem der Automaten ist, die Vereinsamung am Arbeitsplatz.[650]

---

649 Blüm, Norbert: Auf die Praxis kommt es an! in Arbeit mehr als Kapital S. 34
650 Hasegawa: Technische Möglichkeiten der Industrieroboter in Miegel: Technik 2000 S. 97 ff

Braverman,[651] der mit Recht den Einsatz eines arbeitenden Menschen daran mißt, in welchem Umfang er seine eigene Arbeit kontrolliert, inwieweit er durch die Selbstkontrolle motiviert wird und freier über seine Arbeitskraft verfügen kann, hat unter Berufung auf James R. Bright und dessen Werk. "Automation and Management" dargestellt, in welchem Umfang die Fertigkeiten des Arbeiters bei zunehmenden Grad der Automation abnehmen. Je mehr die Maschine von außen gesteuert wird und die Maschine selbständige Korrekturen vornimmt, fallen Merkmale für die selbständige Arbeit, wie Kenntnis, Erfahrung, Treffen selbständiger Entscheidung weg, und die Anforderungen an den Arbeiter erreichen den Nullpunkt. Das trifft zu für "Physische Anstrengung," "Geistige Anstrengung," "Handfertigkeit," "Erfahrung," "Einfluß auf die Produktivität" u.a. Aber: Ausbildungszuwachs wird von den Wartungsmannschaften erwartet, heißt es abschließend bei Braverman.

Die Ergebnisse dieser Untersuchung, die in und an amerikanischen Industriefirmen durchgeführt wurde, sind sicher auf die deutschen Verhältnisse zu übertragen, weil die Maschinenausrüstung mehr oder weniger die gleiche ist. Wesentlich an den Ergebnissen von Bright ist, daß sie unsere Darstellung über das Verhalten des Arbeiters bestätigt und unterstreicht.

Die Entwicklung betrifft nicht nur die verarbeitende Industrie, sondern auch die Dienstleistungen. Arbeit am Monitor, mit dem Computer, Telex, Telefax, Diktiergeräten u.a. haben für die im Dienstleistungsgewerbe Beschäftigten die gleichen Folgen, wie die industrielle Entwicklung.

Es ist festzuhalten: Die Arbeit hat sich - mit Ausnahme für die Arbeitnehmer, die auf Grund spezieller Ausbildung mehr Freiheit zur Selbstverwirklichung im abhängigen Arbeitsverhältnis schon jetzt gefunden haben - in der Grundanlage

---

[651] Braverman, Harry: Die Arbeit im modernen Produktionsprozeß 1980, S. 167 ff

wenig geändert. Selbst bei denen, die durch eine von der Direktive des Vorgesetzten unabhängigere Arbeit durch Übertragung von Verantwortung für das Produkt mehr Arbeitskapital einsetzen, bleibt die Aufrechnung zum unternehmerischen Kapital problematisch.

Wie wenig sich am Verhältnis Kapital/Arbeit geändert hat, zeigen Umfragen bei Arbeitnehmern zu der Frage: "Was ist im Arbeitsleben für Sie das Wichtigste? An der ersten Steile der Antworten steht: der gesicherte Arbeitsplatz. Nannten 1986 34 % die Sicherheit des Arbeitsplatzes[652] als wesentlich, waren 1989 56 % der Befragten dieser Ansicht.[653] Diese Antwort ist m.E. in der Furcht, der Angst begründet, durch technische Entwicklungen strukturelle Änderungen und wirtschaftliche Entwicklungen und Unfähigkeit der Manager den Arbeitsplatz zu verlieren, weil, man "überflüssig" wird oder den Arbeitsplatz niederer bewertet sieht, je nachdem, ob die Qualiätsanforderungen geringer geworden sind, was das Einkommen berühren kann, oder die Qualitätsanforderungen sind höher, als erfüllt werden kann, was Abstieg oder auch Änderung des Lohnes bedeutet. Hinzu kommt, daß im Rahmen der Entwicklung des einheitlichen Europamarkts und der weltweiten Wirtschaft Verlegung von Betriebsteilen und internationale Kooperationen Arbeitsplätze vernichten. Die Angst betrifft demnach die Entlassung und damit Arbeitslosigkeit oder die finanzielle Rückstufung.

12. Folgen der Bürokratisierung

F.G.,Jünger[654] hat als "Quellpunkt" für diese Angstgefühle die Unübersehbarkeit der eigenen Lage und ihrer Zusammenhänge gesehen, die sich aus der hochintensiven Arbeitsteilung ergeben. Die Arbeitsteilung muß man m.E. durch

---

652 Eggert, Heinz-G. unter Bezug auf Corell in FAZ Blick durch die Wirtschaft 3.4.86
653 WAS 19.11.89
654 Jünger F.G.; Maschine und Eigentum 1949 S. 89 ff

die technische Entwicklung verschärft sehen, was die Lage des Arbeitnehmers immer uneinsehbarer für ihn macht. Das Faktum, die Angst des Arbeitnehmers vor Arbeitsplatzverlust hat m.e. noch eine andere, nicht positive Wirkung auf den Betriebsablauf. Sie schränkt in vielen Betrieben den Willen ein, Verantwortung zu übernehmen. Bloß nicht auffallen. Wenn man eigenverantwortlich handelt, kann etwas "schiefgehen", was einem zum Nachteil gereicht. Die Angst, die die Initiative des Einzelnen hindert oder gar beseitigt, wird durch organisatorische, bürokratische Maßnahmen, die die Vorgänge im Betrieb untransparent und das Entscheidungssystem unübersichtlich machen, bis hin zum "Controller" gefördert, womit die Notwendigkeit einer Kontrolle im Sinne einer Überprüfung der eingesetzten Mittel aller Art nicht bestritten werden soll. Aber einer Kontrolle, die nicht durch über Computer hochgerechnete detaillierte Voraberergebnisse, jede Möglichkeit ausschließt, aufgrund eigener Initiative auf anderem Weg zu gleichen oder besseren Ergebnissen zu kommen. Kurz: eine Kontrolle, die nicht in Mißtrauen besteht und dadurch demotiviert.

Die Bürokratisierung der Betriebsleitung, ein Begriff mit dem das Wesen des Unternehmens gekennzeichnet wird, dergestalt, daß die Organisation im Formalen erstickt, daß die überstarren Anordnungen den Gang der Dinge, deren zweckmäßige Durchführung im Einzelfall hemmt und den Menschen als Teil des Betriebes vergißt; das nimmt, was im preußischen Staat mit dem Ermessensspielraum gegeben war. Max Weber[655] meint zu recht, daß Bürokratie es unmöglich macht "irgendwelche Reste einer in irgendeinem Sinn, individualistische Bewegungsfreiheit zu retten." Diese Art der Geschäftsführung bei der das "Gespür" durch den Computer ersetzt wird,[656] bei der nicht mehr die Idee, die Phantasie und damit die Spontanität, die Abwechslung das improvisierte, wenn auch risikobewußte Handeln des Einzelnen, sondern die technokratische

---

655 a.a.O. S. 836
656 Rougemont a.a.O. S. 42

Vorausberechnung mit vorher errechneten angeblich unbedingt nötigen Deckungsbeiträgen, mit Kosten-Nutzungsrechnung allein herrscht, lähmt Eigeninitiative, ist für die Mehrzahl der Arbeitnehmer undurchsichtig, erzeugt – wie erwähnt – Ängste und führt zu dem, was mir in den 70iger Jahren, als ich aus einem nach 1945 aufblühenden Unternehmen ausschied, gesagt wurde: "Ihr habt geschickt improvisiert, wir sind Technokraten." Diese Verbürokratisierung führt zum anderen zu dem was Höhn[657] und Raidt[658] die innere Kündigung im Unternehmen oder die "innere Emigration" vom Arbeitsplatz nennen. Beides besagt: ich möchte wegen der herrschenden firmeninternen, im Zusammenhang mit meiner Arbeit gegebenen Zuständen gehen, muß aber bleiben, weil ich nicht ohne Einkommen sein kann. Oder, wie es das Institut für Gruppenforschung und -schulung (IfG) definiert, "Innere Kündigung ist der meist bewußte, manchmal auch unbewußte Verzicht auf Engagement und Eigeninitiative. Unbewußt dann, wenn Störungen im Betrieb nur diffus wahrgenommen werden und nicht konkret an Strukturen oder Personen festgemacht werden können."[659]

Auf der anderen Seite veranlaßt die Angst, die Unzufriedenheit den durch die Firmen-Bürokratie gegängelten Arbeitnehmer - trotz Stellen- und Aufgabenbeschreibung, trotz Organisationshandbüchern und Schriften Über die Betriebsphilosophie, wozu auch das Streben nach Corporal Identity gehört - sich von vornherein Schuldzuweisungen - wenn möglich sogar schriftlich - zu entziehen. Man schiebt den Ball Verantwortung – wie schlechte Fußballspieler von einem zum anderen, aber keiner riskiert den Schuß aufs Tor. D.h. man handelt nicht nach eigener Entscheidung, lehnt jede Verantwortung ab und versteckt sich hinter Ausreden wie der: das hat man mir nicht gesagt. Vor einer Handlung, vor einer zielgerichteten Maßnahme läßt man andere "mithaften", läßt "mitzeichnen",

---

[657] Höhn, Reinhard: Die innere Kündigung im Unternehmen,1983
[658] Raidt, Fritz: Vortrag im SDR am 22.12.1985
[659] Zit. nach Thöns, Heinrich: Innere Kündigung; im HAB vom 10/11.10.92.

-271-

entlastet sich von eigener Verantwortung. Und noch eine Folge der Bürokratie, das Parkinsonsche Gesetz - 1958 erschien ein gleichnamiges Buch Autor Cyrill Northcote Parkinson - was besagt, daß jeder Vorgesetzte die Zahl seiner Untergebenen zu vermehren wünscht.

Dieses Verhalten in Betrieben hat Professor Raidt treffend den Torrero-Effekt genannt, der "Einzelkämpfer" weicht geschickt allen Gefahren aus, die ihm schaden könnten. Und nicht nur, daß der Einzelne aus eigenem Wollen, aus persönlicher Einschätzung so handelt. Der hierarchische Aufbau vieler Unternehmen von der Gruppe über die Abteilung und den Bereich zur Leitung - letzterer z. Teil mit Rückkoppelung zum Eigentümer oder Aufsichtsrat, - fordert die Mitzeichnung, den Dienstweg, hemmt den Entschluß zu einer "mutigen", risikoreichen Einzelentscheidung, oft dabei eine neue Idee unterdrückend. Gewiß, ohne eine Ordnung der, Zuständigkeiten geht es nicht. Aber der Ermessensfreiraum wird - unnötig - eingeengt und damit Freude an einer selbständig entscheidenden Arbeit genommen. Gründe für dieses Vorgehen: Der Vorgesetzte weiß, daß er "besser" ist, er hat die Autorität zu wahren und - er hat Angst der selbständig Handelnde könnte ihn überflügeln.

In der Angst um den Arbeitsplatz, nicht zuletzt begründet in der Auffassung, daß technische Entwicklungen insbesondere den Menschen am Arbeitsplatz überflüssig machen,[660] oder von ihm neue Fertigkeiten verlangen, ihn zum Lernen zu zwingen, schlägt sich nicht unwesentlich auf die Angst nieder, bei Arbeitsplatzverlust womöglich den Wohnort, das eigene Haus oder die Eigentumswohnung aufgeben zu müssen, wenn ein neuer Arbeitsplatz an einem anderen Ort angeboten würde. Die Mobilität mit dem Auto einen Ausflug oder eine Reise zu machen, ist allein bezogen auf den Stützpunkt "Heimat-Ort", Mobilität im Bezug auf einen neuen Arbeitsplatz ist ein schweres Problem.

---

660 vgl. Biedenkopf, Kurt H.: Technik 2000 - Chance oder Trauma. Hrg. Meinhard Miegel 1982 S. 24

Es gibt gute Gründe dafür, den Wohnsitz nicht aufzugeben: neben vorhandenen Wohnungseigentum, den Freundeskreis, den Schulbesuch der Kinder (besonders wesentlich bei dem unterschiedlichen Schulaufbau und verschiedenen Lehrplänen in den einzelnen Bundesländern), die Pflege und Betreuung älterer Verwandter, sowie politische und Vereinstätigkeit. Tatsächlich hat eine Umfrage des Allensbacher Instituts Mitte 1986[661] ergeben, daß mir knapp ein Drittel der Befragten es in Kauf nehmen würden, an einen weiter entfernten Ort umzuziehen.

Diese Ängste wachsen je unqualifizierter die berufliche Ausbildung und je älter der Betroffene ist. Aber die fehlende Mobilität – Kahn[662] begründet sie auch mit der, "Unbeweglichkeit beschäftigungspolitischer Maßnahmen," - führt mitunter dazu, daß ein offener Arbeitsplatz in einer anderen Gegend als dem Wohnort nicht genutzt wird; d.h. der Angst vor Arbeitsplatzverlust wird nicht vernünftig, pragmatisch begegnet. Man verhärtet sich vor Ort, bezieht den Umzug als solchen in die Angst mit ein und verstärkt damit die Angst um den Verlust des Arbeitsplatzes.

Trotz dieser persönlich prekären Lage des Lohnarbeiters: wirtschaftlich gesehen, materiell geht es dem Arbeitnehmer generell besser. Seine Lebensverhältnisse entwickeln sich über den reinen Lebensbedarf hinaus hin zu sog. Bürgerlichen Zuständen. Ein Aspekt, auf den wir schon hingewiesen haben und der nicht übersehen werden darf.

Das allgemeine Lohnniveau hat sich so entwickelt, daß unter Lohnempfängern nicht nur Eigentum weit verbreitet ist, sondern sich auch die Möglichkeiten einer privaten, einer selbstgestalteten Lebenssphäre erweitert haben. Anke Fuchs,[663]

---

661 Noelle-Neumann, Elisabeth: Die Arbeitslosigkeit und das Lebensgefühl. Serie in "Die Welt" 28.10.86
662 Technik 2000 - Chance oder Trauma. Hrg. Meinahrd Miegel 1982 S. 83
663 zitiert nach Mosdorf, Siegmar: Die Grenznutzengesellschaft in: Sorge um den Sozialstaat, S. 41

ehemalige Geschäftsführerin der SPD, muß das zugeben. Sie spricht davon, daß den "Arbeitnehmern bürgerliche Lebensformen" zugänglich sind. Wenn sie weiter sagt, daß das die Folge der Politik ihrer Partei sei, und in diesem Zusammenhang, daß in dieser Entwicklung Gefahren für die Solidarität der "Arbeiterklasse", sprich: mögliche Abkehr von der SPD entstehen könnten. Dieses Ergebnis ist aus der Sicht von Frau Fuchs verständlich, ändert aber nichts an der objektiven Feststellung: Annäherung der Lebensformen einer Vielzahl von Arbeitnehmern an "bürgerliche" Verhältnisse; die dadurch beseitigten Unterschiede der Lebensqualität für die Mehrzahl- der Bundesbürger sind gegeben. Mosdorf[664] faßt das so zusammen: heute findet man kaum noch das gegensätzliche Bild: hier die Harmonieverbände der Handlungsgehilfen, Kanzlisten, Kassierer und Principale, dort der Gesellen- und Arbeiterbildungsvereine für die Proletarier" - und weist auf Scheer[665] hin, der "die Durchlässigkeit, die Transparenz und die gelebte Annäherung der Gesellschaften" in Einzelheiten beispielhaft belegt.

Diese Angleichung - oder zumindest Annäherung - an den Lebensstandard der "bürgerlichen Gesellschaft", des Mittelstandes, zeigt sich darin, daß viele sogenannte Statussymbole auch im Eigentum der Lohnarbeiter sind, vom Farbfernseher über die Waschmaschine zum Auto (97 von 100 Arbeitnehmer-Haushalten mit mittleren Einkommen besaßen 1991 ein Auto). Von der jährlichen Ferienreise hin bis zum Wohnungseigentum stehen Arbeitnehmer der Gesamtzahl der Bundesbürger keineswegs nach. (Der Wille und die Möglichkeit zu Auslandsreisen, erinnert an die im 17. Jahrhundert aufkommenden Kavalierstour der sog. "privilegierten Stände." Auch ihnen ging es darum, andere Gebräuche kennen zu lernen, Sehenswürdigkeiten außerhalb des Landes zu entdecken.) 1989 verfügten nach Angaben des Statistischen Bundesamtes von jeweils 100 Haushalten der entsprechenden Gruppe 48 Angestellte und 49 Arbeiter über ein eigenes Heim. Die Arbeitnehmer haben für ihr Alter vorgesorgt

---

664 Mosdorf a.a.O. S. 41

und ihr Alter von Jahr zu Jahr besser abgesichert. Von 1970 bis 1992 nahm der Versicherungsschutz je Erwerbstätigenhaushalt von 14.892 DM auf 12.1000 DM zu.[666] Die Auszahlungen der Lebens Versicherungsgesellschaften erreichten 1992 21,5 % der Zahlungen aus der gesetzlichen Rentenversicherung.[667] Welche Einkommensgruppen im einzelnen private Lebensversicherungen abschließen, welche nicht, ist aus den Aufstellungen nicht ersichtlich.

Arbeitnehmer sind auch Miteigentümer an Unternehmen. Die Siemens AG z.b. schrieb 1986 in einer in mehreren Zeitschriften und Zeitungen verbreiteten Anzeige, daß unter den über 400.000 Aktionären dieses Unternehmens 140.000 Mitarbeiter der Firma seien. Bei der Privatisierung des VW-Werkes erhielten die Arbeitnehmer dieses Unternehmens bevorzugt Aktien.

Die Arbeitnehmer sind z.b. mit den ersparten Geldern, indirekt über Sparkassen, Banken und Versicherungen, zu Geldgebern der Wirtschaft oder auch an Private, für Kredite und Ratenkäufe geworden und haben damit den Konsum und die Investitionen gefördert. Oder sie sind über Anleihen, die sie gezeichnet haben zu Geldgebern des Staates, der Länder und Gemeinden, der Bahn und der Post und von Unternehmen geworden. Von den ca. 110 Milliarden DM Zinsen, die 1991 auf 3,3 Billionen DM Geldvermögen der privaten Haushalte anfielen, gingen 50,1 Milliarden, also fast 50 % an Arbeitnehmer und 23,1 Milliarden an Rentner und Pensionäre.[668] (1989 betrug das Geldvermögen der privaten Haushalte noch 2,8 Billionen.[669])

Dabei darf nicht übersehen werden, daß hunderttausende von Bundesbürgern Verbraucherkredite genommen haben. Anfang 1990 waren private Kunden für

---
665 Zit. nach Mosdorf a.a.0. S. 42
666 Quelle: Verband der Lebensversicherungsunternehmen im Juli 1992 in verschiedenen Tageszeitungen
667 Quelle: verschiedene Tageszeitungen im März 1993
668 Nach DIW: Die Zeit 23.10.87

257 Milliarden DM verschuldet (Hypothekendarlehn nicht eingerechnet). Diese Kreditnehmer kommen vielfach durch höhere Zinsen, Arbeitslosigkeit, Krankheit, unerwartete Einkommenskürzungen oder auch Ehescheidungen in Schwierigkeiten bei der Verzinsung und Rückzahlung dieser Schulden.[670] Um die wachsende Verschuldung der Kreditnehmer einzudämmen, gilt ab 1. Januar 1991 das Verbraucherkreditgesetz, was u.a. nicht für Arbeitnehmerdarlehn gilt (Anerkennung der Arbeitskraft als Vermögenswert). Auch haben Städte Beratungsstellen zur Entschuldung eingerichtet. In diesem Zusammenhang hat die Arbeitsgemeinschaft der Verbraucherverbände[671] festgestellt, daß jeder verschuldete Haushalt im Schnitt 15.000 DM Schulden hat. Diese Relation zeigt, daß der Lohnarbeiter z.T. sich trotz Ersparnissen nicht vor Verschuldung bewahrt.

Sie sind damit, vorausgesetzt der Geldwert (Inflation: Zinsen) bleibt relativ erhalten, im privaten Bereich frei, frei zur Verwendung von Überschüssen, was letztendlich Lebensqualität mit sich bringen kann. Diese Entscheidungsfreiheit abhängig Beschäftigter über Überschüsse aus Lohn und Gehalt, hat, worauf v. Bethmann[672] hinweist "stark zugenommen" und gipfelt in dem konjunkturpolitischen Problem: "Was machen die Leute - alle Leute - mit dem Geld."

Daß verantwortungsbewußte und frei entscheidende Arbeitnehmer mit ihrem Geld umzugehen wissen, hat der Metall- und Druckarbeiterstreik im Sommer 1984 gezeigt. In den Gegenden, in denen gestreikt und ausgesperrt wurde, wurde zurückhaltend gekauft, nicht nur bei langfristigen Gebrauchsgütern für die Rücklagen gemacht worden waren, sondern auch bei Gütern des -täglichen Bedarfs.

---

669 Bundesverband deutscher Banken in Die Welt 7.11.89; St.Z. 11.7.91
670 Vgl. dazu: Perina, Udo: Leben auf Pump in "Die Zeit" v. 23.3.90
671 Hamb.A.Bl. v. 18.9.90
672 in "Der verratene Kapitalismus" 1984 S. 89 f

Bei dieser Handlungsweise ist allerdings die Frage nach dem Motiv offen. Es kann die Überlegung sein, daß der eventuelle Lohnausfall es nötig macht, auf die Ersparnisse für notwendige Bedürfnisse zurückzugreifen. Es kann auch die Erkenntnis sein, daß die Kaufkraft des Geldes, nicht durch Arbeitsausfall und übermäßiges Kaufen gemindert werden soll. Sicher ist, daß der betroffene Arbeiter so oder so verantwortungsvoll und frei entschieden hat.

Gleiches gilt für die vielen Mitarbeiter die u.a. ihre Sparkonten einsetzten, um das Unternehmen zu übernehmen, bei dem sie tätig waren und das in Konkurs gegangen war.[673]

Ein weiterer Vergleich dahin, ob abhängige Arbeiter über die Einkommenshöhe zu besserer Lebenshaltung gekommen sind, ob die Ungleichheit, die Disparitäten der Einkommen abgebaut wurden, ist unter den verschiedensten statistischen Darlegungen versucht worden. So weist eine Aufstellung von Peter R. Franke/Globus[674] darauf hin, daß der Anteil am Volkseinkommen aus Arbeit (Lohnquote), gegenüber dem Einkommen aus Unternehmertätigkeit und Vermögen - hier allerdings sind auch die Vermögenseinnahmen der Arbeitnehmer mit erfaßt - von 71,5 % 1979, auf 67,4 % 1989 gesunken ist. Eine Entwicklung die Miegel als ein Ergebnis seiner Untersuchung den Leitsatz aufstellen läßt, daß die relativen Verlierer der Einkommens- und Vermögensentwicklungen im Jahre 1973 bis 1983 waren: Landwirte, Selbständige, Arbeiter. Eine Mittellage nahmen Angestellte und Rentner ein. Generell ist festzustellen, daß - die Transfereinkommen wie Wohngeld, Kindergeld, Renten und Vermögensgewinn) mit einbezogen - der Wohlstand zugenommen hat. Zu den Einzelheiten und

---

673 Hamburger Abendblatt 25.6.86
674 Welt am Sonntag 4.1.90

-277-

Schwierigkeiten einer genauen Erfassung verweise ich auf einen Aufsatz von Klaus Peter Schmid.[675]

13. Auswirkungen der neuen Technik

Gehen wir auf die vorhersehende Technik ein, die heute von einem wesentlichen Teil der Lohnempfänger mit Vorsicht betrachtet wird. Ein Automat, um dieses z.Zt. am weitesten entwickelte Hilfsmittel für wirtschaftliche Vorgänge zu nehmen - wobei allerdings anzumerken ist, daß Marx[676] bereits bei einer Kooperation verschiedenartiger Maschinen, die von einem "sich selbst bewegenden Motor getrieben wird" von "einem großen Automaten" spricht - durch mikroelektronische Informationen gesteuert (Computer Aided Making), führt z.B. bei der Herstellung eines Autos viele Arbeitsgänge aus, die früher ein Mensch erledigte.

Nach einer Studie des Batelle-Instituts wird damit gerechnet, daß für einen Roboter, - d.i. die einzelne Maschine, die dem menschlichen Körper nachgebildet ist, über einen Minicomputer gesteuert, gezielte und kontrollierte Bewegungsabläufe ermöglicht, die menschliche Tätigkeiten und Bewegungen nachahmen und so Fertigungsabschnitte übernehmen und teilweise in die elektronisch automatisierten Arbeitsgänge eingeplant werden, vier Arbeiter entfallen. Um weitere Beispiele zu nennen dafür, daß Arbeiter durch Roboter und Automaten. eingespart werden: An einer bestimmten Menge Feinblech arbeiteten bei Thyssen vor Einführung elektronisch gesteuerter Instrumente 90 Arbeiter eine Woche, nach Einführung der Steuerung und Vernetzung 15 Arbeiter einen Tag. In der VW-Lackiererei in Hannover können durch Automaten in einer 241 m langen Halle pro Tag 750 Fahrzeuge bespritzt werden. Über einem Leitstand wird durch die Steuertechnik zentral dafür gesorgt, daß die Farbgebung je PKW flexibel

---

675 Die Zeit 27.2.87
676 Kapital S. 398

angelegt ist. D.h. die Automaten lassen sich je nach Bedarf des Marktes umprogrammieren.

Den möglichen Wegfall von menschlichen Arbeitskräften durch Maschinen hat Robert Bosch[677] schon 1853 erkannt. Er schrieb am 18. April 1855 an seine Braut, daß man in bezug auf Maschinen "bis jetzt statistisch ausgerechnet (habe), daß man mit 2-3 Stunden Arbeit pro Tag und Kopf, d.h. Männer und Frauen, auskommen wird, bei noch größerer Vervollkommnung der Maschinen wird man noch weiter kommen." Es ist Tatsache, daß der Roboter und die Automation menschliche Arbeitskraft freisetzt; und das in der Weiterentwicklung - z.B. Befehlsgabe in eigener Sprache - in zunehmendem Maße Einsatz menschlicher Arbeitskraft entfällt. Befehlsgabe durch Sprache ist durch eine Entdeckung am Max Planck-Institut für Biochemie möglich geworden.[678] Dabei ist es gleichgültig mit welchen Formeln und Techniken in Produktionsstätten und Dienstleistungsbetrieben gearbeitet wird. Ob die Werkzeugmaschine nach dem CNC (Computerized Numerical Control.) - der Computer bestimmt und kontrolliert den Ablauf der Werkzeugmaschine arbeitet - oder ob computerunterstützt mit CAD (Computer Aided Design) konstruiert wird oder ob die Arbeitsplanung und -vorbereitung, sowie Material und Lagerwirtschaft durch CAM (Computer Aided Manufacturing) bestimmt wird, oder ob alle betrieblichen Abläufe – vom Auftragseingang über Konstruktion, Produktion, Montage bis hin, zur Erstellung der Rechnung - durch miteinander vernetzte Computer gesteuert werden durch CIM (Computer Integrated Manufacturing). Alle Techniken haben untereinander nur graduelle Unterschiede im Bezug auf den Wegfall menschlicher Arbeit einerseits und deren Einsatz andererseits. Der Vormarsch der Roboter ist aus einer Statistik der VDMA zu ersehen, wonach in der Bundesrepublik 1980 1300, 1989etwa 14900 und Ende 1990 ca. 28000 Roboter installiert waren. Jeder

---

677 Heuss, Theodor: Robert Bosch 1946, S. 46

zweite steht in Firmen mit weniger als 500 Mitarbeitern, in sog. mittelständischen Betrieben. Mit der Informations- und Datentechnik konnten 1970 nur 5 % der Erwerbstätigen umgehen. 1980 waren es 18 %, 1989 43 % und man schätzt für 2000 64 %. Computer haben nicht nur in der Industrie sondern auch im Handwerk Eingang gefunden. Von je 100 Handwerksbetrieben setzten 1991 50 einen Computer ein.[679] Roboter und Automaten ersetzen nicht nur die Arbeit, sie sind konstant "fleißig", garantieren gleichbleibende Qualität, kennen keine Pause, keinen Urlaub, arbeiten rund um die Uhr, erhöhen damit die Produktivität, machen sie flexibel -und ermöglichen angemessene Preise. Heide Neukirchen[680] zitiert dazu den Geschäftsführer von Sony in Stuttgart: "Man könnte keinen Walkmann für 99 Mark im Laden kaufen, wenn bei der Montage nicht an 365 Tagen 24 Stunden lang Roboter eingesetzt werden." Was gleichzeitig besagt, daß durch den Einsatz der Roboter die Kosten für einen so eingerichteten Arbeitsplatz sich auf 150-200.000 DM belaufen. (Daß der den Roboter oder den Automaten Anschaffende, der Unternehmer, das Produktivkapital, um die Anschaffungskosten zu amortisieren, sich Nacht- und Schichtarbeit wünscht, ist verständlich. Daß er mit diesem Wunsche auf wenig Gegenliebe bei den Gewerkschaften stößt, war zu erwarten, umsomehr als diese schon lange erkannt - oder aus der Entwicklung in USA gelernt haben, daß Rationalisierungsmaßnahmen Beschäftigte in den betroffenen Betrieben freistellen und deshalb für Arbeitszeitverkürzung eintreten.) Es gibt aber auf der Seite der Gewerkschaften[681] auch die Erkenntnis, daß es "Produktionsabläufe in der chemischen, in der Stahlindustrie und anderen Bereichen gibt, die nicht unterbrochen werden können." Grundsätzlich wird Sonntags gearbeitet, wenn die Maschinen es erfordern, d.h. wenn die Unterbrechung des Laufes der Maschinen Nachteile für das Produkt oder die Produktivität verursacht. Rappe verneint

---

678 Wam S. 7.7.91
679 Quelle Globus WamS. 11.8.91
680 WamS. v. 7.4.91
681 Hermann Rappe als Vorsitzender der IG-Chemie in einem Interview in der WamS. v. 3.5.87

deshalb die Samstagsarbeit nicht, ist nur gegen eine generelle Einführung und fordert tarifliche Regelung. Tatsächlich gibt es im DGB keine Gewerkschaft in deren Tarifen nicht Vergütungen für Sonntags- und Nachtarbeit geregelt sind.[682]

Roboter und Automaten bringen dem Lohnarbeiter, dem Arbeitskapital als Vorteil das, was man mit einem m.E. übertriebenen Schlagwort "Humanisierung der Arbeitswelt" nennt. Unbestritten ist, daß die Apparate körperliche "Schwerst- und Schwerarbeit",[683] gefährliche, und schmutzige Arbeit dem Lohnarbeiter abnehmen. Auch die Arbeitsumwelt wird verbessert. Hinzu kommt, daß die Arbeitszeit flexibel gestaltet werden kann und, durch die höhere Arbeitsproduktivität, bessere Löhne möglich sind.

Die neuen Techniken bringen aber auch Nachteile mit sich. Arbeit als solche, die grundsätzlich in jeder wirtschaftlichen Leistung steckt, wird mehr und mehr verdrängt. Selbst wenn Menschen den Automaten bauen, programmieren, ihn durch Steuerungssysteme bedienen, die Arbeit der einzelnen Roboter kontrollieren und die Geräte warten, fallen Lohnarbeiter im Rahmen der Produktion bei gewissen Betriebsvorgängen aus.

Das bedeutet u.a. erhebliche Ausfälle für die Sozialversicherung, die für den "Generationsvertrag" auch deshalb bedeutsam sind, weil das Verhältnis jung zu alt sich immer mehr in Richtung auf die Alten verschiebt. Die Zahl der alten Leute wächst mehr als. junge hinzu kommen. Man spricht deshalb auch schon vom Faktor Maschinen und von Wertschöpfungsbeiträgen der Arbeitgeber durch Erhebung sog. Maschinensteuer auf eingesetzte Maschinen zur Stärkung der Sozialversicherung. (Diese Forderung stützt unsere oben vertretene Ansicht, daß es eine direkte Arbeitsleistung der Maschine als eigene von der Arbeitskraft des

---

682 Tarifpolitisches Taschenbuch S. 31 - 58
683 Steinkühler, Franz: in: Arbeitszeit-Flexibilisierung und Entgelt-Differenzierung. Hrg. Knebel, Heinz u. Zander, Ernst 1980, S. 22

Menschen losgelöste statische Größe gibt.) Man hat auch erkannt, daß "an einigen Stellen überautomatisiert wurde. "Das ist nun mal Tatsache," so das Vorstandsmitglied der Mercedes-Benz AG. Jürgen Hubert.[684]

Ob die eingesparte Arbeitskraft - diese Einsparung betrifft nicht nur die gewerbliche Wirtschaft, sondern auch den Dienstleistungsbereich; man denke nur an das automatisierte Büro - bei der Entwicklung, Fertigung und beim Einsatz der Techniken verwendet werden kann, ist eine offene Frage,[685] sofern man die Einsparung der Arbeitskraft nicht sozial, materiell gesehen, durch Arbeitszeitverkürzung bei gleichem Lohn ausgleicht. (Womit ich eine auf den einzelnen Fall bezogene Arbeitszeitverkürzung für erforderlich anerkenne). Die Jahresarbeitszeit hat sich in der Gesamtwirtschaft von 1960 2.124 vor allem in den achtziger Jahren bis 1991 auf 1.599,5 Stunden verringert. Der Urlaub hat sich von 1974 von 22 1/2 Arbeitstagen = 5 Tage je Woche erhöht auf 1990 29 Arbeitstage. 70 % der tariflich erfaßten Arbeitnehmer haben 6 Wochen-Urlaub.[686]

Oder man hält es mit Dorothea Hilgenberg,[687] die feststellt: "Gut, der Platz an der Maschine wurde leer, keiner aber könne sagen, was darum herum passiert, was an Dienstleistungen und Service nötig wird." Umsomehr bleibt die Frage offen, als festzustellen ist, daß sich die Zahl der in einzelnen Berufen Tätigen verschiebt von den handwerklichen hin zur Datenverarbeitung, was auch Naturwissenschaften und Techniker betrifft.

Für die Metallberufe hat es am 1. August 89 für 17 handwerkliche Metallberufe neue Ausbildungsrichtlinien gegeben" nach denen elektronische Kenntnisse verlangt werden und mit denen alte Berufe wie Schmiede und Schlosser

---

684 Zit. nach von Randow: Maschinen sind für Menschen da in Zeit 24.7.92
685 so. auch Vogel, Bernhard in "Wie wir leben wollen" S. 139
686 H.A.B. 2/3.5.92; Tarifliches Taschenbuch S. 93, 101
687 Die Zeit 24.7.87

weggefallen sind und zum Metallbauer werden. Schon 1987 waren 42 Metallberufe zu 6 Grundberufen zusammengefaßt worden, um Spezialausbildung zu vermeiden unter dem Leitgedanken, breit auszubilden und möglichst lange zusammenbleiben mit der Möglichkeit später unabhängig von dem Industriezweig zu arbeiten. Zum Beispiel ist der frühere "Werkzeugmacher" jetzt Werkzeugmechaniker der Fachrichtung Stanz- und Umformtechnik. Dessen Grundfertigkeiten erfordern Kenntnisse vom Computer, verlangen Konzentration, Sorgfalt und Selbständigkeit. Ähnlich wurde eine neue Ausbildungsordnung für die Elektrohandwerker geschaffen. Die Informations- und Kommunikationstechnik sowie andere neue Techniken Datenverarbeitung und Rechnertechnologie, integrierte Schaltungen u.a. bis hin zu Hausleitsysteme - sind Lerninhalt. Ziel: Ausbildung zum selbständig planenden, durchführenden, kontrollierenden Experten, für den Weiterbildung selbstverständlich sein muß.

Für das Kfz-Handwerk hat der technische Referent der Innung dieses Handwerks in Hamburg in einem Interview eine in diesem Zusammenhang wesentliche Äußerung gemacht.[688] "Wer nur schrauben kann ist für die moderne Kfz-Technik ungeeignet. Ohne fundiertes Basiswissen und logischen Denkvermögen sind in den Kfz-Werkstätten auch die elektronischen Testgeräte nicht zu bedienen und die Motoren einzustellen." Mit diesen Regelungen sind die Forderungen des Berufsbildungsgesetzes von 1969 (§ 1) erfüllt, das eine "breit angelegte berufliche Grundbildung" fordert und gleichzeitig die berufliche Fortbildung festschreibt.

Man wird sagen können, daß in großen Teilen der Wirtschaft an die Stelle der körperlichen Beherrschung der maschinellen Technik, die intellektuelle Beherrschung der elektronischen Technik tritt. D.h. die Beschäftigten werden in einer erheblichen Zahl umgeschichtet vom Sekundär- in den Tertiärbereich der Wirtschaft, was bedeutet: besser qualifizierte Arbeitskräfte werden benötigt.

Könne[689] sagt zu Recht, daß die technisch fortentwickelte Maschinen nach verständigeren, d.h. in gewissem Umfang allgeineingebildeten Lohnarbeiter verlangen. Zur Zeit steht fest: die nicht qualifizierten Lohnarbeiter, ohne Berufsausbildung oder mit abgebrochener Berufsausbildung, machten 1989 über 50 % der Arbeitslosen aus.[690]

Die Nachteile der technischen Weiterentwicklung sind abgesehen davon, daß Arbeitskräfte in bestimmten Bereichen freigestellt werden, demnach unter zwei Gesichtspunkten zu sehen. Erstens individuell auf den Lohnarbeiter bezogen, scheint dieser mit der körperlichen Arbeit am Roboter und Automaten ausgeschaltet und als Mensch unbefriedigt. Zum anderen reicht generell die Qualifikation der Lohnarbeiter für den verantwortlichen Umgang mit diesen Maschinen nicht aus.

Zum ersten Punkt z.T. mit der Arbeit unbefriedigt sein, kommt hinzu der Stress, die Anpassung, der Zeitdruck, das Minderwertigkeitsgefühl, auf Grund fehlender Verantwortung, Isolation und wachsende Kontrolle.[691]

Schon 1980 - also z.Zt. der ersten Roboter äußerte ein Drittel der unmittelbar Betroffenen, ihr Arbeitsplatz habe sich durch Einsatz von Robotern verschlechtert. Sie fühlten sich psychisch stärker belastet und meinten, daß die menschlichen Kontakte abgenommen hätten.[692] Andererseits hat Gerhard Schmidtchen[693] festgestellt, daß in der Metallindustrie 42 % der Befragten erklärt hätten, durch den Übergang zur Mikroelektronik, zum Automaten (Weiterentwicklung der Roboter) sei die Arbeit geistig anregender und interessanter geworden. In diesem

---

688 Hamburger Abendblatt v. 7/8.1.89
689 a.a.O. S. 37 s. auch Hasegawn a.a.O. S. 101 f
690 Welt am Sonntag v. 4.3.90
691 Steinkühler a.a.O. S. 22
692 Biedenkopf, Technik 2000 S. 20
693 Neue Technik, neue Arbeitsmoral 1984

Zusammenhang weist Glück[694] darauf hin, daß der Umgang mit den numerisch gesteuerten Maschinen für den Lohnarbeiter zu einem "job enrichment," zur Steigerung des Wertes der geleisteten Arbeit geführt hat. Der Arbeitnehmer habe den "prestigeträchtigen Wert der Elektronik" erkannt. Er ginge ja mit einer Maschine um, "die Millionen Wert sei." Dieser verantwortliche Umgang mit einer hochwertigen Maschine schiene dem Arbeiter "regelrecht Spaß zu machen."

Wieweit die unterschiedlichen Darstellungen dazu, wie der Arbeiter die Arbeit mit Automaten auffaßt - hier negative (Steinkühler, IG Metall), dort positive (Schmidtchen, Erhebung im Auftrag des Gesamtverbandes metallindustrieller Arbeitgeber-Verbände) - gelten, ist nicht festzumachen. Sie sind das Ergebnis von Erhebungen mit gegensätzlichen Zielsetzungen von Arbeit und Kapital, jeweils vertreten durch ihre Verbände.

Eines habe ich selbst erfahren. Ein Mitarbeiter der Post (Telekom) mußte zu mir kommen uni herauszufinden, warum mein Telefon nicht mehr funktionierte. Aus einem längeren Gespräch war zu entnehmen: diese "selbständige Arbeit"- Suche nach Fehlern der Anlage im privaten Umkreis - macht ihm Spaß. Er sei auf sich gestellt, habe direkten Umgang mit fremden Menschen, könne beraten, könne selbständig entscheiden. Er erzählte, daß er zu einer Gruppe von 20 Menschen gehöre, die diesen Außendienst versähen. Jeder von ihnen befürchte in den Innendienst versetzt zu werden und dort unter Vorgesetzten zugewiesene Arbeit erledigen zu müssen. Diese 20 würden eine "Gemeinschaft" bilden, die versuchte "Außenstehende" abzuwehren, weil sie ohne Druck frei sich über ihre Arbeit austauschten, sich "kennen" würden.

Das, was ein Gespräch ergab, zeichnet sich in der Arbeitswelt ab. Die Produktionsverhältnisse ändern sich fortlaufend hin zur Trennung der geistigen

---

[694] a. a. O. S 72

von der körperlichen Arbeit, von Konzeption und Ausführung, hin zum Wegfall von Gestaltungs- und Entfaltungsmöglichkeit, die im Handwerk generell gegeben war und weiter hin zur Abhängigkeit von Vorgegebenen, zur Entfremdung vom Werkstück. Diese Entwicklungen führen zu physischen Belastungen, zu unpersönlicher Atmosphäre im Betrieb, zu Überwachungsdruck-, was zusammengenommen Vereinsamung des Einzelnen und Kontaktlosigkeit mit den Folgen Alkohol und Tabletten während und nach der Arbeit, Nervenzusammenbrüche und psychische Erkrankungen bis hin zu dem Wunsch Aufmerksamkeit zu erpressen und zur sog. inneren Kühdigung."[695]

Als Folge, davon, die Feststellungen von Prof. Eberhard Hamer[696] zu der Frage, ob sog. Scheinkrankheiten als Zusatzurlaub simuliert werden. Seine Untersuchungen haben ergeben, daß bei Selbständigen Scheinkrankheit fast nicht stattfindet, während 44 % der Angestellten, 56 % der Beamten und 72 % der Arbeiter bereit sind durch Simulation "Scheinkrankheit" zu nehmen. Als Grund für die Häufigkeit der Scheinkrankheiten habe sich "zu einem hohen Anteil auch Mangel an Arbeitsmotivation ergeben."

Hierher gehören auch die Auswüchse, die der Konkurrenzkampf um den Arbeitsplatz hervorbringt. So sagen 71 von 100 Berufstätigen, daß ihnen Intrigen die Stimmung vermiesen. Sie machen sich unter Kollegen mit Beschimpfungen, Beleidigung bis zu Erpressungen und Gewaltandrohungen Luft.[697] Man spricht von "Mobbing" beim Verhalten Lohnarbeiter untereinander. Das Wort "Mobbing" leitet sich vom englischen Begriff Mob ab, das sich auch im Deutschen als Ausdruck für "Pöbel" durchgesetzt hat. Man kann sagen, daß unter Mobbing zu verstehen ist, das Anpöbeln eines Arbeitnehmers durch Vorgesetzte und Kollegen.

---

695 Deutsch, Karl W. Technik 2000 S. 147
696 in der Welt a. Sonntag v. 11.11.90
697 DAG-Broschüre "Mobbing"

Es bringt Ärger durch Sticheleien, unberechtigte Kritik, Intrigen. Abgesehen von persönlichen Differenzen, steckt hinter dieser Handlungsweise oft der Karriereneid, das möglicherweise ausgegrenzt werden, bis zur Angst entlassen zu werden.

Die Folge dieser Entwicklung wird vom Lohnarbeiter nach einem Report "Arbeitslos"[698] so gesehen: 38 % der befragten Arbeitslosen erklärten, daß es unangenehmer sei eine Arbeit zu verrichten, die keine Freude macht, für 33 % ist es unangenehmer arbeitslos zu sein, 29 % sind ohne Meinung; 59 % würden es nicht in Kauf nehmen, daß sie etwas machen müssen, was ihnen keinen Spaß macht, 27 % würden es in Kauf nehmen. Ansichten zur Arbeit, die eine Wende in der Einstellung zur Arbeit als solcher und zeigen, daß der Arbeitnehmer selbstbewußter wird.

Schon Ende der 50iger Jahre traf Schelsky[699] auf der Basis von verschiedenen Erhebungen und Befragungen von jungen Menschen in etwa die gleichen Feststellungen. Er schreibt, daß - soweit von jungen Menschen nicht die Lohn- und Arbeitsregelungen, und zu schwere Arbeitsbedingungen beanstandet werden, - ihnen die Arbeit zu langweilig., zu uninteressant, stumpfsinnig, eintönig sei und "zu wenig Möglichkeit zur Verantwortung, zur Leistung biete." Schelsky zieht daraus den Schluß "wie sehr für diese jungen Menschen die Arbeitszufriedenheit über den funktional-technischen Bezug zur Arbeit bestimmt ist." Das umsomehr, als in den Befragungen außerordentlich selten auftauchte, daß menschliche Schwierigkeiten mit Vorgesetzten bestünden.

1989 haben Prof. Horst Opaschowski in einem in Hamburg gehaltenen Vortrag auf Grund von Untersuchungen des BAT Freizeit-Forschungsinstituts, Werner Thon in einem Vortrag an der Hochschule in St. Gallen und Gertrud Höhler in

---

698 98 Noelle-Neumann, Elisabeth, Gillies, Peter 1987 S. 41

einem Buch[700] darauf hingewiesen, daß heute - also Ende der achtziger Jahre - vor allem die Jugendlichen, die, die durchaus Arbeitstugenden wie Fleiß, Pflichterfüllung, Ehrgeiz, Leistungsstreben und Gehorsam anerkennen, vor allem Spaß[701] an der Arbeit haben wollen, Selbstentfaltung, gutes Arbeitsklima, Rücksicht und Toleranz (d.h. Rücksichtnahme auf das Gewissen anderer) untereinander, sowie Ehrlichkeit und Offenheit auch dahin, daß man weiß, wie die eigene Leistung eingebunden ist (Information). Sie suchen, wie Thon meint, "die soziale, teamorientierte Leistungsgemeinschaft." Das BAT-Freizeit-Forschungsinstitut stellt 1991 fest, daß jeder zweite Arbeitnehmer (45 %) sich nur mehr durch "sinnvolle Arbeitsinhalte" zu mehr Arbeitsleistung motivieren lassen (1984; 34 %). Der Arbeitnehmer erwartet Sinn in der Arbeit, sie soll Abwechslung, Herausforderung, Erfolgserlebnisse bieten.[702]

Zu gleichen Ergebnissen kommen mehrere Befragungen 1986[703], 1989[704] und 1991[705] ergaben Umfragen, daß 1986 nur 3 % der Interviewten bei der Arbeit Unabhängigkeit und Verantwortung wünschten, 1989 hielten 42 % Selbständigkeit für wichtig. Untersuchungen des Instituts für Jugendforschung 1988 von Schulabgängern in Baden-Württemberg[706] wurde festgestellt: "Sie gehen leistungsbereit, aber mit hohen Ansprüchen in den Beruf." Die Ansprüche: nicht nur Befehlsempfänger sein, Spaß an der Arbeit, Fähigkeiten entfalten können, Verantwortung tragen. 1989 stellte das Institut bei Auszubildenden fest, daß diese vor allem abwechslungsreiche Arbeit und Aufstiegsmöglichkeiten

---

699 99 a.a.O. S. 270
700 Offener Horizont 1989
701 s. dazu auch Steinkühler a.a.O. S. 15, 22
Schmidtchen a.a.O. S. 109, 131
702 nach FAZ vom 26.9.92
703 FAZ v. 8.4.87
704 WamS 19.11.89
705 St.Z. 12.10.91
706 StZ. v. 27.8.88

wünsche. Das Soziologische Forschungsinstitut Göttingen[707] hat nach einer Umfrage festgestellt: Maßstab der Leistungsbereitschaft von Jugendlichen sei "bei einem halbwegs erträglichen Einkommen" nicht mehr zusätzliches Geld, sondern allein "das Interesse an der Sache; die Chance vielleicht etwas Neues und Spannendes zu machen, persönlich weiter zu kommen oder eine gute Arbeitsatmosphäre zu genießen." 1991 berichtet Hans Barth,[708] Vorsitzender der Geschäftsleitung der Prognos AG aus einer Untersuchung, in der neuntausend Studenten der Wirtschaftswissenschaften an deutschen Universitäten befragt wurden, "was ihnen "sehr wichtig" bei einer ersten Anstellung nach dem Examen sei." Über 86 Prozent nannten Spaß an Arbeit, 67 Prozent ein gutes Betriebsklima, 66 Prozent eine sinnvolle Tätigkeit, 63 Prozent gute Qualifikationsmöglichkeiten, 57 Prozent Entscheidungsfreiheit.

Generell hat, was die Jugend betrifft, Bundespräsident von Weizsäcker[709] zu recht festgestellt, daß "die jungen Menschen ... nicht wie ein Austauschmotor in ein vorfabriziertes Gehäuse" geschoben werden wollen. Man wird deshalb Oskar Lafontaine[710] zustimmen müssen, der meint, daß "mehr und mehr Menschen sich in ihrer Arbeit selber verwirklichen" wollen. Die Meinung von Schoeck[711], der sagt, daß die Auffassung nicht gelte: ich lebe um zu arbeiten, sondern die Parole laute: ich freizeite also bin ich, ist offensichtlich nicht richtig.

14. Corporate Identity und Schlüsselqualifikationen

Diese Einstellung der abhängig Arbeitenden veranlaßt viele Firmen, darunter u.ä. Karstadt, BASF, Bertelsmann die Corporate Identity zu untersuchen.[712] D.h. sie

---

707 Zit. aus einem Aufsatz von Irene Mayer-List in Die Zeit vom 21.11.88
708 Die Zeit - Extra vom 28. Juni 1991
709 Pflüger, Friedrich: Richard von Weizsäcker 1990, S. 284/5
710 a.a.O. S. 81
711 Helmut, WamS S. 1990
712 Die Mitarbeiterbefragung. Hrg. Mitarbeiter der Projektgruppe "Mitarbeiterbefragung." 2. Aufl. 1989

gehen davon aus, daß "Mitarbeiter heute erwarten, als Person und Partner anerkannt und respektiert zu werden," daß eine "zeitgemäße Personalführung dieser Erwartung Rechnung zu tragen habe," unter anderem indem die "Arbeitsinhalte durch individuelle Gestaltungsspielräume, durch Selbstverantwortung und durch Mitwirkung am Arbeitsplatz anwächst." Dazu sollen Aus- und Weiterbildung, Delegation von Aufgaben und Verantwortung dienen. 1988 äußerte Prof. Hans Günter Danielmeyer, im Vorstand von Siemens für Forschung und Entwicklung zuständig, in einem Interview[713] zu diesen Überlegungen: "Ich setze darauf, daß eine verstärkte Verlagerung von Verantwortung auf den einzelnen Mitarbeiter .... Erfolge bringen wird. Nicht nur in Forschung und Entwicklung, sondern durchaus auch im Vertrieb und in der Produktion." Um die Dialog .zwischen Mitarbeiter und Unternehmen in Gang zu setzen lassen diese Firmen durch Befragungen der im Betrieb Beschäftigten feststellen, was ist faul im Betrieb, was beanstanden die Mitarbeiter. In Fragebögen, die z.T. 50 und mehr Punkte umfassen, wird u.a. gefragt: "Können Sie die Ihnen übertragenen Arbeiten ausreichend nach Ihren Vorstellungen durchführen" "Gibt Ihnen Ihre Arbeit Möglichkeiten, sich über eine Leistung, einen Erfolg zu freuen" "Fühlen Sie sich über die wesentlichen Dinge der Firma ausreichend informiert". Als Ziel dieser Befragung wird in dem genannten Papier[714] zunächst ein Kenntniszuwachs für das Unternehmen zur Umgestaltung der inneren und äußeren Organisation, sowie das Verringern "der sozialen Distanz zwischen Unternehmensleitung und Mitarbeiter" gesehen.

Diesen wiedergegebenen Vorstellungen der Jugend, der Arbeitgeber und der Arbeitnehmer ist der "Göppinger Kompromiß" der IG-Metall und der Arbeitgeber der Metallindustrie von Nordwürttemberg/Nordbaden vom 5. Mai 1990[715]

---

713 Die Zeit 17.4.88
714 S. 4
715 Stuttg. Zeit. v. 7.5.90

Diesen wiedergegebenen Vorstellungen der Jugend, der Arbeitgeber und der Arbeitnehmer ist der "Göppinger Kompromiß" der IG-Metall und der Arbeitgeber der Metallindustrie von Nordwürttemberg/Nordbaden vom 5. Mai 1990[715] nähergekommen. Es heißt da, die Arbeitsbedingungen sollen die freie Entfaltung der Persönlichkeit und das Recht auf Menschenwürde fördern, sowie im Rahmen der betrieblichen Möglichkeiten dem Einzelnen Entscheidungsspielräume einräumen. Die Beschäftigten können Vorschläge zur Verbesserung ihrer Arbeitsbedingungen einbringen.

Nicht nur die Gewerkschaft und die Unternehmen versuchen der neuen Auffassung der Lohnarbeiter von ihrer Arbeit gerecht zu werden. Auch der Staat erkennt die Entwicklung des Lohnarbeiters hin zum selbständig handelnden Mitarbeiter. Der Wirtschaftsminister von Baden-Württemberg, Dr. Dieter Spöri, stellt in einem Aufsatz[716] fest, neben fachlichen Kenntnissen und Fähigkeiten, "werden soziale und methodische Kompetenzen, wie Teamfähigkeit, Verantwortungsbereitschaft und die Fähigkeit zur Lösung von Problemen immer wichtiger." Diese Qualifikationen sollen auf Grund der Ausbildungsordnung in Betrieben und beruflichen Schulen in überbetrieblichen Bildungszentren erreicht werden. In gleichem Sinne hat sich die Kultusministerin von Baden-Württemberg, Dr. Marianne Schultz-Hector auf einer Veranstaltung des Deutschen Didacta-Verbandes geäußert.[717] Lern-und Teamfähigkeit, Kreativität, selbständiges fächerübergreifendes Denken. Urteilsfähigkeit und verantwortliches Handeln seien die "Schlüsselqualifikationen" des Lohnarbeiters. "Auf sie... komme es in immer mehr Berufen an, wer über sie verfüge, habe wohl auch mehr Spaß an der Arbeit."

---

715 Stuttg. Zeit. v. 7.5.90
716 Sonderveröffentlichung des Stuttgarter Wochenblatts 1992
717 Zit. nach Stuttgarter Zeitung vom 2.10.92

15. Neue Organisationsformen

Die Unternehmen begegnen durchaus positiv dieser Entwicklung der neuen Auffassung von der Lohnarbeit, die Erkenntnis der Lohnarbeiter nicht mehr Rädchen im Betrieb, sondern mitdenkender, verantwortungsbereiter Mensch sein zu wollen, durch notwendige Überlegungen die Fertigungsabläufe und die Unternehmensabläufe und die Unternehmungsorganisation hin zu leistungsfähigen Produktionssystemen zu vereinfachen, d.h. kostengünstiger zu produzieren und Entscheidungen schneller zu treffen. Im besonderen die Autohersteller und deren Zulieferungsbetriebe wenden sich von dem von Taylor erdachten scientific managment ab. Sie organisierten ihre Produktion unter dem Schlagwort "lean-production." D.h. der Produktionsprozeß verläuft nicht in Richtung Aufteilung in kleine Schritte, sondern es wird in Gruppen gearbeitet. Dabei geht es darum, den Menschen wieder in den Mittelpunkt zu stellen. Diese Innovation, so heißt es, käme zu spät, weil japanische Hersteller von Autos auf diesem Gebiet, das auf Informatik und Mikroelektronik und bei der Vernetzung beruht, den deutschen Firmen voraus und überlegen seien und zu "schweren Zeiten" für die deutsche Autoindustrie führe. Faktum ist, wie der Chef von Daimler- Benz Edzard Reuter[718] feststellt, daß in Japan die Innovation im Produktionsablauf, d.h. in der Entwicklung und Beherrschung der Mikroelektronik bereits in den sechziger Jahren aufgegriffen haben. Eine Entwicklung, aus der sich, wie Reuter weiter sagt, ein "exklusiver Zugriff auf eine Fülle anderer Industrien und Wirtschaftszweige ergeben kann", die aber auch Politiker, wie den Vorsitzenden der SPD - Björn Engholm[719] - in einer Analyse des Werkes des

---

[718] Sündenbock Japan in Die Zeit 3.10.91
[719] Plädoyer für einen runden Tisch, Die Zeit v. 26.9.91

Chefplaners des Auswärtigen Amtes - Konrad Seitz[720]- danach rufen läßt, daß Staat und Wirtschaft gemeinsam die Technologiepolitik neu formulieren müßten. Weshalb z.B. in Baden-Württemberg an eine Technologieförderung gedacht wird, bei der Staat und Politik die Branchen und Wirtschaftsbereiche, die förderungswürdig sind, d.h. zukunftsträchtige Industrie wird aus der Staatskasse gefördert. Ob dieses Verfahren aus Schweden, wo es in den 70iger Jahren begonnen wurde, oder von den Japanern übernommen wurde, ist ohne Bedeutung, es muß auf den deutschen Menschen, seine Mentalität zugeschnitten sein.

Bei der Gruppenarbeit arbeiten acht bis fünfzehn Lohn- und Gehaltsempfänger für einen bestimmten Arbeitsbereich zusammen. Die Gruppenmitglieder organisieren in gemeinsamen Gesprächen ihre Arbeit so, daß festgelegt wird, wer von ihnen welche Teilarbeit am der Gruppe übertragenen Gesamtobjekt Übernimmt. Bei Opel ist durch Betriebsvereinbarung festgelegt, daß die Gruppenmitglieder in geheimer Wahl einen Sprecher wählen können und eine Stunde pro Woche Über Arbeitsinhalte, Humanisierung der Arbeit und Verbesserungsvorschläge beraten können. Dabei wechseln die einzelnen Gruppenmitarbeiter ihre Arbeitsaufgaben, d.h. sie sind flexibel und jeder kann jeden vertreten. Vorarbeiter und Werksleiter entfallen ganz oder teilweise. Es ist besonders wichtig, daß die Gruppe ihre Arbeitsausführung kontrolliert, sie übernimmt die Qualitätskontrolle. Der Lohnempfänger entscheidet selbst, wie er arbeiten will im Wissen um und in Verantwortung für das Ziel, für das er seine Arbeitskraft einsetzt. Die Arbeit ist -abwechslungsreicher, der Lohnarbeiter trägt Verantwortung und muß aktiv in Richtung auf das Ziel der Produktion, auf das Produkt mitdenken und kann sich "selbstverwirklichen".

---

720 SeitZ, Konrad: Die japanisch-amerikanische Herausforderung 1991

Die Unternehmen versprechen sich von dieser Organisation erhöhte Produktivität. Außerdem zitiert Daniela Stürmlinger[721] in einem Aufsatz den Opel-Sprecher Seifert, habe sich "der Krankenstand drastisch verringert" und die Zahl der Verbesserungsvorschläge verdoppelt bis verdreifacht. Der Personalvorstand der Mercedes-Benz AG Tropitsch sagt - gleichsam zusammenfassend - "Gruppenarbeit vereint in geradezu beispielhafter Weise Unternehmens- und Mitarbeiterinteressen und erhöht die Arbeitszufriedenheit." Daß die Gewerkschaft dieser Entwicklung, die m.E. ohne, Zweifel die Stellung des Menschen in der Produktion und seine Verantwortung für die Wertschöpfung erreicht, nicht gerade positiv gegenübersteht ist verständlich. Sie befürchtet weitere Rationalisierung und Personalabbau, und Fortfall der ihr eigenen Aufgabe in Tarifverhandlungen u.a. über Arbeits- und Betriebsmittel mitreden zu können, sie wehrt sich besonders dagegen, daß bei dieser Organisation der Produktion besondere Arbeits- und Betriebszeiten notwendig sein könnten, die betriebsnahe Vereinbarungen zwischen Betriebsräten und Geschäftsleitung erforderten, also die Gewerkschaften ausschließen könnten. Positiv wird von Gewerkschaftern der "schlanken Linie" beurteilt, insoweit, daß dabei. lange geäußerte Forderungen, Mitbestimmung, Mitgestaltung am Arbeitsplatz, erfüllt werden. Faßt man zusammen, kommt man zu dem, was Hans-Jürgen Warnecke die "Fraktale Fabrik" nennt, was besagt, daß ein Unternehmen aus vielen kleinen eigenständigen Einheiten besteht, die für das, was sie tun, frei sind in der Gestaltung und alleinige Verantwortung tragen. Man hat erkannt, wie Hans-Jürgen Warnecke sagt: keine Maschine sei je so kreativ und flexibel wie der Mensch.[722] Der Entwicklung, die Arbeitsorganisation zu ändern, eigene Verantwortung, Mitdenken zu fördern, machen auch vor dem bürokratischen Aufbau der Unternehmensführung nicht halt. Es gibt Versuche diesen Aufbau zu unterbrechen, die Hierarchie "schlanker" und durchlässiger zu machen d.h. man

---

721 Hamburger Abendblatt vom 28/29.9.91
722 Tanja Volz a.a.O.

will hierarchische Strukturen aufbrechen, Widersprüche begrüßen, will delegieren, was heißt auf Autorität verzichten. So die Daimler-Benz AG[723], die "Führungsebenen" abbauen, Direktorentitel nimmt, und erreichen will, daß "auch die weiter unten angesiedelten Experten" ... direkt an den Vorstand berichten können, durch Bildung von Profit Center. Mit dem Profit Center werden die Mitarbeiter gleichsam zu Unternehmer für den ihnen übertragenen Arbeitsbereich gemacht. Sie können selbständig handeln und aus eigener Motivation Erfolgserlebnisse haben. Neben den rein organisatorischen Änderungen wird eine Auflockerung des bürokratischen Aufbau versucht durch Managment by ... und durch theoretische Überlegung zur "Führung der Mitarbeiter", durch Befragung der Betriebsangehörigen dazu, wie "ihr Betrieb" von Dritten gesehen wird und wie er nach ihrer Meinung sich darstellt, durch Papiere über die Unternehmensziele, durch Stellenbeschreibung u.a. Nicht nur die einzelnen sog. Leitenden Angestellten sollen selbständiger werden, Flexibilität wird ermöglicht. Besondere Probleme bei der Gruppenarbeit machen die Lohngestaltung, die nur betriebsspezifisch geregelt werden kann und die für diese Arbeitsorganisation entsprechend ausgebildeten Fachkräfte benötigt.

Bei dieser Entwicklung geht es, wie generell bei dem technischen Fortschritt um die entsprechende Fort- und Weiterbildung. Bei Ford werden für die, die in der Gruppen arbeiten wollen, pro Mann 8000 DM für die Fortbildung in Elektronik, Hydraulik, Pneumatik, sowie Kommunikations- und Problemlösungs-Techniken aufgewendet.[724] Opel hat auch ein Lohnsystem durch Vereinbarung zwischen Vorstand und Betriebsrat gefunden. Man ging von 42 auf 10 Lohngruppen zurück. Außer dem Tariflohn sind Prämien von 17,67 bis 29 DM vereinbart worden. Die

---

723 Stuttgarter Zeitung 30.10.92
724 WamS. 3.1.93

Notwendigkeit zur Fort- und Weiterbildung besteht, seit durch die Entwicklungen auf naturwissenschaftlichen und technischen Gebiet, die in die Wirtschaft und Produktion eingingen, das jeweilige Können und die Erfahrung veraltet, das erlernte Wissen der arbeitenden Menschen entwertet wurde und den Arbeiter zur Anpassung, zum Lernen zwang. Diese Folge des "Fortschritts" ist normal. Die Notwendigkeit zur Fortbildung im Hinblick auf die immer stärker in die Betriebe vordringende Mikroelektronik hat die vom Bundestag eingesetzte Enquete-Kommission "Neue Informations- und Kommunikationstechniken" festgelegt dahin, daß 1990 rund 70 % der Beschäftigten gewisse Kenntnisse auf dem Gebiet der Informationsbearbeitung haben müßten. Zudem ist jetzt in Richtung auf die sog. schlanke Produktion und die Gruppenarbeit zu schulen.

Die Prognos AG und das Institut für Arbeitsmarkt- und Berufsforschung haben schon 1990 festgestellt, daß sich die Anforderungen an die Arbeitnehmer ändern und errechneten, daß je 100.Erwerbstätigen sich von 1985 auf 2010 die notwendige Qualifikation dahin ändert, daß der Anteil der einfachen Arbeit von 27 % auf 18 % zurückgeht.

Die Europäische Gemeinschaft hat im Gründungsvertrag vom 7. Februar 1992 nicht nur die Verantwortung für die Entwicklung einer -qualitativ hoch stehenden Bildung als Ziel ihrer Tätigkeit erklärt. (Art. 126.) Sie führt auch eine Politik der beruflichen Bildung, "welche die Maßnahmen der Mitgliedstaaten ,.... unterstützt und ergänzt" (Art. 127). Ziele dieser Politik, die in Ratsbeschlüssen unter bestimmten Voraussetzungen für die Mitgliedstaaten verbindlich gemacht werden können, sind u.a. "Erleichterung der Anpassung an die industriellen Wandlungsprozesse, insbesondere durch berufliche Bildung und Umschulung" und "Verbesserung der beruflichen Erstausbildung und Weiterbildung zur Erleichterung der beruflichen Eingliederung und Wiedereingliederung in den Arbeitsmarkt."

Die Fortbildung hat anzufangen bei den geschätzten 1,8 Millionen Analphabeten[725] die in der Bundesrepublik Deutschland leben - man hört auch von 3 Millionen - und bei den 50,% der Arbeitslosen, die überwiegend keine spezifische Berufsausbildung haben. Aus dem Mikrozensus des Statistischen Bundesamts 1989 ist zu entnehmen, daß von den erwerbstätigen Männern 60 % Volks- oder Hauptschulabschluß haben. Bei den Frauen sind es 52 %. Beruflich haben von den Männern 20 % keinen Abschluß (Frauen 30 %), Lehre oder Anlernausbildung haben 57 % der Männer und 58 % der Frauen.

Das Bundesministerium für Bildung und Wissenschaft und das Adolf-Grimmer Institut richten Alphabetisierungsprogramme ein. Kurse für schreib- und leseunfähige Erwachsene - "Deutsch für Deutsche" in den Volkshochschulen - nehmen zu, seitdem die Bedingungen am Arbeitsmarkt sich verändert haben. Seit Jahren klagen Unternehmen, daß Lehrlinge mangelnde Kenntnisse in den sog. Kulturtechniken - Lesen, richtig Schreiben und vor allem Rechnen - haben. Eine Umfrage der "Welt"[726] ergab 92 bei den 50 größten Banken und Konzernen, daß die Schwächen bei den Kulturtechniken zugenommen hätten. Es fehle auch an Team- und Kooperationsfähigkeit. Kein Wunder, wenn man der vom ARD, ZDF und von Bertelsmann initiierten Studie "Jugend und Medien" entnehmen kann, daß 12 -29 Jährige, die Schulen und Universitäten besuchen, erschreckend wenig lesen. Als Lehrbeauftragter in einer Fachhochschule habe ich in den sechziger Jahren schriftliche Arbeiten nur auf den Inhalt geprüft. Hätte ich z.B. Rechtschreibung und Grammatik beurteilt, wäre von daher gesehen fast keine Arbeit ausreichend gewesen.

---

725 Bertelsmann Briefe Heft 1 22. Sept. 1987
Horn, Wolfgang/ Peukens, Hans: Analphabetismus und das Fernsehen
726 Die Welt 29.7.92

Welche Bedeutung berufliche Ausbildung und Weiterbildung. auch auf das monatliche Einkommen hat, um einen anderen Aspekt für Aus- und Weiterbildung zu berühren, hat das IAB festgetellt. Im Vergleich zum Durchschnittseinkommen aller Erwerbstätigen verdienen Beschäftigte ohne Berufsabschluß 21 % weniger als das Durchschnittseinkommen; wer Lehre und Berufsfachschule absolviert hat liegt um 3 %; wer Fach-, Meister- oder Technikerschule besuchte um 42 %; wer Fachhochschulabgänger ist um 77 % und der wissenschaftliche Hochschüler um 83 % über dem Durchschnittseinkommen. Das Statistische Bundesamt[727] stellt fest, daß von je 100 Erwerbstätigen, die ein monatliches Nettoeinkommen von 2000 - 3000 DM erhalten, 33 eine Lehre haben, 38 Fachschule und 23 mit Fachhochschul- und Hochschulausbildung im Arbeitsprozeß stehen, bei 4000 DM monatlichen Nettoeinkommen und mehr, sind die entsprechenden Zahlen 4, 16, 38. Abgesehen vom Entgelt finden beruflich besser Ausgebildete leichter einen Arbeitsplatz.

Das Wort vom long-life-learning gilt nicht nur für Ärzte, Juristen, Techniker u.ä., sondern für jede Arbeit oder Tätigkeit bis hin zur Hausfrau. Das Institut für Schulentwicklung in Baden-Württemberg[728] hat festgestellt, daß Eltern in zunehmenden Maße die Bedeutung der Bildung und Ausbildung für ihre Kinder erkennen. Während 1979 31 % der befragten Eltern meinten der Hauptschulabschluß genüge, waren es 1989 nur noch 10 %. Die Ansicht zum Realschulabschluß waren in den erwähnten Jahren gleich. Bei Abitur stieg der Wunsch diesen Abschluß zu erreichen von 1979 37 % auf 1989 56 %. Die Ansicht der Eltern schlägt sich in den Zahlen der Schulabgänger nieder. Während 1969 18 von 100 Jungen ohne Abschluß (16 von 100 Mädchen) von der Schule abgingen, waren es 1989 9 bzw. 6. Das Abitur machten 1969 15 von 100 Jungen (10 bei den Mädchen). 1989 waren die Zahlen 26 bei den Jungen und 28 bei den Mädchen.[729]

---

727 Stuttg. Zeitung 8.6.91
728 Zit. nach Stuttg. Zeitung v. 3.5.90
729 Quelle: Stat. Bundesamt nach Zeit. 24.5.91

Wenn nicht schon in der Schule auf neueste Technik eingegangen wird (Umgang mit Computer und anderen Informationsmöglichkeiten), wenn nicht mit jedem Schüler vor allem im Hinblick auf die Gruppenarbeit soziales Verhalten eingeübt wird, wenn der Jugendliche nicht im Rahmen seiner Möglichkeiten die Ausbildung erhält und auch anstrebt, die den modernen Entwicklungen der Technik gerecht werden, besteht die Gefahr, daß die Gesellschaft dem sich abzeichnenden Trend nicht folgen kann. Hier liegt eine wesentliche Aufgabe des Staates und der Bildungspolitik aber auch der Eltern. Da für die Bildungspolitik nach dem GG Art. 142 die Länder zuständig sind, ist es deren Aufgabe, beginnend mit der Lehrerbildung und Lehrerweiterbildung, bis hin zu den Lehrplänen zu einer länderübergreifenden Festlegung und Fortschreibung der Anforderungen an Lehrer, Schüler und Studenten zu kommen; z.B. sollten die Lehrer in der Wirtschaft für -ein Semester praktizieren und während ihrer Arbeit in der Schule etwa alle zwei Jahre für 2 - 3 Monate volontieren. Dies ist schon deshalb erforderlich, damit nicht nach einer IAB-Befragung 37 von 100 Erwerbstätigen rückblickend sich für höheren Schulabschluß entscheiden würden. Ziel muß sein, das Wissen und Können den Menschen an die veränderten Arbeitsvoraussetzungen anzupassen. Hier liegen m.E. entscheidende Investitionsnotwendigkeiten, wenn nicht Ahlfeld[730] recht bekommen soll, der sagt, daß "die Zeit der hohen Gewichtung der Erstausbildung für das Berufsleben" zu Ende geht. Der Staat hat hier mit dem Bundesausbildungsförderungsgesetz (BAföG), das dem Auszubildenden für schulische Ausbildung an weiterbildenden Schulen finanzielle Mittel bereitstellt, diese Aufgabe Übernommen. Die betriebliche und überbetriebliche Ausbildung ist allerdings weitgehend ausgeklammert. Hier gelten intern zwischen Auszubildenden und Ausbildenden eine Reihe von Gesetzen, wie das Berufsbildungsgesetz, die Handwerksordnung, die

---

[730] Ahlfeld, Heik, Auf neuen Wegen in die Zukunft 1986 S. 17

Ausbilder-Eignungsverordnung gewerbliche Wirtschaft. Die Bestimmungen sollen in "einer breit angelegten beruflichen Grundausbildung" die für die Ausübung einer beruflichen Tätigkeit notwendigen Kenntnisse sichern. Diese berufliche Ausbildung wird nach dem Arbeitsförderungsgesetz (AFG) durch die Bundesanstalt für Arbeit bis hin zur Fortbildung und Umschulung gefördert. Die Bundesanstalt für Arbeit hat aus ihrem Haushalt für Fortbildung und Umschulung 1990 5,9 Milliarden DM veranschlagt.[731] M.E. reicht dies alles nicht aus. Vielmehr muß insbesondere die Fortbildung der Arbeitnehmer branchenbezogen in einer Allianz zwischen Politik (hier Wirtschafts- und Kultusministerium) Wirtschaft, d.s. Arbeitgeberverband und Gewerkschaft im Hinblick auf die neue Entwicklung (Gruppenarbeit, Übertragung von Verantwortung auf jeden Mitarbeiter) vorangetrieben und gelöst werden. D.h. es müssen die Probleme nicht nur angesprochen, sondern angegangen und generell gelöst werden, sondern speziell für jede Branche. Entsprechende Maßnahmen hat der Wirtschaftsminister von Baden-Württemberg Dieter Spöri mit einem Spitzentreffen von Wirtschaftsministerium, Gewerkschaftsvertretern und. dem Verband der Baden-württembergischen Metallindustrie[732] in Hinblick auf die Strukturprobleme in der Automobil-, Maschinenbau- und Textilindustrie eingeleitet.

In einigen Landesverfassungen - Nordrhein-Westfalen, Hessen, Berlin, Hamburg, Bremen, Niedersachsen - gibt es Bildungsurlaubsgesetze (in Nordrhein-Westfalen: "Gesetz zur Freistellung von Arbeitnehmern zum Zwecke der beruflichen und politischen Weiterbildung" vom 6.November 84 weshalb man auch von "Arbeitnehmerweiterbildung" anstelle "Bildungsurlaub" spricht), die den Arbeitgebern die Freistellungs- (in Nordrhein-Westfalen bis zu fünf Tagen pro Jahr, in Niedersachsen innerhalb zweier Arbeitsjahre 8 Tage) und Lohn- bzw. Gehaltsfortzahlungspflicht für Arbeitnehmer auferlegen, die an Bildungsveranstaltungen teilnehmen.

---

731 Anwalts Blatt 1990 S. 430

Die gegen diese Gesetze eingelegten Verfassungsbeschwerden von Seiten der Arbeitgeber hat das BVG 1988 im wesentlichen als unbegründet zurückgewiesen. Das BVG anerkennt die Gesetze "aus Gründen des Allgemeinwohls." Lebenslanges Lernen unter den Bedingungen eines sich beschleunigenden technischen Wandels, sei Voraussetzung für individuelle Selbstbehauptung und gesellschaftliche Anpassungsfähigkeit geworden. Das gelte auch für politisch bildende Veranstaltungen. Wesentlich für die Freistellung der Arbeitnehmer und die Fortzahlung der Bezüge sei, die Bildungsbereitschaft zu erhöhen. Die Belastung der Arbeitgeber sei vertretbar, weil die Weiterbildung nicht nur den Arbeitgebern, sondern auch der Innovationsfähigkeit der Wirtschaft zugute kommt. Zur technischen Weiterentwicklung gibt es Meinungen, die 1987 geäußert wurden, wonach sich das technisch-wissenschaftliche Know-how sich "derzeit" alle fünf Jahre verdopple.[733] Tatsächlich übersieht dieser "Bildungsurlaub" die Arbeitslosen und wird nur in geringem Umfang wahrgenommen.

Neben dieser Möglichkeit der Fortbildung tritt auch der Fernunterricht, um sich weiterzubilden und beruflich zu qualifizieren. Der deutsche Fernschulverband teilt Ende 1992[734] mit, daß von 165.000 Schülern in Westdeutschland 40 %, in Ostdeutschland 50 % Kurse aus den Bereichen Wirtschaft und kaufmännische Praxis belegen. Die Kurse unterliegen der staatlichen Aufsicht durch die Zentralstelle für Fernunterricht. Auch Unternehmen nutzen für die Weiterbildung ihrer Arbeitnehmer die Fernschulen.

---

732 Sonntagsblatt v. 21.1.93
733 Mertens, Erika: Pauken ohne Ende in "Die Zeit" 27.3.87
734 Welt am Sonntag v. 1.11.92

In der Schule schon ist jedem Schüler klar zu machen, daß mit dem Abschluß einer Lehre mit einem Qualifikationszeugnis, das Lernen nicht zu Ende ist. Die Erkenntnis ist aber auch, dem der im Beruf steht ständig durch Äußerungen der Regierung und der Parteien und durch die Medien in die Erinnerung zu rufen. Leben und Wirtschaft sind dynamisch, nichts bleibt stehen, alles schreitet fort und diesem Fortschreiten muß jeder arbeitende Mensch seine Kenntnisse, sein Wissen anpassen. D.h. im bezug auf das Arbeitskapital: laufende Investition.

Die Fort- und Weiterbildung ist neben den staatlichen Maßnahmen auch Aufgabe der Unternehmen. Die Notwendigkeit der Weiterbildung haben die Unternehmen nach einer Umfrage des Institut der Deutschen Wirtschaft auch aus den verschiedensten Gründen erkannt. Sie geben in 56 von 100 befragten Unternehmen neue Techniken als Grund für Weiterbildung an. 47 brauchen mehr Fachkräfte, 37 nennen Produktionssteigerung als Anlaß, 39 neue Produkte. Aber nur das ist im Blick auf die Arbeitnehmer aus dieser Befragung von Unternehmern für diese bedeutsam: 42, also fast die Hälfte der Befragten halten Weiterbildung für notwendig um die Motivation zu steigern. Zu ähnlichen Ergebnissen kam eine Umfrage der. Bundesanstalt für Arbeit mit den IHK's von Nordrhein-Westfalen bei ca. 1600 Klein- und Mittelbetrieben. Höchste Priorität wurde an anwendungsorientierten EDV, technische Fremdsprachenkenntnisse und dem Komplex computerunterstütztes Konstruieren und Produzieren zugemessen.[735] Eine weitere Untersuchung des Instituts der deutschen Wirtschaft aus dem Jahre 1988 hat erbracht, daß die Unternehmen ohne tarifvertragliche und

---

735 Engelen-Kefer, Ursula: Chancen für die Arbeitslosen in "Die Zeit" 10.4.87

gesetzliche Regelungen achtmal mehr als Bund, Länder und Gemeinden für die Weiterbildung ihrer Mitarbeiter aufwenden. Man spricht von mehr als 26 Milliarden Aufwendungen und davon, daß in den achtziger Jahren die Ausgaben für Weiterbildung stärker stiegen, als die Investitionen in das Kapital. Wobei zu bedenken ist, daß ca. 30 % der aufgewendeten Milliarden für das Lernen am Arbeitsplatz, also organisiertes Einarbeiten, Unterweisung durch Vorgesetzte für Lernprogramme ausgegeben werden, also dem eigenen Interesse des Unternehmens dienen. Offen bleibt, ob die Weiterbildung methodisch effektiv und aus dem Unternehmen Übergreifend in generelle Entwicklungen genug ist.[736] Das Hauptproblem ist m.E., daß die firmenspezifische Ausbildung, die allgemeinen ökologischen, technisch-wissensch-aftlichen und humanen Fragen außer acht lassen und sich überwiegend an angestellte und vorgebildete Mitarbeiter wenden.[737] Wenn man in diesem Zusammenhang hört, der Staat plane" Fortbildung durch das Unternehmen am Feierabend solle lohnsteuerpflichtig werden, fragt man sich, ob das den Fortbildungswillen fördert oder nicht eher hemmt. Andererseits ist der Gedanke unter dem Gesichtspunkt "Arbeitskapital" wichtig.

Wie wenig mitunter der Arbeiter die Notwendigkeit der Fortbildung einsieht besser eingesehen hätte - auch dann, wenn sie ihm vom Unternehmen verdeutlicht und angeboten wird, zeigte mir in den siebziger Jahren folgender Vorgang: Ein Druckereibetrieb mußte um konkurrenzfähig zu bleiben, vom Maschinen- und Lynotyp-Satz auf Lichtsatz umstellen. Er bot etwa 20 herkömmlich geschulten Setzern an, bei voller Lohnzahlung auf Kosten des Unternehmens in England auf Lichtsatz umzuschulen. Erfolg: <u>Ein</u> Setzer ging nach England, die übrigen blieben auch im Wissen um ihre mögliche Entlassung in Deutschland. Ähnliches erlebte ich, als Buchhalter zur Einführung der EDV von der gelernten doppelten Buchhal-

---

[736] 136 Martens, Erika: Bildung sichert den Vorsprung
[737] Pretzlaff, Harry in Stuttg. Z. v. 17.2.90

tung in die durch EDV bedingte offene Posten-Buchhaltung eingewiesen - weitergebildet - werden sollten. Sicher nicht zu verallgemeinern, aber ein Hinweis, der sich verstärkt, wenn man 1987 liest, daß 1986 in Niedersachsen die Teilnehmerquoten am gesetzlichen Bildungsurlaub unter einem Prozent lagen.[738]

Schon 1965 hat der Personaldirektor von Krupp, Dr. Reuch in einem "Spiegel"-Artikel[739] geäußert: "Ausbildungsziel kann heute nicht mehr ein "Beruf" in traditionellen Sinne sein. Erforderlich sei vielmehr einen Standard von Wissen und Können, "der eine möglichst hohe Anpassungsfähigkeit an sich ändernde oder neue Arbeitsanforderungen sichert." De facto suchen die Unternehmen im Eigeninteresse bei technischen Fortentwicklungen, dem Arbeitnehmer die Anpassung an die Betriebsbedürfnisse zu erleichtern.

In der angeführten Ausgabe des "Spiegel" heißt es weiter, daß der Generalbevollmächtigte von Krupp, Berthold Beitz, angeordnet habe, daß bei Erstellung neuer Fertigungsanlagen, stets angemessene Finanzmittel für die "Anlernung und Umschulung von Mitarbeitern" eingeplant werden. Eine Anordnung, die sich heute bei Innovationen aller Art von selbst versteht, umsomehr, wenn man an die Kosten eines eingerichteten Arbeitsplatzes denkt.

Andere Unternehmer, z.B. Kurt A. Körber stiftete für sein Werk ein Ausbildungszentrum zur Fortbildung der Mitarbeiter.[740] Desgleichen hat Grundig Philips bei der Übernahme von Beteiligungen die Verpflichtung auferlegt: "Mitarbeiter-, deren Entlassung unvermeidlich, erhalten in Fürth die Chance durch Umschulungs- und Weiterbildungsprogramme die Qualifikation, die sie für einen Arbeitgeber interessant macht." Die Schulung darf bis zu zwei Jahre dauern. Das

---

738 Zurheide, Jürgen: Krach um einen Flop in "Die Zeit" v. 17.4.87
739 7. April 1965
740 Hamb. Abendblatt 8/9.9.84

Unternehmen und die Bundesanstalt für Arbeit (BM teilen sich die Umschulungskosten.[741]

Mit der Erwähnung der BFA ist deutlich geworden, daß der Staat seinerseits die Fortbildung fördert. Was der KruppManager 1965 als Forderung ansprach, hat der Staat 1969 mit dem "Ausbildungsförderungsgesetz" (AFG.) als gesetzlichen Anspruch festgeschrieben. Der "Förderungsdienst der Bundesanstalt" (§ 43,AFG) unterstützt die Teilnahme an Maßnahmen, die bei vorhandener abgeschlossener Berufsausbildung oder angemessener Berufserfahrung das Ziel haben, "berufliche Kenntnisse und Fertigkeiten zu erweitern oder der technischen Entwicklung anzupassen oder einen beruflichen Aufstieg zu ermöglichen." Der Verwaltungsrat der BfA hat in § 2 seiner Anordnung vom 23. März 1976 die Ziele u.a. dahin benannt: neben Beenden der Arbeitslosigkeit und dem Ermöglichen eines beruflichen Aufstiegs "Mangel an qualifizierten Fachkräften zu vermeiden und zu beheben" und "die berufliche Beweglichkeit zu sichern und zu verbessern." Tatsächlich zeigt sich nach einer dpa Umfrage vom August 1989, - worauf wir andeutungsweise schon hingewiesen haben, - daß vor allem im Süden der BRD an Fachkräften fehlt. Insbesondere suchen mittlere Unternehmen Elektroniker, Elektriker und Fachkräfte im Umgang mit numerischen oder computergesteuerten Maschinen. Vor allem aber werden Metallfacharbeiter gesucht.[742] In einer Übersicht von Globus[743] wird behauptet, daß in der metallverarbeitenden Industrie von je 100 Betrieben mit Personalengpässen 39 Facharbeiter suchten. Man spricht wegen der fehlenden Fachkräfte von Produktionsbehinderungen.

Die bessere Ausbildung, die im Arbeitsablauf dem Lohnempfänger mehr Freiräume schafft, führt zu einem selbstbewußteren Verhalten des Arbeiters. Sie gibt ihm über die Stärkung der Persönlichkeit hinaus, einen Zuwachs auf sein

---

741 Hamb. Abendblatt 27.9.85
742 Stuttgarter Zeitung v. 11.8.89
743 Warn S 10.12.89

Arbeitskapital. Der Arbeiter erwirbt ein Wissen, daß gestattet flexibel, den verschiedenen Entwicklungen gerecht zu werden und die Qualität seiner Arbeit selbst prüfen zu können. Ein Wissen, das ihn freimacht oder machen kann von Fremdbestimmung, hin zur eigenen Entscheidung über seine Arbeit. Darauf, daß andererseits die Arbeit derer meßbar wird, die mit EDV-Systemen arbeiten, daß der mit dem System Beschäftigte hinsichtlich seiner Leistung zum "gläsernen Mitarbeiter" wird, hat die Datenschutzbeauftragte Baden-Württembergs Ruth Leuze in einem Interview hingewiesen.[744]

Sinith[745] spricht schon von den erlernten Fähigkeiten als dem "Anlagevermögen, das unmittelbar in den Menschen (durch Ausbildung, Lehre und Studium) investiert wird." Er meint allerdings mit dem Anlagevermögen, das Kapital eines Landes, das in den Bürger investiert wird. Dieses Vermögen wird aber auch Kapital des einzelnen arbeitenden Menschen. Die Investition des Staats gehört zum Gesamtvermögen der Gesellschaft, und des einzelnen Menschen und kann zum Wachstum der Wirtschaft beitragen.

Dieses Arbeitskapital, das wie jedes Vermögen Zinsen tragen sollte, wird anteilmäßig größer, je umfassender die spezifischen Kenntnisse werden. Die menschliche Arbeitskraft ist damit ein Vermögenswert, der aus dem Produktionsablauf und aus dem Endprodukt nicht weggedacht werden kann. Automatisierung in Fertigung, Materialwirtschaft und Verwaltung erfordern mehr und mehr menschliche Leistung. (Daß die Maschinen ohne menschliches Wissen und Können nicht entstanden sind und nicht funktionieren, ist eine Ebene des menschlichen Arbeitseinsatzes, auf der ein erhöhtes Arbeitskraftkapital für den daran arbeitenden Menschen anfällt; die andere Ebene ist der Umgang mit den Maschinen und Automaten der mehr verlangt als menschliche Kraft, sondern eine

---

744 Die Zeit v. 20.6.86
745 a.a.O. S. 232

profunde Arbeitskraft, die die Vorgänge selbständig plant, verfolgt und kontrolliert. Aus welcher Perspektive man das Produktivkapital, auch sieht: immer stößt man auf den mit dem Kapital zusammen arbeitenden Menschen, ist sein Arbeitseinsatz, seine Arbeitskraft gefordert, um das Produktivkapital rationell und sinnvoll zu nutzen.

Damit erhebt sich erneut die nicht unwesentliche Frage: wie ist die Arbeitskraft, das Arbeitskapital, das als Faktor in die Kostenrechnung eingeht, zu entgelten, zu verzinsen.

Aufgewandtes Arbeitskraftkapital soll sich flach heutiger Auffassung für den Arbeiter in der Lohnhöhe, niederschlagen. Das Arbeitskapital ist aber auch für das Unternehmen, vor allem dann, wenn generell und im Unternehmen aus- und fortgebildet wird, wie ein dem Produktivkapital ähnliches zu behandelnder Kapitalanteil zu berücksichtigen, d.h. es müßte für die Regeneration des Arbeitskapital - nicht allein durch Urlaubsentgelt - ähnlich dem Sachkapital Beträge aufgewendet und an einen entsprechenden Gewinnanteil gedacht werden.[746]

Wir halten hier zunächst einmal fest: Die Steuerung und Überwachung von Automaten und EDV-Anlagen verlangt Eigeninitiative und Eigenentscheidungen. Gleiches gilt für Teamarbeit die soziales Verhalten fordert. Der Arbeitgeber dieser Einrichtung kann, meist aber die Mitarbeiter für ihn können sagen: das und das soll mit der Maschine, mit dem Automaten zu diesem Endergebnis erreicht werden. Über das wie und wann der Arbeit der Einrichtung im einzelnen entscheidet selbständig der, oder die, die zwar vom Produkt der Unternehmung finanziell abhängig, aber allein fähig sind, die Apparatur in Gang zu setzen und zu erhalten. Umsomehr, wenn in Gruppenarbeit, flexibel das Team über den

Fortgang und das Ergebnis des Produkts bis hin zur Qualitätskontrolle entscheidet und so die Produktivität wesentlich nicht nur mitbestimmt, sondern im wesentlichen bestimmt.

Die technische Fortentwicklung gibt dem Arbeitnehmer, der durch entsprechende Ausbildung seine Arbeit selbst bestimmt, der nach Verantwortung fragt, mehr Freiheit, mehr Selbstbewußtsein und -verwirklichung, mehr Zufriedenheit. „jeder, der in einem Betrieb beschäftigt war, weiß, daß der Leitung des Unternehmens zur Erhöhung der Produktivität, zur Rationalisierung oder aus anderen Gründen, z.B. der Einsatz der EDV, von Dritten, auch Betriebsangehörigen, empfohlen und auch entwickelt worden ist, oder bei der Konkurrenz "abgesehen" wurde. Ein Beispiel gibt das ehemalige Vorstandsmitglied von Mercedes-Benz Hoppe.[747] Er spricht von der von einem Unternehmen prämierten, aber von Firmenangehörigen entwickelten Krepp-Sohle. Auf die im Unternehmen gemachten Erfindungen, die erst nach dem 2. Weltkrieg zugunsten des Arbeitnehmers, dem das Patent zusteht, in etwa geregelt sind, sei in diesem Zusammenhang erneut hingewiesen (Arbeitnehmererfindung). Der Unternehmer läßt über Arbeitnehmer oder Berater Einsatz- und Folgekosten, Ersparnisse und möglichen Gewinn "errechnen" und planen, über die notwendigen Programme, die Vorgänge in der Maschine, über den Ablauf und die Steuerung der Produktion hat er meist keine oder wenig Ahnung.

Diese Fakten finden wir nicht nur in der Produktion. Auch das Auffinden von sog. Marktlücken, die Untersuchung ob man und in welcher Form diese "Lücke" nutzen soll und kann, werden über Computer von entsprechend vorgebildeten Mitarbeitern optimiert. Was für Produktion gilt, gilt in ähnlicher Form auch für

---

746 s. dazu Vortrag Johannes Popitz gehalten am 2.6.43 in Scholder, Klaus: Die Mittwochs-Gesellschaft a.D. S. 329
747 Ein Herz für die Welt 91 S. 52

den Vertrieb. D.h. das sog. Unternehmerrisiko wird auf ein Minimum verringert; eines der Hauptprobleme, das sich der Unternehmer zurechnete, das Risiko, ist damit heute berechenbarer und vorausschaubarer – abgesehen davon, daß es durch die vom Kapital gefundene Unternehmensform weitgehend ausfällt. Selbst die vom Unternehmer zu fällende Entscheidung, ob eine Innovation, eine Investition finanziell tragbar ist, wird in "Planspielen" per Computer durchsichtig errechnet; nicht vom Unternehmer, sondern durch lohnabhängige Arbeitnehmer für den Unternehmer - oder durch Beratungsfirmen. Selbst wenn eine Entscheidung gefallen ist, wird von Kennern der Ablauf von der Produktion bis zum Markt durch Controller, meist studierte Angestellte Schritt für Schritt verfolgt, analysiert, werden Änderungen vorgeschlagen.

Die Fakten gelten besonders bei Kapitalgesellschaften und im vollen Umfang bei der AG, wo der Manager, der Ziel und Gang des Unternehmens verantworten soll, selbst Arbeitnehmer ist. Erst der entsprechend vorgebildete und eingesetzte Arbeitnehmer, der Spezialist, kann - jeweils an seiner Stelle - die Apparatur in Gang setzen und mit ihr umgehen. Das Management, die sog. Technokraten, "dient" der Leitung, indem sie Entscheidungen treffen und der Betriebsführung abnehmen. Technokratie wortwörtlich: Herrschaft der Experten, d.h. von Arbeitnehmern.

In diese Richtung weist auch eine vom Institut der Deutschen Wirtschaft vorgelegte Betriebsuntersuchung.[748] Es heißt da, bezogen auf "Hoch- und Spitzentechnik" - die nach Meinung des Instituts Arbeitsplätze nicht gefährden - daß die Mitarbeiter in diesem Bereich überwachen und warten, Prozesse planen und organisieren müssen und kreativ und problemlösend wirken müssen. Man

---

[748] Die Zukunftsformel - Technik - Qualifikation - Kreativität 1987 zitiert nach Schlaffke, Winfried: in "Die Welt" v. 20.2.88

kommt zu dem Schluß: Ein allgemeiner Trend zur Höherqualifizierung ist unübersehbar.

Diese Feststellung wird untermauert durch den Hinweis, daß in den Betrieben drei Problemfelder bei dem Einsatz neuer Techniken auftraten, von denen zwei für uns bedeutsam sind: technisch-fachlich fehlte es an der Qualifikation der eingesetzten Mitarbeiter, sozialpolitisch behinderten "Einstellungs- und Verhaltensweisen, Motivations- Akzeptanzschwierigkeiten den Einsatz der neuen Technik." Felder, die durch Ausbildung, Fort- und Weiterbildung abgedeckt werden müssen.

Wenn früher der Handwerksmeister, der kleine Unternehmer, die Maschine für ein Werkstück noch selbst einrichtete und sie bedienen konnte oder sein Dienstleistungsunternehmen organisierte und rationalisierte - übernimmt er heute als Eigentums-Unternehmer das durch Berater aller Art eingeschränkte Risiko der Investition und der Folgekosten dafür; die Arbeit mit dem komplizierten Apparat überläßt er entsprechend ausgebildeten Lohnabhängigen. - Das trifft nicht nur auf Maschinen zu, sondern auch auf andere Arbeitsabläufe, wie Materialfluß, Buchungen u.a. Dies gilt für alle Zweige der Wirtschaft.

Diese Stellung des Arbeitnehmers als Inhaber, einer durch laufendes Lernen vermehrten Arbeitskraft, der mit seiner Arbeit z.T. schöpferisch und insoweit unabhängig im Rahmen des Unternehmens ein gesetztes Ziel, eine bestimmte Absicht, ein gesetztes Arbeitsergebnis erreicht, betrifft - vorerst noch - nur einen Teil der Erwerbstätigen, wird aber sicher laufend mehr Arbeitnehmer erfassen vor allem, wenn die Notwendigkeit der Weiterbildung erkannt wird. Dies umsomehr als mit den Forderungen der Unternehmen nach Mitdenken, Übernehmen von Verantwortung bis hin zu den Schlagwörtern. Corporate Identity und Menschenführung der unabhängig von Weisung erfolgversprechende Arbeit leistende Lohnarbeiter nicht nur erwünscht, sondern notwendig wird.

Die umrissenen Gruppen, Unternehmen = Kapital hier und Lohnarbeiter = Arbeitskraft da, stehen gemeinsam unter den Regeln und des Grundgesetzes und sind gemeinverantwortlich für den Gang und das Wachstum der Wirtschaft. Die dienende Funktion der Wirtschaft hat zwei Aspekte. Einmal dient die, Wirtschaft der Beschaffung materieller Mittel, sie dient dem Kunden - Lowe[749] nennt dieses Ziel "modal" -und zum anderen hat sie, nach Lowe, "finale Ziele", wie Gerechtigkeit, Befreiung von unwürdiger Arbeit, Freizeit, gehobene und "höhere" individuelle Zwecke. Ludwig Erhard[750] und Fritjof Capra[751] sagen in etwa das gleiche.

Wir sagten Bedarfsdeckung bedeutet Beschaffung von Mitteln, d.h. ein Aufwand ist nötig. Aufwand und Erfolg, Kosten und Nutzen bedingen aber ein planmäßiges "wirtschaftliches" Vorgehen. Wirtschaftlich wird die Bedarfsdeckung als solche, wenn ein angezieltes Ergebnis ein Produkt, die zum Kauf gestellte Ware, eine Dienstleistung oder die Erfüllung einer Grundforderung der Gesellschaft (Umwelt, Energiesparen) mit dem geringsten Mitteleinsatz erreicht wird oder mit begrenzten Mitteln optimal erfüllt wird. Die optimale Bedarfsdeckung vom Markt her gesehen ist nur dann möglich, wenn die Rahmenbedingungen für die Wirtschaft, - Wettbewerb, freier Handel Rahmenbedingungen u.a. - stimmen, d.h. zur Entfaltung auf dem Markt beitragen. Rahmenbedingungen kann nur der Staat setzen.

Die Wirtschaft der Bundesrepublik Deutschland als solche ist aber auch wie jede Wirtschaft anderer Gesellschaften zu "ordnen", d.h. weil der einzelne Mensch nicht isoliert, sondern gesellschaftlich wirtschaftet und in der Wirtschaft im allgemeinen tätig ist, ist sie als solche und in ihren Auswirkungen (z.B. sozialen,

---

[749] Politische Ökonomie 1969, S. 26
[750] Wohlstand für, alle a.D. S. 86
[751] Wendezeit 1984 S. 203

ökologischen) in "Verfassung" zu bringen. Sie ist instand zu setzen ihren modalen und finalen Zielen gerecht zu werden. Bei der Vielfalt der Einzelwirtschaften (Unternehmer, Familien), deren unterschiedlichsten Interessen und Vorstellungen denken wir z.b. an die oben erwähnten verschiedenen Auffassungen zur Produkthaftung - kann die Wirtschaft sich intern nicht über allgemeine, die Gesellschaft in ihrer Gesamtheit angehende Probleme für eine insgesamt den Zielen der Gesellschaft angepaßte Regelung einigen. Versuche in der sog. konzertierten Aktion d.i. eine von Prof. Schiller "institutionalisierte Gesprächsrunde aus Vertretern des Bundes, der Gewerkschaften und der Arbeitgeberverbände, die sich gegenseitig informiert und die von der Bundesregierung vorgelegten wirtschaftspolitischen Orientierungsdaten .... diskutiert haben, um ein abgestimmtes gesamtwirtschaftliches Verhalten zu erleichtern,"[752] eine Globalsteuerung der Wirtschaft zu ermöglichen. Schiller, durchaus Anhänger der sozialen Marktwirtschaft, machte damit deutlich, daß es auch in der sozialen Marktwirtschaft nicht ohne Politik geht in gewissem Umfang eine soziale Marktplanungswirtschaft erforderlich ist, sind bisher wenigstens gescheitert, nicht zuletzt an den Vorstellungen und Wünschen der an der Wirtschaft beteiligten, was, wem die Wirtschaft erbringen soll. Es bleibt der Staat, der Spielregeln aufstellen muß, Wirtschafts- und Ordnungspolitik betreiben muß, dafür zu sorgen hat, daß die Märkte funktionieren. D.h. die Wirtschaft wird Rechtsnormen und Institutionen unterstellt. Womit gleichzeitig feststeht, daß die politische Ordnung die Wirtschaftsordnung mit umfaßt, was heißt, daß politische Grundsätze wie Menschenwürde, Freiheit, Gleichheit, Gerechtigkeit und Solidarität auch für die Wirtschaft zu gelten haben.

Die Wirtschaftsordnung, besser der Ordnungsrahmen für die Wirtschaft, die wirtschaftspolitische Konzeption der Bundesrepublik Deutschland ist seit 1948 die sog. "soziale Marktwirtschaft."

---

752 Boss, Alfred: Finanzverfassung im Handbuch Marktwirtschaft. S. 229

Das Grundgesetz hat diese Ordnung nicht expressis verbis festgelegt. Auch ist dieses Konzept nicht im sog. Stabilitätsgesetz (Gesetz zur Förderung der Stabilität und des Wachstums vom 8.6.67) gegeben. Es legt einen Teil der marktwirtschaftlichen Ordnung, bestimmte Ziele im sog. "magischen Viereck" - stabilen Preisniveau, Vollbeschäftigung, außenwirtschaftliches Gleichgewicht und wirtschaftliches Wachstum - als Aufgabe für den Bund, Länder und Gemeinden, als Handlungsrahmen feät,[753] Ziele, die sich im Ersten Teil Art. 2 des Vertrages zur Gründung der Europäischen Gemeinschaft (EG) in der Fassung vom 7. Februar 1992 wiederfinden.

Aus verschiedenen Artikeln des Grundgesetzes ist aber zu entnehmen, daß der Gedanke einer "Sozialen Marktwirtschaft" nach der Verfassung zumindest als Form möglich ist, ohne gegen Grundsätze des Grundgesetzes zu verstoßen. Das Grundgesetz hat sich, nach einem Urteil des Verf.G. vom 20. Juli. 1954,[754] nicht für ein bestimmtes Wirtschaftssystem entschieden. Es sagt: "Das Grundgesetz garantiert weder die wirtschaftspolitische Neutralität der Regierung und Gesetzgebungsgewalt, noch eine mit marktkonformen Mitteln zu steuernde soziale Marktwirtschaft. Es meint weiter: "Die gegenwärtige Wirtschafts- und Sozialordnung ist zwar eine nach dem Grundgesetz mögliche Ordnung, keineswegs aber die allein mögliche." Eine richtige Feststellung, wenn man im Zusammenhang mit der Wiedervereinigung an Abweichungen von dem Grundgedanken der Marktwirtschaft, wie Industriepolitik staatlicher Interventionspolitik, Liquiditätshilfen u.a. denkt. Alles Maßnahmen, die wegen Verstoßes gegen grundgesetzliche Regeln verboten wären, wäre die "soziale Marktwirtschaft" gesetzlich, festgeschrieben. Aber: Industriepolitik betrieben

---

753 Wünsche, Horst Friedrich: Ludwig Erhard, Gesellschafts- und Wirtschaftskonzeption 1986
754 BVerf.G. Bd. 4 S. 17 f

schon die Ministerpräsidenten von Bayern, Strauß, und Baden-Württemberg, Späth. Sie investierten Staatsgelder in Branchen die schwach zu sein schienen und erreichten damit ein Mitspracherecht in der Industrie. So erwarb 1987 Strauß über die staatliche Bayerische Landesbank 5 Prozent des Lufthansa Kapitals; nur ein Beispiel für viele.

Industriepolitik wird auch drei. Jahre nach der sog. Wiedervereinigung mit den ostdeutschen Ländern betrieben. .Hatte man es anfangs über die Treuhand-Anstalt mit der Privatisierungspolitik (einer der Ziele der sozialen Marktwirtschaft) versucht ohne einen wesentlichen Erfolg, schwenkt man um zur Sanierung dieser Wirtschaft zu massiven staatlichen d.h. Bundes- und Länder-Hilfe für "sanierungswürdige" Ostbetriebe.

Andererseits haben nach der gleichen Entscheidung, die wirtschaftspolitischen Gesetze die "tragenden Verfassungsprinzipien des Grundgesetzes, insbesondere das Prinzip des Rechtsstaat, der Sozialstaatlichkeit und der Demokratie zu beachten."

Maunz[755] und das Verf.G. nennen in diesem Zusammenhang die Art. 1, 2 Abs. 1; 9 Abs. 3; 12; 14 des GG, d.h. den Schutz ‚der Menschenwürde, das Recht auf freie Entfaltung der Persönlichkeit die Koalitionsfreiheit, das Recht der freien Berufswahl, die Bewahrung des Eigentums.

Dabei ist wesentli.ch, daß die freie Entfaltung der Persönlichkeit sich auch auf das Wirtschaftsleben bezieht. Das BVerf.G. unterstreicht deshalb die eigene Verantwortlichkeit der freien Unternehmerpersönlichkeit und die aus ihr folgende Freiheit in der Disposition über die Betriebsmittel, die Gewährleistung der Vertragsfreiheit und die Gewährung des "verpflichteten" Eigentums, das

---

755 a.a.0. S. 130

"zugleich dem Wohle der Allgemeinheit dienen soll." Mitte 1990 hat der Bundestag und der Bundesrat durch Zustimmung zum Vertrag über die Schaffung einer Währungs-, Wirtschafts- und Sozialunion zwischen der Bundesrepublik Deutschland und der DDR die "Soziale Marktwirtschaft" als Grundlage für die wirtschaftliche und gesellschaftliche Entwicklung mit sozialem Ausgleich und sozialer Absicherung und Verantwortung gegenüber der Umwelt" festgeschrieben und als geltende Wirtschaftsordnung anerkannt. (s. Präambel zu dem genannten Vertrag und Art. 1 Abs. 2, Art. 11, 1 + 2, Art. 14) Der Begriff erscheint auch im EG-Vertrag. Im Ersten Teil Art. 3 a heißt es, daß die Wirtschaftspolitik der Mitgliedstaaten und der Gemeinschaft "dem Grundsatz einer offenen Marktwirtschaft mit freiem Wettbewerb verpflichtet ist." (S. auch Dritter Teil, Titel VI Art. 102 a.) Die soziale Komponente als Ziel der Wirtschaftspolitik fehlt im EG-Vertrag, wird aber andeutungsweise im Dritten Teil, Titel VIII grob umschrieben; grob insoweit, als hier nur von der Verbesserung der Lebens- und Arbeitsbedingungen der Arbeitskräfte die Rede ist, und nicht von den sozialen Verhältnissen der Gesellschaft als solchen.

Was beinhaltet der Begriff "Soziale Marktwirtschaft". Ein Begriff von dem Schmölders[756] sagt, daß sich aus Befragungen "die bestürzende Einsicht" ergab, daß sich über die Hälfte der erwachsenen Mitbürger der Bundesrepublik unter dieser Wortbildung schlechterdings nichts vorstellen kann. Bei Befragten mit Volksschulbildung seien es sog. drei Viertel, bei Frauen zwei Drittel der Gesamtzahl gewesen, die mit der Wortzusammensetzung nichts anzufangen wußte.

---

756 a.a.O.S. 20

Kapitel VI

1. Die Soziale Marktwirtschaft und weitere Ordnungsformen

Zunächst zum Teil "Marktwirtschaft" der "Sozialen Marktwirtschaft." Diese folgt als sogenannte "freie Marktwirtschaft", Friedmann spricht vom "Wettbewerbs-Kapitalismus"[757] des Liberalismus, - in dem Merkantilismus, dem der Staat in die Wirtschaft durch Normen eingriff und bestimmte, "wer, wann, was in welcher Qualität und Qualität und zu welchem Preis produzieren und verkaufen durfte"[758] und dem die strengen Regeln des Merkantilismus auflösenden Physiokraten, und hatte in Adam Smith ihren Vater insoweit als er die Zusammenhänge dieses Systems wissenschaftlich durchdrang. Sie beruht auf folgenden Thesen:

1. Anerkennung des privaten Eigentums im weitesten Sinne, d.h. insbesondere breitgestreutes Eigentum an den Produktionsmitteln mit denen nach Belieben umgegangen werden kann.

2. Wettbewerbsfreiheit - Wettbewerb verstanden als das sich um die Wette, Vorsprung suchend, bewerben mit einem anderen, sich auf Konkurrenz, das Zusammenlaufen, den Kampf einlassen - auf einem jeden zugänglichen Markt, der sich durch Angebot die Nachfrage und ihre Präferenzen regelt und der den Preis der am Markt gehandelten Ware bestimmt. (Allerdings ein Kampf, dem seit Beginn des 20. Jahrhunderts durch Vorschriften Über das

---

[757] Friedmann, Milton: Kapitalismus und Freiheit 1984, S. 34
[758] Hancy, History of economic law 1968 S. 124 (Fußnote 5)

Wettbewerbsrecht, insbesondere gegen unlauteren Wettbewerb, Schranken gesetzt sind.) D.h. diese Art der Wirtschaftsordnung stellt und spielt sich gleichsam von selbst ein, wenn Menschen ohne jeden Druck von oben Leistungen und Produkte austauschen. Der Markt regelt alles zur Zufriedenheit der Gesellschaft und ihrer Mitglieder. Es herrscht die freie Nachfrage des Konsumenten. Der Bürger soll optimal versorgt werden durch Unternehmen. Insoweit stimmt die Ansicht, daß Marktwirtschaft dezentralisierte Planung ist, weil jeder Betrieb den Markt mit seinem Plan angeht.

Mises[759] faßt das so zusammen: "Die Verbraucher sind die Herren, die Unternehmer und die Eigentümer der Produktionsmittel müssen sich in ihrer Unternehmens- und Anlagetätigkeit den Wünschen der Verbraucher anbequemen. Der Markt wählt gewissermaßen die Unternehmer und Eigentümer und setzt sie wieder ab, wenn sie sich nicht bewähren."

3. Jeder staatliche Eingriff hat zu unterbleiben. Der Staat hat nur die Aufgabe für innere Ruhe, Abwehr von außen kommender Angriffe und für die Überwachung der Gesetze zu sorgen, die Eigentum und Vertragsfreiheit sichern. "Nachtwächterstaat."

Neben Landesverteidigung und Justizwesen sieht Smith[760] als Staatsaufgaben "Anlagen und Einrichtungen", die den Handel erleichtern und die Ausbildung der Bevölkerung fördern. Bei den Anlagen, die der Wirtschaft eines Landes dienen sollen, denkt Smith an "gute Straßen, Brücken, schiffbare Kanäle und Häfen". An anderer Stelle[761] spricht er ganz allgemein von Einrichtungen und Bauwerken für die ein Zuschuß aus den. allgemeinen Staatseinkünften zu leisten wäre. Smith

---

759 Mises, Ludwig: Im Namen des Staates 1978 S. 73 f
760 a.a.o. S. 612
761 a.a.0. S. 695

entwickelt dabei das, was wir Infrastruktur nennen, aber alles in Richtung auf die und zugunsten der Unternehmer, "für deren Handeln." Zu ihren Gunsten sollen Straßen u.a. gebaut, zu ihren Gunsten soll die Ausbildung der Bevölkerung verbessert werden, was allerdings für die Unternehmen bedeutet, daß durch bessere Arbeit der Ausgebildeten Kosten gesenkt werden könnten, was im Preis zugunsten des Arbeitnehmers seinen Niederschlag finden könnte. Der in der Wirtschaft arbeitende Mensch, die Arbeitskraft selbst, Arbeitszeit usw. steht bei ihm nicht zur Debatte. Daß der Staat und wie der Staat,- immer zugunsten des "Monopolkapitalismus" eingriff - und wie im Laufe der Zeit der traditionelle Laissez-faire Kurs verlassen wurde, darauf hat Braverman[762] hingewiesen. Diese Wirtschaftsordnung wurde noch 1919 in der Weimarer Rechtsverfassung Art. 151 Abs. 3 festgeschrieben, der Freiheit des Handels und Gewerbes nach Maßnahme der Reichsgesetze gewährte.

Erst im Laufe des 19. Jahrhunderts, also in dem was wir Beginn des ökonomischen Zeitalters nennen, werden die sozialen Folgen dieser Wirtschaftsordnung erkannt. Aufhebung der Kinderarbeit, Festlegung der Dauer der Arbeit, allgemeiner Arbeitsschutz, bis hin zur Sicherung bei Krankheit, Invalidität und Alter, d.h. begrenzter sozialer Ausgleich, Anpassung des Arbeiters an den Pensionsempfänger den Beamten. Alles im wesentlichen durch den abhängig Arbeitenden erkämpft. Der Staat zieht nach durch das Arbeitsrecht, d.h. mit den rechtlichen Regeln die im weitesten Sinne den Tatbestand menschlicher Arbeit im Dienste anderer regelt. (z.B. nach dem 1. Weltkrieg mit der Einführung der Betriebsräte und die staatlichen Versuche einer allgemeinen Wohlstandssicherung. Und - last not least: Koalitionsfreiheit.) Alles politische Maßnahmen mit sozialem Charakter, die die freie Marktwirtschaft nur indirekt insoweit berühren, als sie sich auf die Produktionskosten und die Preisgestaltung

---

[762] Braverman, Harry: Die Arbeit im modernen Produktionsprozeß 1977 S.217 ff

auswirken, und vermehrte Steuern und Abgaben auch für die Unternehmer bedingen.

Die freie marktwirtschaftliche Ordnung als solche mußte nicht zuletzt deshalb, weil Freiheit gesamtschädlich von der Unternehmung durch Bildung von Monopolen genutzt wurde, korrigiert werden, weil besonders die Angebotsstruktur durch Zusammenschlüsse von Unternehmen zu dem Ziel Löhne niedrig zu halten und Preise einheitlich hoch festzusetzen beeinflußt wurde. (De facto haben auch seit 1980 die Zusammenschlüsse jedes Jahr zugenommen und in 1990 die Zahl 1548 erreicht. Allerdings ist diese hohe Summe durch die "deutsche Einheit" entstanden. 127 ostdeutsche Betriebe schlossen sich mit westdeutschen oder westländischen Firmen zusammen. In welchem Umfang die Zahl der Firmen zunimmt, wenn die am 1. Juli 1989 inkraft getretene EG-Richtlinie greift, die "ein neues gesellschaftsrechtliches Kooperationsinstrument, die Europäischen wirtschaftlichen Interessenvereinigungen" zuläßt, ist nicht abzusehen.)

Auf Seiten der Anbieter entwickelte sich, und das betraf die gesamte Gesellschaft, einseitig eine Marktmacht, Macht, als das Bestreben verstanden, die Marktverhältnisse zu dem Ziel einzurichten, daß allein der Anbieter sich durchsetzen und behaupten kann. Der Anbieter wurde getrieben von dem Drang etwas zu gelten, bestimmen zu können. Dazu dienten neben der Einschränkung des Wettbewerbs durch Absprachen zwischen Unternehmen und Zusammenschlüssen von Firmen angebotsdeterminierte Preise, Einschränkung der Souveränität des Konsumenten. Diese Fakten gefährdeten, soweit sie nicht ad absurdum führten, die freie, sich selbst zugunsten aller an der Wirtschaft beteiligten (angeblich) einpendelnden Marktordnung. Hinzu kam, daß wie Euken[763] sagt, das "Kapital verantwortlich gemacht wurde" für schlechte Lebensbedingungen, Unfreiheit, Mangel an Sicherheit und ungerechte Verteilung.

---

763 Euken, Walter: Grundsätze der Wirtschaft 1960 S. 122

Um alle diese, die gesellschaftlichen und sozialen Verhältnisse störenden Fakten einer freien Wirtschaftsordnung - Ortlieb[764] spricht davon, daß diese Ordnung das Verantwortungsgefühl, der Bürger abbaute - zu beseitigen, mußten die soziale Korrektive erhalten. Anstöße zu einer Wende in der Wirtschaftspolitik gaben nach dem Krieg die Besatzungsmächte durch die Dekartellisierungsgesetzgebung. Man kam zu einem Mischsystem, wollte den gerechten Staat und die gerechte Gesellschaft im Rahmen der Wirtschaftsordnung durch soziale Begrenzung gerade der "freien Marktwirtschaft". Dieser Versuch wurde mit der sozialen Marktwirtschaft als Wirtschaftsordnung unternommen.

Damit ist soziale Marktwirtschaft nicht ein Zustand, sondern eine Aufgabe mit dem Ziel die Wirtschaft den tatsächlichen Gegebenheiten im Interesse der Gesellschaft anzupassen und soziale Mißstände zu beseitigen. Diese Aufgabe, die nicht zuletzt Daseinsvorsorge für alle Mitglieder der Gesellschaft unter Beachtung des Gemeinwohls betrifft, hat der Staat übernommen, der damit zum Sozialstaat geworden ist; ein Staat der Leistung und der Verteilung. Der "moderne Mensch (lebt so nicht nur im Staat, sondern auch vom Staat."[765] Daß das, was soziale Marktwirtschaft genannt wurde von Anfang an ein Versuch war, bestätigt der ehemalige Bundeskanzler Helmut Schmidt.[766] Er sagte in einem Gespräch mit Arnulf Baring und Hermann Rudolph am 8. Mai 1979: Die Marktwirtschaft war alles in allem ein genialer Wurf, wie wir heute im nachhinein erkennen müssen, aber es war ein rücksichtsloser Wurf. Das hohe Maß an sozialer Gerechtigkeit, das unsere Gesellschaft heute auszeichnet, ist erst in den Jahren 1957 hinzugefügt worden.

---

764 Ortlieb, Heinz-Dietrich: Der Weg der deutschen Wirtschaft in Nach dreißig Jahren. Hrg. Scheel, Walter 1979, S. 94
765 Forsthoff, Ernst: Verfassungsprobleme des Sozialstaates 1954 S. 8/9
766 Nach dreißig Jahren, Hrsg. Scheel, Walter 1979 S. 278

Soziale Marktwirtschaft bedeutet demnach, daß die tragenden Prinzipien unseres Staates, festgeschrieben im Grundgesetz mit Menschenwürde, Rechts- und Sozialstaatlichkeit und Demokratie, auch für die Wirtschaftsordnung gelten müssen. Wirtschaftspolitik ist gleichzeitig Sozialpolitik und der Grundsatz der Freiheit ist verbunden mit der Pflicht zum sozialen Ausgleich. Dabei darf man nicht vergessen, was im Einzelfall von größerer Bedeutung ist, daß nach allgemeiner Erkenntnis Wirtschaftspolitik zu 50 % Psychologie voraussetzt. Hier ist aber auch angesiedelt die soziale Selbstverwaltung in Form der in Art. 9 Abs. 3 GG gewährleisteten Koalitionsfreiheit mit der kollektiven Freiheit durch Tarifverträge Arbeit als solche, ihre Umfeldbedingungen und Löhne festzulegen. Zu recht sagt deshalb Bosters,[767] daß die soziale Marktwirtschaft "eine interventionistische (gelenkte) Marktwirtschaft" sei. Das Prinzip der Freiheit auf dem Markt werde mit dem sozialen Ausgleich verbunden. Wobei das Ausgleichen zwischen Wirtschaft und sozialer Forderung im Gleichgewicht gehalten werden müssen. Besonders bei übertriebenen sozialen Forderungen an die Staatskasse kann es durch überhöhte Steuern zu Staatsverschuldung und Währungsverfall, zu Wirtschaftskrisen kommen, u.a. mit starker Arbeitslosigkeit. Es gibt auch das, was Rawls[768] "Schwarzfahrerproblem" nennt, womit er die Mitbürger meint, die staatliche soziale Einrichtung nutzen, aber selbst sich jeder Beteiligung an deren Unterhalt drücken. Hier sei auf die Bemühungen der Bundesregierung im Frühjahr 1993 hingewiesen, die Schwarzarbeit zu bekämpfen. Schon vorher hatte die Bundesanstalt für Arbeit darauf hingewiesen, daß durch Bekämpfung von Leistungsmißbrauch der Arbeitslosenunterstützung und der illegalen Beschäftigung von Arbeitnehmern (Enfall der sozialen Abgaben) die Anstalt pro Jahr mindestens 1,6 Milliarden DM einspart. Gleiches unternahm die Bundesregierung mit der Bekämpfung des Mißbrauchs der Sozialhilfe und der Heranziehung junger Sozialhilfeempfänger durch Änderung des

---

[767] Bosters, Hans: Neoliberalismus; in Handbuch der Marktwirtschaft Hrg. Vaubel, Roland u. Barbier, Hans D. S. 117 f

[768] Rawls, John: Eine Theorie der Gerechtigkeit 1979, S. 300

Bundessozialhilfegesetzes. Man hoffte mit dieser Änderung in vier Jahren rund 5,6 Milliarden Mark einzusparen.[769] Auch die Sozialhilfegesetze sind, wie das Institut der deutschen Wirtschaft (IW) 1992 feststellte bezogen auf die Realeinkünfte seit 1980 um nahezu 18 Prozent angestiegen; die Realeinkünfte der Arbeitnehmer nur um durchschnittlich etwa 5 Prozent. Der Abstand zwischen Sozialhilfe und unterem Nettolohnniveau sei nicht mehr gewahrt.

Was ist Sozialstaat, soziale Marktwirtschaft im Begriff sozial"? Sozial heißt gesellschaftlich und betrifft damit alles, was irgendwie das Leben der Menschen in der Gesellschaft betrifft. Sozial, sein heißt, die Betätigung der Freiheiten so zu regulieren, daß es zu keinen allzu großen Ungleichheiten zwischen den Angehörigen der Gesellschaft kommt. Es bedingt die Ablehnung jeder wirtschaftlichen und kulturellen Unterdrückung, Beschränkung oder Benachteiligung irgend eines Staatsangehörigen, und die Bekämpfung und Behebung solcher Einschränkungen. Der Begriff des Sozialen hat vom Einzelnen, über die Familie bis hin zum Staat, Niederschlag zu finden im öffentlichen, Sektor (Bildung, Gesundheitsdienst, Infrastruktur), im Recht, in der Wirtschaft und Kultur, bis hin zur diese Gebiete gestaltenden - gestalten sollenden - Politik. Dabei sind die grundgesetzlich garantierten Freiheiten so zu wahren, daß aus ihrer Ausübung sich nicht zu große Ungleichheiten ergeben, andererseits aber der Gebrauch der Freiheiten allen Bürgern möglich ist.[770]

Der Bonner Kommentar zum Grundgesetz (Art. 20 Anm. 1 d) sagt zum Sozialstaat: bei ihm "geht es im wesentlichen darum, einen Ausgleich aller widerstrebenden Interessen, sowie für alle Volksgenossen ein menschenwürdiges Dasein zu ermöglichen."

---

769 verschiedene Tageszeitungen
770 Groß, Johannes: Unsere letzten Jahre 1980 S. 89

Ein Beispiel aus der Rechtsprechung zur "Menschenwürde" im Sozialstaat: Bisher hatten alle einschlägigen Behörden es abgelehnt, einem Sozialhilfeempfänger die Anschaffungskosten für einen Kühlschrank zu zahlen. Das Verwaltungsgericht Berlin hat im Sommer 1984 in einer Entscheidung (VG 6 A 327/83) festgestellt, daß die Stadt dem Sozialhilfeempfänger einen Kühlschrank zu stellen hat. In der Begründung heißt es: "Eine der Würde des Menschen entsprechende Lebensführung ist nicht bereits dann gewährleistet, wenn dem Hilfeempfänger das zum bloßen Überleben Erforderliche zur Verfügung steht." Der Hilfsempfänger soll in der Umgebung von Nichtsozialhilfeempfängern ähnlich wie diese leben. Hierher gehört auch die Entscheidung des BVG,[771] wonach es verfassungswidrig ist, daß die steuerlichen Grundfreibeträge niederer sind, als der durchschnittliche Sozialhilfesatz. D.h. der Staat hat einen Sozialhilfeempfänger besser behandelt, als einen Erwerbstätigen, dem er den existenznotwendigen Bedarf nicht steuerfrei gelassen hat. Unsoziales Verhalten gegen Erwerbstätige, fehlende Gerechtigkeit.

Der Kommentar von v. Mangold/Klein zum GG sagt[772] zum Teil als Zitate aus Schriften anderer Staatsrechtler, daß Sozialstaatlichkeit eine soziale Grundhaltung im Sinne von Daseinsvorsorge und Fürsorge darstellen. Der Staat soll auf sozialer Gerechtigkeit aufgebaut sein. "Soziale Gerechtigkeit ist jenes Verteilungsprinzip, das jeder Schicht oder Gruppe in der Bevölkerung die ihr zukommenden Rechte einräumt, insbesondere die wirtschaftliche und kulturelle Lebensfähigkeit auf einem angemessenen Niveau (Standard)." (Wesentlich: die den Schichten und Gruppen zukommenden Rechte, also differenzierte Beurteilung geboten.) "Der

---

[771] Az: BrL 5, 8, 14/11
[772] Art. 20, Anm. VII, 3

Staat reguliert, gestaltet, ordnet das Sozialleben." Er sorgt dafür, wie Kirsch[773] meint, daß "die Nichtleistungsfähigen nicht unter die Räder kommen. "

Sieht man sich die von den bisherigen Stellungnahmen der Gerichte abweichende Entscheidung des Verw.G. Berlin an, nach der es sozial ist "ähnlich wie" die Umwelt zu leben, und liest dann in der Entscheidung weiter, daß der bereitzustellende Kühlschrank auch gebraucht sein könnte, bleibt die Frage: was ist denn nun "ähnlich", was ist sozial? Was ist sozial, wenn von einer Schicht der Gesellschaft "zukommenden Rechten" und vom "angepaßten Niveau" die Rede ist?

Liest man die Ausführungen der Staatsrechtler findet man Worte wie: "im Sinne von Daseinsvorsorge" (Frage: was ist Daseinsvorsorge, bis zu welchen Grenzen materiell, soll für das Dasein (Leben) vorgesorgt werden? Von wem ist Vorsorge zu treffen. Generell vom Einzelnen für sein Dasein und erst subsidiär vom Staat, wenn der Einzelne begründet nicht mehr "Dasein" leben kann? Hier fragt sich dann, welcher Standard steht ihm zu, der "angemessene", die den Einzelnen "zukommenden Rechte"?)

Für "Sozial" gibt es, so meine ich, offenbar keinen exakten Maßstab. Einem eingesandt im HAB vom 2.Juni 1986 fragt ein Gewerkschafter, ob es "sozial" sei, 800.000 DM für die Feiern des 75jährigen Bestehen des Hamburger Flughafens auszugeben, einer Feier die allen Bürgern offenstand, aber eine Jubiläumsprämie für die Mitarbeiter - ca. 650.000 DM - abzulehnen. An den Feiern nahmen 250.000 Besucher teil. Was ist sozialer, zusätzliches Geld für ca. 1.000 Mitarbeiter oder Freizeitunterhaltung für 250.000 Bürger? Wenn man nur materiell denkt, müßten die Mitarbeiter die Prämie erhalten und für 250.000

---

773 Kirsch, Guy: Bourgeois oder Citoyen in Die Zeit 17.4.87

Bürger eine Freizeitunterhaltung - Lebensqualität - wegfallen. Benda hat recht wenn er sagt: "Der Begriff des Sozialen ist unbestimmt und vieldeutig."[774]

Der Staat kann unter wirtschaftlichen Gesichtspunkten, auf Grund vorhandener Mittel nur mit dem Eingreifen, was er in der Kasse hat. In der Kasse hat er im wesentlichen, was die Mitglieder der Gesellschaft aus ihren Einnahmen mit Steuern, Gebühren, Zöllen usw. abgeben; nur das kann der Staat umverteilen, durch finanzpolitische und steuerpolitische Maßnahmen - sofern er nicht Schulden machen will, durch Aufnahme von Krediten. (Die Gefahren einer zu hohen Staatsverschuldung zeigten sich nach der sog. Wiedervereinigung.) Umverteilt wird z.b. durch Bundeszuschüsse an die Rentenversicherung und durch die sog. Leistungsgesetze wie Wohnungsgeld, Kindergeld, Erziehungsgeld u.a. Aber auch hier muß er auf das Ganze sehen und darf die Grundlagen der allen verpflichteten Wirtschaft nicht schädigen. Die soziale Komponente im "Sozialstaatsgedanken" ist somit eine offene zumindest nicht genau umschriebene Wortbildung, umsomehr, als die "Schuld" des Einzelnen, das gegen die soziale Ordnung Stehen, schwer in das Kalkül zu nehmen ist.

Warum Unterstützung für ein Mitglied der Gesellschaft, das seine Arbeitskraft nicht zum "überleben" einsetzen will, auch dann, wenn ihm ein Arbeitsplatz geboten wird, der zwar seiner Vorbildung nicht entspricht, aber von Tausenden von Mitbürgern ausgeübt wird? Wobei seine körperliche und geistige Leistungsfähigkeit im Blick auf die Arbeit zu berücksichtigen wäre. warum einen Mietzuschuß an ein Gesellschaftsmitglied, das meint mit der genützten Wohnung nicht auskommen zu können, die ihm über Jahre reichte und eine Änderung in der Zusammensetzung der Familie nicht eintrat. Gäbe man hier nach, hieße das, daß Sozialprestige vor sozial gebotenes Erfordernis zu setzen. Warum Umschulungsbeihilfen, wenn der. Umschulende am Ende der Ausbildungszeit -

---

[774] Benda, Ernst: Grundgesetz und Wirtschaftsordnung in: Handbuch Marktwirtschaft, S. 146

aus persönlichen Gründen z.B. Freund am Ort - auf die alte Stelle zu alten Bezügen zurückkehrt? Warum Umschulung ablehnen, wenn man sich in der bisherigen Stelle ein Reitpferd leisten konnte, für dessen Unterhalt in der Umschulungszeit Beihilfe nicht geleistet wurde. Verbesserung des sozialen Status oder Tierliebe vor Weiterbildung? Letzteres durchaus verständlich, aber dann nicht schimpfen, wenn es einem schlechter geht, als dem der sich umschulen ließ.

Der Begriff Sozialstaat ist so gesehen nicht nur offen, sondern mit vielen Fragezeichen und Perspektiven für die "gerechten" Entscheidungen versehen. Sozial sollen wir sein, in dem wir einander helfen, Solidarität üben. Hilfe setzt aber eine Notlage oder gegenüber dem Durchschnitt der Mitbürger schlechtere Lebensumstände bei dem voraus, dem geholfen werden soll und gegebenenfalls werden muß. Not und schlechtere Lebensumstände können Schicksal sein oder eigene Schuld. Auch bei eigener Schuld kann, Hilfe angebracht sein, jedoch erhebt sich die Frage in welcher Form und bis zu welcher Grenze, wieweit muß der "Schuldige" mithelfen, wieweit muß er auf alte Besitzstände verzichten? (Soz.ges. buch § 9) Man soll generell ein Mitglied der Gesellschaft aus dem "Dreck" ziehen, soll ihn "säubern", aber dann muß er zeigen, daß er überleben will und er muß etwas dafür tun. Anderenfalls schädigt er die Gesellschaft. Altruismus der ausgenutzt wird ist falsch. Aber auch der Staat selbst muß, wenn er "sozial" sein will, darauf achten, daß die Verhältnisse, die zu Leistungen führen, gerecht gelöst werden. Die Beziehungen zwischen dem, was aus der Arbeitsversicherung, also aus den Abgaben vom Lohn, den Beiträgen an Rente erworben wird, sollte nicht niederer sein, als das, was aus Staatsmitteln an Sozialhilfe aufgewendet wird. Norbert Blüm hat in einer Artikelserie[775] an Hand von Tabellen nachgewiesen, daß ein Alleinstehender ohne Kinder nur 172,20 mehr Arbeitslosengeld erhält als Sozialhilfe. Bei einem Arbeitslosen mit Kind ist die Sozialhilfe 229,20 DM höher

---

775 WamS. 4.4.93

als die Arbeitslosenhilfe und bei einem Verheirateten mit zwei Kindern 500,20 DM. Hier wird am Gemeinwohl vorbei "sozial" geregelt, zum Nachteil aller Steuerzahler und als Anreiz, sich der Arbeit zu entziehen. Daß diese Regelungen auch zu Mißbräuchen reizen, die bekämpft werden müssen, sei angedeutet.

Die soziale Komponente in den Begriffen Sozialstaat und Soziale Marktwirtschaft ist für mich besonders offen, wenn in Staat oder Wirtschaft Ideologien der Parteien zum tragen kommen sollen.

In der sozialen Marktwirtschaft stoßen sich die Vorstellungen zu dem was sozial sei der Parteien, der Kirche der Unternehmensverbände und der Gewerkschaft hart im Raum. Unternehmen meinen hohe Steuern und Löhne lassen Innovationen und Investitionen und damit Wachstum der Wirtschaft nicht zu was besagt keine Überschüsse für Sozialleistungen. Es komme zu Wettbewerbsbeschränkungen, besonders im Export, zu Preiserhöhungen und Vollbeschäftigung würde nicht erreicht. Das soziale Handeln der Unternehmen lasse sich nur erfüllen mit Investition, Innovation und Wachstum - und Subventionen, die meist an die gleichen - zumeist strukturschwachen Wirtschaftszweige - gehen. Was besagt, "daß in den unterstützten Bereichen zukünftig keine zusätzlichen Arbeitsplätze zu erwarten sind."[776] Weiter werden durch staatliche Forschung und Bereitstellung von Forschungs- und Entwicklungsmittel des Staates unterstützt und durch öffentliche Investitionsaufträge, wie sie Strauß und Schiller 1968 mit 8 Milliarden in die Wirtschaft pumpten. Auf die Problematik der Subventionen, der Forschung und Entwicklung kann im Rahmen der Arbeit nicht eingegangen werden. Nur soviel: wenn damit auch Arbeitskräften geholfen wird durch Erhalt des Arbeitsplatzes und durch Steuervergünstigungen, ist nichts dagegen zu sagen, werden Unternehmen am Leben gehalten, für die kein Absatz mehr vorhanden und die Subventionen gleichsam Arbeitslosenunterstützung ersetzen, sind diese

---

[776] so der Gewerkschafter (Hauptvorstand IG Chemie, Papier, Keramik) Horst Mettke: in Arbeitszeit S. 167

verfehlt. Helmut Schmidt sagte 1995 es sei ein Unfug dafür zu sorgen, daß Schiffe, Stahl oder Landwirtschaft Produkte produzieren für die es keinen Markt mehr gibt.[777] Und die Gewerkschaft, die im Rahmen der Wirtschaft, durch die außerhalb der staatlichen Einflußsphäre im Rahmen der grundgesetzlich garantierten Tarifhoheit Löhne und Arbeitsbedingungen wesentlich bestimmt, meint durch hohe Reallöhne, verkürzte Arbeitszeiten und Umverteilung zur sozialen Marktwirtschaft und zum sozialen Staat zu kommen. Wobei zu beachten ist, daß die Wirtschaft im Grunde der Motor ist, den sozialen Staat und die Gesellschaft mit dem Stoff versorgt, mit dem Bedürfnisse gedeckt und Gemeinwohl berücksichtigt werden kann; was heißt, wenn die Wirtschaft der Motor ist für politische und wirtschaftliche Freiheit und soziale Gerechtigkeit, muß die Wirtschaft leistungsfähig sein es muß eine marktwirtschaftliche Ordnung geben, um das zu erreichen, Wirtschaftsordnung bestimmt die Regeln, denen die Bereitstellung von Gütern und Dienstleistung unterworfen sind.

Beiden - Verbänden und Gewerkschaften - fehlt es nicht an dem Denken, "sozial" sein zu wollen, aber an einer Verpflichtung ihr Handeln auf das Gemeinwohl, auf alle Mitglieder der Gesellschaft auszurichten. Diese Organisationen sind nicht ausdrücklich durch gesetzliche Regeln zu gesamtwirtschaftlicher Verantwortung verpflichtet. Es bleibt ihnen überlassen - von Staats wegen vertraut man darauf -, daß sie mit ihren Zielvorstellungen und den an diese geknüpften Forderungen, das allgemeine Wohl nicht beeinträchtigen, sich "sozial" verhalten. Versuche hier von Staats wegen Regeln zu finden z.B. die vom Minister Schiller berufene Konzertierte Aktion, starben einen frühen Tod. Als bei der Frage der Einführung einer Mitbestimmung die Unternehmer gegen diese gerichtlich vorgingen, war für die Gewerkschaft der Punkt gekommen, sich aus der konzertierten Aktion zu verabschieden. Auch Versuche den Gewerkschaften und Verbänden rechtliche

---

777 HABl. 22.2.85

Grenzen zu ziehen, etwa durch ein sog. Verbändegesetz, scheiterten. Aber: was nicht gelang, ist deshalb nicht falsch. Hier könnte der oben vorgeschlagene Große Rat helfen.

2. Die Rolle der Deutschen Bundesbank

Eine weitere Einrichtung, die eine "soziale" Wirtschaftspolitik, beeinflußt, weil sie autonom die Geldpolitik bestimmen kann, ist die Deutsche Bundesbank. Sie übernimmt es nach Art. 88 GG als Währungs- und Notenbank unabhängig, vom Parlament und der Regierung den Geldumlauf und die Kreditversorgung der Wirtschaft zu regeln, mit dem Ziel die Währung, den Wert der Geldeinheit DM, zu sichern. (§§ 3, 12 B.BankG.)[778] Der Sicherung der Geldwertstabilität ist wegen der Erfahrungen mit den Inflationen nach den beiden Weltkriegen für die Gesellschaft von besonderer Bedeutung. Geldentwertung trifft Käufer und Sparer.

Dabei gilt nach § 12 B.BankG. die Regel, daß die Bundesbank gehalten ist "unter Wahrung ihrer Aufgaben die Wirtschaftspolitik der Bundesregierung zu unterstützen." Aber, und das regelt auch § 12: "die Bundesbank ist bei der Ausübung ihrer Befugnisse von den Weisungen der Bundesregierung unabhängig." § 13 B.BankG. sieht jedoch zwischen Regierung und Bundesbank einen Kooperationsmechanismus vor, wie Beratung der Regierung durch die Bundesbank, Teilnahmerecht von Regierungsmitgliedern an Beratungen der Bundesbank und Verpflichtung der Regierung, daß sie den Präsidenten der Bundesbank zu Beratungen über Angelegenheiten von währungspolitischer Bedeutung hinzuziehen soll. Formale Regelungen, allein entscheidend bleibt in der Geldpolitik die Bundesbank. So gesehen in der Hochzinsperiode Ende 91/Anfang 92.

---

778 s. dazu Monatsbericht der Deutschen Bundesbank 6. August 1972

Die Bundesbank ist mit der ihr gegebenen Autonomie ohne Kontrolle, sie muß sich mit der von ihr getriebenen Geldpolitik weder vor dem Parlament noch vor der Bundesregierung rechtfertigen. 1992 forderte deshalb die IG-Metall, daß gesellschaftliche Verbände an Entscheidungen der Bundesbank teilnehmen sollten. Dabei ist die Geldpolitik, wegen der Beziehungen die zwischen Geldwert, Zinssatz, Investition, Volkseinkommen und Beschäftigung bestehen, gleichzeitig auch Konjunkturpolitik.

3. Einige übergreifende Gedanken

Der Lohn ist unter sozialem Gesichtspunkt für den größten Teil der arbeitsfähigen Bevölkerung von überragender Bedeutung. Er dient dem Leben. Er ist auch eine wichtige wirtschaftliche Größe, die sich in der Kalkulation und im Preis - damit im Produktionsprozeß und im Ertrag - niederschlägt. Er ist Kaufkraft, bietet Möglichkeit zum Sparen. Vom Lohn wird Einkommenssteuer erhoben. Sie macht den wesentlichen Teil der Einnahmen des Staates aus. Wenn die Kaufkraft so stark ist, daß die Nachfrage das Angebot übersteigt, steigt die Inflationsrate. Wird zuviel gespart steigt die Geldmenge, d.h. Gefahr für die Währung. Gewiß, nur Möglichkeiten bei unangemessenen Lohnforderungen, aber sicher Möglichkeiten, auf die der Staat und die Bundesbank - meist erst verspätet (Friedman's time lags) - mit Steuererhöhung und Ausgabensenkung bzw. mit restriktiver Mindestreserve, Diskonterhöhung u.a. regieren können.

Ähnliches gilt bei Arbeitszeitverkürzungen ohne Lohnverluste. Auch hier steigt generell die Lohnquote in der Deckungsbeitragsrechnung der Unternehmen durch Einstellung weiterer Arbeitskräfte, die die durch Arbeitszeitverkürzung ausgefallenen Produktionsstunden überbrücken müssen, sofern sie nicht durch Rationalisierung eingeholt werden mit den oben für Lohnerhöhungen angegebenen Folgen. Diese möglichen Ergebnisse von Lohnerhöhungen zeitigen besondere Erschwernisse beim strukturellen Wandel durch Automation und damit Wegfall von Arbeitskräften. Das Unternehmen weicht bei überhöhten Löhnen auf die Technik aus, was Entlassung zum Gefolge haben kann.

Das Problem der Lohnerhöhung wird noch besonders schwerwiegend, wenn die einzelnen Gewerkschaften sich bei ihren Lohnforderungen an den Forderungen der "Spitzenreiter" z.b. früher Bergbau, Druck und Papier, jetzt Metall orientieren und bei den Tariflöhnen oder nur in Teilen (z.b. die IG ÖTV, bei der Durchführung der Arbeitszeitverkürzung) nicht zwischen Betriebsgröße und Branche unterscheiden. Was in der Großindustrie an Lohn gezahlt werden kann, kann der kleine Handwerksbetrieb nicht aufbringen. Was bei Metall möglich, ist bei Textil nicht tragbar.

Alle diese Fragen müssen durch die Regierung und durch das Parlament geregelt wer den, ihre "Politik" bestimmt im Rahmen der Vorschriften des Grundgesetzes den Weg. Sie sind es, die u.a. auch die "soziale Marktwirtschaft" erhalten, gestalten sollen und damit keine Wissenschaft, wie vielleicht die Politologie, sondern praktisches Handeln.

Was ist "Politik", wie soll sie handeln? Politik gibt es in allen gesellschaftlichen Institutionen. In der Familie wird Haushaltspolitik betrieben, d.h. im Rahmen der Einnahmen und der feststehenden Ausgaben für die Lebensbedürfnisse, werden Ausbildungsgänge für die Kinder, Sonderanschaffung (für wen?), Reisen usw. geplant, Pläne angenommen und verworfen. Es muß eine aufgeworfene Frage unter Abwägung aller Fakten entschieden werden, um den Familienetat auszugleichen.

Ein Verein hat seine Vereinspolitik, wobei es nicht nur um die Ziele des Vereins, deren - auch finanzielle - Durchsetzung geht, sondern auch darum für die Ziele des Vereins die Mehrheit der Vereinsmitglieder zu gewinnen.

Ein Unternehmen hat seine Geschäfts-, Finanz- und Personalpolitik. Es geht darum Ziele der Produktion oder Dienstleistung unter Beachtung aller Marktgegebenheiten zu erkennen, und zu prüfen, ob sie finanziell und personell so zu verkraften sind, daß ein Gewinn erzielt wird u.a.m.

Der Staat, vertreten durch die Regierung und das Parlament, in beiden Fällen durch die Parteien, haben sich ihrem Auftrag entsprechend politisch zu betätigen, machen Politik, üben Staatskunst auf den verschiedensten Gebieten, wie z.B. Innen-, Außen-, Verteidigungs-, Finanz-, Wirtschafts- und Sozialpolitik und der sogenannten Ordnungspolitik. Ordnungpolitik d.i. die Politik die die gesetzliche Vorgabe Sozialstaat und das Ziel soziale Marktwirtschaft in "Ordnung" hält, die Möglichkeiten bietet Ziele zu erreichen, macht in der Sozialen Marktwirtschaft vom Staat her, den "massiven Einfluß der Wirtschaft möglich.[779]" Späth meint sogar, daß ordnungspolitische Überlegungen in erster Linie die Haltung zu wirtschafts- und sozialpolitischen Fragen betreffen.[780]

Um die Politik des Staates geht es uns, was besagt: was beinhaltet, was ist Politik, besser: was sollte sie bewirken. Vom Wortstamm "Polis" her ist Politik etwas, was sich um die Gesellschaft und den Staat kümmert, etwas das Aufgaben für die Gesellschaft löst in Richtung Gemeinwohl und Ordnung.

Politik ist demnach. Zielverwirklichung, an Regeln gebunden, darf nicht willkürlich sein. Bismarck hat Politik als Kunst des Möglichen bezeichnet, was

---

779 so Staatssekretär a.D. Otto Schlecht in einem Artikel von Klaus-Peter Schmid in "Die Zeit" vom 19.4.91
780 Späth, Lothar: Die Wende S. 28/29

besagt: in das Denkbare und Erreichbare eines bestimmten Sachverhaltes, eines Problems ist einzubeziehen, die Gestaltung der Lösung auf Grund eines persönlichen schöpferischen Gedankens oder einer Idee, ist auch der Phantasie, der Vision Raum zu geben - und die Zukunft zu gestalten.

Die Probleme, die auf die Politik zukommen sind vielschichtig, und betreffen alle den Staat und die Gesellschaft. Diese Probleme können und müssen auf Grund der unterschiedlichsten Interessen der Bürger (auch Gewissensfragen, wie § 218 St.GB),[781] veränderter Lebensverhältnisse, wissenschaftlich neue Erkenntnisse, unterschiedlichster Informationen, der Ergebnisse demoskopischer Befragungen unterschiedlichster Art und Einflüssen von außen gelöst werden. Ziel muß sein, Bestehendes das sich bewährt hat, zu erhalten, d.h. im Wortsinn konservativ sein, oder Abhilfen zugunsten des Gemeinwohls zu schaffen. Zu beachten ist das - entsprechend den grundgesetzlichen Regeln - Leben, Besitz, Menschenwürde, Freiheit und Gleichheit auf den Einzelnen bezogen, nur aus übergeordneten Gesichtspunkten des Gemeinwohls eingeschränkt werden dürfen, und daß das Ergebnis der Gesellschaft in ihrer Gesamtheit zugute kommt oder alle Bürger gleichmäßig belastet. Letzteres ist gegeben, wenn es gilt eine Gefahr für die Allgemeinheit abzuwenden oder um einen Vorteil für die Zukunft der Gesellschaft zu erreichen.

Um diese Grundsätze einhalten zu können, muß bei den einzelnen auftauchenden Problemen zunächst Bestand aufgenommen werden, wozu auch gehört: ist für geplante Maßnahmen das erforderliche Geld da, oder muß an anderer Stelle, an welcher, gespart werden oder muß es über Staatsverschuldungen beschafft werden. Politik und Geld sind aufs engste verknüpft. Mit Einsicht in die Fakten, der erforderlichen Sachkunde - soweit diese fehlt, unterstützt durch Beratungen aller Art, Sachverständige, Anhörungen, Sonderausschüsse, Gutachten - aber auch

---

[781] s. dazu die Verhandlungen zum sog. Einigungsvertrag bei Schäuble a.a.O. S. 227 ff

mit der nötigen Weitsicht.(langfristigen Perspektiven) dem gebotenen Augenmaß (was auch Mißtrauen beinhalten sollte gegen den für den Politik gemacht wird) und mit Commonsense-, dem gesunden . Menschenverstand, der vor allem, nach Moses Mendelssohn die ethische Seite der Überlegungen betrifft, sollte die Entscheidung vorbereitet werden. Die Entscheidung selbst sollte mit dem erforderlichen Mut ohne Leidenschaft und Willkür, falls nötig das kleinere Übel wählend, gegebenenfalls den vernünftigen Kompromiß enthalten und glaubwürdig sein.[782]

Der Überblick über und die Rücksicht auf das Ganze, die Gesellschaft, ist bei Gestaltung und der eindeutigen Ausformung des Lösung des einzelnen Falles von Bedeutung. Wobei stets der Vorbehalt gemacht werden muß, daß die Menschen, die am Werk sind, zwar das Beste wollen, aber nicht immer erkennen worin es real besteht. Kielmansegg[783] meint deshalb zurecht, daß Politik "zwischen Zielen und Risiken" wählen muß.

Es ist z.B. sicher "das Beste" gewollt, wenn man für die Arbeitnehmer Ostdeutschlands 1990 das Kurzarbeitergeld in vielen Fällen eine Vergütung für nicht vorhandene Arbeit auf bis zu 90 % des letzten Nettoverdienstes festsetzt. Gleichzeitig aber erhält der Arbeitnehmer, der sich in Arbeitsbeschaffungsmaßnahmen umschulen lassen soll "um besser qualifiziertere Arbeit" zu erlernen, nur 60 % des letzten Nettolohnes. Erfolg dieser Regelung: man bezieht Kurzarbeitergeld, weil man so mehr Geld zur Verfügung hat, und vernachlässigt die Möglichkeit durch Umschulung einen Arbeitsplatz auf Dauer einzunehmen. Das bedeutet: Politik muß mit Kritik fertig werden, die auftritt, wenn nicht zu Ende gedachte Lösung gefunden sind.

---

782 Schelsky, Helmut: Politik und Publizität 1983 S. 48
Barzel, Rainer: Gesichtspunkte eines Deutschen 1968 S. 28
783 Kielmansegg, Peter Graf: Das Experiment der Freiheit 1988 S. 91

Politik bedarf - wie gesagt der Beratung. Das führt einmal dazu, daß die Bürokratie, die Beamten, die Entscheidungs- (Gesetzes-) entwürfe vorbereiten, als Berater auftreten. Sie sind meist sachlich besser präpariert, als der Politiker, so daß diese sich gelenkt und abhängig vom Apparat fühlen müßten. Die Politiker bewerten nur noch Vorschläge der Verwaltung und machen als Gewählte des Volkes selbst kaum noch die Vorschläge, die grundsätzlich von ihnen zu erwarten wären. Zum anderen müßte die Politik, um von der Gesellschaft anerkannt und getragen zu werden, schon vor der Entscheidung, den Inhalt der beabsichtigten Maßnahmen der Öffentlichkeit mit der erforderlichen Klarheit und Wahrheit allgemein verständlich bekannt machen. Die Anliegen der Politik müssen beim Bürger ankommen. Beispiel: Politiker sprechen davon, daß die sog. Maastrichter Beschlüsse zum Besten des Volkes seien. Welcher Bürger kennt diese Beschlüsse, wer weiß was in den Verträgen über EG und EW steht, und wie sich die Abmachungen für ihn auswirken? Weder die Politiker noch die Medien arbeiten die Unterlagen für den Bürger verständlich auf. Es gibt nur eine Kurzbearbeitung der Maastrichter Verträge durch das Bundespresseamt. Aber wer kommt an diese Broschüre? Welcher Bürger kennt schon die Gesetzesentwürfe, und die meist mitgegebene Begründung für die einzelnen Vorschriften und die Materialien. Dieses mehr oder weniger hinter schwer zugänglichen Türen Verhandeln über und Beschließen zu Problemlösungen führt dazu, daß die Medien nach eigenen Ansichten, die sicher nicht immer auf dem gesamten Material beruhen, nach subjektiven Eindrücken, aus Interviews, die meist diplomatisch verschlüsselt sind, ideologisch und parteipolitisch einseitig, die Öffentlichkeit oft mit Halbwahrheiten oder subjektiven Meinungen unterrichten.

Dieses Faktum schafft Unruhe, führt an Stammtischen zu falschen Schlüssen und unbegründeten Vorwürfen gegen "die da oben." Es gefährdet das der Politik vorgegebene Ziel, das Gemeinwohl der Gesellschaft zu fördern. Dadurch entsteht eine vermeintlich meist sachlich unbegründete "öffentliche" Meinung, die den verunsichert, der zu entscheiden hat, den Politiker. Ein Beispiel gibt Schäuble:[784] geplante Amnestie für gewisse Stasi-Mitglieder fand in der Öffentlichkeit ihr Ende, als sie mit dem Namen "Stasi"-Amnestie belegt wurde. Darauf, daß die Medien durch ihre Publizität Politik nicht immer positiv beeinflussen, haben Schelsky und Apel hingewiesen. Apel spricht davon, daß Politik zum Medienspektakel. wird.

Wenn es im Grundgesetz, das der Politik Basis für das Gemeinwohl ist, in der Präambel, in den Art. 1 - 19 in den Vorschriften über die Gesetzgebung, über das Verhältnis von Bund und Länder, über Gemeinschaftsaufgaben, über die Rechtssprechung, die Außenpolitik und für die Regierung (Art. 65 GG) der Bundeskanzler bestimmt die Richtlinien der Politik geschriebene Rechtssätze oder auch ungeschriebene Prinzipien gibt, so sind die mit und durch die Politik einzuhalten oder zu erhalten. Weil aber nicht alles machbar ist oder weil Maßnahmen derer die entscheiden gegen das Allgemeinwohl stehen müssen, kann in der Bundesrepublik Politik, die ja überwiegend sich in Gesetzen niederschlägt, durch das Bundesverfassungsgericht kontrolliert werden. Einerseits generell problematisch. Maunz[785] sagt dazu: "Die Verfassungsgerichtbarkeit verlockt und verleitet den Gesetzgeber manchmal dazu, die Entscheidung heikler Fragen, die ihm selbst oder der Regierung obliegen würde, auf den Richter abzuwälzen". Andererseits erklärt bei Gesetzesvorlagen der Regierung die Opposition häufig sofort, daß sie das Verfassungsgericht anrufen wird. Und nicht nur das: als im Frühjahr 1993 die Koalitionsregierung sich nicht über den Einsatz militärischer

---

784 a.a.O. 271
785 Maunz, Theodor: Deutsches Staatsrecht 1962 S. 230

Flugzeuge - AWAC - einigen konnte - also vor Erlaß eines Gesetzes - hat eine Koalitionspartei das BVerf G. angerufen. Das Gericht als Politiker.

Das Problem der Verfassungswidrigkeit eines Gesetzes, das eine Entscheidung der Politik ist, hat sogar jedes Gericht zu beschäftigen. Wenn ein Gericht der Meinung ist, ein Gesetz auf das es bei seiner Entscheidung ankommt, sei verfassungswidrig, hat es das Verfahren auszusetzen und - je nach dem, ob es sich um eine Verletzung der Verfassung eines Landes oder um Verstoß gegen das Grundgesetz handelt, die Entscheidung des zuständigen Gerichts des Landes oder des Bundesverfassungsgerichts einzuholen (Art. 100: GG Richterklage), die sog. abstrakte Normenkontrolle. Diese abstrakte Normenkontrolle führt das BVerf.G. auch durch, wenn ein Bürger eine in Geltung befindliche Rechtsnorm anficht (Popularklage). Sofern der Bürger sich direkt im verfassungsmäßig unzulässiger Weise beeinträchtigt fühlt, kann er mit der Bürgerklage das Eingreifen des BVerf.G. erzwingen. Außerdem kennt man die Parteienklage, die von einem am Verfahrensprozeß als Partei unmittelbar beteiligten Staatsorgan erhoben werden kann.[786]

Dieser Abriß soll nicht die Problematik aufgreifen, ob mit dem BVerf.G. die Teilung der Gewalten insoweit geändert wird, als die Gesetzgebung durch die Rechtsprechung nicht nur kontrolliert, sondern sogar aufgehoben wird, wobei dem Urteil die Wirkung eines Gesetzes zukommt (§ 31 Abs. 2 BVerf.G.G.). Beispiel: Entscheidung des BVerf.G. zur Versteuerung von Zinsen aus erspartem Kapital. Er soll nur zeigen, daß Politik, so wie sie nach den vorstehenden Ausführungen umschrieben ist und betrieben werden sollte, unter Bezug auf die verfassungsgemäß vorgegebenen Rechte und Grundsätze, unter Beachtung menschlicher Schwächen und der Verfolgung ideologischer in Parteiprogrammen festgeschriebenen Ziele durch den einzelnen "Politiker" mit Fehlern behaftet sein

---

[786] Zu allem Vorstehenden Maunz a.a.O. § 26; S. 228 ff

kann, die im Interesse der Gesellschaft zurecht gerückt werden müssen. Das umsomehr als die Gesellschaft ihr Mitspracherecht generell auf Parteien, auf Mehrheitsentscheidungen des Parlaments übertragen hat, mit all den Fehlern, die wir oben beschrieben haben, und meist erst nach Inkrafttreten des Gesetzes das Für und Wider der einzelnen Bestimmungen erkennen kann und mit der Anrufung des Bverf.G. direkten Einfluß auf die Politik bekommt.

Politik hat aber, soweit es nicht darum geht, was sie wie leisten soll, noch eine andere Seite bezogen auf den, der Politik ausübt auf den Politiker. Er muß - für sich alleinstehend - die Verbindung zur Gesellschaft halten um deren Sorgen und Wünsche zu kennen.

Nach der Abschweifung zum Begriff "Politik", der wegen seiner Bedeutung für die Durchsetzung und Ordnung der sozialen Marktwirtschaft bedeutungsvoll ist, zurück zur sozialen Marktwirtschaft als solchen. Was sagt die Wissenschaft, die Politik und die Kirche zum sozialen Inhalt des Begriffs Marktwirtschaft. (Karl Schiller nannte sie "aufgeklärte Marktwirtschaft".)[787]

4. Konstituierende und regulierende Prinzipien des Wettbewerbs

Ludwig Erhardt wird als Vater der "Sozialen Marktwirtschaft" benannt, ein Begriff den sein Freund und späterer Staatssekretär Alfred Müller-Armack erfand. Beide hatten u.a. in den Ökonomie-Professoren Walter Euken und Friedrich v. Hayek Vordenker.[788]

---

787 Baring, Arnulf: Machtwechsel 1982, S. 662
788 Euken, Walter: Grundsätze der Wirtschaftspolitik 1952; Hayek, Friedrich A. von: Der Weg zur Knechtschaft 1981

Für Euken ist wirtschaften ohne Wettbewerb nicht denkbar. Der Staat soll einerseits nicht in den Wirtschaftsprozeß eingreifen, andererseits verpflichtet sein, vollständige Konkurrenz möglich zu machen. Euken stellte "konstituierende Prinzipien" und "regulierende Prinzipien" für die Durchsetzung dieser Grundsätze auf.

Die "konstituierenden Prinzipien": Stabile Währung ist durch den Staat sicherzustellen; Schutzzölle sind unzulässig. Märkte müssen für alle offen sein (man kann sagen: Freihandel nach innen lind außen), Investitionen müssen geplant werden können" d.h. Zinserhöhungen dürfen nicht überraschend kommen; Patentschutz muß zeitlich begrenzt werden um Monopole zu vermeiden; Privateigentum an Produktionsmitteln ist sicherzustellen; Mißbrauch der Vertragsfreiheit ist zu unterbinden. Volle Haftung dessen, der über Vermögen verfügt und Verträge schließt. GmbH als Firmentyp wird abgelehnt.

Die "regulierenden" Prinzipien: Ein Amt soll Monopole verhindern und überwachen. Sofern" trotz der "gerechten" Verteilung des Volkseinkommens durch Konkurrenz, Teile der Bevölkerung benachteiligt werden, soll der Staat durch progressive Besteuerung eingreifen. Die freie Planung der Unternehmer, sofern die Umwelt geschädigt oder Arbeiter gefährdet sind, soll der Staat einschränken; d.h. Arbeiter und Umweltschutz.

Generell sagt Euken[789] "Es ist eine Seite der Wirtschaft, daß sie auf die Durchsetzung der ökonomischen Sachgesetzlichkeit dringt. Ihre andere Seite besteht darin, daß hier gleichzeitig ein soziales und ethisches Ordnungswollen verwirklicht werden soll." "In dieser Verbindung liegt ihre Stärke" gemeint ist die Soziale Marktwirtschaft. Und das "Ordnungswollen" ist das, was man

---

[789] a.a.0. S. 370

-339-

Ordnungspolitik nennt, eben die Haltung der Politiker zu bestimmten Problemen, die Soziales und Wirtschaftliches betreffen.

In diesen Prinzipien finden wir vieles, was Erhard und Nachfolger in die Praxis umgesetzt haben oder versucht haben umzusetzen, oder was heute noch offen ist.

Erhard und Müller-Armack, beide durch Euken und auch Böhm, Röpke und Rüstow beeinflußt, die den Begriff "Soziale Marktwirtschaft" in die Politik einführten und als Pragmatiker geprägt und benutzt haben, haben sich in wissenschaftlichen Veröffentlichungen selten zum Begriff als solchen geäußert.
Erhard hat in seinem 1957 in erster Auflage erschienenen Werk "Wohlstand für alle" zu "Soziale Marktwirtschaft" aber Stichworte gegeben.

Er sagt: Er wolle eine Wirtschaftverfassung verwirklichen, die immer weitere Schichten unseres Volkes zu Wohlstand zu führen vermag. Das Mittel zur Erreichung dieses Zieles ist der Wettbewerb. "Auf dem Wege über den Wettbewerb wird im besten Sinne des Wortes - eine Sozialisierung des Fortschritts und des Gewinns bewirkt und dazu noch das persönliche Leistungsstreben wachgehalten."[790] Wichtigste Aufgabe des Staates sei darum, die Erhaltung des freien Wettbewerbs durch ein auf Verbot gegründetes Kartellgesetz, das "als das unentbehrliche" wirtschaftliche Grundgesetz zu gelten hat. "Wohlstand für alle und Wettbewerb gehören zusammen."[791]

Weitere Stichworte: gerechte Verteilung des Sozialprodukts,[792]. einen angemessenen würdigen Lebensstandard garantieren;[793] konsequente Politik der

---

[790] a.a.o. S. 7
[791] a.a.0. S. 8
[792] a.a.0. S.9
[793] a.a.0. S.10; 31

Preisstabilität;[794] sozial erwünschte Verkürzung der Arbeitszeit;[795] sichere Arbeitsplätze;[796] "um den Tatbestand der sozialen Marktwirtschaft zu erfüllen" müssen "bei zunehmender Produktivität Preissenkungen sehr wohl mit Lohnerhöhungen parallel gehen" ;[797] "die Lebensmöglichkeiten unseres Volkes fortdauernd ... verbessern";[798] eine Wirtschaftspolitik darf sich aber nur dann sozial nennen, wenn sie den wirtschaftlichen Fortschritt, die höhere Leistungsergiebigkeit und die steigende Produktivität dem Verbraucher schlechthin zugute kommen läßt;[799] über den Wettbewerb wird "eine optimale Bedarfsversorgung durch Quantität, Qualität und Preiswürdigkeit erreicht";[800] soziale Marktwirtschaft kann nicht gedeihen, wenn die ihr zugrunde liegende geistige Haltung, d.h. also die Bereitschaft für das eigene Schicksal Verantwortung zu tragen und aus dem Streben nach Leistungssteigerung an einem ehrlichen freien Wettbewerb teilzunehmen, durch vermeintlich soziale Maßnahmen auf benachbarten Gebieten zum Absterben verurteilt wird.[801] "Eine freiheitliche Wirtschaftsordnung kann auf die Dauer nur dann bestehen, wenn und solange auch im sozialen Leben der Nation ein Höchstmaß an Freiheit, an privater Initiative und Selbstvorsorge gewährleistet ist";[802] "ob wir nicht ... durch Eröffnung immer besserer Chancen, zur Gewinnung persönlichen Eigentum dem verderblichen Geist des Kollektivismus Todfehde ansagen sollten";[803] "Die Besserung der Lebensverhältnisse der wirtschaftenden Menschen, aber auch der Rentner und Pensionäre in ihrer Abhängigkeit von dem Erfolg ‚der Volkswirtschaft ist geradezu Inbegriff der sozialen Marktwirtschaft. Worum es

---

[794] S. 11
[795] S. 19
[796] S. 27
[797] S. 37
[798] S. 46
[799] S. 98
[800] S. 107
[801] S. 147
[802] S. 148
[803] S. 149

geht ist lediglich das Ausmaß der Erhöhungen, das Tempo des sozialen Aufstiegs."[804]

Müller-Armack hat zur Sozialen Marktwirtschaft schon 1947 gesagt,[805] daß "uns die Marktwirtschaft notwendig als das tragende Gerüst der künftigen Wirtschaftsordnung erscheint, bedeutet nur, daß dies eben keine sich selbst überlassene liberale Marktwirtschaft, sondern eine bewußt gesteuerte, und zwar sozial gesteuerte Marktwirtschaft sein soll." An anderer Stelle[806] heißt es: "Ziel der Sozialen Marktwirtschaft ist es auf der Basis der Wettbewerbswirtschaft die freie Initiative mit einem gerade durch die marktwirtschaftliche Leistung gesicherten sozialen Fortschritt zu verbinden." Er sagt weiter,[807] soziale Marktwirtschaft ist Wettbewerbswirtschaft, die staatlich durch Wettbewerbsordnung "eine Sicherung gegen Vermarktungen am Markt" bietet; sie dient allen Schichten; der Staat hat eine Einkommensumverteilung vorzusehen. Sozialpolitisch ist "erstes Ziel" "die Mitbestimmung und die Beteiligung der Arbeiter und Angestellten am Betriebsleben, freilich mit der Einschränkung, daß die unternehmerische Entscheidung nicht in Frage gestellt wird." (Hier klingen Grundsätze an die in der Verfassung des Deutschen Reiches vom 11. August 1919 in Art. 165 Abs. I festgeschrieben: Danach sind die Arbeiter und die Angestellten dazu berufen, "gleichberechtigt mit den Unternehmern an der Regelung der Lohn- und Arbeitsbedingungen sowie an der gesamten wirtschaftlichen Entwicklung der produktiven Kräfte mitzuwirken." Mitwirkung hier, Mitbestimmung bei Müller-Armack.) Konjunkturpolitik ist ein tragendes

---

804 S. 196
805 Müller-Armack, Alfred: Wirtschaftslenkung und Marktpolitik 1947 S. 88
806 Müller-Armack 1956, Soziale Marktwirtschaft in: Handwörterbuch der Sozialwissenschaften Bd. 9 1956 S. 390
807 Müller-Armack, Alfred: Die Konzeption der Sozialen Marktwirtschaft. In: Unsere Wirtschafts-Basis, Dschungel, Dogma? Landeszentrale für pol. Bildung N.-Westf. Köln 1973 S. 92 ff

Element der Sozialen Marktwirtschaft, dazu gehört Städtebauförderung, Umweltschutz.

Überblicken wir diese auszugsweise wiedergegebenen Äußerungen der sogenannten Väter der Sozialen Marktwirtschaft so ist festzuhalten, daß ein "echter Markt erhalten werden soll, auf dem Wettbewerb herrscht. Der Grundsatz der Freiheit auf dem Markt wird festgeschrieben. Der Wettbewerb. d.h. der Bestand des Wettbewerbs soll aber staatlich durch eine Wettbewerbsverfassung sichergestellt werden: was mit dem Gesetz gegen Wettbewerbsbeschränkungen 1957 geschehen ist. Auch der sog. Romvertrag der EWG vom 25. März 1957 hat dem sog. Kartellgesetz angenäherte Bestimmungen in Art. 85 ff festgelegt, was im Endeffekt bedeutet, daß die EG Kommission ab dem 21. September 1990 die Zulässigkeit von Firmenzusammenschlüssen aus eigenen Recht ab der Ankündigung eines Zusammenschlusses und bei vorliegen besonderer Voraussetzungen prüfen kann. Und auch überprüft hat und z.T. dahin auslegen, daß Fusionen von Unternehmen, die an sich machtbeherrschend und nach deutschen Recht unzulässig wären, nicht beanstandet werden, wenn die damit entstehende Unternehmensgrößen notwendig sind, um gegenüber Großkonkurrenten aus USA und Japan bestehen zu können. Industriepolitik! Der Wettbewerb als solcher, Auswüchse des Wettbewerbs sind seit dem Anfang des 20. Jahrhundert durch das Gesetz gegen den unlauteren Wettbewerb und weiterer Sondergesetze wie Zugabeverordnung, Rabattgesetz und auch Namens- und Firmen-, Warenzeichnung und Ausstattungsrecht geregelt. Bedingung für den Markt und den Wettbewerb ist Freiheit des persönlichen Eigentums, Geld- und Preisstabilität, (Gesetz über die Deutsche Bundesbank vom 26. Juli 1957 und in den Grundzügen auch das Gesetz zur Förderung der Stabilität und des Wachstums der Wirtschaft vom 8. Juni 1967) private Initiative, Leistungsbereitschaft und Eigenverantwortung. Als soziale Komponente geht es im wesentlichen darum, daß alles wirtschaftliche Handeln dem Menschen dienen soll. In diesem Zusammenhang ist zu nennen: Umverteilung des Einkommens so, daß die

Lebensverhältnisse aller Mitglieder der Gesellschaft gebessert werden, daß ein angemessener Lebensstandard erreicht wird, wozu auch Wohnungsbau und Umweltordnung gehört. Mitbestimmung und Beteiligung der Arbeiter am Betriebsleben mit Einschränkungen, verkürzte Arbeitszeit, sichere Arbeitsplätze sind weitere sozialpolitische Komponente, die sich im Arbeitsrecht niederschlagen können. Konjunkturpolitik, also Fiskal-, Geld- und Außenwirtschaftspolitik ist "tragendes Element." Das alles heißt: eine Wirtschaftsordnung die freie Marktwirtschaft, diese gesichert durch Wettbewerbsregeln, verbunden mit Einrichtungen, die das Leben der Mitglieder der Gesellschaft gerecht und mit sozialem Ausgleich sicherstellt. Die Sicherungen sind Vollbeschäftigung, Geldwertstabilität, Einkommensumverteilung. Maßnahmen zu diesen Sicherungen sollen aber den Markt nicht stören.

Thieme[808] faßt zusammen: Soziale Zielsetzungen (soziale Sicherung, soziale Gerechtigkeit, sozialer Fortschritt) sollen auf der Basis freier Initiative des Individuums verwirklicht werden. Die Interdependenz der Lebensbereiche Wirtschaft und soziale Existenzbedingungen erfordert die Interdependenz zwischen politischen, wirtschaftlichen, sozialen und kulturellen Teilordnungen der Gesellschaft. Die Konzeption der Sozialen Marktwirtschaft "geht von dieser Interdependenz der Lebensbereiche und Teilordnungen einer Gesellschaft aus und erhält von daher ihre grundlegende Bedeutung für die Gestaltung der Gesellschaftsordnung." Der ehemalige Staatssekretär im BWM Prof. Schlecht hat auf einem Symposion zu Ehren von Reinard Mohn geäußert, daß es bei der sozialen Marktwirtschaft nicht nur um soziale Ausgleichmechanismen, z.B. Arbeitslosenversicherung, Vermögensstreuung geht, sondern auch um die Sicherung eines funktionsfähigen Wettbewerbs, um die Verhinderung von übermäßiger Marktmacht. Albers[809] sagt das so: "Der freie Markt muß seine Steuerungsfunktion der Wirtschaft behalten; Eingriffe des Staates sind jedoch

---

808 Thieme, H. Jörg: Soziale Marktwirtschaft 1991 S. 9, 10

zulässig, damit soziale Härten für bestimmte Bevölkerungsgruppen vermieden werden." Riesenhuber[810] meint, es ist heute unbestritten, daß in einer Marktwirtschaft der Staat den Auftrag hat, in Technik und Wirtschaft verbindliche Rahmenbedingungen zu setzen.

Die Problematik ist klar: wie "frei" ist der durch Gesetze geregelte, von der Bürokratie Überwachte und in "Verfassung" gehaltene Markt; wie gerecht und richtig insgesamt und im Einzelfall sind soziale Eingriffe und Ausgleiche. Offen ist, wieweit der Staat in seinem "sozialen Handeln" nicht durch Gruppeninteressen bestimmt wird, oder "wieweit die Erfolge der Sozialen Marktwirtschaft, materielle Effizienz, Produktivität, Konvertibilität der D-Mark und damit weltweite Freizügigkeit, nicht mehr ausreichen, um bestimmte Gesellschaftskreise zufrieden zu stellen"[811], was besagt: auch diese Wirtschaftsordnung muß weiter entwickelt werden.

5. Einige parteipolitische Programme

Die Parteien der Bundesrepublik Deutschland, die nach dem GG (Art. 21 Abs. 1) an der politischen Willensbildung mitwirken und den Rang einer Institution haben, haben sich in ihren Programmen zur Wirtschaftsordnung im allgemeinen und zur Sozialen Marktwirtschaft im speziellen geäußert.

Die CDU hat den Abschnitt 5 ihres Grundsatzprogramms vom 23/25. Oktober 1978 nach einigen Umwegen "Soziale Marktwirtschaft" Überschrieben. Im Ahlener Programm vom 3. Februar 1947 sprach sie davon, daß das kapitalistische Wirtschaftssystem den staatlichen und sozialen Lebensinteressen des deutschen Volkes nicht gerecht geworden sei, "daß die Zeit der unumschränkten Herrschaft

---

809 Albers, Willi: "Soziale Sicherung" 1982 S. 60
810 Technik 2000 S. 270
811 S. dazu Stützel, Wolfgang: Marktpreis und Menschenwürde 1981 S. 155 ff

des Kapitalismus vorbei ist" und daß "Planung und Lenkung ... auch in normalen Zeiten der Wirtschaft in gewissen Umfang notwendig sein" wird. In den Düsseldorfer Leitsätzen vom 15.Juli 1949 - nachdem zuvor Erhards Gedanken auch in der CDU Anhänger gefunden hatten[812] - sagt die Partei dann: "Aufbauend auf dem Ahlener Programm erstrebt sie die soziale Marktwirtschaft" und weiter: "Die soziale Marktwirtschaft verzichtet auf Planung und Lenkung von Produktion, Arbeitskraft und Absatz." Letzteres gibt sie jetzt wieder teilweise auf. Die CDU macht in ihrem Grundsatzprogramm von 1978, zu diesem Begriff in 49 Abschnitten Aussagen. Da nach beruht die Soziale Marktwirtschaft auf der Idee der "verantworteten Freiheit": Diese Freiheit soll für jedermann geschaffen werden und "das Bewußtsein für Selbstverantwortung ebenso wie die Bereitschaft zur Mitverantwortung für den Mitmenschen und das Allgemeinwohl" geweckt und wirksam gemacht werden. (Abschnitt 65.)

Grundlagen der Sozialen Marktwirtschaft sind nach diesem Programm: "Leistung und soziale Gerechtigkeit", "Wettbewerb und Solidarität" "Eigenverantwortung und Soziale Sicherung". Die Soziale Marktwirtschaft ist geeignet "persönliche Freiheit, Gleichheit der Chancen, Eigentum, wachsenden Wohlstand und sozialen Fortschritt für alle zu verwirklichen und zu sichern." (Abschnitt 66.) Die Ordnungsform der Wirtschaft ist der Markt. Auf diesen Grundgedanken aufbauend wird im einzelnen dargelegt, in welchen Punkten besonders, der Staat die soziale Seite der Marktwirtschaft zu ordnen hat, wie die Marktwirtschaft sozial abgefedert, akzeptabel gemacht werden kann. Man spricht von sozialer staatlicher Ordnungspolitik deren Aufgabe es sei, "Eigeninteresse und Gemeinwohl in Einklang zu bringen" und entwickelt Vorstellungen für Wirtschafts-, Finanz- und Sozialpolitik immer zu dem Ziel sozialer Gerechtigkeit, sozialen Frieden und Gemeinwohl zu fördern. Man setzt Ziele wie u.a. Vollbeschäftigung, Arbeitszeitverkürzung, Geldwertstabilität, Steuergerechtigkeit,

---

812 Schwarz, Hans-Peter: Adenauer 1986 S. 602 ff

Strukturveränderungen, "am Menschen orientierte" Sozialmaßnahmen, Umweltschutz, Förderung von Wissenschaft, Forschung und Technik.

Im Verhältnis Kapital und Arbeit wird Mitbestimmung und Vermögensbildung als Grundlage der Sozialen Marktwirtschaft festgeschrieben und, als ein "wesentliches Ordnungselement", für Tarifautonomie eingetreten. Die Idee der Partnerschaft wird deklariert, die "funktionsfähige Gewerkschaften und Arbeitgeberverbände" erfordert.

In Ziff.99 des Programms stellt man fest: Seit dem 19.Jahrhundert stand die Sozialpolitik im Banne des Konflikts zwischen Kapital und Arbeit. Zu diesem Konflikt sind neue hinzugekommen: zwischen organisierten und nicht organisiertenInteressen, Erwerbstätigen und nicht im Beruf stehenden, um soziale Hilfen für bestimmte Gruppen - Behinderte, u.a. ältere Menschen, Flüchtlinge, Vertriebene, Ausländer, - stellen die "Neue soziale Frage", die zu lösen Sache des Staates als "Anwalt des Gemeinwohls" ist. Die Aufgaben als solche und die Handlungsprinzipien werden im einzelnen aufgeführt. In einem Brief des Vorsitzenden der Partei an alle CDU-Mitglieder vom September 1987, in einer Zeit als sich strukturelle Veränderung für die Wirtschaft zeigten, heißt es u.a. unter Berufung auf das Grundsatzprogramm von 1978. "Die CDU ist die Partei der Sozialen Marktwirtschaft - einer Ordnung also, die Wettbewerbsfähigkeit und sozialen Ausgleich miteinander verbindet. So wollen wir den Strukturwandel fördern und zugleich denen solidarisch beistehen, die Hilfe brauchen."

Das Parteiprogramm der CSU vom 19. Januar 1982 sagt zur Sozialen Marktwirtschaft (Abschnitt 6): In der Wirtschaft gilt Freiheit, Eigentum und freies Unternehmertum. Reales Wachstum, Vollbeschäftigung und Preisstabilität sind "unerläßliche Voraussetzungen für den Bestand der sozialen Sicherheit und

Leistungsfähigkeit." Sozialen Marktwirtschaft ist allen Wirtschaftsordnungen Überlegen. Sie kann die genannten Voraussetzungen erreichen, mit einem ihr "konformen Instrumentarium." Das heißt Bekämpfen des "Mißbrauchs an Marktmacht", "eine abgestimmte Strukturpolitik" "vorausschauende Energie- und Rohstoffpolitik" "marktwirtschaftl. Verkehrspolitik" "Erhaltung des Mittelstandes" "Agrarpolitik für einen freien Bauernstand" und "leistungsgerechte Steuer- und Finanzpolitik". Dazu solle kommen: "breite individuelle Vermögensbildung" "partnerschaftliche, funktionsgerechte Mitbestimmung und Mitverantwortung", "Verbesserung der Arbeitsbedingungen" bei Verteidigung der Tarifautonomie mit gewerkschaftlicher Pluralität.

Die Freiburger Thesen der FDP zur Gesellschaftspolitik vom 25/27. Oktober 1971 gehen auch auf den Begriff Sozialen Marktwirtschaft ein. Betriebsverfassung und Unternehmenverfassung sollen Interessenausgleiche der im Betrieb oder Unternehmen Beschäftigten fördern und eine überbetriebliche Vermögensbeteiligung anstreben. In Abschnitt 1 These 4 fordert die FDP und deutet damit für einen Ausschnitt des Wirtschaftslebens, das Eigentum an Produktionsmitteln, an, - eine "Reform des Kapitalismus." Kapitalismus habe, "gestützt auf Wettbewerb und Leistungswillen des einzelnen, zu großen wirtschaftlichen Erfolgen, aber auch zu gesellschaftlicher Ungerechtigkeit geführt." Die liberale Reform des Kapitalismus erstrebt "Aufhebung der Ungleichgewichte, des Vorteils und der Ballung wirtschaftlicher Macht, die aus der Akkumulation von Geld und Besitz und der Konzentration des Eigentums an den Produktionsmitteln in wenigen Händen folgen." Sie bringt damit die Gesetzlichkeiten einer privaten Wirtschaft in Einklang mit den Zielen einer liberalen Gesellschaft. Die Ziele sind: Menschenwürde durch Selbstbestimmung, Befreiung aus Unmündigkeit und Abhängigkeit, Demokratisierung der Gesellschaft "durch größtmögliche und gleichberechtigte Teilhabe aller an der durch Arbeitsteilung ermöglichten Befriedigung der individuellen Bedürfnisse und Entfaltung der persönlichen Fähigkeiten."

Im sog. Godesberger-Programm vom 13/15. November 1959 sagte die SPD zur Wirtschafts- und Sozialordnung: "Freie Konsumwahl und freie Arbeitsplatzwahl sind entscheidende Grundlagen, freier Wettbewerb und freie Unternehmerinitiative sind wichtige Elemente sozialdemokratischer Wirtschaftspolitik." Privates Eigentum an Produktionsmitteln hat "Anspruch auf Schutz und Förderung, soweit es nicht den Aufbau einer gerechten Sozialordnung hindert." Es wird festgestellt, daß der moderne Staat die Wirtschaft stetig durch Entscheidungen Über Steuer und Finanzen, Geld- und Kreditwesen, Sozial- und Preispolitik, öffentliche Aufträge, Landwirtschafts- und Wohnbaupolitik beeinflußt. Der Staat soll sich aber im wesentlichen auf Methoden "der mittelbaren Beeinflussung der Wirtschaft beschränken: "Wettbewerb soweit wie möglich - Planung soweit wie nötig!" (Zu beachtende Abänderung des Professor Schiller zugeschriebenen Werks "Soviel Markt wie möglich, soviel Staat wie nötig".)

Das sog. Berliner Grundsatzprogramm der SPD von 1989 hält fest, daß der Demokratische Sozialismus seine geistigen Wurzeln im Christentum, der humanistischen Philosophie, in der Aufklärung, in Marx'scher Geschichts- und Gesellschaftslehre und in der Erfahrung der Arbeiterbewegung hat. Zielpunkt des Handelns der Partei ist die Würde des Menschen. Grundwerte sind Freiheit, Gerechtigkeit und Solidarität. Gleichstellung von Frau und Mann wird gefordert. Arbeit ist "nicht nur Existenzgrundlage, sondern entscheidende Dimension menschlichen Daseins." Das Recht auf Arbeit wird als Menschenrecht festgeschrieben. Die Erwerbsarbeit ist human, qualifiziert und demokratisch zu gestalten. "Die Demokratisierung zielt auf Befreiung in der Arbeit"; die Mitbestimmungskompetenzen müssen deshalb ausgeweitet werden. Wirtschaftsdemokratie ist ein Ziel. Das bedeutet "Teilhabe aller am Sagen und Haben" d.h. Mitbestimmung der Arbeitnehmer und ihrer Gewerkschaften auf allen Ebenen und Beteiligung aller am Produktivvermögen. Hierzu gibt das Programm im

Abschnitt "Demokratische gesamtgesellschaftliche Steuerung" die Vorstellung der Partei im einzelnen wieder.

Chancengleichheit und Weiterbildung in Bildungswesen wird gefordert. In der Sozialpolitik geht es darum Solidarität "für die ganze Gesellschaft" lebendig zu machen. Die Wirtschaft hat dem Gemeinwohl zu dienen. "Eine gemischte Wirtschaft, in der Wettbewerb und staatliches Handeln zusammenwirken" hat sich "aller Formen zentraler Verwaltungswirtschaft Überlegen erwiesen."

Die kapitalistische Wirtschaft - auf der Basis des Wettbewerbssystem - verlangt demokratische Kontrolle, die ihrerseits einen handlungsfähigen Staat, eine starke Gewerkschaft und Mitbestimmung verlangt. Der Wettbewerb kann "ohne Leistungsfähigkeit einzubüßen, auf die Interessen des Gemeinwohls hin gelenkt werden." In diesem Programm sind Gedanken aufgenommen, die der Vorsitzende der Kommission, die es beschlossen hat, Oskar Lafontaine, in seinem Buch "Die Gesellschaft der Zukunft" entwickelt hat.

Im Bundesprogramm der "Grünen" vom 6. Oktober 1981 finden wir in der Präambel Angaben zu Wirtschaftsfragen. Die erklärte Politik ist aktive Partnerschaft mit der Natur und den Menschen. "Wir sind für ein Wirtschaftssystem, das sich an den Lebensbedürfnissen der Menschen und zukünftigen Generationen, an der Erhaltung der Natur und am sparsamen Umgang mit den natürlichen Reichtümern orientiert. "Sozial hat vor allem eine ökonomische Komponente." Die Partei wendet sich "gegen einen Arbeitsprozeß, in dem die wirtschaftliche Macht regiert, und der dazu führt, daß einzelne wenige nicht nur über das Arbeitsergebnis, sondern faktisch über die Existenz vieler entscheiden können." Wettbewerbswirtschaft u.a. führt zu "ausbeuterischen Wachstumszwängen." Für Arbeitszeitverkürzung und humane Arbeitsbedingungen wird eingetreten.

Wertet man diese Parteiaussagen, so ist - mit Ausnahme der Grünen - die Wirtschaftsordnung einerseits aufzubauen auf dem freien Markt, wobei mit Eigentum, auch solchen an Produktionsmitteln, Wettbewerb, Freiheit und Verantwortung für das Gemeinwohl aller am Markt Beteiligten vorausgesetzt wird,- d.h. eine soziale Komponente ist im Markt allen Beteiligten anvertraut. Andererseits für staatliche Maßnahmen sind eine Reihe von Zielvorgaben, wie Steuer-, Finanz-, Sozial-, Strukturpolitik, Umweltschutz u.a. genannt, die die soziale Komponente der Marktwirtschaft festschreiben. Diese Gebiete staatlicher Eingriffe in den Markt stehen unter Schutz von Begriffen wie Freiheit, Chancengleichheit, soziale Gerechtigkeit, Gemeinwohl, Solidarität, Ausgleich sozialer Härten, Machtbeseitigung; Begriffen, die in den Programmen um- oder beschrieben sind. Ihren Inhalt hat der Staat zu ordnen, wobei wir aufgezeigt haben, wie unterschiedlich sie angegangen werden können, was generell besagt: die Politik ist der Schmied der Wirtschaft.[813]

Die Lenkungsaufgaben werden deshalb stets von der parlamentarischen Mehrheit abhängen und aus der Sicht der Opposition fast immer ungerecht, unsozial, unsolidarisch sein. Es sei denn Regierungs- und Oppositionsparteien schaffen es gemeinsam eine Regelung zu finden, was - sicher - nicht häufig ist. Und - um es zu wiederholen - für alle Maßnahmen, die ins Auge gefaßt werden, wird Geld benötigt.

Alle Programme anerkennen die Tarifautonomie, sind für Mitbestimmung - in welcher Form auch immer - Vermögensbildung und humane Arbeitsbedingungen. Vom Verhältnis Kapital-Arbeit, vom Standort der Arbeit als solcher, sprechen allein die Programme der FDP deutlich, - sie fordert Interessenausgleich der im Betrieb oder Unternehmen Beschäftigten - und der Grünen, daß die Macht über

---

813 Bethmann, Johann Philipp Frh. von: Der verratene Kapitalismus 1984, S. 26;
Hausmann, Helmut: Das Primat der Politik; Die Zeit 20.4.89

den Arbeitsprozeß anspricht und fordert, daß nicht einige wenige über das Arbeitsergebnis entscheiden sollen.

Der Deutsche Gewerkschaftsbund (DGB) sagt zur Wirtschaftsordnung in seinem Grundsatzprogramm vom 14. März 1981: Ausgangspunkt sind Freiheit, Selbstbestimmung, Solidarität, Würde des Menschen, Der Mensch muß von wirtschaftlicher Abhängigkeit befreit werden. Freiheit und Selbstbestimmung schließen das Recht auf Arbeit, ein "Grundrecht des Menschen" - und Bildung ein. Es wird Mitbestimmung und Humanisierung der Arbeit gefordert. Wirtschaften ist gesellschaftlich; es muß seiner sozialen Verpflichtung gerecht werden .Die Volkswirtschaft soll "im Rahmen einer grundsätzlich am Wettbewerb orientierten Ordnung der Planungaufgebaut sein. Die wirtschaftliche Entwicklung darf nicht sich selbst Überlassen werden, sie bedarf eines Rahmenplanes für die gesamte Wirtschaft, sowie einer Investitionslenkung "ohne die Entscheidung über Art und Umfang der Investitionen aus dem Bereich der einzelnen Unternehmen herauszunehmen. Ein wichtiger Punkt ist die soziale Sicherheit, die auszubauen ist, sowie die Sicherung der Wohnungsversorgung und der beruflichen Bildung und Weiterbildung.

Man kann zusammenfassend feststellen, daß die Gewerkschaften das Prinzip der sozialen Marktwirtschaft anerkennen, aber für eine Planung der Wirtschaft sind und wesentliche soziale Forderungen erheben. Generell zeigen Parteien und der DGB, wie es Lafontaine[814] ausdrückt "Defizite der Marktwirtschaft" auf. Der Staat wird deshalb gefordert diese Defizite auszugleichen.

Wenn wir nachfolgend die Sozial Enzykliken der Päpste zur Frage Wirtschaftsordnung überprüfen, so in Kenntnis dessen, daß die geäußerten Gedanken zum Wirtschafts- und Sozialsystem auf der christlichen Lehre basieren,

---

814 Lafontaine, Oskar: Die Gesellschaft der Zukunft 1988, S. 247

einer Basis, der sich auch die großen Volksparteien verschrieben haben. Sie sind in den christlichen Grundwerten, wie Ethik, Moral, Mitmenschlichkeit, Toleranz", Gerechtigkeit ge- und begründet. Andererseits sind die Ausführungen in den Rundschreiben zur Ordnung der Wirtschaft in concreto Leitlinien für eine soziale Marktwirtschaft.

Den Päpsten geht es u.a. darum " , daß das Wirtschaftssystem und in dem System das Verhältnis Kapital zu Arbeit vorn "Gemeinwohl" bestimmt wird.[815] Gemeinwohl erfordert staatliche Eingriffs- und Lenkungsbefugnis, die ihrerseits ihre Grenzen am Gemeinwohl zu finden hat.[816] Dabei ist Eigentum ebenfalls in den Grenzen des Gemeinwohls, die vom Staat zu regeln sind, zu gewährleisten.[817] Der Staat soll Ungerechtigkeiten abwehren, z.B. Arbeitsschutzbestimmungen erlassen,[818] generell Schutz des Gesamtvolkes mit spezieller Fürsorge für Schwache und Mittellose,[819] Ausweitung des Arbeitsrechts,[820] gerechte Verteilung der Güter und des Reichtums,[821] Mitbesitz oder Mitverwaltung oder Gewinnbeteiligung[822] (wobei Mitverwaltung auf Mitbesitz, nicht aber auf Mitarbeit beruhen soll, so Pius XII in seiner Ansprache vom 3. Juni 1950 (Utz-Gröner: 3266).Wesentlich für die Päpste ist dabei das Prinzip der Subsidiarität,[823] das die Befugnisse der Staatsgewalt sowohl in wirtschaftlicher als auch in gesellschaftlicher Hinsicht abgrenzen soll.

---

815 Vgl. RN RZ. 27 ff
816 QA, 133, MM 52
817 RN, RZ 35 QA RZ.42 ff
818 RN, RZ 31
819 QA, RZ 25
820 QA, RZ 28
821 QA, RZ 57
822 QA, RZ 65
823 QA RZ 78, MM RZ.53

90 Jahre nach der ersten Sozialenzyklika, der "Revum Novarum" ist Johannes Paul II in der Enzyklika "Laborem exercens" nicht auf die Frage der Wirtschaftsordnung als solcher, sondern auf die an dem Sozialen Teil einer Marktordnung wesentlich Beteiligten, Arbeit und Kapital, eingegangen. Er sieht den "Konflikt zwischen Arbeit und Kapital"; Lind gibt der Arbeit den Vorrang vor dem Kapital.

Zusammenfassung.

Im ökonomischen Zeitalter gleichgültig welche Entwicklungsstufe erreicht ist - ist der überwiegende Teil der Gesellschaft in von Dritten abhängiger Arbeit beschäftigt.

Diese Dritten - Unternehmen - beherrschen mehr oder weniger den Einsatz der Arbeitskraft, beschränken die Freiheit der Arbeitnehmer und eignen sich das Arbeitsergebnis an.

Die Gesellschaft insgesamt wird von den Grundgedanken Freiheit Gleichheit, Gerechtigkeit beherrscht; Begriffen, die Ideale sind. Die sich nur in Annäherungswerten erfüllen lassen. Diese Annäherungen sind nur in Kompromissen zu erreichen.

In der Wirtschaftsordnung, die allen Mitgliedern der Gesellschaft Grundlage für das materielle überleben bietet, muß unter Berücksichtigung der verschieden gelagerten Interessen der "gerechte" Ausgleich dieser Interessen so gefunden werden, daß jedem Mitglied der Gesellschaft als den anderen Gesellschaftsgliedern "gleicher" Mensch nicht nur behandelt, sondern anerkannt wird. Wobei die Frage, das Problem der nicht gleichen zur individuellen Voraussetzung der als Art gleichen Menschen hinsichtlich ihrer Tätigkeit bestehende Möglichkeit auftritt. Menschen sind in ihrer Persönlichkeit nicht gleich.

Um Annäherungen zu finden um Gegensätze auszugleichen und Freiheit und Gerechtigkeit soweit wie möglich zu erreichen, um Spannungen, Konflikte zu lösen oder zumindest zu verringern ist, der Staat (soziale Marktwirtschaft) und sind die Tarifpartner aufgerufen. Bei den angestrebten und vorgeschlagenen Lösungen eines sozio-ökonomischen Ausgleichs ist unter dem Gesichtspunkt der - wie schon gesagt, nicht exakt faßbaren - Gerechtigkeit zwischen berechtigten Einzelinteressen und den Interessen der Gesellschaft im Rahmen der verfassungsmäßigen Rechtsordnung und der von der Verfassung freigestellten, aber praktizierten Wirtschaftsordnung abzuwägen.

Es wird zu prüfen sein, ob und wie nach 1945 unter den Grundthesen Freiheit, Gleichheit, Solidarität die Arbeit von der Abhängigkeit von Dritten - zumindest annähernd -befreit worden ist. Ob und wie dem Arbeitnehmer eine Arbeitsumwelt geschaffen worden ist, in der er sich menschenwürdig behandelt fühlt. Ob der Arbeitnehmer an den wirtschaftlichen Fortschritt, an den Ergebnissen der wirtschaftlichen Leistungen gerecht und angemessen beteiligt ist oder ob z.B. Löhne zurückhaltender gefordert werden müssen, weil wirtschaftlich übergeordnete Probleme im Wirtschaftsablauf, die die Gesellschaft in ihrer Gesamtheit berühren, z.B. Wettbewerbsprobleme zu beachten sind. Ob der Arbeitnehmer außerhalb und nach Beendigung des Arbeitsverhältnisses menschenwürdig leben und überleben kann. Ob er an den gesellschaftlichen Entwicklungen der Lebensgestaltung und Lebensqualität ausreichend teilhaben kann.

Alle angeschnittenen Probleme, die zum lösen zum Ziel haben, den abhängigen Arbeitnehmer von der Abhängigkeit zu befreien, stehen unter der Anwendung von Aussagen, wie frei, gerecht, menschenwürdig, angemessen, ausreichend u.ä. Die

Probleme als solche sind auch nicht statischer Art, sondern dynamisch im Hinblick auf Einflüsse, die innerhalb und außerhalb des Staates und staatlicher Vereinigung wie in Europa entstehen und der Gesellschaft, die nicht abzuwehren sind und denen laufend die genannten Prämissen angepaßt werden müssen

Unter diesen Voraussetzungen können Lösungen nur unter Kompromissen und unter dem Vorbehalt flexibler Anpassungen gefunden werden, Lösungen die nicht generalisieren, sondern, Spielraum für Angleichungen an gegebene, wesentliche Änderungen der Gesamtsituation lassen.

Weitere Bände der
Hochschulschriften zum Personalwesen
herausgegeben von   Prof. Dr. Thomas R. Hummel, Fachhochschule Fulda
Prof. Dr. Dieter Wagner, Universität Potsdam
Prof. Dr. Ernst Zander, Universität Hamburg

Kurt Femppel: **Das Personalwesen in der deutschen Wirtschaft: Eine empirische Untersuchung**
Band 28, ISBN 3-87988-434-X, Rainer Hampp Verlag, München und Mering 2000, 253 S., DM 48.50, EURO 24.80

Ralf Herrmann: **Der Einfluß der Implementierung des werkvertraglichen Fremdpersonaleinsatzes auf personalwirtschaftliche Entscheidungen: Ein verhaltenswissenschaftlicher Ansatz**
Band 27, ISBN 3-87988-431-5, Rainer Hampp Verlag, München u. Mering 1999, 281 S., DM 48.50, EURO 24.80

Heiner Langemeyer: **Das Cafeteria-Verfahren. Ein flexibles, individuelles Anreizsystem betrachtet aus entscheidungstheoretischer Sicht**
Band 26, ISBN 3-87988-384-X, Rainer Hampp Verlag, München und Mering 1999, 320 S., DM 53.20; EURO 27.20

Dianah Barqawi: **Der Beitrag von Organisationskultur zur Verbesserung der Arbeitsbeziehungen. Dargestellt am Beispiel der Mitbestimmung des Betriebsrats bei grundlegenden Änderungen der Betriebsorganisation**
Band 25, ISBN 3-87988-367-X, Rainer Hampp Verlag, München und Mering 1999, 272 S., DM 48.50, EURO 24.80

Wolfgang Fischer: **Gesellschaftliche Öffnung des Unternehmens. Anforderungen an die gesellschaftspolitisch orientierte Führungskraft**
Band 24, ISBN 3-87988-359-9, Rainer Hampp Verlag, München u. Mering 1999, 211 S., DM 44.40

Stefan Huber: **Strategisches Personalcontrolling als Unterstützungsfunktion des strategischen Personalmanagements**
Band 23, ISBN 3-87988-329-7, Rainer Hampp Verlag, München und Mering 1998, 284 S., DM 58.10

Dieter Wagner, Heike Nolte (Hg.): **Managementbildung. Grundlagen und Perspektiven**
Band 22, ISBN 3-87988-172-5, Rainer Hampp Verlag, München und Mering 1996, 282 S., DM 49.80

Ulrich Krystek, Doris Becherer, Karl-Heinz Deichelmann: **Innere Kündigung. Ursachen, Wirkungen und Lösungsansätze auf Basis einer empirischen Untersuchung**
Band 20, ISBN 3-87988-144-3, Rainer Hampp Verlag, 2., verb. u. erw. Aufl., München und Mering 1995, 240 S., DM 39.80